Maria Wersig
Der lange Schatten der Hausfrauenehe

Maria Wersig

Der lange Schatten der Hausfrauenehe
Zur Reformresistenz des Ehegattensplittings

Verlag Barbara Budrich
Opladen • Berlin • Toronto 2013

Bibliografische Information der Deutschen Nationalbibliothek
Die Deutsche Nationalbibliothek verzeichnet diese Publikation in der Deutschen Nationalbibliografie; detaillierte bibliografische Daten sind im Internet über http://dnb.d-nb.de abrufbar.

Die Drucklegung dieser Publikation wurde von der Hans-Böckler-Stiftung gefördert.

Zugleich Dissertation am Fachbereich I (Erziehungs- und Sozialwissenschaften) der Stiftung Universität Hildesheim.
Gutachterinnen: Prof. Dr. Kirsten Scheiwe, PD Dr. Sabine Berghahn.
Datum der Disputation: 18. Februar 2013.

Gedruckt auf säurefreiem und alterungsbeständigem Papier.

Alle Rechte vorbehalten.
© 2013 Verlag Barbara Budrich, Opladen, Berlin & Toronto
www.budrich-verlag.de

    ISBN   978-3-8474-0085-1 (Paperback)
    eISBN 978-3-8474-0348-7 (eBook)

Das Werk einschließlich aller seiner Teile ist urheberrechtlich geschützt. Jede Verwertung außerhalb der engen Grenzen des Urheberrechtsgesetzes ist ohne Zustimmung des Verlages unzulässig und strafbar. Das gilt insbesondere für Vervielfältigungen, Übersetzungen, Mikroverfilmungen und die Einspeicherung und Verarbeitung in elektronischen Systemen.

Umschlaggestaltung: Bettina Lehfeldt, Kleinmachnow – www.lehfeldtgraphic.de
Satz: Petra Schäfter, textetage, Berlin
Druck: paper & tinta, Warschau
Printed in Europe

Inhalt

Vorwort		11
Abkürzungen		13
1	**Fragestellung und Problemaufriss**	15
1.1	Ehegattenbesteuerung – Politisch umkämpft seit über 50 Jahren	15
1.2	Fragestellung	17
1.3	Transdisziplinärer Forschungsansatz	18
1.4	Wo liegt das politische Problem? Kritik am Ehegattensplitting heute	19
1.5	Begriff und Funktionsweise des Ehegattensplittings	21
1.5.1	Getrennte oder gemeinsame Besteuerung von Ehegatten	22
1.5.2	Rechtslage in Deutschland	24
1.6	Reformbegriff und Reformoptionen	32
1.7	Gliederung der Untersuchung	34
1.8	Sprache und Begrifflichkeiten	35
2	**Das Ehegattensplitting als Forschungsgegenstand in den Sozial-, Wirtschafts- und Rechtswissenschaften**	37
2.1	Das Ehegattensplitting in der Analyse	37
2.2	Ehegattenbesteuerung im internationalen Vergleich	38
2.2.1	Formen der Ehegattenbesteuerung und ihre Verbreitung	38
2.2.2	Besteuerung von Ehegatten in den USA	40
2.3	Ökonomische Analysen der Effekte des Ehegattensplittings	41
2.3.1	Steuerbelastung einzelner Familienformen im Ländervergleich	41
2.3.2	Auswirkungen des Ehegattensplittings auf die Haushaltsnettoeinkommen	43

2.3.3	Wirkungen auf die intrafamiliäre Verteilung bezahlter und unbezahlter Arbeit	44
2.3.4	Fiskalische Wirkungen des Ehegattensplittings	46
2.3.5	Wirkungen des Ehegattensplittings im Zeitverlauf seit 1958	47
2.4	Steuerreformen und Ehegattensplitting im Blickfeld der Politik- und Sozialwissenschaften	48
2.4.1	Politikwissenschaftliche Analysen von Reformhindernissen in der Steuerpolitik	48
2.4.2	Sozialwissenschaftliche Überlegungen zur Reformierbarkeit des Ehegattensplittings	51
2.5	Das Ehegattensplitting in der verfassungsrechtlichen Debatte	53
2.5.1	Konfliktlinie: Subvention oder Berücksichtigung des Leistungsfähigkeitsprinzips	54
2.5.2	Wandel der Rechtsprechung des Bundesverfassungsgerichts in der Begründung des Ehegattensplittings	57
2.5.3	Konfliktlinie: Implizite Voraussetzungen des Ehegattensplittings	59
2.5.4	Konfliktlinie: Anreiz- und Verteilungswirkungen des Ehegattensplittings	62
2.5.5	Beschränkung auf Ehepaare	65
2.6	Zwischenfazit	70
3	**Kontinuität und Wandel in der Politik – Theorie, Methoden und Quellen**	**73**
3.1	Policy-Kontinuität und Policy-Wandel	73
3.1.1	Erklärungsansätze für Kontinuität und Wandel in der Policy-Analyse	73
3.1.2	Kontinuität und Wandel im historischen Institutionalismus	75
3.1.3	Wirkung von Mechanismen der Kontinuitätssicherung als Reformhindernis in politischen Entscheidungsprozessen	81
3.1.4	Zwischenfazit	83
3.2	Untersuchungsgang und Hypothesen	83
3.2.1	Eingrenzung des Untersuchungsgegenstands	84
3.2.2	Hypothesen	85
3.3	Historisch-rekonstruktive Analyse – Quellen und Methoden	87
3.3.1	Dokumentenauswahl und Inhaltsanalyse	87
3.3.2	ExpertInneninterviews mit am Politikprozess beteiligten Personen	90

3.3.3	Triangulation der Methoden und Verhältnis unterschiedlicher Datenquellen zueinander	100
4	**Am Anfang des Pfades – Die Einführung des Ehegattensplittings in den 1950er-Jahren**	**101**
4.1	Rechtliche Rahmenbedingungen für Frauenerwerbstätigkeit in den 1950er-Jahren	102
4.2	Haushalts- und Ehebesteuerung vor 1945	106
4.3	Zusammenveranlagung oder getrennte Besteuerung – Der Streit um die Ehegattenbesteuerung bis 1957	108
4.3.1	Position des Bundesministeriums der Finanzen und der Finanzministerien der Bundesländer	110
4.3.2	Weitere Entwicklung der Diskussion über die Ehegattenbesteuerung in Parlament und Regierung	112
4.3.3	Positionen von Akteuren außerhalb von Parlament und Regierung	116
4.3.4	Zusammenfassung der vor 1957 diskutierten Regelungsalternativen der Ehegattenbesteuerung	120
4.4	Die Entscheidung des Bundesverfassungsgerichts zur Ehebesteuerung aus dem Jahr 1957	120
4.4.1	Argumente des Bundesverfassungsgerichts	123
4.4.2	Vom Bundesverfassungsgericht aufgezeigte Regelungsalternativen	124
4.4.3	Reaktionen auf die Entscheidung des Bundesverfassungsgerichts	125
4.5	Einführung des Ehegattensplittings im Jahr 1958	126
4.5.1	Übergangsregelung	127
4.5.2	Entscheidung für die Einführung des Ehegattensplittings aus der Perspektive des Bundesfinanzministeriums	128
4.5.3	Kritik an ‚unsozialen Wirkungen' des Splittings – Forderungen nach einem verändertem Splittingfaktor	130
4.5.4	Neuer Steuertarif anlässlich der Einführung des Ehegattensplittings	133
4.5.5	Gesetzesbegründung 1958 – ‚Wesen der Ehe' erfordert Zusammenveranlagung	137
4.5.6	Getrennte Besteuerung und Familienlastenausgleich statt Splitting – Positionen von Frauenverbänden im Jahr 1958	139
4.6	Zwischenfazit	143

5	Institutionelle Verfestigungen des Ehegattensplittings von 1960 bis 1998	147
5.1	Wandel von Ehe, Familie und Geschlechterverhältnissen in Recht und Gesellschaft	148
5.2	Kritik am Ehegattensplitting seit den 1950er Jahren	150
5.3	Kürzung von Steuervorteilen– Sozialliberaler Gesetzentwurf zur Kappung des Splittingvorteils im Jahr 1982	155
5.4	Institutionelle Verfestigungen und gradueller Wandel	156
5.4.1	Verteilungs- und Anreizwirkungen des Ehegattensplittings	156
5.4.2	Verfassungsinterpretation – Von der Anerkennung der ‚Hausfrau und Mutter' zur ‚Realität' in der ‚intakten Durchschnittsehe'	160
5.5	Zwischenfazit	163
6	Verpasste Gelegenheit – Das Scheitern des rot-grünen Vorhabens einer Reform des Ehegattensplittings	165
6.1	Widerstreitende Ziele im Wahlkampf 1998	166
6.2	Kompromiss: Kappungsmodell im Koalitionsvertrag 1998	169
6.3	Gescheiterte Umsetzung des Kappungsmodells im Jahressteuergesetz 1999/2000/2002	171
6.4	Entwicklung von Reformalternativen	177
6.4.1	Gesetzentwurf des Bundesministeriums der Finanzen vom Mai 1999 – Individualbesteuerung mit Unterhaltsabzugsbetrag (Realsplitting)	178
6.4.2	‚Einstieg in den Ausstieg' – Vorschlag des Bundesfamilienministeriums im Jahr 2002	182
6.4.3	Gegenüberstellung der zwischen 1998 und 2002 diskutierten Reformmodelle	186
6.4.4	‚In den Schubladen' – Die Diskussion über das Ehegattensplitting ab dem Jahr 2002	188
6.5	Reformhindernisse in der 14. Legislaturperiode	189
6.5.1	‚Das Rollo geht sofort runter' – Zustimmungserfordernis im Bundesrat	190
6.5.2	Bedeutung von Verfassungsargumenten im Prozess der Entscheidungsfindung	191
6.5.3	‚Es ist ja sowas wie eine Steuererhöhung' – Probleme der redistributiven Politik	195

6.5.4	‚Wir haben jetzt beschlossen, dass euer Lebensmodell irgendwie das Falsche war' – Vertrauensschutz und Übergangsregeln	197
6.5.5	Hohe politische Kosten – Geringe Steuereinnahmen	199
6.5.6	‚Eine Finanzministerin, die das zu ihrem Thema machen würde, käme damit auch durch' – Zuständigkeit und Federführung	199
6.5.7	Policy-Ebene – Zusammenhänge mit anderen Regelungen und Politikfeldern	202
6.5.8	Problemerledigung durch Zeitablauf	204
6.6	Strategien im Rückblick	205
6.7	Zwischenfazit	206
6.7.1	Mechanismen der Kontinuitätssicherung als Reformhindernisse	206
6.7.2	Schutz der Einverdienstehe auf verschiedenen Ebenen	208
6.7.3	Konfliktlinien und Zuständigkeiten	210
7	**Zusammenfassung und Ausblick**	213
7.1	Diskussion der Hypothesen	214
7.1.1	Pfadbeginn	214
7.1.2	Pfadkontinuität	215
7.1.3	Gelegenheitsfenster für eine Reform des Ehegattensplittings in der 14. Legislaturperiode	216
7.2	Komplexität des politischen Problems als Reformhindernis	217
7.3	Zielkonflikte der Ehegattenbesteuerung – Zwischen Recht und Realität	218
7.4	Reformhindernisse heute und Potenziale für Institutionenwandel	220
7.4.1	Neuer Geltungsbereich – Eingetragene Lebenspartnerschaften	221
7.4.2	Abschied vom Ernährermodell – Widersprüchliche Signale	222
7.4.3	Ausblick – Pfadwechsel durch Übergangsregelungen?	223
Tabellen, Abbildungen und Übersichten		227
Verzeichnis der ExpertInneninterviews		229
Archivalien		231
Literatur		233

Vorwort

Dieses Buch ist die etwas überarbeitete und aktualisierte Fassung meiner Dissertation, die ich im Oktober 2012 am Fachbereich Erziehungs- und Sozialwissenschaften der Universität Hildesheim eingereicht habe. Wie jede wissenschaftliche Arbeit ist auch diese das Resultat eines langen Prozesses und Weges, den ich nicht allein gegangen bin. Mein besonders herzlicher Dank gilt meiner wissenschaftlichen Betreuerin Prof. Dr. Kirsten Scheiwe für ihre langjährige und stetige Unterstützung und Förderung. Ihre Arbeit war mir stets Vorbild und Inspiration. Ebenfalls herzlich danken möchte ich Prof. Dr. Sabine Berghahn – sie hat mich zum interdisziplinären Arbeiten ermutigt und freundlicherweise die Zweitbegutachtung der Dissertation übernommen. Dankend erwähnen möchte ich die Mitglieder des Instituts für Sozial- und Organisationspädagogik der Universität Hildesheim, die mich in der Abschlussphase der Dissertation begleitet haben.

Dr. Ulrike Spangenberg, Dr. Karin Lenhart, Dr. Annegret Künzel, Dr. Margit Schratzenstaller-Altzinger, Dr. Katharina Wrohlich, Dr. Katrin Schäfgen, Dr. Ingo Matuschek und Antje Asmus haben das Projekt in seinen diversen Stadien mitverfolgt und mich an ihren Gedanken und Einsichten teilhaben lassen. Ihre Unterstützung hat maßgeblich zum Entstehen dieses Buches beigetragen.

Im Jahr 2009 habe ich gemeinsam mit Prof. Kimberley Brooks, Prof. Lisa Philipps und Prof. Asa Gunnarsson einen Workshop zu Gender im Steuerrecht am Oñati International Institute for the Sociology of Law organisiert, der mir wertvolle Einblicke in die Arbeit kritischer SteuerjuristInnen in anderen Ländern bot und mir gezeigt hat, was hierzulande noch alles möglich wäre. Prof. Bridget Crawford verdanke ich eine Einladung zu einem Gastaufenthalt an der Pace Law School in White Plains, New York im Herbst 2010, wo ich diese Kenntnisse vertiefen konnte.

Die Hans-Böckler-Stiftung unterstützte die Entstehung dieser Arbeit durch ein Promotionsstipendium, ideelle Förderung und einen Druckkostenzuschuss. Für diesen unverzichtbaren Beitrag danke ich der Stiftung. Den MitarbeiterInnen des Bundesarchivs in Koblenz, des Parlamentsarchivs des Deutschen Bundestages, des Archivs Grünes Gedächtnis Berlin, des Archivs der Sozialen Demokratie Bonn und der Bibliothek des Wissenschaftszentrums Berlin für Sozialforschung danke ich für ihre Gastfreundschaft während meiner Recherchen. Petra Schäfter hat das Lektorat übernommen und die Druckfassung vorbereitet, wofür ich herzlich danke.

Danken möchte ich außerdem meinen InterviewpartnerInnen, die mir ihre Zeit und ihren Sachverstand zur Verfügung gestellt und Einblicke in politische Abläufe, Hindernisse, Erfolgserlebnisse und Enttäuschungen gewährt haben. Ihre Gesprächsbereitschaft hat wichtige Teile dieser Arbeit erst ermöglicht.

Der Unterstützung meines Ehemannes während der Promotionsphase konnte ich mir immer sicher sein. Worte des Dankes können seinem Beitrag kaum Genüge tun, deshalb möchte ich es bei der Feststellung belassen, dass die Bedeutung einer Partnerschaft nicht in Steuervorteilen zu messen ist. Zu guter Letzt danke ich meinen Eltern, die kritisches Denken immer gefördert und mich so auf wissenschaftliches Arbeiten bestens vorbereitet haben. Ihnen ist dieses Buch gewidmet.

Berlin im Januar 2013 *Maria Wersig*

Abkürzungen

a.D.	außer Dienst
Abs.	Absatz
AK	Arbeitskreis
Art.	Artikel
ASF	Arbeitsgemeinschaft Sozialdemokratischer Frauen
Az	Aktenzeichen
BAFöG	Bundesausbildungsförderungsgesetz
BAG	Bundesarbeitsgericht
BArch	Bundesarchiv
BFH	Bundesfinanzhof
BGB	Bürgerliches Gesetzbuch
BGBl	Bundesgesetzblatt
BGH	Bundesgerichtshof
BGSt	Bundesgeschäftsstelle
Bl.	Blatt
BM	Bundesministerium
BMA	Bundesministerium für Arbeit
BMF	Bundesministerium der Finanzen
BMFSFJ	Bundesministerium für Familie, Senioren, Frauen und Jugend
BMI	Bundesministerium des Inneren
BMJ	Bundesministerium der Justiz
BR-Drs.	Bundesrats-Drucksache
BT	Deutscher Bundestag
BT-Drs.	Bundestags-Drucksache
BuMin	Bundesministerium
BuVo	Bundesvorstand
BVerfG	Bundesverfassungsgericht
BVerfGE	Entscheidungen des Bundesverfassungsgerichts
bzw.	beziehungsweise
ca.	circa
CDU	Christlich Demokratische Union Deutschlands
CSU	Christlich-Soziale Union
DDR	Deutsche Demokratische Republik
DGB	Deutscher Gewerkschaftsbund
DIW	Deutsches Institut für Wirtschaftsforschung
djb	Deutscher Juristinnenbund
DStR	Deutsches Steuerrecht

DStZ	Deutsche Steuer-Zeitung
e.V.	eingetragener Verein
ebd.	ebenda
EKD	Evangelische Kirche in Deutschland
EStDV	Einkommensteuer-Durchführungsverordnung
EStG	Einkommensteuergesetz
etc.	et cetera
FDP	Freie Demokratische Partei
ff.	fortfolgende
FG	Finanzgericht
FGB	Familiengesetzbuch
Fn.	Fußnote
FPR	Familie, Partnerschaft, Recht
GG	Grundgesetz
GGO	Gemeinsame Geschäftsordnung der Bundesministerien
Hg.	HerausgeberInnen
i.d.F.	in der Fassung
i.V.m.	in Verbindung mit
LPartG	Lebenspartnerschaftsgesetz
LSVD	Lesben- und Schwulenverband in Deutschland
m.w.N.	mit weiteren Nachweisen
MdB	Mitglied des Deutschen Bundestages
n.F.	neue Fassung
NJW	Neue Juristische Wochenschrift
Nr.	Nummer
NSDAP	Nationalsozialistische Deutsche Arbeiterpartei
OECD	Organization for Economic Co-operation and Development
PA-DBT	Parlamentsarchiv des Deutschen Bundestages
RGBl	Reichsgesetzblatt
Rn.	Randnummer
RWI	Rheinisch-Westfälisches Institut für Wirtschaftsforschung
Rz.	Randzeile, Randziffer
S.	Satz bzw. Seite
s.o.	siehe oben
SGB	Sozialgesetzbuch
SOEP	Sozio-oekonomisches Panel
SPD	Sozialdemokratische Partei Deutschlands
taz	die tageszeitung
TO	Tagesordnung
u.a.	und andere
v.H.	vom Hundert
WSI	Wirtschafts- und Sozialwissenschaftliches Institut der Hans-Böckler-Stiftung

1 Fragestellung und Problemaufriss

1.1 Ehegattenbesteuerung – Politisch umkämpft seit über 50 Jahren

Im Jahr 1979 schrieb *Annemarie Mennel*, Beamtin im Bundesfinanzministerium, über das Ehegattensplitting:

„Wenn man das Ehegattensplitting umwandeln würde in ein offen auszuweisendes ‚Ehegeld', entsprechend dem Kindergeld, wäre es sicherlich für Steuerpolitiker und Steuerreformer unmöglich, ein derartiges Konzept gutzuheißen, geschweige denn durchzusetzen. Wer könnte schon zugeben, daß für eine Ehefrau im Monat den ganz Armen 50 Pfennig, den ganz Reichen über 1.000 DM und den ‚Doppelverdienern' wenig oder gar nichts gegeben wird? Daß das einkommensteuerliche Splitting genau diese Wirkungen hat und dennoch seit über 20 Jahren fast unangefochten gilt, läßt sich vielleicht, primitiv und boshaft gesagt, damit erklären, daß ‚die da unten' nichts davon verstehen und ‚die da oben' zu viel davon profitieren. […] Bei Steuerpolitikern heißt es fast ausnahmslos: Hände weg vom Ehegattensplitting" (Mennel 1979: 179).

Inzwischen besteht das Ehegattensplitting seit über 50 Jahren; ohnehin seltene Reformvorhaben, wie das der rot-grünen Bundesregierung im Jahr 1998, waren nicht erfolgreich. Warum ist das so?

Es handelt sich keineswegs um eine unumstrittene oder selbstverständliche Regelung, für die kein Reformbedarf gesehen wird. Über das Ehegattensplitting, das im Jahr 1958 in der Bundesrepublik Deutschland eingeführt wurde, wird seit dessen Bestehen vielmehr heftig diskutiert. In der juristischen und finanzwissenschaftlichen Fachliteratur wird häufig auf die „Emotionalität" dieser Debatte verwiesen (Lang 1988: 628; Sachverständigenrat zur Begutachtung der gesamtwirtschaftlichen Entwicklung 2007: 303; Tipke 2000: 370). *Volker Lietmeyer*, ein leitender Beamter im Bundesministerium der Finanzen, nannte deshalb das Ehegattensplitting den „Zankapfel der Steuerpolitik" (1998). *Stefan Homburg* bezeichnete die feministische Kritik am Ehegattensplitting sogar als „pathologische Fixierung" (2000: 264). In den politischen Stellungnahmen von BefürworterInnen des Ehegattensplittings findet sich auch oft die Formulierung, es dürfe nicht ‚angetastet' werden, als ginge es um einen Schatz, den es zu behüten gilt.[1]

Beim Streit über das Ehegattensplitting handelt es sich außerdem nicht nur um eine ideologische Kontroverse, sondern um eine Auseinandersetzung

---

[1] So beispielsweise CDU-Generalsekretär *Herrman Gröhe* in einem Interview in *Die Welt* vom 14.01.2011: „Die CDU wird das Ehegattensplitting nicht antasten."

über eine bedeutende Verteilungsentscheidung: Verglichen mit einer individuellen Besteuerung führt die Zusammenveranlagung von Ehepaaren mit Splittingverfahren zu Mindereinnahmen bei der Steuer (inklusive Solidaritätszuschlag), die sich nach aktuellen Berechnungen auf ca. 27 Milliarden Euro bebelaufen – das entspricht „10 Prozent der Einkommensteuer und 1,1 Prozent des Bruttoinlandsprodukts" (Bach u.a. 2011: 19).

Politisch war das Ehegattensplitting von Anfang an umkämpft – schon die Einführung durch die Adenauer-Regierung im Jahr 1958 wurde von Protesten vor allem von Frauenverbänden und Gewerkschaften begleitet. Seit den 1950er-Jahren findet sich Kritik am Ehegattensplitting in vielfältigen Zusammenhängen – in Frauenorganisationen von Parteien und Gewerkschaften ebenso wie in gleichstellungs- oder familienpolitisch orientierten Verbänden und schließlich auf der Agenda von SPD und Bündnis 90/Die Grünen.

Selbst die Ziele, die Wirkungen und die Einordnung des Ehegattensplittings in ein Politikfeld sind kontrovers. Die Geister scheiden sich vor allem an den mit dem Ehegattensplitting einhergehenden Anreiz- und Verteilungswirkungen. Wie das Eingangszitat zu diesem Kapitel illustriert, fallen die mit dem Ehegattensplitting verbundenen je nach Einkommens- und Erwerbskonstellation eines Ehepaares unterschiedlich aus. Zudem profitieren bestimmte Familien- und Partnerschaftsformen überhaupt nicht von der Regelung. Aus Perspektive der Familienpolitik wird deshalb argumentiert, das Ehegattensplitting fördere zwar Ehen mit unterschiedlicher Wirtschaftskraft der Partner, stelle aber keine Familienförderung dar (Gerlach 2010: 267).

Die Diskussion um die Ehegattenbesteuerung war außerdem immer auch eine Diskussion um den Umgang mit der Erwerbstätigkeit (oder der Nichterwerbstätigkeit) von Ehefrauen. Im Nationalsozialismus und in der Bundesrepublik der 1950er-Jahre wurde das Steuerrecht als Mittel betrachtet, sogenannte Doppelverdienerpaare[2] höher zu besteuern und somit Ehefrauen ins Haus zurückzuführen. Seit der Einführung des Ehegattensplittings ist zwar sichergestellt, dass Zweiverdienerpaare nach einer Heirat nicht mehr Steuern zahlen müssen, als wenn sie unverheiratet geblieben wären. BefürworterInnen des Ehegattensplittings zufolge ist das Ehegattensplitting zudem neutral. Die Regelung bevorzuge kein bestimmtes Rollenmodell, sondern ermögliche lediglich die arbeitsteilige Ehe. Sie erlaube Eheleuten, selbst zu entscheiden, auf welche Art und Weise sie ihre Arbeitsteilung gestalten, ob also beide Partner durch Erwerbstätigkeit zum Familieneinkommen beitragen oder ob es einen Hauptverdiener gibt und ein Partner weniger arbeitet und ein geringeres bzw. kein Einkommen erzielt (Homburg 2000: 263; Kirchhof u.a. 2001: 47; Seiler 2011). Über das Ehegattensplitting finde deshalb auch der Wert der

---

2 Dieser Begriff wird in der heutigen ökonomischen und juristischen Literatur teilweise immer noch verwendet. Weil er suggeriert, zwei Einkommen pro Ehe seien ‚zu viel', wird er hier aber nur im Rahmen der Darstellung des historischen Kontextes und in Zitaten benutzt; vgl. auch Kapitel 1.8.

unbezahlten Arbeit und die Leistung der Hausfrau Berücksichtigung und Anerkennung (Kirchhof 2000). Nur selten finden sich in der Debatte heute noch offen arbeitsmarktpolitische Argumente für das Ehegattensplitting, wie dieses von *Volker Lietmeyer*:

„Jede denkbare Alternative zum Ehegattensplitting hat also zum Ergebnis, daß doppelte Berufstätigkeit grundsätzlich zu einer steuerlichen Entlastung im Vergleich zum Alleinverdiener-Fall führt. Es würde ein finanzieller Anreiz zur doppelten Erwerbsarbeit geschaffen. In der absehbar mittel- und langfristig schwierigen Lage am Arbeitsmarkt erscheinen steuerliche Anreize für eine erhöhte Nachfrage nach Arbeitsplätzen kontraproduktiv" (Lietmeyer 1998: 851).

Aus feministischer Perspektive steht die angebliche Neutralität des Ehegattensplittings allerdings gerade in Zweifel: Mit dem Splittingeffekt seien Auswirkungen auf das Arbeitsangebot von Ehefrauen verbunden und das Modell der Alleinernährerehe werde strukturell gefördert (Mennel 1974; Vollmer 1998: 125–130). Die Forderung nach einer Reform des Ehegattensplittings, zum Beispiel einer Umverteilung des damit verbundenen Vorteils hin zu Familien, ist nach *Silke Bothfeld* ein politischer „evergreen" (2005: 299) und bisher immer wieder gescheitert.

1.2 Fragestellung

Obwohl über das Ehegattensplitting schon lange gestritten wird, existiert noch keine transdisziplinäre wissenschaftliche Untersuchung dieser Auseinandersetzungen. Die bisher nicht beantwortete Frage lautet, warum eine Regelung aus den 1950er-Jahren, deren Einführung mit der „besonderen Anerkennung der Aufgabe der Ehefrau als Hausfrau und Mutter"[3] begründet wurde, nach Jahrzehnten des gesellschaftlichen Wandels und der Kritik immer noch unverändert Bestand hat. Welche Faktoren tragen dazu bei, eine Reform des Ehegattensplittings in Deutschland zu erschweren oder sogar zu verhindern? An welchen Hürden ist ein konkretes Reformvorhaben, nämlich das der rot-grünen Bundesregierung in der 14. Legislaturperiode, gescheitert?

Diese Forschungslücke möchte ich schließen und die lange Geschichte einer gescheiterten Reform erzählen. Ziel ist es, sowohl zu erklären, warum das Ehegattensplitting bisher nicht verändert wurde, als auch die spezifischen Reformhindernisse zu identifizieren, die die Abkehr von dieser Form der Besteuerung erschweren. Dabei sollen die Gründe für die Einführung des Ehegattensplittings in den 1950er-Jahren und institutionelle Verfestigungen, die zur Kontinuität der Regelung in den Jahrzehnten danach beigetragen haben,

---

3 BT-Drs. III/260, S. 34.

sowie das Reformvorhaben der Kappung des Splittingvorteils in der 14. Legislaturperiode analysiert werden.

In der nun folgenden Einleitung werde ich zunächst den transdisziplinären Forschungsansatz dieser Arbeit kurz vorstellen (Kapitel 1.3). In Kapitel 1.4 werde ich die Grundlinien der Kritik am Ehegattensplitting zusammenfassen, um zu verdeutlichen, warum eine steuerrechtliche Regelung überhaupt seit über 50 Jahren debattiert wird und demnach offensichtlich ein politisches Problem darstellt. Die Analyse der Kritik am Ehegattensplitting wird später in der Diskussion des Forschungsstandes zum Thema in Kapitel 2 weiter vertieft. In Kapitel 1.5 werden Begriff und Funktionsweise des Ehegattensplittings erläutert. In Kapitel 1.6 definiere ich den Reformbegriff, beschreibe die grundlegenden Richtungen, in die Reformen der Ehegattenbesteuerung gehen könnten, und skizziere deren wesentliche Elemente. In Kapitel 1.7 wird die weitere Gliederung der Arbeit vorgestellt. Kapitel 1.8 thematisiert Fragen des Sprachgebrauchs und die in dieser Arbeit verwendete Terminologie.

1.3 Transdisziplinärer Forschungsansatz

Die vorliegende Untersuchung verknüpft unterschiedliche wissenschaftliche Zugänge und Methoden, was die Frage nach der disziplinären Verortung aufwirft. Die Suche nach den Gründen für die Reformresistenz des Ehegattensplittings ist eine politikwissenschaftliche Fragestellung. Gegenstand der Untersuchung ist die Debatte über die Reform einer speziellen Regelung des Steuerrechts, deren Verteilungs- und Anreizwirkungen diskutiert werden und die mit ökonomischen, verfassungsrechtlichen und steuerrechtlichen Argumenten legitimiert wird. Gewissermaßen quer zu diesen Fachdiskursen gibt es eine Gender-Dimension, deren Bedeutung sich auf Legitimation und Auswirkungen des Ehegattensplittings gleichermaßen erstreckt. Mein Blick auf diesen Untersuchungsgegenstand ist disziplinenübergreifend und transdisziplinär, indem er politikwissenschaftliche Theorien und Methoden, ökonomisches Wissen und juristisch-interpretative Zugänge kombiniert. Unter Transdisziplinarität verstehe ich im Anschluss an *Sabine Hark* einen „Grenzverkehr zwischen den Fächern" (2005: 382), der sich zwar an den Disziplinen orientiert, historisch gewachsene Trennungen zwischen Fächergrenzen jedoch überschreitet und sich stattdessen an den Erfordernissen der Fragestellung ausrichtet. Es ist bei der Auseinandersetzung mit dem Thema Ehegattensplitting unverzichtbar, unterschiedliche Perspektiven einzunehmen und besonders die Schnittstellen der Wissenschaftsdisziplinen in den Blick zu nehmen. Ein Ziel dieser Arbeit ist deshalb auch zunächst, die Fachdiskurse über das Ehegattensplitting zu bündeln und zu einer verständlichen Darstellung zu verknüpfen (vgl. Kapitel 2).

Aus dem Anspruch der Transdisziplinarität ergeben sich für den Forschungsprozess verschiedene Herausforderungen, denn es gilt, den wissenschaftlichen Anforderungen der einzelnen Disziplinen gerecht zu werden. Gleichzeitig wird es dadurch aber möglich, sowohl die Rolle politischer Akteure und institutioneller Rahmenbedingungen zu untersuchen, die Reformen des Ehegattensplittings erschweren, als auch die Entwicklung der Rechtsdogmatik und darin immanente Faktoren für die Aufrechterhaltung des Status quo zu berücksichtigen sowie deren Bedeutung im politischen Prozess zu betrachten und zu bewerten. Die Einbeziehung juristischer Argumente in diese Analyse der Hindernisse für eine Reform des Ehegattensplittings ist deshalb wichtig, weil insbesondere verfassungsrechtlichen Rahmenbedingungen die Funktion zugeschrieben wird, politische Entscheidungen im Bereich des Steuerrechts maßgeblich zu begrenzen (vgl. Kapitel 2.4).

Inwieweit also verfassungsrechtliche Interpretationen den Bestand des Ehegattensplittings verfestigen und wie die Spielräume für Reformen jeweils einzuschätzen sind, kann unter anderem durch die juristisch informierte Auseinandersetzung mit dem Rechtsdiskurs beantwortet werden. Warum eine Regelung unverändert bleibt, hängt andererseits nicht nur von Entscheidungen von Verfassungsgerichten und der Rezeption der sogenannten herrschenden juristischen Meinung durch politische AkteurInnen ab. Hier führen politikwissenschaftliche bzw. sozialwissenschaftliche Ansätze weiter, die sich mit Institutionen, Ideen und Wertorientierungen beschäftigen und die Gründe für politische Entscheidungen und die Mechanismen der Kontinuitätssicherung herausarbeiten. Es ist deshalb notwendig, diese unterschiedlichen Ansätze zu verbinden.

1.4 Wo liegt das politische Problem?
Kritik am Ehegattensplitting heute

Kritik am Ehegattensplitting gibt es bereits seit dessen Einführung. Dabei können vereinfachend zunächst drei Diskussionsstränge unterschieden werden (vgl. ausführlich Kapitel 2): erstens die Auswirkungen des Splittings auf die Erwerbstätigkeit von Ehefrauen, zweitens die Frage nach der Geeignetheit des Splittings als familienbezogene Förderung sowie drittens die stärkere Entlastung hoher Einkommen durch das Splitting.

Aus feministischer Perspektive werden heute unter dem Schlagwort Anreizwirkungen vor allem die Auswirkungen des Ehegattensplittings auf die Erwerbstätigkeit von Ehefrauen kritisiert. Eine Ehefrau als zweite Einkommensbezieherin in einem Haushalt muss den Splittingvorteil, der in der Steuerersparnis bei der Zusammenveranlagung mit Splittingverfahren gegenüber der individuellen Besteuerung besteht, zunächst zurückverdienen, argumentiert beispielsweise *Franziska Vollmer* in ihrer verfassungsrechtlichen Untersuchung des Ehegattensplittings (1998: 128). Im Zusammenspiel mit anderen rechtlichen Regelungen, der sozialen Rollenverteilung zwischen den Geschlechtern, der mangelnden Verfügbarkeit von (und den Kosten für) Kinderbetreuungseinrichtungen sowie den Auswirkungen des *gender pay gap* wirke das Ehegattensplitting als Hemmnis für eine Erwerbstätigkeit von Ehefrauen. Zu dieser Schlussfolgerung kam auch das Sachverständigengutachten für den 1. Gleichstellungsbericht der Bundesregierung aus dem Jahr 2011,[4] welches das Zusammenwirken des Ehegattensplittings mit der steuer- und sozialversicherungsrechtlichen Privilegierung von sogenannten Minijobs[5] in den Blick nimmt.

Die Pluralisierung von Familienformen, vor allem die wachsende Zahl unverheirateter Eltern und Alleinerziehender, gibt Anlass zu der Kritik, über das Ehegattensplitting werde einseitig eine bestimmte Lebensweise (Einverdienstehe bzw. Ernährer plus ‚Zuverdienerin') steuerlich privilegiert. Weil Ehe und Familie nicht notwendigerweise eine Einheit bilden, ist die Steuerentlastung durch das Ehegattensplitting keine Familien-, sondern eine Eheförderung (Gerlach 2010: 267).

Die Verteilungswirkungen des Ehegattensplittings stehen ebenfalls in der Kritik, weil der Splittingvorteil in Einverdienstehen mit steigendem Einkommen ebenfalls ansteigt – er beträgt seit Einführung der sogenannten Reichensteuer für zu versteuernde Einkommen ab 500.000 Euro im Jahr 2007 nun ca. 15.000 Euro[6] (Bach u.a. 2011: 14). „Besonders bevorteilt", so spitzt *Stefan Bajohr* diese Wirkungsweise des Ehegattensplittings zu, „wird die nichterwerbstätige Millionärsgattin, während eine Fabrikarbeiterin, die mit einem Fabrikarbeiter verheiratet ist, keinerlei Steuerersparnis erfährt" (2007: 102). Weil die Höhe des Splittingvorteils von der Höhe des Einkommens abhängt, ist das Ehegattensplitting nicht im gleichen Maße zur Unterstützung von AlleinernährerInnen im prekären Einkommensbereich geeignet (Wersig 2011: 149) – dies sind aber wiederum häufig Frauen (Brehmer u.a. 2010: 23).

Das Deutsche Institut für Wirtschaftsforschung (DIW) hat berechnet, dass im Jahr 2003 93 Prozent (20,6 Milliarden Euro) des Splittingvolumens im Westen Deutschlands wirksam wurden; Menschen in Ostdeutschland profitieren also deutlich weniger vom Ehegattensplitting (Bach/Buslei 2003:

---

4 BT-Drs. 17/6240, S. 81.
5 Als ‚Minijobs' werden Beschäftigungsverhältnisse bezeichnet, die bis zu einer bestimmten Verdienstgrenze – derzeit 450 Euro – steuerfrei bleiben und für die nur pauschale Sozialversicherungsabgaben entrichtet werden müssen. Durch diese Möglichkeit eines steuerfreien Verdienstes, die Mitversicherung in der Kranken- und Pflegeversicherung für Verheiratete und den Splittingvorteil, so die Kritik, werde die Zuverdienerinnenrolle von Ehefrauen rechtlich gestützt und zementiert, vgl. BT-Drs. 17/6240, S. 81.
6 Im Steuertarif 2005 lag der maximal zu erreichende Splittingvorteil bei ca. 8.000 Euro und konnte bei zu versteuernden Einkommen von über 100.000 Euro erreicht werden; Bach u.a. 2011: 14.

347). Die Gründe hierfür liegen in den geringeren Einkommensunterschieden zwischen Frauen und Männern und in der höheren Frauenerwerbstätigkeit in Ostdeutschland (Bach u.a. 2011: 16–17). Nach Berechnungen von *Bach, Geyer, Haan* und *Wrohlich* aus dem Jahr 2011 würden Ehepaare in Westdeutschland bei einem Übergang zur Individualbesteuerung im Durchschnitt 134 Euro und Ehepaare in Ostdeutschland 50 Euro im Monat verlieren (ebd.: 17). Die Diskussion um das Ehegattensplitting ist also von Kritik aus verschiedenen Richtungen geprägt: im Hinblick auf die Anreiz- und Verteilungswirkungen werden sowohl Ehen, andere Formen der Partnerschaft und unterschiedliche Familienformen als auch Formen der Arbeitsteilung bei Paaren (Einverdienerehe, Zweiverdienerehe, Ernährer plus ‚Zuverdienerin', Unverheiratete, eingetragene LebenspartnerInnen, Alleinerziehende) miteinander verglichen. Das Thema ist sehr vielschichtig – es geht um die Berücksichtigung unbezahlter Arbeit, um das gemeinsame Wirtschaften in Ehen, um die Freiheit der Entscheidung für bestimmte Rollenmodelle angesichts der Rahmenbedingungen, die diese Entscheidung prägen, und um gegenseitige Abhängigkeiten.

Reformvorhaben können unterschiedliche Ziele verfolgen – will man das Vorhandensein von Kindern bei der Tarifgestaltung berücksichtigen, wird das unter Umständen zu anderen politischen Forderungen führen, als wenn die strukturelle Förderung von Einverdienstehen in hohen Einkommenssegmenten oder die Anreize für eine traditionelle Rollenverteilung insgesamt beseitigt werden sollen. Welche Reformansätze unterschieden werden können, ist Gegenstand von Kapitel 1.6. Zuvor stellt Kapitel 1.5 jedoch die Funktionsweise des Ehegattensplittings und die zugrunde liegenden Regelungen im Einzelnen dar.

1.5 Begriff und Funktionsweise des Ehegattensplittings

In diesem Kapitel werden die Grundlagen der Ehegattenbesteuerung dargestellt. Im Abschnitt 1.5.1 geht es zunächst um die Grundsatzentscheidung, ob Ehegatten getrennt oder gemeinsam besteuert werden sollten, und um die Probleme, die damit jeweils verbunden sind. Die in Deutschland geltende Regelung wird in Abschnitt 1.5.2 vorgestellt.

1.5.1 Getrennte oder gemeinsame Besteuerung von Ehegatten

Derzeit gilt in Deutschland ein progressiver Steuertarif.[7] Das bedeutet, dass der Steuertarif mit steigendem Einkommen ebenfalls ansteigt. Höhere Einkommen werden also nicht nur absolut, sondern auch prozentual höher besteuert. In allen Ländern mit einem progressiven Steuertarif stellt sich zunächst das Problem, ob Ehepaare getrennt oder zusammen besteuert werden sollen.

Die Frage nach individueller Besteuerung stellt sich im Grunde erst seit Beginn der Industrialisierung und der damit verbundenen Trennung von Hausarbeit und außerhäuslicher Erwerbsarbeit (Weber-Kellermann 1982: 73ff.), seit also Einkommensbestandteile einzelnen Individuen überhaupt zugeordnet werden können. Zunächst wurden Haushalte bzw. Haushaltsvorstände besteuert; nach dem Ersten Weltkrieg entwickelte sich das deutsche Einkommensteuerrecht dann hin zum Prinzip der Ehebesteuerung (vgl. Kapitel 4.2).

Bei der individuellen Besteuerung richtet sich der Steuertarif nach dem Einkommen der Steuerpflichtigen; der Familienstand, der Erwerbsstatus bzw. das Einkommen von eventuellen PartnerInnen spielen dabei zunächst keine Rolle. Bei der Zusammenveranlagung wird das Einkommen von Ehepaaren gemeinsam besteuert.

Der internationale Vergleich zeigt, dass die Frage, ob Ehegatten gemeinsam oder getrennt zu besteuern sind, ob also Individuen oder Ehepaare das jeweilige Steuersubjekt (*tax unit*, vgl. OECD 2006: 54) bilden, durchaus unterschiedlich beantwortet wird (vgl. Kapitel 2.2, sowie Dingeldey 2000; 2002).

In Ländern mit einem progressiven Steuertarif kann die Zusammenveranlagung von Ehegatten dazu führen, dass ein verheiratetes Paar mehr Steuern zahlt, als es zahlen würde, wenn es nicht verheiratet wäre. Im Englischen wird dieses Phänomen *marriage penalty* genannt (Brown 1997; vgl. zur Rechtslage und Kritik in den USA Kornhauser 1993; Kornhauser 2010; aus rechtsvergleichender Perspektive Lahey 2011; zu Großbritannien McMahon 2010; Mehrotra 2010; zu Kanada Philipps 2011), in deutscher Sprache wird dafür der Begriff ‚Ehestrafsteuer' verwendet.

Aufgrund der Zusammenveranlagung und des progressiven Einkommensteuertarifs mussten Anfang der 1950er-Jahre auch in Deutschland etliche Paare nach der Eheschließung höhere Steuern zahlen als vorher (vgl. Kapitel 4.3). Eine gegenüber der individuellen Besteuerung höhere Steuerlast bei Verheirateten ergab sich allerdings immer nur dann, wenn der Steuersatz, der auf das addierte Erwerbseinkommen beider Ehepartner angewendet wurde, höher war als der Steuersatz für die jeweiligen individuellen Einkommensbe-

---

7 Eine Übersicht über die Tarifgeschichte der bundesdeutschen Einkommensbesteuerung seit 1958 bietet das Bundesministerium der Finanzen im Internet unter https://www.abgabenrechner.de/uebersicht_ekst/index.jsp (Zugriff: 23.10.2012).

standteile. Was als steuerliche Bestrafung des Ehestandes bezeichnet wird, ist also eigentlich eine Bestrafung der Erwerbstätigkeit *beider* Ehegatten.

1957 erklärte das Bundesverfassungsgericht eine höhere Besteuerung von Ehepaaren gegenüber Unverheirateten bei gleichem Einkommen für verfassungswidrig (vgl. Kapitel 4). Auch in anderen Ländern, zum Beispiel in Italien, Zypern, Irland und Korea, kamen Gerichte zu dem Ergebnis, die Zusammenveranlagung von Ehegatten sei verfassungswidrig (Thurionyi 2003: 93).

Das Ehegattensplitting ist zunächst ein Weg zur Vermeidung der ‚Ehestrafsteuer' bei zusammen veranlagten Ehepaaren unter einem progressiven Steuertarif. In den Vereinigten Staaten wurde im Jahr 1948 ein Splittingverfahren eingeführt (vgl. zu den vorher geltenden Varianten der Besteuerung und zu den politischen Hintergründen der Reform Jones 1988; Kessler-Harris 2001: 170–202), bei dem die Partner zusammen veranlagt wurden (*joint return*). Ihr gemeinsames Einkommen wurde zunächst durch zwei geteilt, dann die für diesen Betrag fällige Steuer berechnet und schließlich verdoppelt (Kessler-Harris 2001: 193). Dieses sogenannte Ehegattensplitting wird seit 1958 auch in der Bundesrepublik angewendet (vgl. im Einzelnen Kapitel 1.5.2).

Eine weitere Variante ist die Familienbesteuerung. Dabei werden Paare ebenfalls zusammen veranlagt, jedoch wird zusätzlich auch die Zahl der im Haushalt lebenden Kinder mit einbezogen. So wird beispielsweise bei dem in Frankreich unter dem Begriff Familiensplitting bekannten Verfahren das Familieneinkommen zunächst durch die Zahl der Haushaltsangehörigen geteilt und auf diese Teilbeträge dann die entsprechende Steuerrate angewendet. Die sich daraus ergebende Summe wird anschließend wiederum mit der Zahl der Haushaltsangehörigen multipliziert, wobei das erste und zweite Kind jeweils mit dem Faktor 0,5 und jedes weitere Kind sowie Erwachsene mit dem Faktor 1 gewichtet werden (Dingeldey 2000: 15; Steiner/Wrohlich 2006: 6).

Wie die Besteuerung konkret ausgestaltet ist, variiert erheblich zwischen einzelnen Staaten (Förster 2010: Rz. 13). Auch bei grundsätzlich getrennter Veranlagung kann steuerlicher Gestaltungsspielraum für Ehepaare (und auch andere Partnerschaftsformen) geschaffen werden, etwa durch Übertragung von Einkommensbestandteilen oder Steuerfreibeträgen zwischen den Ehegatten. *Irene Dingeldey* (2000: 15–16) weist in ihrer ländervergleichenden Studie darauf hin, dass die Mehrheit der Länder mit formal individueller Besteuerung mehr oder weniger umfangreiche Steuererleichterungen für AlleinverdienerInnen gewährt. Es existieren also Alternativen zu Zusammenveranlagung und Ehegattensplitting, die Unterhaltsleistungen an PartnerInnen oder Angehörige in unterschiedlichem Umfang anerkennen. *Jutta Förster* (2010: Rz. 13) nennt als typische Gestaltungsvarianten der steuerlichen Berücksichtigung unterhaltsabhängiger Angehöriger neben dem Kindergeld „Freibeträge, Nullzonen im Tarif oder Abzüge vom Steuerbetrag"; diese Instrumente seien in der Regel auf die Fälle begrenzt, in denen Unterhaltsberechtigte keine oder keine ausreichenden eigenen Einkünfte erzielen.

1.5.2 Rechtslage in Deutschland

In der Bundesrepublik Deutschland galten die Regelungen zum Ehegattensplitting seit seiner Einführung 1958 unverändert. Die Ehegattenbesteuerung in der DDR unterschied sich grundlegen hiervon (vgl. Kapitel 1.5.2.8). Nach dem Beitritt wurden die bundesdeutschen Normen für Gesamtdeutschland übernommen. In den folgenden Kapiteln wird dieses geltende System der Ehegattenbesteuerung detailliert vorgestellt.

1.5.2.1 Rechtliche Rahmenbedingungen der Ehegattenbesteuerung im Einkommensteuergesetz

In der Bundesrepublik Deutschland können Eheleute, die nicht dauernd getrennt leben, seit dem Jahr 1958 bei der Einkommensbesteuerung zwischen einer individuellen und einer gemeinsamen steuerlichen Veranlagung wählen (§ 26 EStG).[8] Die Zusammenveranlagung bedeutet, dass Ehegatten als *ein* Steuerpflichtiger behandelt werden, das heißt die Einkommen werden addiert und den Ehegatten gemeinsam zugerechnet (§ 26b EStG). Dabei werden die von den Eheleuten erzielten Einkünfte zunächst zusammengerechnet. Das gemeinsame zu versteuernde Einkommen wird durch zwei geteilt und die Steuerlast dieses hälftigen Betrages errechnet und verdoppelt (§ 32a Abs. 5 EStG).

Wie wirkt diese besondere Gestaltung des Steuertarifs für Ehegatten? Zunächst stellt das Ehegattensplitting sicher, dass es nicht zu einer ‚Ehestrafsteuer' kommt (vgl. Homburg 2000: 263; Lang 1988: 621, der von einer Korrektur der „tariflichen Auswirkung" des Splittingverfahrens spricht). Denn durch das Splittingverfahren zahlen verheiratete Ehepaare genauso viel Einkommensteuer wie zwei Unverheiratete, von denen jede/r die Hälfte des gemeinsamen Einkommens des Ehepaars verdient (Lambrecht 2011: § 32a Rz. 12).

---

[8] Aktuelle Zahlen des BMF zur Frage, in welchem Umfang welche Besteuerungsform in Anspruch genommen wird, sind nicht verfügbar. Nach Schätzung von SteuerberaterInnen und FinanzbeamtInnen, mit denen ich im Forschungsprozess Kontakt hatte, ist die Zusammenveranlagung für über 90 Prozent aller Ehepaare vorteilhafter, die getrennte Veranlagung spielt in der Praxis also nur eine geringe Rolle (vgl. zu den Konstellationen, in denen die getrennte Veranlagung von Vorteil sein kann, Maier 2012: 1812–1813). Beantragt ein Ehegatte die getrennte Veranlagung, ist das Finanzamt auch zur getrennten Veranlagung verpflichtet, es sei denn, dieser Ehegatte hat keine Einkünfte, negative Einkünfte oder das Einkommen ist so gering, dass keine Steuer zu entrichten wäre. In einem solchen Fall wird zusammen veranlagt, wenn der andere Ehegatte dies beantragt. Eine Zustimmungspflicht zur Zusammenveranlagung wird aus § 1353 Abs. 1 S. 2 BGB abgeleitet, weil das „Wesen der Ehe und die Pflicht zur gegenseitigen Rücksichtnahme" auch die Vermeidung finanzieller Belastungen einschließt, zumindest wenn daraus kein Nachteil entsteht; ebd.: 1813.

1.5.2.2 „Splittingeffekt"

Neben der Verhinderung der ‚Ehestrafsteuer' hat die Zusammenveranlagung mit Ehegattensplitting weitere Wirkungen. Aufgrund des Splittingverfahrens verläuft die Progression bei Verheirateten flacher. Die durch dieses Abflachen der Progression gegenüber der individuellen Besteuerung erzielte Steuerentlastung ist umso größer, je höher die Einkommensdifferenz zwischen den Ehegatten ist. Bei Einkommensunterschieden zwischen den Partnern ist deshalb in der Regel die Zusammenveranlagung mit dem Splittingtarif steuerlich vorteilhafter. Die Steuerersparnis der Zusammenveranlagung mit Splittingverfahren gegenüber der individuellen Besteuerung wird *Splittingeffekt* oder auch *Splittingvorteil* genannt. Die Wahl des Begriffes beinhaltet oft bereits ein politisches Statement – wer das Ehegattensplitting als neutrale Form der Besteuerung ansieht, betrachtet den Splittingeffekt eben gerade nicht als ‚Vorteil' (vgl. im Einzelnen Kapitel 2.5.1).

Die steuerlichen Auswirkungen des Splittingverfahrens müssen also im Zusammenhang mit der Gestaltung des Steuertarifs betrachtet werden. Bei einem progressiven Steuertarif, wie er in der Bundesrepublik angewendet wird, kann das Splittingverfahren im Vergleich zur individuellen Besteuerung eine Steuerentlastung bewirken, weil durch die Halbierung des Einkommens und der Berechnung der Steuerlast auf dieser Grundlage ein Progressionsvorteil entsteht. Die steuerliche Entlastung ist also von zwei Faktoren abhängig: zum einen von der Einkommensdifferenz zwischen den Partnern und zum anderen von der Höhe des gemeinsam erzielten Einkommens. Je größer die Einkommensdifferenz zwischen den Ehegatten, desto größer ist die Steuerersparnis des Paares. Verdienen beide Personen gleich viel, bringt die gemeinsame gegenüber der individuellen Veranlagung jedoch keine Ersparnis (vgl. Tabelle 1 und Tabelle 2).

Werden verschiedene Paarkonstellationen verglichen, lassen sich die Wirkungen des Ehegattensplittings stark vereinfacht wie in Abbildung 1 systematisieren: Ein verheiratetes Paar, in dem die PartnerInnen über jeweils gleich hohe Einkommen verfügen, wird wie ein verheiratetes Alleinverdienstpaar mit demselben Gesamteinkommen und wie ein unverheiratetes Zweiverdienstpaar mit ebenfalls gleich hohem individuellen Einkommen besteuert. Ein unverheirateter Alleinverdiener wiederum zahlt mehr Steuern als das verheiratete Alleinverdienstpaar, das unverheiratete Alleinverdienstpaar oder das verheiratete Zweiverdienstpaar mit dem jeweils gleichen Gesamteinkommen.

Tabelle 1: Splittingeffekt bei Einverdienstehen, Tarif 2010

Einkommenshöhe (brutto)	Splittingeffekt pro Jahr	Splittingeffekt im Monat
100.000 €	8.134 €	677,83 €
60.000 €	5.778 €	481,50 €
50.000 €	4.635 €	386,25 €
40.000 €	3.605 €	300,41 €
30.000 €	2.805 €	233,75 €

Quelle: Berechnung: Helga Schulz

Tabelle 2: Splittingeffekt bei Zweiverdienstehen, Tarif 2010

Einkommenshöhe (brutto)		Splittingeffekt pro Jahr	Unterschied zu Alleinverdienerehe mit gleichem Haushaltseinkommen
Partner A	Partner B		
75.000 €	25.000 €	1740 €	−6.394 €
30.000 €	30.000 €	0 €	−5.778 €
40.000 €	10.000 €	1110 €	−3.525 €
30.000 €	10.000 €	538 €	−3.067 €
20.000 €	10.000 €	211 €	−2.594 €

Quelle: Berechnung: Helga Schulz

Abbildung 1: Vergleich des Progressionsvorteils durch das Ehegattensplitting für verschiedene Paarkonstellationen

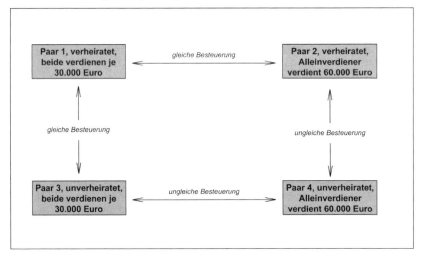

Quelle: Eigene Darstellung

1.5.2.3 Verdoppelung von Freibeträgen

Für zusammenveranlagte Ehegatten verdoppeln sich die Beträge für steuerlich absetzbare Aufwendungen sowie der Grundfreibetrag, der das steuerliche Existenzminimum berücksichtigt. Es spielt weder eine Rolle, ob beide Ehegatten erwerbstätig sind, noch ist von Bedeutung, welchem der beiden Ehegatten die Aufwendungen tatsächlich entstanden sind. In dieser Verdoppelung der Freibeträge liegt ein weiterer Vorteil der Zusammenveranlagung für verheiratete Alleinverdiener. Weil zusammenveranlagte Zweiverdienstpaare sonst schlechter gestellt wären, als wenn sie individuell besteuert würden, hält *Ulrike Spangenberg* (2011: 13) die Verdoppelung der Beträge in diesem Fall für gerechtfertigt, nicht aber bei Alleinverdienern. Die daraus resultierenden Steuermindereinnahmen werden laut *Spangenberg* auf 8 Milliarden Euro geschätzt (ebd.).

1.5.2.4 Ehegattensplitting und Lohnsteuer

Die dargestellten Zusammenhänge zwischen Ehegattensplitting und Steuertarif müssen auch im Kontext mit dem Verfahren der Lohnsteuererhebung betrachtet werden. Die Lohnsteuer als Erhebungsform der Einkommensteuer ist eine Vorauszahlung der jährlichen Einkommensteuerschuld. Zusammen mit den Sozialversicherungsbeiträgen ist die Höhe der Lohnsteuer entscheidend für das Einkommen, das ArbeitnehmerInnen monatlich netto zur Verfügung steht. Je nachdem, ob die Lohnsteuer Einkommensdifferenzen zwischen den Ehegatten berücksichtigt oder nicht, kann sich das Einkommen der zuverdienenden Person noch verringern, wie es in der Lohnsteuerklasse V der Fall ist (vgl. dazu im Einzelnen Spangenberg 2005).

Wer das Ehegattensplitting kritisiert, kritisiert in der Regel auch die Lohnsteuerklassenkombination III/V. Häufig wird beides jedoch synonym verwendet (Urbanek 2010: 57), obwohl damit durchaus Unterschiedliches bezeichnet wird. Ehepaare können sich für die genannte Lohnsteuerklassenkombination entscheiden, die der besser verdienenden Person über die Einordnung in Lohnsteuerklasse III ein höheres Nettoeinkommen ermöglicht, wohingegen die zuverdienende Person in der Lohnsteuerklasse V höhere Abzüge hinnehmen muss. Gerade in den letzten Jahren wird argumentiert, aus einer Gleichstellungsperspektive sei nicht das Ehegattensplitting, sondern die Lohnsteuerklasse V das Problem, die den verheirateten, überwiegend weiblichen ZuverdienerInnen einen geringeren Wert ihrer Arbeit suggeriere. Diese Kritik hat allerdings bisher nicht zu einer Abschaffung der Lohnsteuerklassenkombination III/V,[9] sondern lediglich zur Einführung einer weiteren

---

9   Eine Abschaffung allein der Lohnsteuerklasse V würde zu kurz greifen, denn gerade *weil* in der Lohnsteuerklasse III nahezu alle Freibeträge und der Splittingvorteil des Paares berück-

Wahlmöglichkeit bei der Lohnsteuer geführt, nämlich des sogenannten Faktorverfahrens (§ 39f EStG) im Jahr 2010.[10] Weil der oben dargestellte Effekt des Ehegattensplittings auch bei einer Abschaffung der Lohnsteuerklassenkombination III/V weiter bestehen bleiben würde, sollten beide Begriffe analytisch getrennt werden. Deshalb verwende ich diese Begriffe im Folgenden nicht synonym und berücksichtige auf die Lohnsteuer bezogene Reformvorschläge nur, soweit sie Teil der Diskussionen über das Ehegattensplitting sind.[11]

1.5.2.5 Der Ehebegriff des bundesdeutschen Steuerrechts

Nur Verheiratete können zwischen gemeinsamer oder getrennter Veranlagung wählen (§ 26 EStG). Der Ehebegriff des Steuerrechts knüpft an die im Familienrecht verankerte Ehedefinition und die herrschende Interpretation des Ehebegriffes des Grundgesetzes an. Eine analoge Anwendung der Regeln für Ehegatten auf andere Formen der Partnerschaft wird deshalb abgelehnt (Seiler 2011: § 26 Rz. 1).[12]

Das Bundesverfassungsgericht versteht in ständiger Rechtsprechung unter dem Begriff der Ehe die unter einem staatlichen Mitwirkungsakt verbindlich und auf Lebenszeit geschlossene Lebensgemeinschaft von Mann und Frau.[13] Voraussetzung der Zusammenveranlagung ist das „nicht dauernd getrennt leben", was in der steuerrechtlichen Literatur auch mit dem Begriff „intakte Ehe" umschrieben wird (ebd.: Rz. 5), aber im Wesentlichen an den Begriff des Getrenntlebens im Familienrecht (§ 1567 Abs. 1 BGB) anknüpft.[14] Außerdem existiert eine Sonderregel, das sogenannte „Gnadensplitting" (vgl. § 32a Abs. 6 S. 1 Nr. 1 EStG), das auch im Jahr nach dem Tod ei-

---

sichtigt sind, fallen die Abzüge in der Lohnsteuerklasse V so hoch aus. Beide Lohnsteuerklassen funktionieren also nur in der Kombination miteinander.

10 Das Faktorverfahren bezweckt eine Verteilung der Lohnsteuerschuld entsprechend der Einkommensverteilung des Ehepaares. Aktuellen Meldungen zufolge wird es jedoch nur wenig in Anspruch genommen, vgl. *Financial Times Deutschland* vom 26.07.2012: „Ehefrauen verschmähen Steuerkniff".

11 Eine Analyse der historischen Entwicklung der Lohnsteuerpolitik in der Bundesrepublik und der Zusammenhänge von Lohnsteuer und Sozialleistungen wäre aus Gleichstellungsperspektive und aus sozialpolitischer Sicht ebenfalls ein lohnendes Forschungsprojekt; vgl. zur Geschichte der Lohnsteuerklasse F bzw. V: von Oertzen 1999: 202–210 und zum Zusammenhang von Lohnsteuer und Sozialleistungen Spangenberg 2005: 85–87.

12 BFH vom 27.10.1989 – III 205/82 für die nichteheliche Lebensgemeinschaft, BFH vom 26.01.2006 – III R 51/05 für die eingetragene Lebenspartnerschaft.

13 Vgl. BVerfG vom 02.02.1993 – 2 BvR 1491/91, juris-Rz. 8 m.w.N., NJW 1993, 3316–3317.

14 Allerdings lässt die Rechtsprechung der Finanzgerichte ernsthafte Versöhnungsversuche, auch wenn diese im Ergebnis scheitern, als zeitweise Beendigung des Getrenntlebens und Wiederaufnahme des Zusammenlebens zu (vgl. die Rechtsprechungsübersicht bei Seiler 2011: § 26 Fn. 12), was dann für ein weiteres Jahr die Zusammenveranlagung mit Splittingtarif ermöglicht.

nes Ehegatten die Zusammenveranlagung erlaubt, obwohl eine Gemeinschaft des Erwerbs und Verbrauchs, mit dem das Ehegattensplitting unter anderem begründet wird, dann nicht mehr vorliegt. Diese Regelung wurde im Jahr 1958 eingeführt, um Härten durch den Wegfall des Ehegattensplittings nach dem Tod eines Ehegatten abzufedern.

1.5.2.6 Begrenztes Realsplitting nach der Scheidung und sonstige steuerliche Berücksichtigung von Unterhalt unter Erwachsenen

Das Ehegattensplitting steht nur für nicht dauernd getrennt lebende Ehegatten zur Verfügung. Allerdings bietet das Steuerrecht auch anderen Paarkonstellationen bzw. Geschiedenen Möglichkeiten der Berücksichtigung von Unterhaltszahlungen an Erwachsene (vgl. den Überblick bei Spangenberg 2007a: 296–301). Wichtige Regelungen sind das Realsplitting für Geschiedene und der allgemeine Unterhaltsabzug, von dem eingetragene LebenspartnerInnen und unter bestimmten Voraussetzungen auch unverheiratete Paare Gebrauch machen können.

Geschiedenen oder dauernd getrennt lebenden Ehegatten steht das begrenzte Realsplitting zur Verfügung (§§ 10 Abs. 1 Nr. 1, 22 Nr. 1a EStG). Dier unterhaltspflichtige Person kann jährlich bis zu 13.805 Euro als Sonderausgaben abziehen; hierfür ist die Zustimmung der unterhaltsberechtigten Person[15] erforderlich, die dann ihrerseits die Unterhaltsleistungen versteuern muss (§ 22 Nr. 1a EStG). Das Realsplitting wurde im Jahr 1979 eingeführt, um den „Wegfall des Ehegattensplittings nach dem Scheitern der Ehe abzufedern".[16] Betrachtet man unterhaltspflichtige und unterhaltsberechtigte Person als Einheit, ermöglicht das Realsplitting eine „Steueroptimierung" bei Einkommensunterschieden zwischen den Ex-Ehegatten (R.P. Maier 2012: 1823). Die unterhaltspflichtige Person erhält einen Progressionsvorteil, während die Versteuerung des Unterhalts als Einkommen bei der unterhaltsberechtigten Person, so sie keine weiteren Einkünfte hat, zu keiner oder nur zu einer geringen Steuerbelastung führt (ebd.).

Steuerpflichtige in einer eingetragenen Lebenspartnerschaft können Unterhaltsleistungen an die PartnerIn bis zur Höhe von 8.004 Euro im Rahmen des allgemeinen Unterhaltsabzugs (§ 33a EStG) vom Gesamtbetrag ihrer Einkünfte abziehen.[17] Der genannte Höchstbetrag mindert sich allerdings um

---

15 Zu dieser Zustimmung ist die unterhaltsberechtigte Person allerdings wiederum familienrechtlich verpflichtet; vgl. oben Fn. 8.
16 BT-Drs. 8/2100, S. 60.
17 Auf einer Sitzung der Abteilungsleiter (Steuer) des Bundes und der Länder im Februar 2012 wurde beschlossen, dass die Zusammenveranlagung mit Splittingtarif und die Lohnsteuerklassenkombination III und V eingetragenen LebenspartnerInnen entgegen dem Gesetzeswortlaut vorläufig auf Antrag gewährt werden können, solange das Bundesverfassungsgericht die Frage ihrer Gleichbehandlung mit Ehegatten im Einkommensteuerrecht nicht abschließend entschieden hat. Mit dieser Reaktion auf entsprechende Entscheidungen

alle Einkünfte der PartnerIn, die 624 Euro im Jahr übersteigen. Auch unverheiratete Paare können vom allgemeinen Unterhaltsabzug unter den genannten Bedingungen Gebrauch machen, wenn wegen der Unterhaltsleistungen „zum Unterhalt bestimmte inländische öffentliche Mittel" gekürzt wurden (§ 33a Abs. 1 S. 3 EStG). Dies betrifft zum Beispiel die Anrechnung von Einkommen des Partners/der Partnerin im Rahmen der Grundsicherungsleistungen des SGB II.

Ulrike Spangenberg spricht in diesem Zusammenhang von einer Privilegierung von Verheirateten oder Getrenntlebenden bzw. Geschiedenen gegenüber anderen Unterhaltsgemeinschaften im Steuerrecht und plädiert dafür, alle Unterhaltsleistungen unter Erwachsenen einheitlich zu regeln. Um eine Besserstellung von Personen mit höherem Einkommen zu vermeiden und für sämtliche Unterhaltsarten und Einkommenshöhen den gleichen Maßstab zu verwenden, wäre ihr zufolge dabei die Begrenzung der Berücksichtigung von Unterhaltsleistungen auf das Existenzminimum sinnvoll (Spangenberg 2007a: 302–303). Außerdem existieren Forderungen nach einer Ausweitung des Ehegattensplittings auf neue Gruppen – aktuell seit 2001 die eingetragenen Lebenspartnerschaften (vgl. Kapitel 2.5.5) – oder die Einführung eines Splittingverfahrens für Familien (vgl. Kapitel 1.6).

1.5.2.7 Diskussion nach der Einführung der eingetragenen Lebenspartnerschaft im Jahr 2001

Seit der Einführung der eingetragenen Lebenspartnerschaft durch die rotgrüne Bundesregierung im Jahr 2001 wird diskutiert, ob auch eingetragene LebenspartnerInnen die Möglichkeit haben sollten, zwischen individueller Veranlagung und der Zusammenveranlagung mit Splittingtarif zu wählen (vgl. Kapitel 2.5.5). Eine einkommensteuerrechtliche Gleichstellung von Ehegatten und eingetragenen LebenspartnerInnen in diesem Punkt ist aber bisher nicht erfolgt.

Weil die Ehe verschiedengeschlechtlichen Personen vorbehalten ist, schien eine Anwendung des Ehegattensplittings auf homosexuelle Paare lange Zeit kaum denkbar. Das hat sich nicht erst mit Einführung der eingetragenen Lebenspartnerschaft als rechtlich verbindlichem Rahmen für die Partnerschaft von zwei Menschen gleichen Geschlechts geändert. Der rechtliche Umgang mit Homosexualität hat seit den 1950er-Jahren einen erheblichen Wandel er-

---

der Finanzgerichte wären eingetragenen LebenspartnerInnen faktisch ähnliche Rechte eingeräumt worden wie Ehegatten. Dieser Beschluss wurde allerdings vom Bundesministerium der Finanzen nicht mitgetragen, welches insofern weisungsberechtigt ist, vgl. Antwort auf die Kleine Anfrage der Fraktion Die Linke, BT-Drs. 17/9472, S. 8. Eine Grundsatzentscheidung zur Frage, ob eingetragene Lebenspartnerschaften Anspruch auf einkommensteuerrechtliche Gleichbehandlung haben, wird vom 2. Senat des Bundesverfassungsgerichts (Az: 2 BvR 909/06, 2 BvR 1981/06 und 2 BvR 288/07) im Jahr 2013 erwartet; vgl. Kapitel 1.5.2.7 und Kapitel 2.5.5.

fahren. Noch im Jahr 1957 hatte das Bundesverfassungsgericht entschieden,[18] dass Gesetze, die homosexuelle Handlungen von Männern unter Strafe stellen, verfassungsgemäß seien, denn Homosexualität sei ein Verstoß gegen das Sittengesetz (vgl. zur Geschichte von Homosexualität und Staat Raab 2011: 205–225). Bis zur Entscheidung des Bundesverfassungsgerichts zur eingetragenen Lebenspartnerschaft[19] war es aufgrund der vorherrschenden der Interpretation von Art. 6 Abs. 1 GG (vgl. dazu im Einzelnen Berghahn 2003) unklar und umstritten, ob die Institutionalisierung gleichgeschlechtlicher Partnerschaften verfassungsrechtlich überhaupt gestattet ist. Während diese Fragen nicht Gegenstand dieser Arbeit sind, ist die Begründung der Beschränkung des Ehegattensplittings (und der Lohnsteuerklassen III, IV und V) auf heterosexuelle Ehepaare durchaus relevant, weil sie die Begründung für das Ehegattensplitting insgesamt berührt. Die Diskussion um die einkommensteuerliche Gleichbehandlung eingetragener Lebenspartnerschaften wird in Kapitel 2.5.5 aufgegriffen.

1.5.2.8 Exkurs: Besteuerung in der DDR

Der Untersuchungsgegenstand dieser Arbeit ist ein Spezifikum der bundesrepublikanischen Steuerpolitik und nimmt einen besonderen Stellenwert im westdeutschen Wohlfahrtsstaatsmodell ein. In der DDR wurde ein anderes Modell gelebt – die Steigerung der Frauenerwerbstätigkeit war dort Staatsziel, die im Jahr 1988 erreichte Frauenerwerbsquote lag im internationalen Spitzenfeld (vgl. Merkel 1994; Schwartz 2005; Trappe 1995). Dieses Ziel findet sich auch in gesetzlichen Regelungen: In der DDR wurde Mitte der 1960er-Jahre ein Familiengesetzbuch eingeführt und das bis dahin geltende Familienrecht des Bürgerlichen Gesetzbuches abgelöst. Die Gleichberechtigung von Mann und Frau wurde zu einem der Grundprinzipen des Familienrechts erhoben, beide Ehegatten wurden verpflichtet „ihre Beziehungen zueinander so zu gestalten, daß beide das Recht auf Entfaltung ihrer Fähigkeiten zum eigenen und zum gesellschaftlichen Nutzen voll wahrnehmen können" (Helwig 1982: 49). Das Familienrecht der DDR ging im Grundsatz von der Erwerbstätigkeit beider Ehegatten aus; es war eine Richtschnur familienpolitischen und familienrechtlichen Handelns, Frauen eine Erwerbstätigkeit zu ermöglichen (Gysi/Meyer 1993; Helwig 1982: 20; Titze 2011). Inwieweit sich diese gleichstellungspolitischen Grundsätze bis in die Rechtsanwendung erstreckten, wurde bisher aber noch nicht umfassend erforscht; *Anja Titze* kam zu der Einschätzung, dass die Rechtsdurchsetzung „hinterher hinkte" (2011: 165).

---

18 BVerfG vom 10.05.1957 – 1 BvR 550/52, BVerfGE 6, 389–443.
19 BVerfG vom 17.07.2002 – 1 BvF 1/01, 1 BvF 2/01, BVerfGE 105, 313–365.

Die bekannten Unterschiede zwischen der Bundesrepublik Deutschland und der DDR in Bezug auf Geschlechterverhältnisse, Familien- und Sozialpolitik, insbesondere die Integration der Frauen in das Erwerbsleben (Schäfgen 1998), sowie die sozialistische Wirtschaftsordnung insgesamt, die Umverteilung nicht in erster Linie über die Besteuerung, sondern bereits über die Lohnpolitik anstrebte, schlugen sich auch in der Ehebesteuerung nieder. Die Besteuerung berücksichtigte jedenfalls die Existenz eines eventuell nicht erwerbstätigen Ehegatten nicht, auch die Lohnsteuer von Frauen und Männern wurde individuell berechnet (ebd.: 60). Unterhaltsansprüche nach der Scheidung für Erwachsene bildeten in der DDR ebenfalls die Ausnahme (Berghahn 1993; Titze 2011: 159).[20]

Die Beschreibung der Diskussion über das Ehegattensplitting in der Bundesrepublik blendet Recht und Lebensrealität in der DDR aus. Allerdings war es das bundesdeutsche Steuerrecht, das im Zuge des Beitrittsprozesses für das gesamte Bundesgebiet übernommen wurde und für das insofern Kontinuität besteht. Eine vergleichende Analyse der Entwicklung der Ehebesteuerung in der Bundesrepublik und der DDR für die Jahre 1949 bis 1989 würde also das Erkenntnisinteresse dieser Arbeit kaum befördern, weil das Steuerrecht der DDR als mögliches Alternativ- oder Zukunftsmodell zu keiner Zeit eine Rolle spielte.

1.6 Reformbegriff und Reformoptionen

Da diese Arbeit die Frage untersucht, welche Hindernisse einer Reform der Ehegattenbesteuerung im Wege stehen, muss der verwendete Reformbegriff definiert werden. Unter einer Reform wird „eine bedeutende Veränderung der Gesetzgebung und/oder der Staatstätigkeit einer Regierung" verstanden (Wagschal 2005: 21).

Wie auch ein Blick auf die Regelungen in anderen Ländern zeigt (vgl. im Einzelnen Kapitel 2.2), könnte eine grundlegende gesetzliche Änderung der Ehegattenbesteuerung in zwei Richtungen gehen: Entweder werden Ehegatten getrennt veranlagt oder Familien und/oder andere Formen von Partnerschaften als die Ehe erhalten die Möglichkeit der Zusammenveranlagung. Die zwei wesentlichen Stränge möglicher Reformen sind also Individualisierung

---

20 § 29 Abs. 1 FGB der DDR sah nachehelichen Ehegattenunterhalt nur dann vor, wenn ein geschiedener Ehepartner sich wegen Krankheit, Kinderbetreuung oder aus sonstigen Gründen nicht selbst durch Arbeit oder sonstige Mittel ernähren konnte und der Unterhalt nach Berücksichtigung der Lebensumstände, der Entwicklung der Ehe und der Umstände der Scheidung gerechtfertigt war. Der Unterhalt sollte nur eine Übergangslösung darstellen und auf zwei Jahre befristet sein. Nur in Ausnahmefällen konnte gemäß § 29 Abs. 2 FGB auch unbefristeter Unterhalt gewährt werden.

auf der einen und Familialisierung auf der anderen Seite. Innerhalb dieser Optionsrichtungen sind wiederum unterschiedliche Ausgestaltungen denkbar. Für den Fall einer Abschaffung des Ehegattensplittings werden seit Ende der 1990er-Jahre zudem Übergangsregelungen für sogenannte ‚Altehen' diskutiert, die ihre Arbeitsteilung im Vertrauen auf die bestehende Regelung des Ehegattensplittings eingerichtet haben. Sie würden nach einem Übergang zur Individualbesteuerung finanziell schlechter dastehen als zuvor, ohne ihre einmal getroffenen Entscheidungen rückgängig machen zu können.

Neben diesen Optionen für eine grundsätzliche Reform der Ehegattenbesteuerung ist aber auch denkbar, dass das Ehegattensplitting nur leicht modifiziert und der Status quo damit im Wesentlichen aufrechterhalten wird. So könnte die Zusammenveranlagung mit Splittingtarif beibehalten, der Splittingeffekt aber der Höhe nach begrenzt werden. Auf eine solche Reformvariante hatten sich SPD und Bündnis 90/Die Grünen 1988 in ihrem Koalitionsvertrag geeinigt. Das Vorhaben, den Splittingvorteil bei maximal 8.000 DM zu kappen, wurde jedoch nicht umgesetzt (vgl. Kapitel 6).

Aufgrund der wesentlichen Bedeutung der Veranlagungsform für das bundesdeutsche Steuersystem hätte nahezu jede Reformvariante Gewinner und Verlierer, die genauen Verteilungswirkungen variieren aber je nach grundsätzlicher Ausrichtung und genauer Ausgestaltung der Reform. Deshalb handelt es sich bei Veränderungen der Ehegattenbesteuerung in der Regel um redistributive Maßnahmen, bei denen „Kosten und Nutzen [...] zwischen verschiedenen Gruppen umgeschichtet" werden (Kevenhörster 2008: 328). Sie haben Einschnitte für bestimmte Gruppen zur Folge und lassen einen hohen gesellschaftlichen Widerstand erwarten, während die Verteilung von Ressourcen oder Rechtsansprüchen solche Widerstände nicht hervorruft (vgl. Dose 2008: 185 am Beispiel der Erhöhung der Bundesausbildungsförderung und der Abschaffung der steuerlichen Eigenheimzulage).

Auch wenn das Ehegattensplitting beibehalten und lediglich (wie etwa in Frankreich) um eine ‚Kinderkomponente' ergänzt oder auf eingetragene LebenspartnerInnen ausgeweitet würde, wäre dies als redistributive Maßnahme einzuordnen: Bestimmte Gruppen würden erstmals vom Ehegattensplitting profitieren, was Steuermindereinnahmen zur Folge hätte, die dann durch Einsparungen oder Steuererhöhungen an anderer Stelle kompensiert werden müssten.

Würde das Ehegattensplitting beschränkt oder sogar abgeschafft, wären die redistributiven Effekte offensichtlicher. Insbesondere Einverdienstehen, vor allem diejenigen mit hohen Einkommen, wären die Verlierer. Wem eine Beschränkung des Ehegattensplittings zugutekäme, ist demgegenüber schwieriger zu sagen und ebenfalls abhängig von der konkreten Ausgestaltung des Reformprojekts. Der Wegfall (eines Teils) des Splittingvolumens bringt isoliert betrachtet zunächst niemandem finanzielle Vorteile, weil eine solche Reform mit Mehrbelastungen unterschiedlichen Ausmaßes einhergehen würde und keine Besserstellung für diejenigen bedeutet, die im Moment entweder keinen Zugang zur Zusammenveranlagung mit Splittingtarif haben (Alleinerziehende, Unverheiratete, eingetragene LebenspartnerInnen) oder aufgrund ihrer Erwerbs- und Einkommensverhältnisse (Zweiverdienerehepaar mit gleichen oder nahezu gleichen individuellen Einkommen) nicht profitieren.[21] Welche Vorteile sich aus einem Übergang zur Individualbesteuerung ergeben, hinge dann von der Entscheidung darüber ab, ob die dadurch zu erwartenden Mehreinnahmen zur Finanzierung von Steuersenkungen oder von zusätzlichen Leistungen (zum Beispiel für Familien) eingesetzt würden.

1.7 Gliederung der Untersuchung

In Kapitel 2 stelle ich zunächst den Forschungsstand zum Ehegattensplitting in den Rechts-, Wirtschafts- und Sozialwissenschaften dar. Dabei wende ich mich besonders der Frage zu, welche Kritik an der bundesdeutschen Ehegattenbesteuerung in der wissenschaftlichen Literatur zu finden ist und welche Gründe für das politische Festhalten am Ehegattensplitting bisher herausgearbeitet wurden. Daran anschließend beschäftigt sich Kapitel 3 mit Erklärungsansätzen für Kontinuität und Wandel von Politiken. Auf der Basis dieser Überlegungen werden Hypothesen formuliert, die für meine Arbeit forschungsleitend sind, und die Quellen und Datenerhebungsmethoden erläutert, die die Grundlage für die folgenden empirischen Kapitel bilden. In Kapitel 4 wird die politische Debatte um die Ehegattenbesteuerung in den 1950er-Jahren analysiert. Dabei geht es vor allem darum herauszuarbeiten, warum damals der Pfad der Zusammenveranlagung mit Splittingtarif eingeschlagen wurde. Kapitel 5 beschäftigt sich mit der weiteren Entwicklung der Kritik an der Ehegattenbesteuerung. Der Schwerpunkt liegt dabei zum einen auf der Frage, wie das Ehegattensplitting als politisches Problem thematisiert wurde und welche Akteure dabei von Bedeutung waren, und zum anderen auf den Prozessen seiner institutionellen Verfestigung. Kapitel 6 untersucht, wie es 1988 zur Verankerung des Ziels der Begrenzung des Splittingeffekts auf 8.000 DM im Koalitionsvertrag zwischen SPD und Bündnis 90/Die Grünen kam und warum dieses Ziel damals nicht umgesetzt wurde. In Kapitel 7 werden ich die Ergebnisse reflektieren und einen Ausblick in die Zukunft geben.

---

21 *Vogel* (1999: 207) stellt fest: „Vorteilhaft wäre die Abschaffung des Splitting genau genommen nur für den Fiskus. Da aber, wie erwähnt, von etlichen Autorinnen und Autoren, dazu von vielen erwerbstätigen Frauen bzw. deren Sprecherinnen der Unterschied zwischen der Steuerbelastung bei getrennter Veranlagung und derjenigen beim Splitting als eine den ‚Hausfrauenehen' zugutekommende Vergünstigung angesehen wird, die den voll erwerbstätigen Frauen vorenthalten wird [...], mag man als ‚Vorteil' bei Abschaffung des Splitting auch die Genugtuung ansehen, die der Fortfall jener – aus ihrer Sicht ungerechtfertigten – Vergünstigung diesen Frauen und Männern verschaffen würde."

1.8 Sprache und Begrifflichkeiten

Wie in Kapitel 1.2 dargestellt, gehören die Begriffe Zusammenveranlagung und Ehegattensplitting zusammen, denn das Ehegattensplitting wird nur bei zusammen veranlagten Ehepaaren angewendet. Steuerjuristisch ist häufiger von ‚Zusammenveranlagung mit Splittingtarif' die Rede, in der politischen Auseinandersetzung wird das Thema aber meist allein unter dem Schlagwort Ehegattensplitting verhandelt, das deshalb auch in diesem Text verwendet wird. Vereinzelt findet sich noch die Formulierung der ‚Besteuerung nach der Splittingtabelle'. Sie stammt noch aus der Zeit, als Finanzämter die Steuerschuld mithilfe von Tabellen ermitteln mussten. Abgesehen von Zitaten wird sie deshalb in dieser Arbeit nicht benutzt.

Die Begriffe Individualbesteuerung bzw. getrennte Veranlagung werden häufig als Synonyme betrachtet, bei der Diskussion konkreter Reformvorhaben ist aber klärungsbedürftig, was mit diesen Begriffen im jeweiligen Kontext gemeint ist (vgl. Kapitel 1.5 und zu dieser Frage im internationalen Vergleich Kapitel 2.2). Ich verstehe unter Individualbesteuerung die Abschaffung der steuerlichen Zusammenveranlagung von Ehegatten und die formal individuelle Besteuerung des Einkommens einer natürlichen Person, wobei Unterhalt sowohl auf der Einkommens- als auch auf der Ausgabenseite unterschiedlich berücksichtigt werden kann.

Weil es beim Ehegattensplitting (auch) um Geschlechterverhältnisse und Arbeitsteilungsmodelle von Männern und Frauen innerhalb von Ehen geht, tauchen in der Diskussion häufig Begrifflichkeiten auf, die sich auf verschiedene Erwerbskonstellationen in der Ehe beziehen. Dazu gehören die Begriffe ‚Doppelverdienerehe' sowie ‚Hausfrauenehe', die bis heute gerade in der juristischen und ökonomischen Literatur unkritisch übernommen werden, obwohl damit negative Konnotationen und Geschlechterstereotype einhergehen. So war der Begriff ‚Doppelverdiener' in der Weimarer Zeit wie auch im Nationalsozialismus Teil von Kampagnen gegen die Erwerbstätigkeit von Ehefrauen (Wunder 2004: 110). Aus diesen Gründen wird der Begriff in der vorliegenden Arbeit nicht verwendet, auch wenn er sich beispielsweise noch immer in ökonomischen Analysen (vgl. Bach u.a. 2011: 16) und sogar in einer Veröffentlichung des Bundesfinanzministeriums über das Ehegattensplitting aus dem Jahr 2005 findet (Bundesministerium der Finanzen 2005: 57).

Bei der Bezeichnung von Erwerbskonstellationen innerhalb von Paarbeziehungen stellen sich weitere Probleme, insbesondere wenn man die gesellschaftlichen Realitäten mitdenkt. Mit den Begriffen ‚Einverdienstehe' bzw. ‚Einverdienstpaar' und ‚Zweiverdienstehe' bzw. ‚Zweiverdienstpaar' stehen zwar geschlechtsneutrale Bezeichnungen zur Verfügung. In der sozialen Wirklichkeit sind die damit beschriebenen Erwerbskonstellationen aber gerade nicht geschlechtsneutral: Laut Brehmer (2010: 23) ist in 65,8 Prozent aller

Paarhaushalte der Mann Familienernährer. Männer ernähren weitaus häufiger die Partnerin bzw. die Familie oder haben zumindest das höhere Einkommen, leben also ein Modell mit einem Ernährer plus Zuverdienerin. Frauen, die als Familienernährerin fungieren, tun dies häufiger unfreiwillig und unter prekäreren Bedingungen (ebd.). Geschlechtsneutrale Formulierungen blenden diese Realitäten aus. Andererseits entsprechen Begriffe wie ‚Ernährerehe' oder ‚Alleinverdienerehe' und ‚Zuverdienerin' zwar eher der sozialen Wirklichkeit; ihre Verwendung läuft aber Gefahr, gesellschaftliche Rollenstereotype (Mann als Ernährer, Frau als Zuverdienerin und Fürsorgende) zu verfestigen. Weil sich dieses Dilemma letztlich nicht auflösen lässt, werden die jeweiligen Begriffe im Folgenden abwechselnd, aber synonym verwendet. Um die Sprache möglichst gendersensibel zu gestalten, wird außerdem das sogenannte Binnen-I verwendet.

2 Das Ehegattensplitting als Forschungsgegenstand in den Sozial-, Wirtschafts- und Rechtswissenschaften

2.1 Das Ehegattensplitting in der Analyse

In diesem Kapitel wird der relevante Forschungsstand zum Ehegattensplitting dargestellt, um die Ausgangslage zu sondieren und unterschiedliche Sichtweisen auf das Thema in der Wissenschaft zu systematisieren. Dabei ist ein Blick in verschiedene Fachdisziplinen notwendig, denn das Ehegattensplitting ist Gegenstand der Analyse in den Sozial-, Wirtschafts- und Rechtswissenschaften. Auch die international vergleichende Forschung beschäftigt sich mit der Ehegattenbesteuerung. Im Folgenden werden die jeweils unterschiedlichen Schwerpunktsetzungen thematisch gegliedert und die wichtigsten Diskussionspunkte und Forschungsergebnisse zusammengefasst. Die wissenschaftliche Diskussion über das Ehegattensplitting ist von der politischen Debatte kaum zu trennen, denn auch sie fragt nach der Notwendigkeit dieser Regelung und möglichen Alternativen.

Nicht nur in der Bundesrepublik, sondern auch in anderen Ländern mit einem progressiven Einkommensteuertarif gilt es zu entscheiden, ob Ehegatten gemeinsam oder getrennt zu besteuern sind und wie ein Alleinernährerstatus eines Ehegatten steuerlich berücksichtigt werden soll. Kapitel 2.2 stellt Forschungsergebnisse zur Ehegattenbesteuerung im internationalen Vergleich vor. Angesichts alternativer Lösungen in anderen Ländern wird deutlich, dass die in der Bundesrepublik seit 1958 im Recht verankerte Regelung als Sonderweg zu charakterisieren ist.

Wer überhaupt vom Ehegattensplitting profitiert und wie sich diese Art der Besteuerung auf der Arbeitsangebotsseite auswirkt, wird in ökonomischen Analysen untersucht (Kapitel 2.3). Solche Studien zu den Verteilungs- und Anreizwirkungen des Ehegattensplittings sind von Bedeutung, weil die Wirkungen des Rechts auch in der politischen Debatte diskutiert und so Reformforderungen begründet werden. Außerdem hat Rechtspolitik den Anspruch, rational zu sein und gesellschaftliche Entwicklungsprozesse zu beeinflussen bzw. auf sie zu reagieren. Dafür ist Wissen über die Wirkungen von Recht notwendig.

In einem nächsten Schritt geht es darum, welche Gründe für das jahrzehntelange Bestehen des Ehegattensplittings in Deutschland in der politik- und sozialwissenschaftlichen Literatur genannt werden. Hier herrscht eine eigentümliche Trennung vor: Analysen zu Reformhindernissen in der Steuerpolitik insgesamt (Kapitel 2.4.1) erwähnen die Ehe- und Familienbesteuerung allenfalls am Rande. Sie richten ihr Augenmerk vor allem auf die großen Strukturen der Steuerpolitik, wie den Vergleich der Besteuerung von Arbeit und Kapital. AutorInnen, die die Rahmenbedingungen des bundesdeutschen Wohlfahrtsstaatsmodells in den Blick nehmen, betrachten hingegen auch das Ehegattensplitting. Außerdem werden auch in Untersuchungen zu den Politikfeldern Sozialpolitik, Familienpolitik oder „Vereinbarkeitspolitik" (Bothfeld 2005) Überlegungen zum Ehegattensplitting und seiner Reformierbarkeit angestellt (Kapitel 2.4.2). Insgesamt werden insbesondere institutionelle Gründe, zu denen beispielsweise verfassungsrechtliche Regelungen gehören, für die Reformresistenz des Ehegattensplittings verantwortlich gemacht.

Verfassungsrechtliche Argumente stehen dann auch im Mittelpunkt des Kapitels 2.5. In der Rechtswissenschaft existiert eine breite Literatur zur Ehegattenbesteuerung, die zu einem großen Teil mit Anwendungsdetails der Regelungen im Zusammenspiel von Steuer- und Familienrecht befasst ist. Demgegenüber ist hier aber vor allem die verfassungsrechtliche Bewertung der Ehegattenbesteuerung und die damit verbundene Frage relevant, inwieweit politische Handlungsmöglichkeiten dadurch eingeschränkt bzw. inwieweit dadurch bestimmte Reformoptionen generell ausgeschlossen werden. Deshalb werden verschiedene Interpretationen der Vorgaben des Grundgesetzes zur Ehegattenbesteuerung und sich daraus ergebende Konfliktlinien vorgestellt: Während einige der Ansicht sind, nur die Zusammenveranlagung mit Splittingtarif könne den verfassungsrechtlichen Anforderungen von Art. 6 Abs. 1 GG genügen, vertreten andere die Auffassung, verschiedene Formen der Ehegattenbesteuerung seien verfassungsrechtlich akzeptabel und das Ehegattensplitting sei dabei nur eine von mehreren Regelungsalternativen. Eine kleine feministische Strömung in der verfassungsrechtlichen Debatte hält das Ehegattensplitting wegen Verstoßes gegen den Gleichberechtigungsgrundsatz für verfassungswidrig und mahnt Reformen daher als zwingend notwendig an.

2.2 Ehegattenbesteuerung im internationalen Vergleich

2.2.1 Formen der Ehegattenbesteuerung und ihre Verbreitung

Wie bereits ausgeführt, stellt sich die Frage nach der relevanten *tax unit* (vgl. Kapitel 1.5.1) bei der Besteuerung von Ehegatten oder Eltern mit Kindern nicht nur in der Bundesrepublik. Im Ländervergleich lassen sich Steuersysteme zunächst grob danach einteilen, ob sie eine individuelle Besteuerung oder eine Zusammenveranlagung bzw. Familienbesteuerung (wenn neben Ehegatten auch Kinder Berücksichtigung finden) vorsehen. Diese Differenzierung bietet aber allenfalls einen ersten Überblick, weil die Steuersysteme im Einzelnen sehr unterschiedlich sind. Auch wenn beispielsweise formal gesehen die Individualbesteuerung gilt, kann es ein Wahlrecht für andere Veranlagungsformen geben oder es können zum Beispiel Freibeträge an den Ehestatus bzw. den Alleinernährerstatus anknüpfen.

Eine Studie des Congressional Budget Office in den Vereinigten Staaten aus dem Jahr 1997 zeigt mithilfe von Daten der Organization for Economic Co-operation and Development (OECD) die historische Entwicklung von der gemeinschaftlichen Besteuerung hin zur individuellen Besteuerung von Ehegatten im Ländervergleich auf (Congressional Budget Office 1997: Appendix A). Während vor 1970 nur sechs OECD-Länder Ehegatten getrennt besteuerten, hatten im Jahr 1980 sieben weitere Länder die individuelle Veranlagung eingeführt und in den Jahren 1989/1990 waren drei weitere Länder hinzugekommen (ebd.). Gleichzeitig hatte im Zeitraum zwischen 1970 und 1990 kein OECD-Land den umgekehrten Weg von der getrennten Veranlagung zur Zusammenveranlagung eingeschlagen (ebd.). Erst 2005 schuf die Tschechische Republik die Zusammenveranlagung als Option für Verheiratete mit Kindern (OECD 2006: 54). Aktuelle Untersuchungen der OECD zeigen, dass die Mehrheit der OECD-Staaten Ehegatten inzwischen formal individuell besteuert (ebd.: 54–56). Darauf weist auch *Jutta Förster* in der Einleitung des einzigen umfassenden deutschsprachigen Kompendiums zum ausländischen Steuerrecht hin (2010: Rz. 13).

Allerdings zeigt ein Blick in die Steuersysteme der einzelnen Länder, dass zwischen formaler und tatsächlicher Individualbesteuerung differenziert werden sollte, denn auch ein formal individualisiertes Steuersystem kann den Ernährerstatus (beispielsweise durch Freibeträge) in erheblicher Weise berücksichtigen (vgl. zur Ehegattenbesteuerung in Belgien, Deutschland, Großbritannien und Schweden Scheiwe 1999: 242–248). *Irene Dingeldey* (2000: 16) unterscheidet deshalb unter Berücksichtigung verbleibender Unterstützungselemente für Einverdienstehen vier Typen von Steuersystemen: voll bzw. nahezu voll individualisierte Steuersysteme, formal bzw. partiell individualisierte Steuersysteme sowie Splittingsysteme mit und ohne Berücksichtigung von Kindern (vgl. Abbildung 2).

Mary Daly zog im Jahr 2011 das Fazit, dass der Trend der Besteuerung in Europa zur Individualbesteuerung geht und nur noch Frankreich, Deutschland und Irland an Zusammenveranlagungsmodellen festhalten, die dort auch

Abbildung 2: Typen von Steuersystemen

Individualisierte Steuersysteme		Splittingsysteme	
voll/nahezu voll	formal/partiell	Ehegattensplitting	Familienquotient
Schweden	Belgien	Deutschland	Frankreich
Österreich	Dänemark	Portugal	
Großbritannien	Niederlande		
	Spanien		

Quelle: Dingeldey (2000: 16)

von der Mehrheit der verheirateten Steuerpflichtigen in Anspruch genommen werden (2011: 11–12). Während in den meisten Staaten die getrennte Besteuerung von Ehegatten die Norm sei, verpflichte nur noch Frankreich Verheiratete zur Zusammenveranlagung, ohne die getrennte Veranlagung auch nur als Alternativmodell anzubieten (ebd.). In Deutschland hingegen kann die getrennte Veranlagung von den Ehegatten gewählt werden; diese Wahl ist allerdings ökonomisch in den meisten Fällen nicht von Vorteil und deshalb in der Praxis auch kaum von Relevanz.

Auch wenn das Ausmaß der Individualisierung der Steuersysteme im internationalen Vergleich unterschiedlich ausfällt, stellt Deutschland inzwischen einen steuerrechtlichen Sonderfall dar, was die Art der Zusammenveranlagung und die Höhe der damit verbundenen Entlastungen angeht (vgl. hierzu Kapitel 2.3.1).

2.2.2 Besteuerung von Ehegatten in den USA

Weil in der bundesdeutschen Debatte um die Einführung des Ehegattensplittings zumindest in den 1950er-Jahren (vgl. Kapitel 4) die Vereinigten Staaten als ein Bezugspunkt dienten, soll an dieser Stelle kurz die Entwicklung der Ehegattenbesteuerung in den USA auf der Basis der verfügbaren Fachliteratur skizziert werden. 1948 wurde in der US-amerikanischen Bundeseinkommensteuer (*federal income tax*) ein Splittingtarif eingeführt; zuvor hatte es in einigen Bundesstaaten bereits Möglichkeiten gegeben, durch privatrechtliche vertragliche Regelungen zwischen Ehegatten das Einkommen zu ‚splitten' und so einen Progressionsvorteil bei der Besteuerung zu erzielen (Jones 1988; Kessler-Harris 2001: 170–202).

Heute können sich Ehegatten für die Bundeseinkommensteuer getrennt oder gemeinsam veranlagen lassen. Je nachdem wird dann der Tarif für Alleinstehende oder der Tarif für Verheiratete angewendet; außerdem existiert ein Tarif für Haushaltsvorstände (*head of household*), der für unbeschränkt steuerpflichtige Alleinstehende mit mindestens einem Kind oder einem anderen abhängigen Familienmitglied (*dependent*) gilt (Bomm/Hölscher 2010: Rz. 164–167). Neben der *federal income tax* gibt es noch weitere, von den meisten Bundesstaaten und einigen größeren Städte erhobene Einkommensteuern, weil in den USA alle Ebenen des Staates das Einkommen natürlicher Personen direkt besteuern können (ebd.: Rz. 30).

Teilweise zahlen zusammen veranlagte Ehegatten in den USA höhere, teilweise auch niedrigere Steuern als Unverheiratete. Bis heute sind die Auswirkungen der getrennten oder gemeinsamen Veranlagung von Ehegatten hochumstritten (vgl. Congressional Budget Office 1997; Kornhauser 1993; 2010; Mehrotra 2010).

2.3 Ökonomische Analysen der Effekte des Ehegattensplittings

Wie sich das Ehegattensplitting auswirkt, wird in ökonomischen Studien analysiert. Dabei kann zwischen Verteilungs- und Anreizwirkungen unterschieden werden. Es existieren Studien zur Steuerbelastung unterschiedlicher Familienformen in Deutschland (Kapitel 2.3.1), zu den Verteilungswirkungen des Ehegattensplittings (Kapitel 2.3.2), zu den Wirkungen auf die intrafamiliäre Verteilung bezahlter und unbezahlter Arbeit (Kapitel 2.3.3) sowie zu fiskalischen Wirkungen (Kapitel 2.3.4).

2.3.1 Steuerbelastung einzelner Familienformen im Ländervergleich

Aus Berechnungen der OECD lässt sich ablesen, in welchem Ausmaß Alleinverdienerehen gegenüber Unverheirateten ohne Kinder unter unselbstständig Beschäftigten im Ländervergleich privilegiert sind. Hilfreich ist dabei vor allem die Veröffentlichungsserie „Taxing Wages", welche die Einkommen- bzw. Lohnsteuer und die Summe der Sozialabgaben (Arbeitgeber- und Arbeitnehmerbeiträge) einbezieht (OECD 2011: 17–22). Als Maßstab dient eine unverheiratete Person ohne Kinder auf der einen und ein Alleinverdienstehepaar mit zwei Kindern auf der anderen Seite.[22] Dann werden die auf deren jeweiliges durchschnittliches Einkommen zu entrichtenden Steuer- und Sozialabgaben (ohne Transferzahlungen) verglichen. Zu beachten ist, dass diese Daten auch solche Sozialabgaben berücksichtigen, die in Deutschland bei Verheirateten aufgrund der Familienmitversicherung in der Kranken- und Pflegeversicherung (§ 10 SGB V; § 25 SGB XI) für den nicht erwerbstätigen Ehegatten nicht anfallen[23] – dies spielt jedoch für den Unterschied zwischen alleinstehenden und verheirateten DurchschnittsarbeitnehmerInnen keine Rolle, weil die Beitragsbelastung in der Sozialversicherung unabhängig vom Familienstand nahezu gleich ist (die beitragsfreie Leistungs*gewährung* an das Alleinverdienerpaar wird also nicht mitgerechnet). Weil die OECD-Zahlen auch die kindbezogenen Komponenten des Steuerrechts abbilden, können nicht alle Differenzen zwischen den Ländern auf deren unterschiedliche Praxis bei der Ehegattenbesteuerung zurückgeführt werden.

Die OECD vergleicht die sogenannte Abgabenschere (*tax wedge*), die die Differenz zwischen „total labour costs to the employer and the corresponding net take-home pay for a one-earner married couple with two children, at average earnings" (OECD 2011: 18) beschreibt; es handelt sich also um eine

---

22 Zur Definition des Begriffs des „Average Production Worker", den die OECD verwendet, vgl. Wagschal 2005: 81.
23 Für Nichterwerbstätige werden weder Beiträge in die Arbeitslosenversicherung noch Beiträge in die Rentenversicherung entrichtet; gegebenenfalls bestehen aber Ansprüche auf Hinterbliebenenversorgung.

Methode der Bemessung der Nettobelastung von Bruttoeinkommen. Diese Abgabenschere ist in allen OECD-Ländern für Alleinverdienerehepaare mit Kindern niedriger als für alleinstehende Durchschnittsverdiener ohne Kinder, weil die meisten Länder Kinder auf irgendeine Weise steuerlich oder durch Transferleistungen berücksichtigen (ebd.: 17). Die im Vergleich zu einem alleinstehenden Durchschnittsverdiener ohne Kinder geringere Belastung der Alleinverdienerehe mit zwei Kindern durch Steuern und Abgaben beträgt in Belgien, Deutschland, Island, Irland, Neuseeland, Slowenien und der Slowakei mehr als 15 Prozent der *labour costs*, in der Tschechischen Republik und Luxemburg liegt sie sogar bei mehr als 20 Prozent. Lediglich in Mexiko und Griechenland ist die Steuerlast für beide Gruppen identisch (ebd.). Unter den OECD-Ländern weist Deutschland nach Belgien die zweithöchste Belastung durch Steuern und Sozialversicherungsbeiträge für unverheiratete Alleinstehende auf; das Alleinernährerehepaar ist diesen gegenüber deutlich privilegiert. Die OECD stellte außerdem die Auswirkungen von Steuerreformen seit dem Jahr 2000 dar und nahm auch hier denselben Vergleich der Belastung durch Steuern und Sozialabgaben vor, diesmal allerdings zwischen Alleinstehenden,

Abbildung 3: Entwicklung des Alleinverdienerbonus
im Länder- und Zeitvergleich*

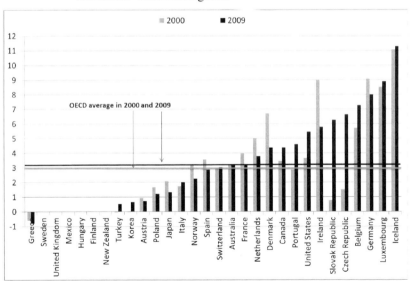

* Die Abbildung zeigt die Differenz zwischen der Abgabenschere (*tax wedge*) bei einem Alleinstehenden ohne Kinder und einem verheirateten Alleinverdiener ohne Kinder mit jeweils durchschnittlichen Einkommen in den Jahren 2000 und 2009.

Quelle: OECD (2011: 41)

verheirateten Alleinverdienern mit Kindern und Alleinerziehenden mit Kindern. Zusammenfassend stellt die Untersuchung fest, dass die Belastung alleinstehender Arbeitnehmer – ob mit Kindern oder ohne Kinder – im untersuchten Zeitraum gesunken ist (ebd.: 45). In den meisten OECD-Ländern existierte demnach auch im untersuchten Zeitraum ein *non-earning-spouse*-Bonus für Alleinverdienerehen im Vergleich zur Belastung eines unverheirateten Arbeitnehmers mit gleichem Einkommen (ebd.: 47), wobei Deutschland hierbei einen Spitzenplatz einnimmt (vgl. Abbildung 3).

2.3.2 Auswirkungen des Ehegattensplittings auf die Haushaltsnettoeinkommen

Je nach Einkommenshöhe und Erwerbskonstellation profitieren Ehepaare in unterschiedlichem Maß vom Ehegattensplitting. Am höchsten ist der Splittingeffekt bei Alleinverdienerehen mit hohem Einkommen. Würde die Zusammenveranlagung mit Ehegattensplitting für verheiratete Paare abgeschafft und einer reine Individualbesteuerung eingeführt, prognostiziert das DIW für das Jahr 2011 eine Reduzierung des monatlichen Nettoeinkommens eines Ehepaars um durchschnittlich 119 Euro (Bach u.a. 2011: 16).[24] Wird bei den verheirateten Paaren nochmals nach der Erwerbskonstellation unterschieden, beliefe sich die durchschnittliche Einbuße für Alleinverdienerpaare auf 232 Euro und für Zweiverdienerpaare auf 86 Euro (ebd.). Tabelle 3 weist aus, wie sich

Tabelle 3: Auswirkungen einer reinen Individualbesteuerung auf das Haushaltsnettoeinkommen (Tarif 2011)

Zu versteuerndes Einkommen in Euro*	Ehepaare insgesamt	Allein-verdiener	Zwei-verdiener	West-deutschland	Ost-deutschland
	Veränderung gegenüber dem Ehegattensplitting pro Monat in Euro				
bis 25.000 Euro	34	70	48	39	18
25.000–30.000	155	199	56	163	108
30.000–40.000	151	212	68	161	98
40.000–50.000	181	277	92	204	68
50.000–75.000	166	349	76	178	91
75.000–100.000	260	432	139	275	111
ab 100.000	108	315	105	214	106
insgesamt	119	232	86	134	50

* Berechnet auf Jahresbasis

Quelle: Bach u.a. (2011: 16). Der Begriff ‚Doppelverdiener' im Original wurde durch ‚Zweiverdiener' ersetzt.

---

24 Die Berechnungen berücksichtigen nicht, dass gleichzeitig andere Steuern gesenkt und/oder staatliche Leistungen erhöht werden könnten, und setzten voraus, dass der Grundfreibetrag nicht übertragen werden kann.

der Übergang zu einer reinen Individualbesteuerung voraussichtlich auf das Nettoeinkommen von Allein- und Zweiverdienerehepaaren sowie von Ehepaaren in Ost- und Westdeutschland auswirken würde. Dabei zeigt sich, dass Alleinverdienerpaare generell deutlich stärker an Nettoeinkommen verlieren würden als Zweiverdienerpaare, dass diese Verluste mit steigendem Einkommen ebenfalls steigen und dass Ehepaare in Westdeutschland mit höheren Verlusten rechnen müssten, weil sie stärker vom Ehegattensplitting profitieren als Ehepaare in Ostdeutschland.

Bei einer tatsächlich und nicht nur formal rein individuellen Besteuerung sind Unterhaltsverpflichtungen gegenüber nicht erwerbstätigen Partnern in der Ehe ohne Bedeutung. Die DIW-Studie macht deshalb auch auf verschiedene Untersuchungen aufmerksam, die zu der Auffassung gelangt sind, dass sich die Nichterwerbstätigkeit eines Ehegatten aus verfassungsrechtlichen Gründen in irgendeiner Form steuerrechtlich auswirken muss (zum Beispiel durch die Berücksichtigung des steuerrechtlichen Existenzminimums der nicht erwerbstätigen Person, vgl. Kapitel 2.5.3). Die AutorInnen verweisen gleichzeitig darauf, dass verfassungsrechtliche Argumente nicht überbewertet werden sollten und dass es viele Länder gibt, für deren Steuerrecht die Existenz eines Ehepartner ohne eigenes Einkommen nur in geringem Umfang oder gar keine Rolle spielt (ebd.: 19). Zudem argumentiert die Studie, dass zur Bewältigung des demografisch bedingten Arbeitskräftemangels Hindernisse für die Erwerbsintegration von Ehefrauen systematisch beseitigt werden sollten (ebd.). Warum das Ehegattensplitting in diesem Zusammenhang als hinderlich angesehen wird, ist Gegenstand des nächsten Abschnitts.

2.3.3 Wirkungen auf die intrafamiliäre Verteilung bezahlter und unbezahlter Arbeit

Eine weitere Fragestellung, der sich wirtschaftswissenschaftliche Analysen widmen, sind die Auswirkungen des Ehegattensplittings auf die Erwerbsentscheidungen von Individuen, insbesondere verheiratete Frauen. Dabei gibt es grundsätzlich zwei Herangehensweisen: Zum einen lässt sich mithilfe statistisch-ökonometrischer Verfahren ermitteln, welche Folgen (steuerbedingte) Nettolohnveränderungen auf das weibliche Arbeitsangebot haben; diese Untersuchungen zeigen übereinstimmend, dass Frauen im Vergleich zu Männern stärker auf solche Veränderungen reagieren, ihre sogenannte Arbeitsangebotselastizität ist also ausgeprägter – die hohe Grenz- und Durchschnittsbelastung[25] der Ehefrauen durch das Ehegattensplitting setzt daher negative Arbeitsanreize. Zum anderen kann im Wege von Mikrosimulationsstudien

---

25 Unter der Durchschnittssteuerbelastung versteht man die gesamte Steuerzahlung im Verhältnis zum gesamten Einkommen, die Grenzsteuerbelastung bezeichnet diejenige Steuerleistung, die für eine zusätzlich verdiente Geldeinheit anfällt.

zunächst modellhaft die Veränderung der Nettoeinkommen durch die Veränderung von Steuer-Transfer-Regelungen berechnet werden. Anschließend werden deren Auswirkungen auf das Arbeitsangebot (Partizipation, Länge der Arbeitszeit) simuliert, wobei wiederum auf ein empirisch gestütztes Arbeitsangebotsmodell zurückgegriffen wird.

Im Folgenden werden einige wichtige Studien vorgestellt. Diese Untersuchungen teilen die Grundannahme, dass die Entscheidung von Individuen, in welchem Umfang sie bezahlter Erwerbsarbeit nachgehen oder unbezahlte Arbeit verrichten, maßgeblich von institutionellen Rahmenbedingungen (Besteuerung, Sozialversicherungsbeiträge, Regelungen zu geringfügiger Beschäftigung, Verfügbarkeit und Kosten einer Kinderbetreuung) und anderen Faktoren wie dem auf dem Markt erreichbaren Einkommen beeinflusst wird (vgl. grundlegend Althammer 2000: 55–105). Das Arbeitsangebot verheirateter Frauen gilt dabei als besonders elastisch: Es wird davon ausgegangen, dass die Entscheidung von Frauen, einer bezahlten Tätigkeit nachzugehen, davon abhängt, wie die unbezahlte Sorgearbeit und Kinderbetreuung am Markt eingekauft werden kann, welches Einkommen die Frau selbst erzielen kann und welches Einkommen ihr Partner hat (zu den Unterschieden zwischen neoklassischen und feministisch-sozialökonomischen Erklärungsansätzen für Faktoren, die das Arbeitsangebot von Frauen prägen, vgl. Knapp 2004: 8–11). Innerhalb dieser Simulationsannahmen gibt es Unterschiede: So gehen *Siv Gustafson* (1993), *Jörg Althammer* (2000) sowie *Gerhard Wagenhals* und *Margit Kraus* (1998) von einem *male chauvinist model* aus. Dieses Modell unterstellt, dass bei Paaren das Erwerbsverhalten des Mannes unabhängig von dem der Frau ist, die Frau hingegen als Zweitverdienerin agiert und ihr Erwerbsverhalten entsprechend anpasst (vgl. Bach u.a. 2003: 63). Andere Ansätze legen das Konzept des Haushaltsnutzens zugrunde, wonach Paare ihr Erwerbsverhalten an dem Ziel ausrichten, das gemeinsame Einkommen zu maximieren (vgl. ebd.: 63).

Eine der ersten deutschsprachigen Veröffentlichungen zu diesem Themenkreis stammt von *Siv Gustafson* (1993). Sie untersuchte Anfang der 1990er-Jahre unter Verwendung von Mikrodaten den Einfluss der Besteuerung auf die Erwerbstätigkeit von Ehefrauen in der Bundesrepublik Deutschland,[26] den Niederlanden und Schweden. Während Schweden zu dieser Zeit Ehepaare getrennt besteuert, existiert in Deutschland das Ehegattensplitting und in den Niederlanden ein ‚Mischmodell', in dem der Ehepartner einer Hausfrau deren Grundfreibetrag steuerlich nutzen kann. Als Gründe für die hohe Erwerbsquote schwedischer Frauen identifizierte *Gustafson* die Verfügbarkeit bezahlbarer Kinderbetreuung und die Besteuerung. Ihr zufolge besteht der Beitrag der Ehefrau zum Haushaltsnettoeinkommen in der Differenz zwischen dem

---

26 Für Deutschland verwendete sie Daten des Sozio-oekonomischen Panels (SOEP); zu Schwächen der SOEP-Daten bei der Analyse von Aufkommens- und Verteilungswirkungen der Einkommensteuer vgl. Bach u.a. 2003: 7.

tatsächlichen Einkommen des Ehepaares nach Steuern und demjenigen Einkommen, das zur Verfügung stünde, wenn nur der Mann arbeiten würde (ebd.: 238). Dieser Beitrag sei in Deutschland besonders gering und die Anreize für die Aufnahme einer Erwerbstätigkeit für Ehefrauen niedrig, weil das Steuersystem das Einkommen der Ehefrau mit einem erhöhten Grenzsteuersatz belege (ebd.: 246). Laut *Gustafson* hätte die Übertragung des bundesdeutschen Steuersystems auf Schweden ein Absinken der dortigen Frauenerwerbsquote von 80,2 Prozent auf 60,4 Prozent (auf Grundlage der Daten von 1986) zur Folge. Die Übertragung des schwedischen Steuersystems auf die Bundesrepublik hingegen würde die Frauenerwerbsquote in Deutschland von 50,3 Prozent auf 60 Prozent (auf Grundlage der Daten von 1984) erhöhen (ebd.: 250).

Verschiedene Mikrosimulationen des DIW setzten sich ebenfalls mit den Erwerbsanreizen durch die Ehegattenbesteuerung in Deutschland auseinander. Im Gegensatz zu *Gustafsons male chauvinist model* legen diese Simulationen das bereits beschriebene Haushaltsnutzenmodell zugrunde. Sie kommen aber ebenfalls zu dem Ergebnis, dass die Zusammenveranlagung mit dem Splittingtarif ein Grund für die relativ geringe Erwerbsbeteiligung verheirateter Frauen ist (Bach/Buslei 2003; Bach u.a. 2003; Bach u.a. 2011; Steiner/Wrohlich 2004; 2006).

Wichtig ist vor allem die Studie von *Stefan Bach* und weiteren AutorInnen aus dem Jahr 2003, die aus einer Projektzusammenarbeit mit dem Bundesministerium der Finanzen entstanden ist und auf Grundlage von repräsentativem Einzeldatenmaterial der Einkommensteuerstatistik Simulationen zu den Wirkungen des Ehegattensplittings durchgeführt hat. Die Studie kommt zu dem Ergebnis, dass die Arbeitsangebotseffekte der Einführung einer reinen Individualbesteuerung geringer sein könnten, als frühere Untersuchungen nahelegten. Demnach könnten 425.000 Ehefrauen eine Erwerbstätigkeit aufnehmen, 95 Prozent davon in Westdeutschland, während ca. 50.000 aus dem Arbeitsmarkt ausscheiden würden (Stand 2003, Bach u.a. 2003: 64). Besonders interessant an der Studie ist, dass sie das männliche Arbeitsangebot nicht als gegeben voraussetzt, sondern gleichfalls simuliert. Mit der Einführung einer Individualbesteuerung würde sich das männliche Arbeitsangebot demnach geringfügig verringern, weil 50.000 Ehemänner aus einer Erwerbstätigkeit ausscheiden würden (ebd.). Bei diesen Berechnungen sei aber zu berücksichtigen, dass die tatsächlichen Beschäftigungswirkungen geringer ausfallen könnten, da Arbeitsangebote nicht zwangsläufig zu einer Beschäftigung führen (ebd.).

2.3.4 Fiskalische Wirkungen des Ehegattensplittings

Die Kosten für das Ehegattensplitting finden sich nicht als Ausgabenposten im Bundeshaushalt, denn es handelt sich nicht um eine direkt ausgabenwirksame Geldleistung, sondern um eine Regelung, die zu Mindereinnahmen bei der Einkommensteuer führt. Über die genaue Höhe dieser Steuermindereinnahmen liegen keine Daten vor, es existieren aber Schätzungen, auch über die voraussichtlichen fiskalischen Auswirkungen von Reformen der Ehegattenbesteuerung. Nach Berechnungen des DIW kosten das Ehegattensplitting und weitere Vorteile der Zusammenveranlagung wie die oben bereits angesprochene Verdoppelung der Freibeträge demnach etwa 27 Milliarden Euro (Bach u.a. 2011: 19). Ein Übergang zu einer reinen Individualbesteuerung könnte laut DIW demnach etwa diesen Betrag an Steuermehreinnahmen bedeuten, wenn man Verhaltensanpassungen von Ehegatten an die neue Rechtslage[27] außer Betracht lässt.

Wie sich Reformmodelle auf die Steuereinnahmen auswirken würden, hängt von deren konkreter Ausgestaltung ab. Eine Entscheidung für eine Individualbesteuerung mit einem übertragbaren zweiten Grundfreibetrag würde zu Steuermehreinnahmen von etwa 13 Milliarden Euro führen (Stand 2003, Bach/Buslei 2003: 349). Wenn die Übertragbarkeit von Einkommen nicht auf den Grundfreibetrag beschränkt bleibt, sondern wie zum Beispiel von der SPD vorgeschlagen auf 13.806 Euro pro Jahr festgelegt würde,[28] wären Steuermehreinnahmen von 5,5 Milliarden Euro zu erwarten[29] (Bach u.a. 2011: 19).

2.3.5 Wirkungen des Ehegattensplittings im Zeitverlauf seit 1958

Zwar wurde das Ehegattensplitting als Institution seit seiner Einführung nicht reformiert, seine Bedeutung könnte sich jedoch auch dadurch gewandelt haben, dass sich die Verteilungswirkungen seither verändert haben. So wäre es beispielsweise interessant zu wissen, wie sich die Steuermindereinnahmen des Staates durch das Ehegattensplitting (ggf. unterschieden nach Bundesländern), der maximal erreichbare Splittingvorteil und die Anzahl der Paare, die davon profitier(t)en, sowie die Unterschiede zwischen der Besteuerung von erwerbstätigen Alleinerziehenden und Alleinverdienerehen gleicher Einkommenshöhe über die Jahre entwickelt haben. Hier besteht noch Forschungsbedarf, denn eine Geschichte der Steuerpolitik in der Bundesrepublik wurde

---

27 Zu solchen Verhaltensanpassungen, welche die Steuermehreinnahmen spürbar reduzieren könnten, zählt laut DIW-Studie vor allem die Übertragung von Einkommensbestandteilen zwischen Ehegatten durch vertragliche Regelungen; Bach u.a. 2011: 16.
28 Dieses Modell, das im September 2011 im finanzpolitischen Konzept der SPD vorgeschlagen wurde („Ehegattensplitting für zukünftige Ehen durch eine Individualbesteuerung mit Unterhaltsabzug umgestalten", vgl. http://www.spd.de/linkableblob/17144/data/finanz konzept_2011_09_05.pdf, S. 8, Zugriff: 04.01.2013) ist dem Realsplitting für Geschiedene nachgebildet. Für Ehepaare, deren Einkommensdifferenz unter 27.612 Euro liegt, würden sich keine Veränderungen gegenüber dem Status quo ergeben, für alle anderen läge der maximal erreichbare Splittingeffekt bei 5.100 Euro, vgl. ebd.: 15.
29 Diese Kalkulation setzt allerdings voraus, dass das neue Recht auf alle bestehenden Ehen Anwendung finden und nicht nur für zukünftig geschlossene Ehen gelten würde, wie es im SPD-Konzept offenbar angedacht ist (vgl. das Zitat oben in Fn. 28).

noch nicht geschrieben und es existieren kaum Untersuchungen zu den Wirkungen des Ehegattensplittings im Zeitverlauf. Nur *Uwe Wagschal* hat in seiner Studie über Steuersysteme die Grenz- und Durchschnittssteuerbelastung von Singles und Verheirateten zwischen 1958 und 2005 analysiert (2005: 82–91). Dabei stellte er fest, dass die Durchschnittssteuerbelastung von Verheirateten mit unterschiedlichen Einkommensniveaus in der Bundesrepublik über Jahrzehnte relativ konstant blieb. Erst mit Einführung des erhöhten Grundfreibetrages im Jahr 1996 nahm sie rapide ab (ebd.: 88). Gleichzeitig stieg die Grenzsteuerbelastung für Verheiratete über diesen Zeitraum an. Die Grenzsteuerbelastung ist aus ökonomischer Sicht maßgeblich für die Anreizwirkungen der Besteuerung auf das Arbeitsangebot von Ehefrauen – genauer: auf das Ausmaß der von ihnen geleisteten Arbeitsstunden. Weil der Grenzsteuersatz für den Zuverdienst durch die Zusammenveranlagung und den Splittingeffekt in Abhängigkeit vom Einkommen des Hauptverdieners erheblich ansteigt (Bach u.a. 2011; Steiner/Wrohlich 2006), gilt es als für Ehefrauen ökonomisch nicht attraktiv, eine Erwerbstätigkeit aufzunehmen oder sie auszuweiten. Durch die Einführung des erhöhten Grundfreibetrages wurden die negativen Anreizwirkungen des Splittings auf das Arbeitsangebot von Ehefrauen also erheblich verstärkt (vgl. weiterführend zu den veränderten Wirkungen des Ehegattensplittings im Zeitverlauf Kapitel 5.4.1).

2.4 Steuerreformen und Ehegattensplitting im Blickfeld der Politik- und Sozialwissenschaften

2.4.1 *Politikwissenschaftliche Analysen von Reformhindernissen in der Steuerpolitik*

Gründe für politische Entscheidungen für oder gegen eine bestimmte Ausgestaltung der Besteuerung sind eher selten Gegenstand politikwissenschaftlicher Forschung. Die existierenden Untersuchungen arbeiten mit dem Ansatz der vergleichenden Staatstätigkeitsforschung und fragen nach Ursachen für die Unterschiede in der Besteuerung in Industriestaaten. Sie legten bisher keinen Schwerpunkt auf den Bereich der Ehe- oder Familienbesteuerung. Sie sind aber dennoch auch hierfür von Bedeutung, weil sie sich generell mit Reformhindernissen in der Steuerpolitik beschäftigen.

Die Schwierigkeiten des Regierens in der bundesdeutschen Steuerpolitik wurden in vergleichenden Arbeiten analysiert (Fröhlich/Schneider 2008; Ganghof 2004; 2006; Wagschal 1999; 2005; 2006). *Steffen Ganghof* und *Uwe Wagschal*, die beide den Ansatz der vergleichenden Staatstätigkeitsforschung mit quantitativen Analysen von Makrozusammenhängen (vgl. V. Schneider/

Janning 2006: 79) wählen, befassen sich jeweils mit Reformblockaden in der Steuerpolitik. *Ganghofs* Buch „Wer regiert in der Steuerpolitik?" (2004) wirft die Frage auf, warum Reformen der bundesdeutschen Einkommensteuerpolitik so problematisch sind, und berücksichtigt dabei Steuerreformen und Reformvorschläge von 1977 bis 2000. Er nimmt dabei eine politökonomische Perspektive ein und will Reformpräferenzen der politischen Akteure unter Rückgriff auf die ökonomische Literatur verstehen. Ein solches Verständnis ist nach *Ganghof* Voraussetzung dafür, die politischen Prozesse angemessen interpretieren zu können. Bezogen auf die Einkommensteuerpolitik gehe es auch darum, Zielkonflikte zu analysieren, mit denen es die politischen Akteure zu tun haben. Der Blick auf diese Zielkonflikte lässt *Ganghof* zufolge klarer werden, wie das bundesdeutsche Einkommensteuersystem überhaupt in einen so „schlechten Zustand kommen konnte" (ebd.: 17) und warum eine politische Einigung in diesem Bereich so schwerfällt.

Deutschland zeige eine – im internationalen Vergleich ungewöhnliche – Tendenz zu einem immer ‚flacher' werdenden Einkommensteuertarif. Diese Tendenz lasse sich durch das Zusammenspiel zwischen dem immer heftiger werdenden internationalen Steuerwettbewerb, der großen Anzahl von politischen Vetoakteuren, der politischen Konflikthaftigkeit der Einkommensteuerreform und der Rolle verfassungsrechtlicher Beschränkungen von Entscheidungen in der Steuerpolitik erklären.

Insbesondere das Bundesverfassungsgericht sei „ein entscheidender Akteur in der deutschen Steuerpolitik" (ebd.: 127). Laut Ganghof antizipieren Parteien die wahrscheinliche Haltung des Gerichts und richten ihre Positionen entsprechend aus. Deshalb dürfe der Versuch zu verstehen, warum das deutsche Einkommensteuersystem so konfliktreich und blockadeanfällig ist, das Bundesverfassungsgericht nicht ausblenden. Die Reformpräferenzen der Parteien müssten immer auch als Reaktionen auf mögliche verfassungsrechtliche Beschränkungen gelesen werden, der „Schatten des Bundesverfassungsgerichts" präge deshalb dieses Politikfeld besonders (ebd.: 119). Weil sich nicht mit absoluter Gewissheit voraussagen ließe, wie das Gericht entscheide, gehe es zwar nur um verfassungsrechtliche Risiken, die mit bestimmten Reformoptionen verbunden sind; da aber in der Steuerpolitik Rechtssicherheit eine zentrale Rolle spiele, könnten solche verfassungsrechtlichen Risiken bereits ausreichen, um „den an der Gesetzgebung beteiligten Akteuren andere Optionen nahezulegen" (ebd.: 120). Sei die Wahrscheinlichkeit eines Vetos des Bundesverfassungsgerichts groß genug, stärke dies schon von vornherein die Position derjenigen, die solche Risiken in jedem Fall vermeiden wollten (und zwar auch innerhalb der Parteien). Verfassungsrechtliche Beschränkungen müssten darüber hinaus im Zusammenhang mit ökonomischen, politischen und administrativen Beschränkungen gesehen werden. Die Multiplizierung dieser verschiedenen Arten von Beschränkungen habe eine systematische Steuerreform in der Vergangenheit erschwert (ebd.: 121).

Ganghof betrachtet die Präferenzen der politischen Parteien zur Steuergesetzgebung von außen und blendet die Prozesse aus, die zu diesen Präferenzen führen. Das Ehegattensplittingkommt in seiner Analyse nicht vor. Für die vorliegende Untersuchung sind das Konzept der Beschränkungen und die Feststellungen zur Bedeutung des Bundesverfassungsgerichts in der Steuerpolitik interessant. *Uwe Wagschal* (2005) stellt in seiner oben bereits angesprochenen ländervergleichenden Studie von Steuersystemen (vgl. Kapitel 2.3.5) den Einfluss von Institutionen auf das Gelingen oder Scheitern von Steuerreformen in den Mittelpunkt. Für Deutschland konstatiert er in seiner Analyse der Personenbesteuerung unter Rückgriff auf OECD-Daten eine „massive Privilegierung der Institution Familie, insbesondere der Ein-Verdiener-Familie" (ebd.: 82).

Auch *Wagschal* (2006) sieht im Bundesverfassungsgericht einen mächtigen Vetospieler. Vetospieler sind Akteure, deren Zustimmung Bedingung für einen Politikwechsel ist (Tsebelis 2002: 37). Das Bundesverfassungsgericht habe viele Möglichkeiten, Steuerreformen zu beeinflussen. Die Entscheidung des Bundesverfassungsgerichts zur Ehegattenbesteuerung aus dem Jahr 1957 (vgl. Kapitel 4.4) nennt *Wagschal* als wichtigstes Beispiel einer Nichtigkeitsfeststellung; sie hatte eine Reform der Ehegattenbesteuerung und erhebliche Steuerausfälle zur Folge (Wagschal 2006: 565). Eine parteipolitische Tendenz der Entscheidungen des Bundesverfassungsgerichts in der Steuerpolitik ist laut *Wagschal* nicht nachzuweisen (ebd.: 566). Von allen Verfassungsbeschwerden zwischen 1951 und 2000 hatte nach seiner Analyse jede tausendste Erfolg und war inhaltlich auch mit Steuerpolitik befasst (ebd.: 568).[30]

Aus den Erkenntnisse der dargestellten Arbeiten zur Steuerpolitik lassen sich folgende Erklärungen für das kontinuierliche Bestehen des Ehegattensplittings ableiten: Die Steuerpolitik weist eine hohe Kontinuität auf, radikale Umschwünge gibt es nur nach „bedeutenden sozialen Umwälzungen wie Krisen und Kriegen", wichtig sind Innovationen von einzelnen Akteuren wie Finanzminister oder Regierungschefs, die „Defizite erkennen und Neuerungen gegen Widerstände durchsetzen" (Wagschal 2005: 134). Außerdem kommt institutionellen Faktoren eine wichtige Bedeutung zu, insbesondere verfassungsrechtlichen Restriktionen sowie dem Erfordernis der Zustimmung des Bundesrates zu Steuergesetzen.

Abgesehen davon, dass die genannten Arbeiten die enorme Bedeutung institutioneller Faktoren für die Steuerpolitik untermauern, bieten sie theoretisch und methodisch jedoch keine weiteren Anhaltspunkte für eine Fallstudie zum Ehegattensplitting. Was fehlt, ist eine qualitative Analyse der Faktoren, die die Beibehaltung des Status quo in der Bundesrepublik bisher ermöglicht haben.

---

30 Der Ansatz *Wagschals*, aus statistischen Erfolgsquoten von Verfassungsbeschwerden Aufschlüsse über politische Tendenzen der Verfassungsrechtsprechung zu gewinnen, lässt viele Aspekte unbeachtet. Zu Entwicklungen der steuerpolitischen Rechtsprechung des Bundesverfassungsgerichts vgl. Deters/Krämer 2011.

Welche Hindernisse einer Reform des Ehegattensplittings nach Ansicht derjenigen AutorInnen in Sozial- und Politikwissenschaft entgegenstehen, die sich nicht schwerpunktmäßig mit Reformen der Steuerpolitik befassen, aber die Bedeutung des Ehegattensplittings für die Geschlechterverhältnisse untersuchen, ist Gegenstand des nächsten Abschnitts (Kapitel 2.4.2).

2.4.2 Sozialwissenschaftliche Überlegungen zur Reformierbarkeit des Ehegattensplittings

Eine Reform des Ehegattensplittings – dies scheint in den Sozialwissenschaften Konsens zu sein – ist schwierig. Obwohl schon seit Jahren über mögliche Alternativen diskutiert wird, gelten die Reformaussichten als eher gering (Bajohr 2007: 104; Bothfeld 2005; Deters/Krämer 2011; Dombrowski u.a. 2007; Gesterkamp 2004: 140; Rüling/Kassner 2007; Seidel 2001; Urbanek 2010). In der Literatur werden vor allem drei Reformhindernisse identifiziert: institutionelle Restriktionen durch das Verfassungsrecht, Entscheidungen von AkteurInnen aufgrund parteipolitischer Präferenzen (inklusive wahltaktischer Erwägungen) und am männlichen Ernährermodell orientierte Wertvorstellungen in Politik und Bevölkerung.

So sprach der Sachverständigenbericht zum 7. Familienbericht der Bundesregierung von „institutionellen Restriktionen" für eine Beschränkung des Ehegattensplittings (Bundesministerium für Familie 2006: 106) und meinte damit zu erwartende Verfassungsbeschwerden und einen darauf möglicherweise folgenden Einspruch des Bundesverfassungsgerichts. Auch *Henning Deters* und *Rike Krämer* (2011) betonen die wichtige Rolle des Bundesverfassungsgerichts: Durch dessen Entscheidung im Jahr 1957 und die nachfolgende Einführung des Ehegattensplittings sei ein Pfad begonnen worden, der durch spätere Entscheidungen zur Ehebesteuerung noch verstärkt worden sei. Für das Scheitern der Reform 1998/99 seien verfassungsrechtliche Bedenken ausschlaggebend gewesen. Der in den 1950er-Jahren eingeschlagene Pfad erscheine heute „unumkehrbar", ein Übergang zur Individualbesteuerung werde selbst von kritischen Parteien nicht „gewagt" und eine Privilegierung der Ehe durch die Verfassungsrechtsprechung sei wohl dauerhaft verankert (ebd.: 17).

Bernhard Seidel stellt in seiner Analyse der rot-grünen Einkommensteuerreformen fest, die Reform des Ehegattensplittings sei zwar überfällig und auch geplant gewesen, aber an „zu großen politischen Widerständen" gescheitert (2001: 45). In eine ähnliche Richtung argumentiert auch *Thomas Gesterkamp*, wenn er konstatiert: „[G]utverdienende und rollenkonforme Männer zu verärgern, daran trauen sich auch Sozialdemokraten und Grüne kaum heran" (2004: 140). Der Familiensoziologe *Hans Bertram* sagte 2011 in einem Interview in der Zeitschrift *Cicero* zum Ehegattensplitting:

„Das wahre Problem liegt jedoch darin, dass sich die Politik so unglaublich schwertut, die historische Herkunft unserer Rollenvorstellungen in der Familie infrage zu stellen. Man kann zum Ehegattensplitting stehen, wie man will, aber der Effekt ist beispielsweise gerade jetzt, dass sich die maximale Wirkung des Ehegattensplittings entfaltet, wenn der Mann mit 55 Jahren das höchste Einkommen bezieht und seine Frau einen geringeren Halbtagsjob hat. Dann sind aber in der Regel die Kinder schon aus dem Haus. Im Grunde müsste man heute die Altersgruppe der Älteren höher besteuern und das Geld, das wir nicht brauchen, weil die Kinder aus dem Haus sind, den jungen Erwachsenen geben. Doch aus irgendwelchen Gründen ist dieser Bereich ideologisch so aufgeladen, dass sich nichts ändern lässt."[31]

Selbst bei Parteien, die wie SPD und Grüne eine Reform des Ehegattensplitting in ihren Programmen fordern, herrscht eine „Diskrepanz zwischen den klaren rhetorischen Forderungen und der sehr zurückhaltenden Programmatik" und häufiges „Lavieren zwischen forscher Oppositionsrhetorik und verhaltenem Programm", kritisiert *Susann Worschech* in einem Online-Dossier der Heinrich-Böll-Stiftung zu geschlechtergerechter Steuerpolitik.[32] *Doris Urbanek* (2010: 58) bezeichnet das Ehegattensplitting als „Never-Ending"-Policy. Ihrer Ansicht nach ist kein Konsens darüber zu erzielen, ob das Ehegattensplitting Frauen benachteiligt oder nicht, außerdem seien viele politischen Parteien blind gegenüber anderen Ungleichheitskategorien als Geschlecht, die beim Ehegattensplitting eine Rolle spielen.

In diesem Zusammenhang wird auch darauf verwiesen, dass gerade in Westdeutschland eine Mehrheit der Bevölkerung das Ernährermodell in der Variante Vollzeit erwerbstätiger Mann und nicht oder in Teilzeit erwerbstätige Frau gelebt wird. Diese Bevölkerungsgruppe profitiert vom Ehegattensplitting und dürfte Systemveränderungen nicht honorieren, wenn sie mit ihrer Erwerbs- und Familiensituation zufrieden ist. Wohl aus diesem Grund vermutet *Silke Bothfeld* in ihrer Analyse der rot-grünen Reformen der Vereinbarkeitspolitik am Beispiel des Bundeserziehungsgeldes, in der sie auch auf die Diskussion des Ehegattensplittings eingeht: „Möglicherweise lässt sich die Zurückhaltung der SPD bei der Frage des Ehegattensplittings ebenso wie die angekündigte Förderung der Kinderbetreuung mit wahltaktischen Gründen erklären." (Bothfeld 2005: 193). Arbeiten zur Stellung unbezahlter Sorgearbeit (*care*) innerhalb der wohlfahrtsstaatlichen Systematik in der Bundesrepublik identifizieren das Ehegattensplitting als Teil des ehezentrierten männlichen Ernährermodells, also der von einem Alleinverdiener abgeleiteten Absicherung weiterer Familienmitglieder (Berghahn 2003; Brütt 2011; Fleckenstein 2011: 566; Kuller 2004; Rüling 2007: 117) und leiten (teilweise implizit) aus diesen Zusammenhängen Reformhindernisse ab.

---

31 *Cicero* vom 05.12.2011, Interview mit *Hans Bertram*: „Weibliche Lebensläufe werden männlicher"; im Internet abrufbar unter: http://www.cicero.de//berliner-republik/hans-bertram-interview-kinder-karriere-keine-zeit-fuer-kinderglueck/47606 (Zugriff: 28.10.2012).

32 http://www.gwi-boell.de/web/steuerpolitik-abschaffung-des-ehegattensplitting-525%20.html (Zugriff: 23.08.2012).

Warum Reformen des Ehegattensplittings bisher scheiterten, wird in den vorliegenden Studien zwar mit verschiedenen Faktoren (Akteursinteressen, Institutionen, Wertorientierungen) erklärt, aber jeweils eher am Rande erwähnt, weil meist andere Fragestellungen als die nach Reformhindernissen im Mittelpunkt stehen. Nach wie vor fehlt aber auch in den Sozialwissenschaften eine Analyse, die die Schwierigkeiten einer Reform des Ehegattensplittings in den Mittelpunkt rückt. Die Gründe für die Einführung des Ehegattensplittings und die historische Entwicklung des Ehegattensplittings selbst wie auch der Diskussionen darüber ist bislang kaum erforscht.

2.5 Das Ehegattensplitting in der verfassungsrechtlichen Debatte

Wie in Abschnitt 2.4 gezeigt, finden sich in der sozialwissenschaftlichen Literatur Auffassungen, die neben anderen Aspekten (ökonomische Erwägungen, Akteurspräferenzen etc.) die verfassungsrechtliche Interpretationslage für die Reformresistenz des Ehegattensplittings verantwortlich machen.

Es existiert eine breite verfassungsrechtliche Debatte zum Thema Ehegattenbesteuerung, die nicht nur in der juristischen, sondern auch in der finanzwissenschaftlichen Literatur (dort allerdings ebenfalls mit verfassungsrechtlichen Argumenten) geführt wird. Dabei dreht sich die Diskussion im Wesentlichen um die Frage, ob das Ehegattensplitting verfassungsrechtlich zwingend ist oder nicht bzw. ob Reformen notwendig sind und wie der verfassungsrechtliche Rahmen dafür im Einzelnen aussieht. An dieser Stelle wird deshalb die Entwicklung der verfassungsrechtlichen Diskussion der Wandel zusammengefasst und der aktuelle Stand wiedergegeben.[33] Für das Ehegattensplitting werden unterschiedliche Begründungen vorgetragen (vgl. ausführlich Vollmer 1998: 35ff.), die einem historischen Wandel unterworfen sind. Während im Gesetzentwurf für die Einführung des Ehegattensplittings noch von der „besonderen Anerkennung der Aufgabe der Ehefrau als Hausfrau und Mutter"[34] die Rede war (vgl. Kapitel 4.5.5), stellte das Bundesverfassungsgericht im Jahr 1998 fest, das Ehegattensplitting habe nichts mit Kindern zu tun und diene nicht der Entlastung von mit Kindern verbundenen Mehrausgaben (vgl. Kapitel 2.5.2).[35]

---

33 Im Detail wird die Frage der Entwicklung der institutionellen Einrahmung und Verfestigung des Bestands des Ehegattensplittings durch die Verfassungsdiskussion im Kapitel 5.4.2 erneut aufgegriffen.
34 BT-Drs. III/260 S. 34.
35 BVerfG vom 10.11.1998 – 2 BvR 1057/91, 2 BvR 1226/91, 2 BvR 980/91, juris-Rz. 86.

Zur verfassungsrechtlichen Bewertung der Besteuerung von Ehen werden der Gleichheitssatz in Art. 3 Abs. 1 GG, der Schutz von Ehe und Familie in Art. 6 Abs. 1 GG und der Grundsatz der Gleichberechtigung der Geschlechter in Art. 3 Abs. 2 GG herangezogen. Eine Minderheit in der steuerjuristischen Debatte hält das Ehegattensplitting für die einzig verfassungsgemäße Form der Besteuerung (Kirchhof 2000; 2003a; 2003b; Klein 1997: 107; Klose 2003; Seiler 2007; 2011). Andere Autoren sehen im Ehegattensplitting eine verfassungskonforme Art der Besteuerung unter mehreren denkbaren Alternativen (Böckenförde 1986: 338; DiFabio 2003: 998; Heuermann 2011: § 26 Rn. 16; Isensee 1988: N57; Lang 1983: 125; 2010: § 4 Rn. 242; Papier 2002: 2130–2131; Tipke 2000: 377; 2003: 813–819; Vogel 1999: 207). Schließlich gibt es AutorInnen, die das Ehegattensplitting für verfassungswidrig und zwingend reformbedürftig halten (Graf 2011: § 26 Rn. 13 mit Verweis auf die Höhe der Steuerentlastung als möglichen Verstoß gegen die horizontale Steuergleichheit; Mennel 1971; 1974: 165–185; 1986; 1988; Sacksofsky 2000: 1900; Vollmer 1998; 2004a; 2004b) – auch diese Meinung ist aber nicht ‚herrschend'.

Die Begründungen für das Ehegattensplitting sind ebenso umstritten wie seine Auswirkungen auf das Erwerbsverhalten von Ehegatten (Buchholz 2000: 6). Letztere spielen in der verfassungsrechtlichen Diskussion deshalb eine Rolle, weil es dabei um die Freiheit der Ehegatten geht, ihre Arbeitsteilung selbst zu bestimmen. Inwieweit das Ehegattensplitting diese Freiheit erst ermöglicht oder im Gegenteil eine traditionelle Arbeitsteilung fördert, ist deshalb eine Konfliktlinie im verfassungsrechtlichen Diskurs. Im Folgenden betrachte ich die jeweiligen Argumente gegliedert nach zwei Konfliktlinien – zunächst geht es um die unterschiedlichen Begründungen für das Ehegattensplitting, anschließend um die Wirkungsdiskussion. Dabei kann zwar keinesfalls der gesamte Meinungsstand berücksichtigt werden (vgl. Spangenberg 2005: 38–51; Vollmer 1998), es lässt sich aber zumindest feststellen, dass bereits Argumente für die Verfassungsgemäßheit verschiedener Reformalternativen entwickelt wurden, auf die politisch zurückgegriffen werden kann.

2.5.1 Konfliktlinie: Subvention oder Berücksichtigung des Leistungsfähigkeitsprinzips

Stellen die Wirkungen des Ehegattensplittings einen Vorteil gegenüber der Individualbesteuerung dar oder sind sie notwendige Folge der konsequenten Anwendung des Prinzips einer Besteuerung nach der Leistungsfähigkeit? An dieser ersten Konfliktlinie der Debatte um das Ehegattensplitting zeigt sich bereits die Problematik – schon die Verwendung des Begriff ‚Splittingvorteil' statt ‚Splittingeffekt' (vgl. Kapitel 1.5.2) bedeutet eine Positionierung innerhalb einer seit Jahrzehnten bestehenden Debatte. Warum?

Während Kritik am Ehegattensplitting vorrechnet, dass die zu entrichtende Steuer des allein- bzw. hauptverdienenden Ehegatten bei einer Zusammenveranlagung niedriger ist als bei einer individuellen Besteuerung und dass dieser Splitting*vorteil* mit steigendem Einkommen und steigender Einkommensdifferenz innerhalb des Paares ebenfalls ansteigt, weisen andere diese Sichtweise als verfehlt zurück. So argumentiert *Klaus Vogel* (1999: 203): „Offenbar ist es schwer klarzumachen, daß man unterscheiden muss zwischen staatlichen Gaben, die der Gesetzgeber zuwendet, und der Minderung einer Belastung, weil er sie nicht in größerem Umfang für gerechtfertigt hält." Das Ehegattensplitting bewirkt dieser Ansicht nach keinen Vorteil, sondern berücksichtigt die steuerliche Leistungsfähigkeit des Paares, indem es unterstellt, dass nicht nur ein Mensch von dem erzielten Erwerbseinkommen lebt, sondern dass die Ehegatten gemeinsam wirtschaften und hälftig teilen.

Das Leistungsfähigkeitsprinzip ist ein aus Art. 3 Abs. 1 GG abgeleiteter Grundsatz der Besteuerung, der besagt, dass die Besteuerung im Verhältnis zum Einkommen der Steuerpflichtigen erfolgen muss (Birk 1983; Lang 2010: 88; Spangenberg 2011: 13–19; Tipke 2000: 478ff.) bzw. danach, „was der Steuerpflichtige aus seinem Einkommen dazu beitragen kann, damit der Staat seine Aufgaben erfüllen kann" (Tipke 2000: 479). Es ist zwar nicht allgemein anerkannt, dass auch privatrechtliche Unterhaltsverpflichtungen die subjektive Leistungsfähigkeit mindern und steuerrechtlich berücksichtigt werden müssen (vgl. zur Kritik aus ökonomischer Perspektive Bareis 2000: 83–84; Bareis u.a. 1998), die steuerjuristische Literatur kommt aber zu diesem Ergebnis (vgl. Spangenberg 2007a: 290–292). Die steuerliche Leistungsfähigkeit, so *Klaus Tipke*, bleibt „hinter der wirtschaftlichen Leistungsfähigkeit zurück, weil jeder Bürger einen Teil seines Einkommens für seine und eventuell seiner Familie Existenz verwenden muss" (2000: 481). Das Bundesverfassungsgericht hat zum Familienlastenausgleich und zur Besteuerung des Existenzminimums entsprechende Grundsätze formuliert (vgl. Gerlach 2010: 292–295). Danach muss zum Beispiel das Existenzminimum der Steuerpflichtigen und ihrer Familienmitglieder steuerfrei bleiben.[36]

In der verfassungsrechtlichen Debatte wird sowohl von BefürworterInnen als auch von KritikerInnen des Ehegattensplittings mit dem steuerrechtlichen Leistungsfähigkeitsprinzip argumentiert. Es ist also umstritten, welche Vorgaben sich aus dem Leistungsfähigkeitsprinzip für die Ehebesteuerung ableiten lassen. Dabei geht es vor allem um die Höhe der verfassungsrechtlich gebotenen Entlastung, also um die Frage, ob es zwingend erforderlich ist, das Einkommen im Wege des Splittingverfahrens hälftig zwischen den Ehegatten aufzuteilen, um so eine möglichst hohe Entlastung zu erreichen, oder ob auch geringere Entlastungen akzeptabel wären.

---

36 BVerfG vom 12.06.1990 – 1 BvL 72/86, juris-Rz. 27, BVerfGE 82, 198–208 (207); BVerfG vom 10.11.1998 – 2 BvL 42/93, juris-Rz. 51, BVerfGE 99, 246–269 (259).

Dabei werden drei Alternativen vertreten: erstens die Auffassung, die in dem Halbteilungsprinzip des Ehegattensplittings die wirtschaftliche Verbundenheit von Ehegatten am besten abgebildet sieht, zweitens die Ansicht, die eine steuerliche Berücksichtigung von Unterhaltsleistungen (in Größenordnungen, die über das steuerrechtliche Existenzminimum teilweise deutlich hinausgehen) präferiert, sowie drittens die Meinung, derzufolge die Berücksichtigung des steuerrechtlichen Existenzminimums für Erwachsene ausreicht.

Auch das Bundesverfassungsgericht argumentierte mit dem Leistungsfähigkeitsprinzip (zum Wandel der Rechtsprechung des Bundesverfassungsgerichts im Einzelnen vgl. Kapitel 2.5.2) und bezeichnete das Ehegattensplitting als „eine an dem Schutzgebot des Art. 6 Abs. 1 GG und der wirtschaftlichen Leistungsfähigkeit der Ehepaare (Art. 3 Abs. 1 GG) orientierte sachgerechte Besteuerung"[37] (diese Formulierung übernehmen beispielsweise Kirchhof 2003a: 389; Seiler 2011: § 26 Rz. 1). Die Entscheidung ließ aber offen, welche anderen dem Leistungsfähigkeitsprinzip entsprechenden Regelungen möglich sind (vgl. Kapitel 2.5.2).

Das Splitting vermeide außerdem die ansonsten bei der Zusammenveranlagung mit progressivem Steuertarif eintretende Höherbesteuerung von Zweiverdienstehepaaren gegenüber Ledigen (Heuermann 2011: § 26 Rn. 8–9; Lang 1988: 621). Zudem werde die Gleichbehandlung von Zweiverdienerehepaaren mit unterschiedlichen Einkommenskonstellationen erreicht, die bei individueller Veranlagung jeweils unterschiedlich hohe Steuerbeträge zu entrichten hätten (Wätzig 1982: 1839).

Als Argument für das Ehegattensplitting wird in diesem Zusammenhang auch die Möglichkeit genannt, durch die Zusammenveranlagung mit Splittingtarif der Verteilung der (Erwerbs-)Arbeit zwischen den Ehegatten Rechnung zu tragen. Sowohl Benachteiligungen von Zweiverdienstehen durch eine überhöhte Besteuerung bei der Zusammenveranlagung ohne Splittingtarif als auch die fehlende Berücksichtigung der Arbeitsteilung in einer Einverdienerehe bei der Individualbesteuerung verstießen gegen das von Art. 6 Abs. 1 GG geschützte Recht der Ehegatten, über ihre Arbeitsteilung selbst zu entscheiden (Kirchhof 2003a: 389; Seiler 2011: § 26 Rz. 1).

Gegen diese Sichtweise argumentiert beispielsweise *Franziska Vollmer* mit den Wirkungen des Ehegattensplittings: Das Ehegattensplitting sei deshalb keine reine Besteuerung nach dem Leistungsfähigkeitsprinzip, weil es für die Einverdienstehen höhere Steuervorteile bewirke, als es nach dem Leistungsfähigkeitsprinzip geboten wäre (Vollmer 1998: 132).

Über die unterschiedliche Auslegung des Leistungsfähigkeitsprinzips entscheidet letztlich das Ehebild – wer die Ehe als Wirtschafts- und Verbrauchsgemeinschaft betrachtet, in der alles in einen Topf kommt, von beiden

---

37 BVerfG vom 03.11.1982 – 1 BvR 620/78, 1 BvR 1335/78, 1 BvR 1104/79, 1 BvR 363/80, BVerfGE 61, 319–357 (346ff.).

genutzt wird und beiden gehört, wird das Ehegattensplitting für zwingender halten als diejenigen, die von einer Unterhaltsgemeinschaft ausgehen. Deshalb werden nach der Erläuterung der Entscheidungen des Bundesverfassungsgerichts zur Ehegattenbesteuerung (Kapitel 2.5.2) die Konfliktlinie Grundannahmen des Ehegattensplittings (Kapitel 2.5.3) sowie die Konfliktlinie Wirkungen des Ehegattensplittings (Kapitel 2.5.4) dargestellt. Beide Aspekte sind allerdings nicht völlig getrennt voneinander zu diskutieren.

2.5.2 Wandel der Rechtsprechung des Bundesverfassungsgerichts in der Begründung des Ehegattensplittings

Das Bundesverfassungsgericht hat sich im Laufe seiner Geschichte in einigen entscheidenden Momenten zur Ehegattenbesteuerung geäußert. Dazu gehört vor allem die bekannte Entscheidung aus dem Jahr 1957,[38] in der die Einführung des Ehegattensplittings als ein möglicher Reformpfad der damals hochumstrittenen Ehegattenbesteuerung benannt wurde (vgl. im Einzelnen Kapitel 4). Im Jahr 1982 äußerte das Gericht im Zusammenhang mit der Besteuerung Alleinerziehender, das Ehegattensplitting sei kein „beliebiger Steuervorteil", sprach aber gleichzeitig von einer diesbezüglichen „Gestaltungsbefugnis" des Gesetzgebers.[39] Im Jahr 1998 änderte sich die Rechtsprechung insofern, als das Gericht darauf hinwies, das Ehegattensplitting habe nichts mit dem Vorhandensein von Kindern bzw. dem steuerrechtlichen Familienlastenausgleich zu tun.[40] Noch im Jahr 1982 war im Zusammenhang mit dem Ehegattensplitting auch die Funktion der Familienentlastung genannt worden,[41] in der Entscheidung vom 10. November 1998 wurde dagegen davon ausgegangen, dass das Splitting nicht dazu dient, Mehrbelastungen durch Kinderkosten aufzufangen (Heuermann 2011: § 26 Rn. 16). Im Folgenden werden die wichtigen Entscheidungen, in denen sich das Gericht zum Ehegattensplitting geäußert hat, kurz referiert. Eine Analyse im Kontext der da-

---

38 BVerfG vom 17.01.1957 – 1 BvL 4/54, BVerfGE 6, 55–84.
39 BVerfG vom 03.11.1982 – 1 BvR 620/78, 1 BvR 1335/78, 1 BvR 1104/79, 1 BvR 363/80, juris-Rz. 80–82, BVerfGE 61, 319–357 (347).
40 BVerfG vom 10.11.1998 – 2 BvR 1057/91, 2 BvR 1226/91, 2 BvR 980/91, juris-Rz. 86, BVerfGE 99, 216–246 (240).
41 BVerfG vom 03.11.1982 – 1 BvR 620/78, 1 BvR 1335/78, 1 BvR 1104/79, 1 BvR 363/80, juris-Rz. 81, BVerfGE 61, 319–357 (346f.): „Darüber hinaus bedeutet das Splittingverfahren nach seinem vom Gesetzgeber zugrundegelegten Zweck unter anderem ‚eine besondere Anerkennung der Aufgabe der Ehefrau als Hausfrau und Mutter' (BT-Drucks. III/260 S. 34). Damit ist es auch Ausdruck der Gleichwertigkeit der Arbeit von Mann und Frau, ohne Rücksicht darauf, ob es sich um Haus- oder Berufsarbeit handelt. Dieser Zweck des Splittingverfahrens steht in Einklang mit Art. 6 Abs. 1 GG. Aus dieser Grundsatznorm folgt die Pflicht des Staates, die Familiengemeinschaft sowohl im immateriell-persönlichen als auch im materiell-wirtschaftlichen Bereich als eigenständig und selbstverantwortlich zu respektieren."

maligen politischen Debatten erfolgt in den jeweiligen Kapiteln (Kapitel 4.4 zum Jahr 1957, Kapitel 5.4.2 zum Jahr 1982).

Im Jahr 1957 hatte das Bundesverfassungsgericht darüber zu entscheiden, ob die Zusammenveranlagung verschiedener Einkommensarten von Ehegatten ohne Splittingtarif und mit entsprechend höherer Steuerbelastung bei einem progressiven Tarif mit dem Grundgesetz vereinbar ist. Diese Form der Zusammenveranlagung wurde damals als verfassungswidrig verworfen; erheblicher Neuregelungsbedarf und Kosten in Milliardenhöhe waren die Folge. In der Entscheidung nannte das Gericht das Splittingverfahren als eine verfassungsgemäße Reformalternative (vgl. im Einzelnen Kapitel 4.4.2).

Im Jahr 1982 ging es darum, inwieweit die Entlastung Alleinerziehender im Steuerrecht gegenüber Verheirateten ausreichend ist. Dabei nahm das Bundesverfassungsgericht unter anderem auch zu der Frage Stellung, ob das Ehegattensplitting auf Alleinerziehende zu erstrecken sei – dies verneinte das Gericht auch unter Hinweis auf die Gründe für die Regelung. Beim Ehegattensplitting handle es sich um eine Besteuerung nach der Leistungsfähigkeit; der Gesetzgeber gehe davon aus, dass Ehepaare eine „Gemeinschaft des Erwerbs und des Verbrauchs bilden, in der ein Ehegatte an den Einkünften und Lasten des anderen wirtschaftlich jeweils zur Hälfte teilhat". Es sei „wirtschaftliche Realität der intakten Durchschnittsehe", dass ein „Transfer steuerlicher Leistungsfähigkeit" zwischen Ehepartnern stattfinde. So werde die „freie Entscheidung [möglich], ob einer allein ein möglichst hohes Familieneinkommen erwirtschaften [...] oder ob stattdessen beide Partner sowohl im Haushalt als auch im Beruf tätig sein wollen, so dass beide ihre Berufstätigkeit entsprechend beschränken". Das Bundesverfassungsgericht schlussfolgerte weiter: „Damit ist das Ehegattensplitting keine beliebig veränderbare Steuer-‚Vergünstigung', sondern – unbeschadet der näheren Gestaltungsbefugnis des Gesetzgebers – eine an dem Schutzgebot des Art. 6 Abs. 1 GG und der wirtschaftlichen Leistungsfähigkeit der Ehepaare (Art. 3 Abs. 1 GG) orientierte sachgerechte Besteuerung."[42]

Die Entscheidung aus dem Jahr 1982 wird als Beleg für unterschiedliche Standpunkte zum Ehegattensplitting herangezogen. So wird auf der einen Seite argumentiert, das Ehegattensplitting sei eine verfassungsgemäße Besteuerung nach der Leistungsfähigkeit und kein „beliebiger Steuervorteil" (Kirchhof 2000_ 2793). Dieses Argument wird mit dem Hinweis erwidert, dass andere Regelungen denkbar sind und der „Gestaltungsbefugnis des Gesetzgebers" unterliegen (Spangenberg 2005: 40).

Im Jahr 1998 hatte das Bundesverfassungsgericht über den Familienlastenausgleich zu befinden und forderte die Gesetzgebung dazu auf, die Aufwendungen für Kinder in größerem Umfang als bisher steuerlich anzuerkennen. Dies gelte insbesondere für den Betreuungsbedarf eines Kindes, der

---

42 Ebd., juris-Rz. 80–81.

zusätzlich zum Sachbedarf und unabhängig von der Erwerbsbedingtheit von Betreuungskosten zu berücksichtigen sei.[43] In diesem Zusammenhang stellte das Gericht fest, die Beschränkung eines zweiten Grundfreibetrages auf unverheiratete Eltern sei eine Benachteiligung von Ehepaaren, die nicht durch die Existenz des Ehegattensplittings kompensiert werden könne.[44]

Sowohl in der Entscheidung aus dem Jahr 1957 als auch in der Entscheidung aus dem Jahr 1982 nimmt das Bundesverfassungsgericht Bezug auf damals aktuelle Positionen und Ereignisse. Sie müssen deshalb im Kontext der rechtspolitischen Diskurse ihrer Zeit gelesen werden. Wie das Bundesverfassungsgericht heute über die Ehegattenbesteuerung entscheiden würde, ist offen. Bei dem für Steuerrecht zuständigen 2. Senat des Bundesverfassungsgerichts sind mehrere Verfahren anhängig, die die Gleichbehandlung von eingetragenen LebenspartnerInnen bei der Einkommensbesteuerung zum Thema haben (vgl. im Einzelnen Kapitel 2.5.5). Unabhängig von ihrem Ausgang werden darin auch Ausführungen zur Begründung für das Ehegattensplitting erwartet.

2.5.3 Konfliktlinie: Implizite Voraussetzungen des Ehegattensplittings

Wie in Kapitel 1.5.2. dargestellt, werden Ehegatten im Rahmen der Zusammenveranlagung mit Splittingverfahren als *ein* Steuerpflichtiger behandelt. Die damit verbundenen impliziten Voraussetzungen sind umstritten. Die Diskussion dreht sich um Aspekte des gemeinsamen Wirtschaftens, um die Unterstellung des hälftigen Zugriffs auf das gemeinsame Einkommen und um die daraus folgenden Konsequenzen für die Besteuerung.

---

43 BVerfG vom 10.11.1998 – 2 BvR 1057/91, 2 BvR 1226/91, 2 BvR 980/91, Leitsatz Nr. 2, BVerfGE 99, 216-246 (216).
44 Ebd., juris-Rz. 86 bzw. S. 240: „Auch die Möglichkeit der Zusammenveranlagung (§§ 26, 26b EStG), die den in ehelicher Gemeinschaft lebenden Eltern zur Verfügung steht, mindert deren Benachteiligung durch die angegriffenen Regelungen nicht. Die Zusammenveranlagung kann von allen Ehegatten in Anspruch genommen werden, unabhängig davon, ob sie unterhaltsberechtigte Kinder haben oder nicht; die Zusammenveranlagung setzt eine Ehe, nicht einen kindbedingten Bedarf voraus. Eine Berücksichtigung der Rechtsfolgen der §§ 26, 26b EStG zur Kompensation der steuerlichen Schlechterstellung kommt somit schon deshalb nicht in Betracht, weil sie verheiratete Eltern gegenüber Ehegatten ohne unterhaltsberechtigte Kinder benachteiligen würde. Im Übrigen hängt die Entlastungswirkung der Zusammenveranlagung von der Höhe der jeweiligen Einkünfte beider Ehegatten und vom Progressionssatz ab. Die Zusammenveranlagung wirkt sich kaum aus, wenn beide Ehegatten erwerbstätig sind und Einkünfte in ähnlicher Höhe erzielen."

2.5.3.1 Ehe als Gemeinschaft des Erwerbs und Verbrauchs

Für die Begründung des Ehegattensplittings ist die Annahme von entscheidender Bedeutung, dass Ehegatten in einen Topf und aus einem Topf wirtschaften.[45] In Anlehnung an die Rechtsprechung des Bundesverfassungsgerichts (vgl. im Einzelnen Kapitel 2.5.2) wird das Splittingverfahren in der juristischen Literatur durch die Annahme einer zwischen den Eheleuten bestehenden „Gemeinschaft des Erwerbs und des Verbrauchs" oder der „wirtschaftlichen Realität der intakten Durchschnittsehe" begründet, in der den Eheleuten das gemeinsame Einkommen wechselseitig zur Verfügung steht und sie auch die Lasten jeweils zur Hälfte tragen[46] (Heuermann 2011: § 26 Rn. 16; Kirchhof 2003a: 389; Seiler 2007: 13). So betont *Paul Kirchhof* die Einheit der Eheleute als wirtschaftliche Gemeinschaft gegenüber dem Staat und begründet das Ehegattensplitting mit der Freiheit der Aufgabenverteilung in der Ehe, die er mit der „Bereitschaft zum Kind" verknüpft sieht (vgl. Kirchhof 2003a: 389). Der Gesetzgeber habe die „wirtschaftliche Realität des Ehelebens zu berücksichtigen", denn in „intakten Ehen" sei auszugehen von der Bildung einer „Erwerbs- und Verbrauchsgemeinschaft, in der jeder Ehegatte wirtschaftlich zur Hälfte an den Einkünften und Lasten des anderen teilhat" (Seiler 2011: § 26 Rz. 1). Auch die Grundwertungen des Familienrechts, so das Bundesverfassungsgericht in der Entscheidung im Jahr 1982, basierten auf dem Gedanken von der Ehe als Wirtschaftsgemeinschaft. Als Beispiele dafür wurden der Zugewinns- und Versorgungsausgleich herangezogen.[47]

Im Zusammenhang mit dem Gedanken des gemeinsamen Wirtschaftens wird wiederum hervorgehoben, das Splittingverfahren ermögliche die verfassungsrechtlich geschützte freie Entscheidung über die eheliche Arbeitsteilung. Denn durch das Splitting würden sowohl die Einverdienstehe als auch die Zweiverdienstehe nach der jeweiligen Leistungsfähigkeit des Paares besteuert. Niemand werde gegenüber der anderen Lebensform benachteiligt. Die ursprüngliche Gesetzesbegründung hob zudem den Zweck der „besonderen Anerkennung der Aufgaben der Ehefrau als Hausfrau und Mutter hervor"[48] (vgl. Kapitel 4). Durch das Splitting werde so auch im Steuerrecht die Gleichwertigkeit von Erwerbs- und Familienarbeit anerkannt. Diese Gleichwertigkeit und die Anerkennung der unbezahlten Arbeit in der Ehe als Unter-

---

45 Allerdings halten nicht alle VerfassungsjuristInnen, die diese Grundannahme teilen, das Ehegattensplitting für alternativlos. Weil bestimmte Argumentationsmuster allerdings beiden Auffassungen gemeinsam sind, werden im Folgenden die Argumente für das Ehegattensplitting dargestellt und unterschiedliche Sichtweisen auf die Konsequenzen für die Gesetzgebung an anderer Stelle diskutiert.
46 BVerfG vom 03.11.1982 – 1 BvR 620/78, 1 BvR 1335/78, 1 BvR 1104/79, 1 BvR 363/80, juris-Rz. 80, BVerfGE 61, 319–357 (346, 347).
47 Ebd.
48 BT-Drs. III/260 S. 34.

haltsbeitrag wird vom Bundesverfassungsgericht in ständiger Rechtsprechung betont[49] und ist auch in unterhaltsrechtlichen Regelungen (§ 1360 S. 2 sowie § 1606 Abs. 3 S. 2 BGB) niedergelegt (Meder 2010; Scheiwe/Wersig 2011: 17; Wersig 2010: 40).

Stefan Homburg argumentiert, der Verbrauch des Gesamteinkommens in einer Ehe sei „keine Wertungsfrage, sondern eine Tatsachenfrage", denn in typischen Ehen werde der Hauptteil des Geldes für nur gemeinsam zu nutzende Güter wie Wohnung, Versicherungen oder einen Kühlschrank und für gemeinsame Aktivitäten wie Konzert- oder Restaurantbesuche ausgegeben. Die Halbteilung des gemeinsamen Einkommens sei also keine Fiktion; allenfalls bei Gütern für den privaten individuellen Verbrauch könne faktisch überhaupt eine Ungleichverteilung bestehen (Homburg 2000: 265). Auch *Vogel* meint, das Steuerrecht knüpfe mit dem Ehegattensplitting nicht an Regelungen des Zivilrechts oder Unterhaltsrechts an, sondern an die Realität des Wirtschaftens in normalen Ehen (1999: 206). Der Gesetzgeber dürfe diese Art des Wirtschaftens im Steuerrecht als Regelfall voraussetzen, auch wenn sie nicht in allen Ehen praktiziert werde. Demgegenüber betrachten andere AutorInnen die Ehe als Unterhaltsgemeinschaft und stellen die Annahme des gemeinsamen Wirtschaftens in einen und aus einem Topf infrage. Ihre Ansätze werden im nächsten Abschnitt dargestellt.

2.5.3.2 Ehe als Unterhaltsgemeinschaft

AutorInnen, die verfassungsgemäße Alternativen zum Ehegattensplitting sehen, unterscheiden zwischen Erwerbs- und Unterhaltsgemeinschaft (Tipke 2002: 789; 2003: 808, 813; Vorwold 1992) und begründen damit eine Einschränkung des Splittingvorteils. Sie kritisieren die „Fiktion der Halbteilung", also des gemeinsamen Verbrauchs des Geldes in der „intakten Durchschnittsehe", als bloße Annahme, die weder empirisch noch rechtlich gestützt sei (im Einzelnen Spangenberg 2007a: 59–68). Die sozialwissenschaftliche Forschung über die Geldverteilung in Paarbeziehungen habe die Mechanismen, die die Geldverteilung beeinflussen, zwar noch nicht umfassend untersucht; allerdings zeichne sich ein komplexeres Bild ab als vom Steuerrecht unterstellt (Hirseland u.a. 2005; Ruiner 2010, die Geldverwaltungsarrangements zwischen individualistischen und kollektivistischen Beziehungskonzepten unterscheidet; W. Schneider/Hirseland 2008; kritisch zur Fiktion der intakten Durchschnittsehe Spangenberg 2007a; zur sozialwissenschaftlichen Debatte vgl. Wimbauer 2003).

Bereits die Verteilung der Lohnsteuerklassen macht deutlich, dass Ehefrauen häufig das geringere Einkommen haben. Im Jahr 2007 waren ca. 90 Prozent der Steuerpflichtigen mit Lohnsteuerklasse V weiblich, während

---

49 BVerfG vom 24.07.1963 – 1 BvL 11/61, 1 BvL 30/57, BVerfGE 17, 1–38.

der Frauenanteil in Lohnsteuerklasse III lediglich bei ca. 18,6 Prozent lag (Bundesministerium der Finanzen 2012: 37). Entlastungen (wie die des monatlichen Nettoeinkommens durch die Lohnsteuerklasse III) fließen ausschließlich dem erwerbstätigen Ehegatten zu. Es sei im Wesentlichen eine Annahme des Rechts, dass trotz ungleicher Beiträge zum Haushaltseinkommens ein „gleicher oder zumindest gleichberechtigter Zugriff" auf das „gemeinsame" Einkommen erfolge (Spangenberg 2007b: 60). Außerdem zeige sich, dass mit steigendem Einkommen auch häufiger separat (also beispielsweise mit getrennten Konten) gewirtschaftet werde, während der Splittingeffekt gerade mit steigendem Einkommen des Alleinverdieners zum Tragen komme (ebd.: 63–67).

Auch in angrenzenden Rechtsgebieten ist die ‚intakte Durchschnittsehe', in der alle Ressourcen halbteilig verwendet werden, eher Fiktion denn Leitbild. Weder im Steuerrecht noch als familienrechtliche Regelung besteht im Innenverhältnis des Paares ein Anspruch auf eine hälftige Geldleistung. Die Halbteilungsfiktion entspricht auch nicht den sonstigen Regelungen über die Aufteilung der wirtschaftlichen Werte zwischen Mann und Frau in der Ehe (Vollmer 2003: 153). Der Alleinverdiener erwirbt Eigentum an seinen Einkünften, die Ehegattin lediglich schuldrechtliche Unterhaltsansprüche und Ansprüche wie Zugewinn- und Versorgungsausgleich nach Beendigung der Ehe (Sacksofsky 2003: 398).

Auch kann bezweifelt werden, ob die Unterhaltspflichten während einer bestehenden Ehe (§ 1360 BGB) überhaupt zu einer Verminderung der steuerlichen Leistungsfähigkeit führen. Denn diese Unterhaltsansprüche bestehen gegenseitig, beide Eheleute müssen gleichermaßen zum ehelichen Unterhalt beitragen (Vollmer 1998: 201). Diejenigen, die in einer Ernährerehe den finanziellen Unterhalt leisten, sind daher nicht einseitig belastet, denn den Geld- und Sachleistungen stehen in der Regel unbezahlte Tätigkeiten und Dienstleistungen im Haushalt gegenüber, auch wenn dieses „Schatteneinkommen" vom Steuerrecht ausblendet wird, weil dort nur marktwirtschaftliche Betätigung zählt (Spangenberg 2011: 18–19). Eine Besteuerung dieses ‚Schatteneinkommens' wäre auch schwierig, vor allem weil es das Bundesverfassungsgericht gerade abgelehnt hat, von einer höheren Leistungsfähigkeit Verheirateter auszugehen und sie deshalb höher zu besteuern als Unverheiratete (vgl. Kapitel 4.4).

2.5.4 Konfliktlinie: Anreiz- und Verteilungswirkungen des Ehegattensplittings

Die Wirkungen des Ehegattensplittings sind ebenfalls strittig. Während die einen davon ausgehen, es handle sich um eine neutrale Form der Besteuerung, die lediglich die höhere Besteuerung von Ehegatten gegenüber Ledigen verhindern soll, kritisieren andere, das Ehegattensplitting fördere und verfestige traditionelle Rollenverteilungen und stelle ein Hindernis für die Erwerbsintegration von Ehefrauen dar. Interessant an dieser verfassungsrechtlichen Diskussion über die Anreizwirkungen des Ehegattensplittings ist auch, dass sie fast ausschließlich auf normativer Ebene verläuft und kaum eine Verknüpfung zu den ökonomischen statistisch-ökonometrischen Verfahren und Mikrosimulationsstudien herstellt, die diese Wirkungen zu beziffern versuchen (vgl. Kapitel 2.3.3).

2.5.4.1 Förderung der Einverdienstehe und Diskriminierung von Ehefrauen

Autorinnen wie *Annemarie Mennel* (1974: 167), *Franziska Vollmer* (1998: 119), *Ulrike Spangenberg* (2005) und *Ute Sacksofsky* (2000) argumentieren, Ehegattensplitting fördere die Einverdienstehe und sei daher in den Wirkungen keineswegs neutral. Diese Wirkungen seien verfassungsrechtlich relevant, weil Art. 3 Abs. 2 GG den Gesetzgeber verpflichtet, die Gleichberechtigung zwischen Frauen und Männern tatsächlich durchzusetzen (in Anwendung dieses Grundsatzes auf das Ehegattensplitting Sacksofsky 2000: 1900; 2011b). Der Splittingvorteil ist für die Einverdienstehe am größten und wird durch das eigene Einkommen der zweiten Person deutlich reduziert, selbst wenn dieses nur gering ausfällt. Aufgrunddessen entfällt auch ein Großteil des Splittingvolumens auf Einverdienstehen (vgl. Kapitel 2.3.2).

Eine Wirkung des Ehegattensplittings sei deshalb die Schaffung von Anreizen für eine „arbeitsteilige Ehe" im Sinne einer Hausfrauenehe (Vollmer 1998: 127). Durch diese Privilegierung einer bestimmten Rollenverteilung in der Ehe und wegen der gesellschaftlich herrschenden Zuweisung der unbezahlten Arbeit (und der Rolle der Hausfrau) an Frauen, werde deren Erwerbstätigkeit behindert. Das Steuerrecht wird in dieser Argumentation in einen Zusammenhang gestellt mit Regelungen in anderen Rechtsbereichen und mit gesellschaftlichen Realitäten (wie etwa die niedrigere Bezahlung von Frauen und in weiblich dominierten Berufen) und Normen (wie die Zuweisung von *care*-Tätigkeiten an Frauen). Erst die Zusammenschau all dieser Aspekte lasse die strukturierende Wirkung des Ehegattensplittings für die Geschlechterverhältnisse erkennbar werden.

Nicht alle Ehen, sondern nur Ehen mit einer bestimmten Arbeitsteilung zwischen den Eheleuten würden durch das Ehegattensplitting gefördert (Sacksofsky 2003: 395). Frauen werde es ökonomisch erschwert, sich für eine Erwerbstätigkeit zu entscheiden: Der Splittingvorteil (vgl. Kapitel 1.5.2.), den die Einverdienstehe genieße, müsse in der Zweiverdienstehe von der Frau als Zuverdienerin zunächst zurückverdient werden (Donath 1993: 408). „Gesellschaftliche und rechtliche Normen", die auf die Arbeitsteilung in Partnerschaften abzielten, so *Franziska Vollmer*, beinhalten eine strukturelle Diskriminierung von Frauen, weil ihnen die „Übernahme einer unzureichend abgesicherten Position als Hausarbeiterin" nahegelegt werde (1998: 121). Auch wenn Regelungen geschlechtsneutral formuliert seien (in der Einverdienstehe also auch ein Rollentausch denkbar ist), seien Frauen durch diese Regelungen benachteiligt, weil die Festlegung von Männern auf den Beruf gesellschaftliche Norm sei und die Privilegierung der Einverdienstehe die männliche Rolle als Ernährer deshalb nicht infrage stelle (ebd.: 125). Zudem müssten bei der Abwägung, ob der Zuverdienst der Ehefrau ökonomisch sinnvoll sei, auch die Verfügbarkeit und die Kosten von Kinderbetreuung (bzw. deren steuerliche Berücksichtigung) mit einfließen (ebd.: 128). Aus diesen Gründen seien berufstätige Ehefrauen zwar nicht mehr durch eine ‚Ehestrafsteuer' in Form der Zusammenveranlagung ohne Splittingverfahren gegenüber berufstätigen unverheirateten Frauen (bzw. wie in den 1950er-Jahren gegenüber Ehefrauen, die Einkünfte hatten, die von der Zusammenveranlagung ausgenommen waren, vgl. Kapitel 4.3) benachteiligt, wohl aber durch die Zuweisung der Rolle der Hausfrau gegenüber Ehemännern (Mennel 1974: 170; Vollmer 1998: 130). Diese Benachteiligung sei als mittelbare Diskriminierung verfassungswidrig.

BefürworterInnen des Ehegattensplittings lehnen diese Argumentation ab und rechnen vor, dass Zweiverdienstehen im Ergebnis trotzdem über ein höheres Nettoeinkommen verfügen (Vogel 1999: 206–207). *Klaus Vogel* verweist auf die Schwierigkeit, eine alternative Regelung zu finden, die eine Entscheidung für die ‚Hausfrauenehe' nicht erschwert (ebd.). Seiner Ansicht nach wirkt das Ehegattensplitting nicht in Richtung einer „arbeitsteiligen Ehe"; ein Übergang zur Individualbesteuerung würde die Einverdienstehe benachteiligen und „den Entschluss, Hausmann oder Hausfrau zu werden, also erschweren [...]. Ganz ohne Lenkungswirkungen läßt sich also keine Regelung der Ehegattenbesteuerung konzipieren, wie überhaupt jede steuerliche Belastung zwangsläufig Lenkungswirkungen auslöst." (ebd.: 207). Andere beschränken sich auf die Feststellung, dass das Steuerrecht Frauen und Männer formal gleichbehandelt und es sich bei den Erwerbsintegrationsanreizen demnach um eine „unvermeidliche und keineswegs geschlechtsspezifische Nebenwirkung des Splittings" (Scherf 2000: 277) handle, die Frauen in gleicher Weise wie Männer treffen könne.

Volker Lietmeyer, Ministerialrat im Bundesministerium der Finanzen, argumentierte anlässlich der Reformdebatte im Jahr 1998 (unter anderem) ganz offen mit den Anreizen für eine Zweiverdienstehe, die bei Wegfall des Ehegattensplittings entstünden: „Es würde ein finanzieller Anreiz zur doppelten Erwerbsarbeit geschaffen. In der absehbar mittel- und langfristig schwierigen Lage am Arbeitsmarkt erscheinen steuerliche Anreize für eine erhöhte Nachfrage nach Arbeitsplätzen kontraproduktiv." (Lietmeyer 1998: 851).

2.5.4.2 Verteilungswirkungen

Auch die Verteilungswirkungen des Ehegattensplittings, also die progressionsbedingte Steigerung des Splittingeffekts mit steigendem Einkommen, sind Gegenstand der Kritik. Wie bereits in der Einleitung dieser Arbeit zitiert, formulierte *Annemarie Mennel* in den 1970er-Jahren dazu:

„Wenn man das Ehegattensplitting umwandeln würde in ein offen auszuweisendes ‚Ehegeld', entsprechend dem Kindergeld, wäre es sicherlich für Steuerpolitiker und Steuerreformer unmöglich, ein derartiges Konzept gutzuheißen, geschweige denn durchzusetzen. Wer könnte schon zugeben, daß für eine Ehefrau im Monat den ganz Armen 50 Pfennig, den ganz Reichen über 1.000 DM und den ‚Doppelverdienern' wenig oder gar nichts gegeben wird?" (Mennel 1979: 179).

Diese Kritik der einkommensabhängigen Wirkungen des Splittings ist bis heute aktuell und wird in ökonomischen Studien immer wieder illustriert (vgl. Kapitel 2.3.2).

Dem wird entgegengehalten, dass das Splitting wie andere Steuerfreibeträge auch zwar aufgrund der Progression die genannten Wirkungen entfalte, diese aber keinen Vorteil, sondern nur die Vermeidung einer Benachteiligung darstellten. *Seiler* argumentiert, die progressionsabhängige Wirkung des Ehegattensplittings sei „lediglich Kehrseite der Entscheidung für einen progressiven Steuertarif" (2011: § 26 Rz. 4). Ihm zufolge verstoßen Einschränkungen dieser „vermeintlich privilegierende[n]" Wirkung gegen das Leistungsfähigkeitsprinzip. Eine Begrenzung des Ehegattensplittings würde „verheiratete wie unverheiratete Doppelverdiener ohne rechtfertigenden Grund gegenüber anderen ehelichen Lebensformen mit gleichem Gesamteinkommen bevorzugen, also unzulässigerweise auf die freie Gestaltung des ehelichen Zusammenlebens einwirken" (ebd.).

2.5.5 Beschränkung auf Ehepaare

Die Anknüpfung des Splittings an den Ehestand führt zu Ausschlüssen: Unverheirateten Paaren[50] und Alleinerziehenden steht keine der Zusammenveranlagung mit Splittingtarif vergleichbare steuerliche Veranlagungsmöglichkeit zur Verfügung. Sie können deshalb auch nicht von den damit verbundenen Vorteilen gegenüber der individuellen Besteuerung profitieren.

Nach weit überwiegender Auffassung haben Alleinerziehende und ihre Kinder keinen Anspruch auf Einbeziehung in den für Ehepaare geltenden Splittingtarif. Nachdem das Bundesverfassungsgericht im Jahr 1982 eine Verpflichtung zur Ausdehnung des Ehegattensplittings auf die Besteuerung

---

50 An dieser Stelle meint ‚unverheiratete Paare' sowohl nichteheliche Lebensgemeinschaften als auch nach dem Lebenspartnerschaftsgesetz ‚verpartnerte' gleichgeschlechtliche Paare.

von Alleinstehenden mit Kindern ausdrücklich abgelehnt hat,[51] wird das Thema auch nicht mehr diskutiert.

Nach wie vor intensiv diskutiert wird hingegen der Anspruch gleichgeschlechtlicher eingetragener LebenspartnerInnen auf steuerliche Gleichbehandlung (Sacksofsky 2011a). Die Ausweitung der für Ehegatten geltenden Regelungen der Zusammenveranlagung auf eingetragene LebenspartnerInnen ist eine Forderung von Interessenverbänden wie dem Lesben- und Schwulenverband in Deutschland (LSVD) und auch von Einzelpersonen, die den Rechtsweg beschritten haben. Die Diskussion um die Rechtfertigung von Ungleichbehandlungen zwischen Ehe und Lebenspartnerschaft im Einkommensteuerrecht ist deshalb so interessant, weil darin auch Aspekte der Begründung des Ehegattensplittings in neuem Licht erscheinen. Bei der eingetragenen Lebenspartnerschaft sind die gegenseitigen Unterhaltspflichten während und nach der Partnerschaft nach dem familienrechtlichen Vorbild der Ehe ausgestaltet (§ 5 LPartG). Angesichts dessen stellt sich die Frage, ob es eine Besonderheit der Ehe gibt, die es aus steuerjuristischer und verfassungsrechtlicher Perspektive rechtfertigen könnte, gleichgeschlechtliche Paare von der Zusammenveranlagung mit Splittingtarif auszuschließen.

Die Finanzgerichte lehnten Anträge von eingetragenen Lebenspartnern auf Zusammenveranlagung am Anfang zunächst überwiegend ab.[52] Die verfassungsrechtliche Debatte entwickelte sich aber in eine Richtung, die eine Verpflichtung des Gesetzgebers zur Gleichbehandlung von Ehe und eingetragener Lebenspartnerschaft auch im Einkommensteuerrecht immer wahrscheinlicher macht. Seit dem Jahr 2006 sind verschiedene Verfahren beim 2. Senat des Bundesverfassungsgerichts anhängig.[53] Im Jahr 2011 erkannten einzelne Finanzgerichte eingetragenen Lebenspartnerschaften erstmals eine Zusammenveranlagung mit Splittingvorteil und die Lohnsteuerklassen für Verheiratete vorläufig zu.[54] Auf einer Sitzung der Abteilungsleiter (Steuer) des Bundes und der Länder im Februar 2012 wurde beschlossen, dass die Zusammenveranlagung mit Splittingtarif und die Lohnsteuerklasseneinträge III und V eingetragenen LebenspartnerInnen entgegen dem Gesetzeswortlaut vorläufig auf Antrag gewährt werden können, solange das Bundesverfas-

---

51 BVerfG vom 03.11.1982 – 1 BvR 620/78, 1 BvR 1335/78, 1 BvR 1104/79, 1 BvR 363/80, BVerfGE 61, 319–357. Im Steuerrecht wird argumentiert, bei der Lebensgemeinschaft von Eltern und Kind handele es lediglich um eine Unterhaltsgemeinschaft und eben nicht wie bei Eheleuten um eine Gemeinschaft des Erwerbs- und Verbrauchs; vgl. ebd., juris-Rz. 83ff. bzw. S. 348ff.
52 FG Saarland vom 21.01.2004 – 1 K 466/02; FG Hamburg vom 08.12.2004 – II 510/03; FG Berlin vom 23.02.2006 – 1 K 1512/02; Niedersächsisches FG vom 24.08.2005 – 3 K 55/04; grundsätzlich: BFH vom 26.01.2006 – III R 51/05.
53 BVerfG – 2 BvR 288/07; Vorinstanz: BFH vom 19.10.2006 – III R 29/06; BVerfG – 2 BvR 909/06; Vorinstanz: BFH vom 26.01.2006 – III R 51/05.
54 FG Baden-Württemberg vom 12.09.2011 – 3 V 2820/11; FG Nürnberg vom 16.08.2011 – 3 V 868/11; Niedersächsisches FG vom 15.06.2011 – 3 V 125/11; FG Köln vom 07.12.2011 – 4 V 2831/11.

sungsgericht die Frage der Gleichbehandlung mit Ehegatten im Einkommensteuerrecht nicht abschließend entschieden hat.[55] Eine Umsetzung dieses Beschlusses wurde vom Bundesministerium der Finanzen (das in diesem Punkt weisungsbefugt ist) allerdings untersagt.[56] Eine Gesetzesänderung ist in der 17. Legislaturperiode nicht mehr zu erwarten. Mit einer endgültigen Entscheidung des 2. Senats des Bundesverfassungsgerichts in dieser Frage wird im Jahr 2013 gerechnet. Wie kam es dazu, dass das Bundesverfassungsgericht und nicht die Politik über diese Frage entscheidet?

Mit der Einführung der eingetragenen Lebenspartnerschaft im Jahr 2001 erhielten gleichgeschlechtliche Paare die Möglichkeit, eine rechtlich institutionalisierte Form der Partnerschaft einzugehen, die in vielen Punkten der Ehe nachgebildet wurde (vgl. im Einzelnen Raab 2011). Steuerlich wurden eingetragene Lebenspartner aber der Ehe nicht gleichgestellt,[57] auch in anderen Rechtsgebieten (zum Beispiel bei der Beamtenversorgung, der Hinterbliebenenrente etc.) blieben bestimmte Privilegien der Ehe vorbehalten. Auch wenn sich die Auseinandersetzung der Gerichte mit Ungleichbehandlungen von Ehe und Lebenspartnerschaft über verschiedene Rechtsgebiete erstreckte, beschränke ich mich an dieser Stelle auf die konkret mit dem Ehegattensplitting befasste Debatte.

Im Jahr 2010 erging eine Entscheidung des 1. Senats des Bundesverfassungsgerichts zur Gleichbehandlung von Ehe und Lebenspartnerschaft im Erbschafts- und Schenkungssteuerrecht.[58] Zwar betraf die Entscheidung nicht das Ehegattensplitting; sie ist aber dennoch hierfür relevant, weil der 1. Senat grundsätzliche Überlegungen dazu anstellte, unter welchen Bedingungen Ungleichbehandlungen zwischen den beiden rechtlich institutionalisierten Partnerschaftsformen gerechtfertigt werden können. Die Finanzgerichte hatten bisher auch für das Ehegattensplitting das Argument verwendet, bereits der Schutz und Förderauftrag des Art. 6 Abs. 1 GG legitimiere eine steuerrechtliche Privilegierung von Ehepaaren. In der verfassungsjuristischen Literatur wurde dies teilweise mit der Funktion der Ehe als Grundlage für eine Familie begründet (DiFabio 2003: 994; Kirchhof 2000: 2794). Auch der Bundesfinanzhof argumentierte mit dem Schutz von Ehe und Familie (Art. 6 Abs. 1

---

55 LSVD, Pressemitteilung vom 13.03.2012, http://www.lsvd.de/index.php?id=1748 (Zugriff: 14.03.2012).
56 Antwort der Bundesregierung auf eine Kleine Anfrage der Fraktion Die Linke, BT-Drs. 17/9472, S. 8.
57 Ursprünglich war für bestehende Lebenspartnerschaften ein steuerliches Realsplitting vorgesehen, konkret sollte die besser verdienende PartnerIn Unterhaltsleistungen bis zur Höhe der Hälfte des Differenzbetrags beider Einkommen (maximal aber 40.000 DM) als Sonderausgaben geltend machen können; vgl. BT-Drs. 14/4545, S. 52. Dieses Vorhaben wurde nicht umgesetzt, für eingetragene Lebenspartnerschaften gilt deshalb seit 2001 die Regelung des allgemeinen Unterhaltsabzugs (§ 33a EStG), der auf Unterhaltsleistungen bis zur Höhe des Existenzminimums beschränkt ist; vgl. Kapitel 1.5.2.6.
58 BVerfG vom 21.07.2010 – 1 BvR 611/07, 1 BvR 2464/07, BVerfGE 126, 400–433.

GG), der einen sachlichen Differenzierungsgrund darstelle und deshalb eine steuerliche Begünstigung von Ehen gegenüber anderen Lebensgemeinschaften ermögliche.[59]

Nach der Rechtsprechung des 1. Senats des Bundesverfassungsgerichts zu rechtlichen Differenzierungen zwischen Ehe und Lebenspartnerschaft reicht ein pauschaler Verweis auf den grundgesetzlichen Eheschutz zur Rechtfertigung von Differenzierungen jedoch nicht aus.[60] Zwar können laut Bundesverfassungsgericht die „ehebegünstigenden Normen bei Unterhalt, Versorgung und im Steuerrecht [...] ihre Berechtigung in der gemeinsamen Gestaltung des Lebensweges der Ehepartner finden".[61] Gerade in diesem Punkt bestehe aber kein Unterschied zwischen Ehe und eingetragener Lebenspartnerschaft, da beide auf Dauer angelegt sind und gegenseitige Einstandspflichten begründen.[62]

In der Entscheidung vom Juli 2010 zur Ungleichbehandlung von Ehegatten und eingetragenen Lebenspartnern im Erbschafts- und Schenkungssteuergesetz[63] wendete das Bundesverfassungsgericht die skizzierten Grundsätze an und kam zu dem Ergebnis, dass weder das Familienprinzip des Erbschaftssteuerrechts noch die Möglichkeit der gemeinsamen biologischen Fortpflanzung geeignete Rechtfertigungsgründe für eine Ungleichbehandlung zwischen Ehe und Lebenspartnerschaft darstellen. Damit hatten die MitarbeiterInnen im Bundesministerium der Finanzen *Löhr* und *Serwe* in ihrer 2011 erschienenen Monografie argumentiert, die vermutlich als Grundlage für die Stellungnahme der Bundesregierung in den aktuellen Verfahren zur Ehegattenbesteuerung beim 2. Senat des Bundesverfassungsgerichts diente. Ihnen zufolge hat der Gesetzgeber bei der Einführung des Ehegattensplittings im Jahr 1958 die „grundlegende gesellschaftliche Funktion [der Ehe; M.W.] zur Sicherung der demographischen Entwicklung" im Blick gehabt, die die Ehe auch heute noch erfülle (ebd.: 78). Eine Verpflichtung zur Gleichbehandlung von LebenspartnerInnen mit Ehegatten bestehe im Einkommensteuerrecht nicht. In diese Richtung geht auch die Antwort der Bundesregierung auf eine Kleine Anfrage der Bundestagsfraktion Die Linke im Jahr 2010, die darauf verweist, ein möglicher Differenzierungsgrund zwischen Ehegatten und LebenspartnerInnen könne „die Förderung der Ehe insbesondere im Hinblick auf ihre bleibende Bedeutung als typische Grundlage der Familie mit Kindern sein".[64]

---

59 BFH vom 19.10.2006 – III R 29/06.
60 Zur Hinterbliebenenversorgung in der Versorgungsanstalt des Bundes und der Länder: BVerfG vom 07.07.2009 – 1 BvR 1164/07, BVerfGE 124, 199–235; zur Erbschaftsteuer: BVerfG vom 21.07.2010 – 1 BvR 611/07, 1 BvR 2464/07, BVerfGE 126, 400–433.
61 BVerfG vom 07.07.2009 – 1 BvR 1164/07, juris-Rz. 102, BVerfGE 124, 199–235 (225).
62 Ebd.
63 BVerfG vom 21.07.2010 – 1 BvR 611/07, 1 BvR 2464/07, BVerfGE 126, 400–433.
64 BT-Drs. 17/3009, S. 6.

Ob der 2. Senat des Bundesverfassungsgerichts eine Pflicht zur einkommensteuerrechtlichen Gleichbehandlung feststellen wird, ist derzeit noch offen. Es spricht aber viel dafür, dass der Senat bei Beibehaltung der bisherigen Argumentationslinien zu dem Ergebnis kommen wird, dass diese Verpflichtung besteht und eingetragene LebenspartnerInnen und Ehepaare im Einkommensteuerrecht gleichbehandelt werden müssen. Die Diskussion über die Rechtfertigungsgründe für die Beschränkung des Splittingvorteils auf Ehepaare hat sich auf zwei Punkte konzentriert, die kaum mit den sonst für das Ehegattensplitting herangezogenen Begründungen korrespondieren: zum einen Eheschutz (Art. 6 Abs. 1 GG) und zum anderen die Möglichkeit der gemeinsamen biologischen Fortpflanzung. Nach der Rechtsprechung des 1. Senats zur Gleichbehandlung von Ehe und eingetragener Lebenspartnerschaft reichen beide Erwägungen nicht aus, um eine Privilegierung der Ehe zu rechtfertigen. Die Beschränkung des Splittingvorteils lässt sich auch nicht mit den eingegangenen Unterhaltsverpflichtungen und der ehelichen Solidarität begründen, weil diese Verpflichtungen in beiden Rechtsinstituten gleich ausgestaltet sind. Aktuelle Entscheidungen des 2. Senats aus dem Jahr 2012 zum Verheiratetenzuschlag im Beamtenrecht[65] und zum Grunderwerbsteuerrecht[66] greifen die Rechtsprechung des 1. Senats auf und gehen von einem Anspruch auf Gleichbehandlung aus. Die Begründungsmesslatte für eine Beschränkung der Zusammenveranlagung mit Splittingvorteil auf Ehepaare ist inzwischen also außerordentlich hoch. Wenn die Entscheidung des 2. Senats des Bundesverfassungsgerichts gefallen ist, könnte sich ein Gelegenheitsfenster für eine grundsätzliche Reform der Ehe- und Partnerschaftsbesteuerung ergeben (vgl. Kapitel 7.4.3).

---

65 BVerfG vom 19.06.2012 – 2 BvR 1397/09, NJW 2012, 2790, Pressemitteilung Nr. 59/2012 vom 01.08.2012: „Geht die Privilegierung der Ehe mit einer Benachteiligung anderer, in vergleichbarer Weise rechtlich verbindlich verfasster Lebensformen einher, obgleich diese nach dem geregelten Lebenssachverhalt und den mit der Normierung verfolgten Zwecken vergleichbar sind, rechtfertigt der bloße Verweis auf das Schutzgebot der Ehe eine solche Differenzierung indes nicht. In solchen Fällen bedarf es jenseits der bloßen Berufung auf Art. 6 Abs. 1 GG eines hinreichend gewichtigen Sachgrundes, der gemessen am jeweiligen Regelungsgegenstand und -ziel die Benachteiligung dieser anderen Lebensformen rechtfertigt. Allein der besondere Schutz der Ehe in Art. 6 Abs. 1 GG vermag die Ungleichbehandlung von Ehe und eingetragener Lebenspartnerschaft nicht zu rechtfertigen. Es fehlt auch an weiteren sachlichen Gründen für die Rechtfertigung der Besserstellung verheirateter Beamter."

66 BVerfG vom 19.06.2012 – 1 BvL 16/11, Pressemitteilung Nr. 62/2012 vom 08.08.2012: „Die Privilegierung der Ehegatten gegenüber den Lebenspartnern lässt sich nicht unter familien- und erbrechtlichen Gesichtspunkten rechtfertigen. […] Eingetragene Lebenspartner sind Ehegatten familien- und erbrechtlich gleichgestellt sowie persönlich und wirtschaftlich in gleicher Weise in einer auf Dauer angelegten, rechtlich verfestigten Partnerschaft miteinander verbunden."

2.6 Zwischenfazit

Das Ehegattensplitting wird in verschiedenen Fachdisziplinen kontrovers diskutiert. Es wurde bisher aus juristischer, insbesondere verfassungsrechtlicher, und ökonomischer Perspektive beleuchtet, ist aber auch in sozialwissenschaftlichen Arbeiten Thema. Die Gründe für ausbleibende Reformen sind aber noch nicht systematisch zusammengetragen worden.

Auch wenn sich die dargestellten Fragestellungen in den einzelnen Fachdisziplinen zum Teil überschneiden, kann von einem transdisziplinären Dialog zum Thema Ehegattensplitting nicht die Rede sein. In den jeweils dargestellten Fachdiskursen wird aber deutlich, dass das Thema umstritten ist und sich gegensätzliche Positionen unvereinbar gegenüberstehen.

Zwei Konfliktlinien treten dabei zutage: erstens unterschiedliche Vorstellungen über das gemeinsame Wirtschaften in Ehen bzw. über das Ehebild der Steuergesetzgebung und zweitens unterschiedliche Einschätzungen der Wirkungen des Ehegattensplittings auf individuelle Entscheidungen, vor allem das Arbeitsangebot von verheirateten Frauen.

Sowohl in juristischen als auch in ökonomischen Arbeiten spielen das Verfassungsrecht und die Grenzen der Veränderbarkeit des Ehegattensplittings eine Rolle. Sozialwissenschaftliche Arbeiten greifen diese Argumente ebenfalls auf und sehen im Verfassungsrecht eine Reformhürde beim Ehegattensplitting. Verfassungsrechtliche Arbeiten diskutieren den Handlungsspielraum der Gesetzgebung im Bereich der Ehe- und Familienbesteuerung und kommen in Bezug auf das Ehegattensplitting zu unterschiedlichen Ergebnissen. Den Kern der Auseinandersetzung bilden unterschiedliche Vorstellungen davon, was eine Ehe ausmacht und wie Ehepaare wirtschaften. Sieht man das Ehepaar als wirtschaftliche Einheit an, wird man eher geneigt sein, das Ehegattensplitting als angemessen und gerecht anzusehen. Es wäre aber auch dann nicht die einzige Möglichkeit, Unterhaltsleistungen für nichterwerbstätige EhepartnerInnen zu berücksichtigen; dazu wären beispielsweise auch ein Realsplitting oder Abzugsbeträge geeignet. Betrachtet man die EhepartnerInnen als Individuen, die unter den gegebenen ökonomischen und kulturellen Rahmenbedingungen ihre Entscheidungen treffen, wird man beim Ehegattensplitting problematische Steuerungs- und Verteilungswirkungen erblicken. Ökonomische Analysen, die die Arbeitsanreizwirkungen der Ehegattenbesteuerung herausarbeiteten, werden aber von den Stimmen im juristischen Fachdiskurs, die den Bestand des Ehegattensplittings begründen und über die Rahmenbedingungen für diesbezügliche politische Reformentscheidungen diskutieren, kaum zur Kenntnis genommen, und wenn doch, werden die Argumente ohne tiefergehende Auseinandersetzung verworfen.

Gleichgeschlechtliche Paare werden vermutlich Erfolg damit haben, eine Reform auf dem Rechtsweg zu erzwingen. Für gleichstellungspolitische Interessenverbände sind individuelle Klagen, die auf den Übergang zu einer Besteuerung zielen, die weniger strukturelle Anreize für die Einverdienstehe setzt, kaum aussichtsreich und werden auch nichtunterstützt. Das Recht als Mittel, um Veränderungen anzustoßen, stößt an diesem Punkt an seine Grenzen.

Die politische Bedeutung des verfassungsrechtlichen Diskurses wird noch weiter zu untersuchen sein. Dabei ist vor allem die Frage wichtig, ob und inwieweit verfassungsrechtliche Überlegungen Reformdebatten mitbestimmen und ob diese Argumente ausschlaggebend für den Verzicht auf Reformen waren.

3 Kontinuität und Wandel in der Politik – Theorie, Methoden und Quellen

Trotz jahrzehntelanger Kritik und trotz konkreter Reformvorhaben wie in der 14. Legislaturperiode ist eine Veränderung der Ehegattenbesteuerung in Deutschland bisher ausgeblieben. Um die Gründe für die Kontinuität des Ehegattensplittings herausarbeiten zu können, ist es notwendig, auf Forschungsansätze zurückzugreifen, die sich mit der Analyse und Erklärung von Kontinuität und Wandel von Politik befassen. Im folgenden Kapitel werden die Theorien und Methoden dargestellt, die der vorliegenden Untersuchung von Reformhindernissen der Ehegattenbesteuerung zugrunde liegen.

Zunächst werden in Kapitel 3.1 theoretische Überlegungen zu den Ursachen und Bedingungen von Kontinuität und Wandel dargestellt. Auf der Basis dieser Erkenntnisse und der Analyse des Forschungsstandes in Kapitel 2 werden in Kapitel 3.2 Hypothesen für diese Arbeit formuliert. Kapitel 3.3 stellt die im weiteren Untersuchungsgang verwendeten Quellen und Methoden dar.

3.1 Policy-Kontinuität und Policy-Wandel

3.1.1 Erklärungsansätze für Kontinuität und Wandel in der Policy-Analyse

Die Auseinandersetzung mit politischen Entscheidungen und ihren Auswirkungen ist Gegenstand von Policy-Analysen. Die Policy-Analyse „will konkrete politische Ergebnisse erklären" (K. Schubert/Bandelow 2009: 6) oder beschäftigt sich nach der klassischen Definition von *Thomas Dye* mit der Frage „what governments do, why they do it, and what difference it makes" (1976: 2). Es geht dabei also um die empirische Beobachtung politischen Handelns und um die Prozesshaftigkeit politischer Entscheidungen. Das Feld der Policy-Analysen weist einen am Untersuchungsgegenstand orientierte Theorie- und Methodenvielfalt auf (Behning/Lepperhoff 1997: 56; Howlett u.a. 2009: 7ff.; Parsons 1995: 29ff.). Warum Inhalte von Politik (die Policy-

Ebene)[67] verändert werden und wie solche Veränderungen erklärt werden können, wird aus unterschiedlichen theoretischen Perspektiven diskutiert. Wie die (häufig beobachtete) jahrzehntelange Stabilität einer Policy zustande kommt, ist ebenfalls Gegenstand der Forschung. Dabei soll die Vielzahl von möglichen Faktoren, die Einfluss auf Politik haben, so strukturiert werden, dass ihre Analyse handhabbar wird. Für diese deskriptiv-systematisierende Arbeit werden Begriffe benötigt, mit denen politische Prozesse beschrieben werden können (V. Schneider/Janning 2006: 48). Des Weiteren geht es um die Entwicklung und Verwendung von theoretischen Modellen, die Kontinuität und Wandel erklären können.

Policy-Analysen teilen politische Prozesse oft in verschiedene Phasen ein, um die Analyse zu erleichtern (vgl. Jann/Wegrich 2009 m.w.N.). Zum Ablauf und zu den spezifischen Bedingungen der einzelnen Phasen in unterschiedlichen Politikfeldern existieren diverse Modelle sowie eine umfangreiche Forschungslandschaft empirischer Arbeiten. Häufig findet sich eine Einteilung von Politikprozessen in die Phasen Problemwahrnehmung, Agenda Setting, Politikformulierung, Politikimplementation und Evaluation, woran sich die Definition neuer Politikinhalte oder die Beendigung (*termination*) der Policy anschließen kann (ebd.: 78–102). Ein Nachteil dieser Analysehilfe ist, dass ihr Modellcharakter manchmal in Vergessenheit gerät. Policy-Analysen dürfen nicht dem Missverständnis erliegen, AkteurInnen in der Politik würden tatsächlich ihre Diskussions- und Entscheidungsprozesse nach dem Phasenmodell ausrichten (Howlett u.a. 2009: 13) oder jede einzelne Phase müsse und zudem noch in der ‚richtigen' Reihenfolge im Analyseprozess sichtbar werden (zu den Möglichkeiten und Grenzen des Phasenmodells der Policy-Analyse vgl. nur Héritier 1993; Jann/Wegrich 2009: 78–102; Peters 1992; Sabatier 1993; 1999; Sabatier/Jenkins-Smith 1999). Phasenorientierte Ansätze können außerdem (noch) nicht erklären, wie ein politisches Problem von einer Phase in die nächste gelangt. *Paul Sabatier* wies zu Recht darauf hin, es handle sich dabei zwar um ein strukturgebendes Analyseraster, nicht aber um ein Kausalmodell, das erklären könne, unter welchen Bedingungen eine Phase die nächste ablöse (1993: 118).

Die Frage, unter welchen Bedingungen es zu einem Policy-Wandel kommt, wird unterschiedlich beantwortet – so wird die Rolle von Institutionen, Akteuren sowie Ideen betont, ihre Bedeutung aber durchaus anders gewichtet (Howlett u.a. 2009: 5). Die Debatte, die seit einer Phase der Neuorientierung der Policy-Analyse (Héritier 1993) in den 1980er-Jahren kontrovers geführt wird, soll an dieser Stelle grob skizziert werden.

---

67 ‚Policy' bezeichnet die inhaltliche Dimension von Politik, Inhalte und Programme, die von politischen Akteuren verfolgt werden, und die Resultate von politischen Willensbildungs- und Entscheidungsprozessen (*politics*). ‚Polity' bezeichnet den Handlungsrahmen der Politik, innerhalb dessen sich ‚Policy' und ‚Politics' bewegen (Verfassung, politische Kultur etc.).

Neo-institutionalistische Ansätze stellen die Bedeutung von Institutionen und des Staates für Kontinuität und Wandel in den Mittelpunkt (vgl. zu den Unterschieden zwischen Rational-Choice, soziologischem und historischem Institutionalismus Hall/Taylor 1996). Der historische Institutionalismus mit seinem Fokus auf der Stabilität institutioneller Arrangements und ihrer Bedingungen ist für das Erkenntnissinteresse der vorliegenden Untersuchung von besonderer Bedeutung und wird in Abschnitt 3.1.2 ausführlich betrachtet. Verschiedene Ansätze widmen der Bedeutung von Ideen, Wissen und Lernen für Policy-Wandel verstärkt Aufmerksamkeit (Bandelow 2003; Bothfeld 2005; Caglar 2009; Hall 1993; Sabatier 1993; 1999; Sabatier/Jenkins-Smith 1999). Der von *Paul Sabatier* und *Hank Jenkins-Smith* entwickelte *advocacy-coalition*-Ansatz (Sabatier 1993; 1999; Sabatier/Jenkins-Smith 1999) geht zum Beispiel davon aus, dass die gemeinsamen *belief systems* von Akteurskoalitionen im Wesentlichen für die Kohärenz von Politik verantwortlich sind und vor allem politische Kernüberzeugungen (*deep core beliefs*) gegenüber Veränderungen besonders resistent sind (Sabatier 1993: 129).[68] Auch institutionalistische Ansätze wenden sich Ideen als Erklärungsfaktoren für Policy-Wandel zu, den bisherige Ansätze nur unzureichend erklären konnten (Blyth 2003: 696; Münnich 2011). Eine weitere Strömung der Policy-Analyse, die *Frank Nullmeier* als „interpretative Policy-Forschung" (2001) bezeichnet, stellt die soziale Konstruktion politischer Probleme in den Mittelpunkt und beschäftigt sich infolgedessen vor allem mit Sprache, Diskursen und Kommunikation (Fischer 1993; Hajer 1995; 2003).

3.1.2 Kontinuität und Wandel im historischen Institutionalismus

Wenn man erklären will, warum eine Regelung wie das Ehegattensplitting unverändert beibehalten wird, bietet der historische Institutionalismus geeignete Forschungsansätze. Seine VertreterInnen analysieren Kontinuität und Wandel von Institutionen sowie ihr Entstehen und die Bedingungen ihres Weiterbestehens. Dabei wird die soziale Dimension der Kontinuität institutioneller Arrangements betont (Collier/Collier 1991; Mahoney/Thelen 2010; Pierson 2000a; 2000b; 2000c; 2004; Skocpol 1979; 1992; Steinmo 1993; 2008; Streeck/Thelen 2005; Thelen 1999; 2003). Der verwendete Institutionenbegriff umfasst formale und informelle Prozesse, Handlungsmuster, Normen und Konventionen, die in die Organisationsstruktur der Gesellschaft eingebettet sind (Hall/Taylor 1996: 6) – also auch eine Regelung wie das Ehegattensplitting. Bestehende und historisch gewachsene institutionelle

---

68 Innerhalb der handlungsleitenden *belief systems* unterscheidet *Sabatier* (1993: 132) zwischen Kernüberzeugungen (*deep core beliefs*), dem Policy-Kern und sekundären Aspekten. Kernüberzeugungen werden definiert als „fundamentale normative oder ontologische Axiome", die sich über alle Politikbereiche erstrecken.

Strukturen beeinflussen Entscheidungen und prägen Entscheidungsoptionen. Politische Prozesse können also besser verstanden werden, wenn historische Entwicklungen und das „Erbe der Vergangenheit" (Peters 2000: 63) mit in den Blick genommen werden.

In den folgenden Abschnitten wird zunächst diskutiert, welche Begriffe und Konzepte von Kontinuität und Wandel im historischen Institutionalismus existieren (3.1.2.1). Daran anschließend wird das Konzept der Pfadabhängigkeit im historischen Institutionalismus vorgestellt, mit dem Kontinuität und die Schwierigkeiten des Bruchs mit der Vergangenheit beschrieben werden (3.1.2.2). Weil die Faktoren, die pfadabhängige Entwicklungen verursachen können, für die Fragestellung dieser Arbeit zentral sind, werden in Kapitel 3.1.2.3 Mechanismen der Kontinuitätssicherung vorgestellt, die zur Reproduktion von pfadabhängigen Entwicklungen beitragen können. Daran anschließend diskutiere ich in Abschnitt 3.1.3 die Frage, wie Mechanismen der Kontinuitätssicherung als Reformhindernis wirken können und welchen Handlungsspielraum politische AkteurInnen haben, auf einen Pfadwechsel hinzuwirken.

3.1.2.1 „Zwei Seiten einer Medaille" – Begriffe und Konzepte von Kontinuität und Wandel

Eine einheitliche Definition der Begriffe Wandel und Kontinuität gibt es weder in der Literatur zu wohlfahrtsstaatlichen Entwicklungsprozessen (Béland/ Waddan 2011: 464) noch im historischen Institutionalismus. Es kristallisiert sich in der Literatur aber die Beobachtung heraus, dass die Grenzen zwischen Kontinuität und Wandel fließend sind und unter Wandel nicht nur ein kompletter Bruch mit bestehenden politischen Inhalten, Regelungen oder Programmen verstanden werden kann. Wie Kontinuität und Wandel jeweils definiert werden, ist auch abhängig von den Ansätzen, mit denen sie erklärt werden. Kontinuität und Wandel, so *Paul Pierson*, sind „zwei Seiten einer Medaille" (2004: 141).

Häufig wird Wandel anhand der Intensität der Veränderung definiert. *Michael Howlett*, *M.I. Ramesh* und *Anthony Perl* (2009: 202–210) unterscheiden unter Rückgriff auf unterschiedliche theoretische Schulen zwei Arten von Policy-Wandel: zum einen den graduellen, inkrementellen Wandel, der den Normalfall darstellt, und zum anderen den grundlegenden Wandel eines Policy-Regimes, der eine „fundamentale Transformation" (Hall 1993 spricht von paradigmatischem Wandel) von Policy-Ideen, Zielen, Interessen und Institutionen bedeutet – und die Ausnahme darstellt. Im Normalfall sei zu beobachten, dass sich die elementaren Bedingungen eines Policy-Subsystems wie Akteure, Institutionen und Ideen nur sehr langsam verändern (Howlett u.a. 2009: 203). *Howlett*, *Ramesh* und *Perl* weisen darauf hin, dass nur eine sorgfältige und theoriegeleitete Beobachtung es überhaupt ermögliche, die Art des beobachteten Wandels zu charakterisieren (ebd.: 209). Das aber bringt Wertungsprobleme mit sich, und so formuliert zum Beispiel *Wayne Parsons* (1995: 577): „Change and continuity are frames of value. [...] One man's policy maintenance may be another's ‚death of the welfare state'". *Daniel Béland* und *Alex Waddan* definieren „pfadabweichenden" Wandel als „konsequenten Wandel von Regelungen oder Institutionen, der – ob unmittelbar oder langfristig – den dominanten Kurs und die Merkmale staatlicher und privater Entwicklungen in einem Politikbereich verändert" (2011: 466).

Gerade Ansätze, die die Bedeutung der „Historizität" (Beyer 2006: 12) von Institutionen und die Schwierigkeiten des Abweichens von in der Vergangenheit getroffenen Entscheidungen betonen, halten Kontinuität und graduellen Wandel für verbreiteter als den kompletten Bruch mit der Vergangenheit. Laut *Sven Steinmo* sind sich die VertreterInnen des historischen Institutionalismus darin einig, dass grundlegender Wandel nur schwer durchzusetzen ist (2008: 129). Die Gründe dafür sind vielfältig (ebd.): Institutionen sind häufig Teil eines größeren institutionellen Gefüges und einzelne Veränderungen können zu Widerständen vonseiten der Gruppen führen, die vom Status quo im Großen und Ganzen profitieren. Institutionen prägen Erwartungen, Verhaltensweisen und Präferenzen. Veränderungen können deshalb abgelehnt werden, weil ihre Auswirkungen nicht vorhersehbar sind und das Bekannte vorgezogen wird. Weil Individuen ihr Verhalten den bestehenden Rahmenbedingungen anpassen, können die Kosten von Veränderungen und die daraus resultierenden Widerstände hoch sein. Innerhalb des historischen Institutionalismus gibt es also Ansätze, die Institutionen im Sinne einer ökonomischen Verhaltenssteuerung begreifen und damit in der Nähe zum Rational-Choice-Ansatz zu verorten sind, und Ansätze, die die Rolle von Institutionen als Ausdruck und Verfestigung kultureller Aspekte einer Gesellschaft verstehen (Lăşan 2012: 78).

Wenn die vielen Gründe für Kontinuität in den Vordergrund rücken, lässt sich allerdings kaum erklären, wie es überhaupt zu einem Wandel kommen kann (Steinmo 2008: 129). So bemängelte beispielsweise *Kathleen Thelen* im Jahr 1999, dass der historische Institutionalismus zwar *critical junctures* der Geschichte und ihre Bedeutung für heutige Institutionen analysiere, aber nicht genug Augenmerk auf „the mechanisms that translate critical junctures into lasting political legacies" richte (Thelen 1999: 388). Das *punctuated equilibrium*-Modell (Krasner 1984), wonach es lange Phasen von Kontinuität gibt, die durch plötzlichen auf externen Ursachen beruhenden Wandel abgelöst werden, müsse durch die Untersuchung institutioneller Verfestigungen und der Mechanismen graduellen Wandels ersetzt werden. In den letzten Jahren wurde der empirischen Beobachtung der Formen graduellen Wandels mehr Aufmerksamkeit gewidmet, um zu einem besseren Verständnis von Institutionenwandel und seinen Ursachen zu gelangen (Mahoney/Thelen 2010; Thelen 2003).

3.1.2.2 Pfadabhängigkeit

Das Konzept der Pfadabhängigkeit dient (nicht nur innerhalb des historischen Institutionalismus) dazu, das Phänomen der „Historizität" von Institutionen zu beschreiben (vgl. Beyer 2005; 2006; Pierson 2000a; 2004; Werle 2007). *Stephen Krasner* zufolge verläuft Wandel nicht nur bei technischen Entwicklungen oder in der Wirtschaft, sondern auch im Bereich der Politik in Pfaden – wurde einmal ein bestimmter Pfad eingeschlagen, ist es schwierig, auf einen Weg zurückzukehren, gegen den in der Vergangenheit entschieden wurde (1984: 225). Das Pfadabhängigkeitstheorem wird unterschiedlich verwendet (vgl. Beyer 2005; Beyer 2006; Werle 2007), auf politische Entscheidungen bezogen bedeutet Pfadabhängigkeit aber mehr als die Feststellung ‚history matters': Es geht vielmehr um die Mechanismen, die pfadabhängige Entwicklungen bewirken.

Nach *Paul Pierson* existieren drei Phasen einer pfadabhängigen Entwicklung: die Anfangsphase (*critical juncture*), in der mehrere mögliche Alternativen zur Auswahl stehen,[69] die Reproduktionsphase, in der der Pfad durch Selbstverstärkungseffekte und die Sequenz von Ereignissen etabliert wird, und (eventuell) die Phase des Pfadwechsels, in der die Pfadstabilität durch verschiedene Ereignisse erschüttert wird und es zu einem Wandel kommt (Pierson 2000a; 2004: 43). Im nächsten Abschnitt werden die verschiedenen Mechanismen der Kontinuitätssicherung dargestellt, die in der Reproduktionsphase eines Pfades wirksam werden können.

3.1.2.3 Mechanismen der Kontinuitätssicherung

Welche „Mechanismen der Kontinuitätssicherung" (Beyer 2006: 13ff.) können pfadabhängige Entwicklungen bewirken? Wie oben bereits angedeutet, wird den sogenannten *critical junctures*, also denjenigen Punkten, an denen ein Pfad eingeschlagen bzw. eine Pfadachse erreicht wurde, eine entscheidende Bedeutung beigemessen. Welche Faktoren die eingeschlagenen Pfade verstärkt haben, muss dann in den Mittelpunkt der Analyse rücken (Mahoney 2000; Pierson 2000a: 263; 2004; Thelen 1999). Diese Frage ist für die vorliegende Untersuchung zentral, denn selbst wenn sich in Bezug auf das Ehegattensplitting *critical junctures* identifizieren lassen (wie die Einführung im Jahr 1958, vgl. Kapitel 4, oder das Agenda-Setting in der 14. Legislaturperiode, vgl. Kapitel 6.1), ist damit noch nicht erklärt, warum diese gesetzliche Regelung über 50 Jahre Bestand haben konnte.

Aus der Perspektive der historischen Soziologie steckt *James Mahoney* ein breites Spektrum möglicher Gründe für pfadabhängige Entwicklungen ab,

---

69 Hall u.a. (1996: 942) definieren *critical junctures* wie folgt: „Moments when substancial institutional change takes place thereby creating a branching point from which historical development moves onto a new path."

indem er folgende grundlegende Erklärungsansätze institutioneller Reproduktion unterscheidet: Utilitarismus, Funktionalität, Macht und Legitimation (2000: 517ff.). Nach dem utilitaristischen Erklärungsmodell entscheiden sich rational handelnde AkteurInnen dafür, institutionelle Arrangements aufrechtzuerhalten, auch wenn sie unter den aktuellen Bedingungen nicht mehr optimal sind, weil die Veränderungskosten auf der Grundlage einer rationalen Kosten-Nutzen-Abwägung zu hoch wären (ebd.: 517). Dem funktionalen Erklärungsmodell zufolge bleibt eine Institution deshalb erhalten, weil sie einen Zweck in einem größeren System erfüllt (ebd.: 519). Das machtbasierte Erklärungsmodell führt den Erhalt von Institutionen auf die Unterstützung durch Machteliten zurück, die von der durch die Institution (mit)verursachten ungleichen Ressourcenverteilung profitieren (ebd.: 521). Das legitimationsbasierte Erklärungsmodell schließlich sieht in den Wertorientierungen von Akteuren die Ursache für die Reproduktion von Institutionen – sie bleiben, weil sie den Vorstellungen darüber entsprechen, was „moralisch richtig" ist (ebd.: 523).

Im Folgenden werden die verschiedenen Mechanismen der Kontinuitätssicherung dargestellt, die von VertreterInnen des historischen Institutionalismus identifiziert wurden und die möglicherweise auch den Fortbestand des Ehegattensplittings erklären können.

Selbstverstärkungseffekte

Paul Pierson arbeitete mit Bezug auf *Douglass North* (1992) Selbstverstärkungseffekte (*increasing returns*) heraus, die im Zeitverlauf einen Policy-Pfadwechsel unwahrscheinlicher machen können (Pierson 2000a; 2004). Dies geschieht zum Beispiel deshalb, weil die AkteurInnen ihr Verhalten auf die Bedingungen der jeweiligen Policy einstellen und eine Pfadabweichung dadurch erschwert wird. Nicht nur in der Wirtschaft seien solche Selbstverstärkungseffekte zu beobachten,[70] sondern auch – eventuell sogar in höherem Maße – in der Politik. *Pierson* beschreibt in seinen Arbeiten die spezifischen Bedingungen von *increasing returns* im politischen Bereich (2000a: 257ff.; 2004). Er identifiziert dabei vier Faktoren, die ein „status quo bias" (Pierson 2000a: 262) politischer Entscheidungen befördern: die Bedeutung kollektiven Handelns in der Politik, die stark ausgeprägte Institutionendichte, die Möglichkeit der Verstärkung von Machtasymmetrien durch politischen Machtpositionen und die Komplexität und Undurchsichtigkeit von Politik. Wegen des Zusammenspiels von Legislaturperioden und Machtinteressen zählten bei politischen Entscheidungen häufig nur ihre kurzfristigen Auswirkungen (Pierson 2000a: 261). Aus *increasing returns* kann sich ein *lock-in* ergeben, also

---

[70] Ein klassisches Beispiel, das in Pfadabhängigkeitsdiskussionen immer Erwähnung findet, ist die QWERTY-Tastatur. Zwar existieren effizientere Alternativen; sie haben aber aufgrund der enormen Kosten des Umstiegs kaum Verwirklichungschancen.

die dauerhafte Verfestigung des Status quo und der weitgehende Ausschluss von Alternativen (Beyer 2006: 28).

Sequenzen von Ereignissen

Sequenzen von Ereignissen können ebenfalls zu einer „Irreversibilität der Ereignisabfolge" führen (Beyer 2006: 36) und damit Kontinuität fördern. *Pierson* arbeitete heraus, dass sowohl die zeitliche Abfolge von Ereignissen (*sequences*) als auch der genaue Zeitpunkt bestimmter Ereignisse (*timing*) bestimmte Pfade verstärken und Pfadalternativen blockieren können (Pierson 2000c; 2004: 54ff.).

Aus einer rechtssoziologischen Perspektive argumentieren *Henning Deters* und *Rike Krämer* mit der Rolle pfadabhängiger Entwicklungen in der juristischen Dogmatik und in der Verfassungsrechtsprechung, die die Reformoptionen in der Steuerpolitik stärker als in anderen Politikfeldern beschränken. Sie kommen zu dem Ergebnis, dass der eingeschlagene Pfad des Ehegattensplittings aufgrund der Orientierungen der Politik an verfassungsrechtlichen Interpretationen, die ihrerseits aufgrund der zeitlichen Abfolge und des Bezuges späterer Entscheidungen auf frühere Entscheidungen pfadabhängig sind, „unumkehrbar" geworden ist (ohne allerdings mit dem Begriff des *lock-in* zu arbeiten) (Deters/Krämer 2011: 17).

Anreiz- und Koordinationseffekte

Kathleen Thelen hat die Charakteristika von Kontinuität und Wandel beleuchtet und herausgearbeitet, dass die Entstehung bzw. Konstruktion von Institutionen und ihre Reproduktion im Zeitverlauf sowie inkrementeller Wandel (und seine Formen) beachtet werden müssen. Gemeinsam mit diesen Aspekten, so *Thelen*, ließen sich dann auch diejenigen Faktoren verstehen, die in der Lage sind, Institutionen zu verändern oder zu ‚zerstören'.[71] Sie unterscheidet zwei Reproduktionsmechanismen von Institutionen, die zu Stabilität führen (‚Feedback-Effekte'): zum einen Anreiz- bzw. Koordinationseffekte und zum anderen Verteilungseffekte. Die Anreiz- bzw. Koordinationseffekte setzen strukturelle Anreize für bestimmte Verhaltensweisen und entfalten so koordinierende Wirkung in der Gesellschaft, zum Beispiel durch die Unterstellung eines bestimmten Standards als dem ‚Normalfall' im Recht. AkteurInnen, so *Thelen*, „adapt their strategies in ways that reflect but also reinforce the logic of the system" (1999: 392). In einem Aufsatz aus dem Jahr 1999 nennt *Thelen* das interessante Beispiel der auf dem männlichen Ernährermodell basierenden konservativ-korporatistischen Wohlfahrtsstaats-

---

71 „Knowing how institutions were constructed provides insight into how they might come apart."; Thelen 1999: 400.

regime nach der Typologie von *Gøsta Esping-Andersen* (1991). Weil in diesen Staaten von dem Einverdienermodell bzw. der *single breadwinner family* ausgegangen wird, stellen sich Familien auf die mit diesem Modell gesetzten Anreize ein, die Frauenerwerbsquote in diesen Ländern ist demnach im internationalen Vergleich niedriger (Thelen 1999: 393). Die institutionellen Rahmenbedingungen des bundesdeutschen Wohlfahrtsstaatsmodells sind traditionell in vielen Bereichen darauf ausgerichtet, die Einverdienstehe zu stützen – ein Aspekt dieser institutionellen Rahmenbedingungen ist das Ehegattensplitting. Weil das so ist, richten Individuen *Thelen* zufolge ihre Entscheidungen über Erwerbsarbeit und *care* unter anderem an diesem Modell aus. Solange sie das aber tun, sind sozial- und steuerpolitische Reformen eher unwahrscheinlich. Unter Verteilungseffekten, die mit institutionellen Arrangements verbunden sind, versteht *Thelen* nicht nur den Zugang zu finanziellen Ressourcen, sondern auch Einflussmöglichkeiten und die Sichtbarkeit und Unsichtbarkeit der Interessen und Bedürfnisse bestimmter Gruppen (1999: 394–395).

3.1.3 Wirkung von Mechanismen der Kontinuitätssicherung als Reformhindernis in politischen Entscheidungsprozessen

Wie wirken die Mechanismen der Kontinuitätssicherung einer Institution in politischen Entscheidungsprozessen? Bei der Untersuchung gescheiterter Reformvorhaben und der dahinter liegenden Entscheidungsprozesse geht es darum, inwiefern Mechanismen der Kontinuitätssicherung Reformhindernisse darstellen. In eine ähnliche Richtung geht auch die viel diskutierte Frage, unter welchen Bedingungen ein Pfadwechsel möglich wird – der Fokus der vorliegenden Arbeit liegt aber auf den Bedingungen des Scheiterns eines Pfadwechsels.

An dieser Stelle soll deshalb der Handlungsspielraum von politischen AkteurInnen thematisiert werden, bestehende Regeln zu verändern. Durch den Fokus auf pfadabhängige Entwicklungen und Mechanismen der Kontinuitätssicherung besteht die Gefahr, die Entscheidungs- und Handlungsmöglichkeiten der AkteurInnen zu unterschätzen und eine „deterministische Nichtänderbarkeit" (Beyer 2006: 38) zu unterstellen. Politische AkteurInnen beziehen sich auf die Logik von Institutionen und reproduzieren sie damit – zumindest ist ihr Handlungsspielraum dadurch eingeschränkt. *Steinmo* fragt deshalb: „Sind politische Akteure nur die Geiseln von Institutionen?" (2008: 133).

AkteurInnen können auf der anderen Seite gezielt die Beendigung eines Pfades anstreben (Beyer 2006: 37). Wie die vorgestellten Forschungsansätze herausgearbeitet haben, verwenden AkteurInnen dabei unterschiedliche Strategien, und zwar je nach Art der wirkenden Mechanismen der Kontinuitätssicherung. Welche Faktoren die Wahrscheinlichkeit bestimmter Typen von Wandel bestimmen, diskutieren *Mahoney* und *Thelen* in einem Beitrag aus dem Jahr 2010, der die Machtverhältnisse bei der Aufrechterhaltung des Status quo und die Handlungsmöglichkeiten von AkteurInnen in den Mittelpunkt stellt. Zwei Aspekte sind ihnen zufolge entscheidend: erstens die Stärke der Vetoposition, die der politische Kontext den VerteidigerInnen des Status quo einräumt, und zweitens das Ausmaß, in dem die umstrittene Institution den AkteurInnen Ermessen oder Interpretationsspielräume lässt (Mahoney/Thelen 2010: 18–19).[72] Sind AkteurInnen, die Wandel anstreben, mit AkteurInnen konfrontiert, die starke Vetopositionen haben (Vetospieler, vgl. Tsebelis 2002), oder mit institutionellen Abläufen, in denen viele Gelegenheiten für Vetopositionen bestehen („veto points", vgl. Immergut 1992), sind die Chancen für *displacement*, also die Abschaffung einer Institution und Schaffung einer neuen Institution, eher schlecht (Mahoney/Thelen 2010: 19). Auf der Basis dieser Überlegungen definieren *Mahoney* und *Thelen* verschiedene Strategien von Akteuren, sogenannten *change agents*, die den Status quo verändern wollen (ebd.: 22–26).[73]

Die Theorie institutionellen Wandels von *Kathleen Thelen* und *James Mahoney* wird von *Daniel Béland* und *Alex Waddan* kritisiert, die argumentieren, dass dieser Ansatz nur eingeschränkt erklären kann, was AkteurInnen veranlasst, sich für Wandel einzusetzen oder sich für eine Beibehaltung des Status quo zu engagieren (Béland/Waddan 2011: 467). Ausschließlich auf Verteilungseffekte von Institutionen und damit in Zusammenhang stehende Verhaltensweisen von AkteurInnen abzustellen, sei zu „deterministisch". Es sei deshalb wichtig, ideelle Prozesse miteinzubeziehen, „mit deren Hilfe Akteure in der politischen und institutionellen Welt einen Sinn suchen" (ebd.: 467). Diese Kritik wird auch von anderen AutorInnen vertreten, die die Bedeutung von Ideen, Diskursen und Kultur betonen (Steinmo 2008: 129–133). Policy-Wandel kann demzufolge erst dann entstehen, wenn politische AkteurInnen „den Willen und die Möglichkeit haben, Institutionen zugunsten neuer Ideen zu verändern" (Steinmo 2008: 132; Übersetzung M.W.). Der Handlungskontext der AkteurInnen spielt dabei eine ebenso entscheidende Rolle

---

72 Als Beispiel nennen *Mahoney* und *Thelen* (2010: 20) die Ermessensspielräume im Bereich von Leistungen bei Arbeitslosigkeit in Bezug auf ‚zumutbare Arbeit' und die Definition von ‚Arbeitsuche'. Einen Ermessensspielraum bei der Anwendung des Steuerrechts gibt es nicht. Zwar können Ehepaare in Deutschland zwischen Einzel- und Zusammenveranlagung wählen, sie entscheiden sich aber für die aus der Paarperspektive ökonomisch sinnvollere Variante, also in der Regel die Zusammenveranlagung. Die Veränderung der Institution Ehegattensplitting durch ihre Anwendung oder ihre AdressatInnen ist daher nicht möglich.

73 *Mahoney* und *Thelen* definieren vier Typen von *change agents*: „Insurrectionaries, Symbionts, Subversives, Opportunists" (ebd.: 22–26). Unterschieden werden diese nach zwei Fragen: „1. Strebt der Akteur nach Aufrechterhaltung bestehender institutioneller Regeln? 2. Hält sich der Akteur an bestehende institutionelle Regeln?" (ebd.; Übersetzung M.W.). Das Potenzial für subversive Veränderung der Institution durch AkteurInnen ist im Fall des Ehegattensplittings aus den oben ausgeführten Gründen allerdings gering.

wie die Frage, inwiefern Mechanismen der Kontinuitätssicherung bestimmte Handlungsoptionen ausschließen oder beschränken (Beyer 2006: 262). Die Ebene der Ideen ist also von Bedeutung, wie politische AkteurInnen ihren Handlungsspielraum sehen, das politische Problem definieren und wie sie Mechanismen der Kontinuitätssicherung als Reformhindernisse wahrnehmen und interpretieren. Diese Fragen anhand des Fallbeispiels der gescheiterten Reform des Ehegattensplittings zu untersuchen, kann Aufschlüsse darüber geben, wie die „Historizität" (ebd.: 12) einer Institution in konkrete Entscheidungsprozesse hineinwirkt.

3.1.4 Zwischenfazit

Es existiert ein breites Spektrum von Forschungsansätzen, die mit unterschiedlichen theoretischen Hintergründen und Herangehensweisen Kontinuität und Wandel von Policies zu erklären versuchen. Dabei wird deutlich, dass Kontinuität und Wandel selten im Sinne von plötzlichen Paradigmenwechseln klar voneinander abgrenzbar sind. Nach den Ansätzen, die Kontinuität oder inkrementellen Wandel mit institutionellen Beharrungskräften und ihrer sozialen Herstellung durch Mechanismen der Kontinuitätssicherung begründen, stellt die jahrzehntelange Kontinuität des Ehegattensplittings jedenfalls keine Überraschung dar. Der Fokus der Ansätze des historischen Institutionalismus auf die zeitliche Dimension von Politik und die Aufmerksamkeit für Mechanismen und Prozesse der Kontinuitätssicherung bietet einen geeigneten Analyserahmen für die Untersuchung der Schwierigkeit einer Reform des Ehegattensplittings in der Bundesrepublik. Im nächsten Abschnitt werden die Schlussfolgerungen aus den gewonnenen Erkenntnissen für den weiteren Untersuchungsgang zusammengefasst und Hypothesen darüber aufgestellt, wie der jahrzehntelange Bestand des Ehegattensplittings zu erklären ist.

3.2 Untersuchungsgang und Hypothesen

Sozialwissenschaftliche Literatur zum Ehegattensplitting, die Überlegungen zu Gründen für gescheiterte oder ausbleibende Reformen anstellt (vgl. Kapitel 2.4), nennt institutionelle Hürden (verfassungsrechtliche Anforderungen, Zustimmungserfordernis des Bundesrats bei Steuergesetzen), Präferenzen von AkteurInnen (parteipolitische, wahltaktische Gründe etc.) und ideelle Faktoren (männliches Ernährermodell als Leitbild für Politik, Privilegierung der Ehe) als Hindernisse für eine Reform des Ehegattensplittings.

Meiner Auffassung nach spielen sowohl die mit Entscheidungsbefugnissen ausgestatteten AkteurInnen und ihre Wertvorstellungen, Weltsichten und

Präferenzen (Ideen), die die Debatte zur Ehegattenbesteuerung prägen, als auch die institutionellen Rahmenbedingungen, innerhalb derer diese Entscheidungen fallen, eine Rolle bei der Aufrechterhaltung des Status quo. Mechanismen der Kontinuitätssicherung können auf beiden Ebenen wirksam sein und eine pfadabhängige Entwicklung stabilisieren. Weil diese Faktoren interdependent miteinander verwoben sind (Padamsee 2009), kann nicht ein einziger Hauptgrund für das Scheitern von Reformen ausgemacht werden. Es geht darum zu verstehen, welche Mechanismen der Kontinuitätssicherung eine Reform des Ehegattensplittings erschweren und wie sie in dem Reformprozess der 14. Legislaturperiode wirksam wurden.

Wie in Abschnitt 3.1.2 dargestellt, müssen zur Erklärung der Kontinuität von Institutionen mehrere Aspekte in den Blick genommen werden, die nicht notwendigerweise auf dieselben Ursachen zurückzuführen sind: zum einen die Entstehung einer Institution und zum anderen die Reproduktion dieser Institution im Zeitverlauf (die Mechanismen der Kontinuitätssicherung bzw. Verfestigungseffekte). In den Worten *Thelens* gilt es zu untersuchen, „how patterns persisted and how they continue to dominate the political space" (1999: 391). Aus diesen Gründen ist eine historisch-rekonstruktive Analyse von Diskussions- und Entscheidungsprozessen erforderlich.

3.2.1 Eingrenzung des Untersuchungsgegenstands

Es ist notwendig, zunächst die Bedingungen der Entscheidung für das Ehegattensplitting (*critical juncture* in den 1950er-Jahren) zu analysieren (Kapitel 4) und sich dann mit den Mechanismen der Kontinuitätssicherung zu beschäftigen, die den Bestand des Ehegattensplittings im Zeitverlauf verfestigten (Kapitel 5). Zur Identifikation der Mechanismen der Kontinuitätssicherung von 1960 bis 1998 greife ich auf die Erkenntnisse des historischen Institutionalismus und die sozialwissenschaftliche Debatte über Reformhindernisse in der Steuerpolitik und beim Ehegattensplitting zurück und frage nach möglichen Verteilungs- und Anreizeffekten sowie Legitimationseffekten durch Veränderungen der Verfassungsinterpretation, die den Bestand des Ehegattensplittings begründet und Argumente für eine Aufrechterhaltung des Status quo liefert. Diese Mechanismen der Kontinuitätssicherung können dafür sorgen, dass das Thema nicht auf die politische Agenda gelangt, weil es beispielsweise nicht als politisches Problem wahrgenommen wird (Bacchi 1999). Danach ist zu fragen, welche Rolle diese Verfestigungen in einem konkreten politischen Entscheidungsprozess gespielt haben (Kapitel 6). Weil die Gründe für über 50 Jahre Ehegattensplitting in jedem Jahr seines Bestehens durchaus unterschiedlich ausgefallen sein können, ist es notwendig, bestimmte konkrete Entscheidungsprozesse für die Untersuchung auszuwählen. Die Analyse sollte sich sinnvollerweise auf Fälle konzentrieren, in denen Änderungen des

Ehegattensplittings auf der politischen Agenda standen. Ein solches Agenda-Setting durch eine Regierungskoalition auf Bundesebene gab es bisher nur in den Jahren 1982 und 1998. Zur näheren Untersuchung bietet sich die 14. Legislaturperiode (1998–2002) an, in der eine Kappung des Splittingvorteils im Koalitionsvertrag vorgesehen war.[74] Ein entsprechender Gesetzentwurf wurde dann aber im parlamentarischen Verfahren gestoppt und die Umsetzung des Vorhabens unterblieb.

Analysiert werden deshalb: erstens die Einführung des Ehegattensplittings in den 1950er-Jahren, zweitens institutionelle Verfestigungen und die Entwicklung der Kritik am Ehegattensplitting sowie drittens das Scheitern des rot-grünen Reformvorhabens in der 14. Legislaturperiode.[75]

3.2.2 Hypothesen

Auf der Grundlage des in Kapitel 2 dargestellten Forschungsstandes und der theoretischen Ansätze zur Erklärung von Wandel und Kontinuität lassen sich Hypothesen formulieren, die Erklärungsansätze dafür bieten, warum das Ehegattensplitting in Deutschland seit 1958 unverändert Bestand hat:

1. Die Einführung des Ehegattensplittings in den 1950er-Jahren hatte geschlechterpolitische Gründe, die im Kontext der Restaurationsbemühungen der bürgerlichen Familie durch die Familienpolitik der damaligen Zeit stehen. Die Entscheidung des Bundesverfassungsgerichts im Jahr 1957 zur Ehebesteuerung war insofern von besonderer Bedeutung, als sie den eingeschlagenen Pfad entscheidend prägte.
2. Es gibt seit der Einführung des Ehegattensplittings im Jahr 1958 eine pfadabhängige Entwicklung der Ehegattenbesteuerung in Deutschland, die von mehreren Mechanismen der Kontinuitätssicherung getragen wird.
3. Zu diese Mechanismen der Kontinuitätssicherung, die für eine institutionelle Verfestigung des Ehegattensplittings und damit für Pfadstabilität

---

74 Das Jahr 1982 ist demgegenüber für eine Fallstudie weniger geeignet: Zwar existierte auch hier ein Gesetzgebungsvorhaben, das eine Kappung des Splittingeffekts vorsah; es erledigte sich allerdings durch das Scheitern der sozialliberalen Koalition und die nachfolgenden Neuwahlen. Zu diesem Zeitpunkt war die verfassungsrechtliche Legitimation des Ehegattensplittings noch nicht so verfestigt, weil das entscheidende einschlägige Urteil des Bundesverfassungsgerichts erst später, nämlich am 03.11.1982 erging.
75 Im Fazit werden Entwicklungstendenzen nach der Bundestagswahl 2005 kurz angerissen, eine vertiefte Analyse des Umgangs der Großen Koalition und der Koalition aus CDU, CSU und FDP mit diesem Thema erfolgt aber nicht. Zwar sprachen einzelne AkteurInnen wie beispielsweise die Bundesfamilienministerin *Ursula von der Leyen* das Ehegattensplitting an (vgl. *Süddeutsche Zeitung* vom 19.09.2007: „Pläne zum Ehegattensplitting. Reiche sollen mehr zahlen", http://www.sueddeutsche.de/politik/plaene-zum-ehegattensplitting-reiche-sollen-mehr-zahlen-1.347363; Zugriff: 02.03.2012), es stand aber nicht offiziell auf der Agenda.

sorgen, gehört die Koordinationsfunktion des Ehegattensplittings. Die Besteuerung entfaltet Anreiz- und Verteilungswirkungen für Ehepaare, die sich mit Änderungen des Steuerrechts und der Einkommensentwicklung seit den 1950er-Jahren verstärkt haben. Ein Übergang zur Individualbesteuerung wäre deshalb mit Steuererhöhungen vor allem für Einverdienstehen verbunden; wie hoch diese Belastungen wären, hängt aber nicht nur vom gewählten Reformmodell ab, sondern auch davon, welche Wirkungen das Ehegattensplitting zum jeweiligen Reformzeitpunkt für unterschiedliche Gruppen hat.

4. Ein weiterer Mechanismus der Kontinuitätssicherung ist in der juristischen Dogmatik zu suchen. Die Legitimation des Fortbestandes des Ehegattensplittings wird durch verfassungsrechtliche Interpretationen gestützt. Die Option der Höherbesteuerung von Verheirateten gegenüber Unverheirateten steht aufgrund der Rechtsprechung des Bundesverfassungsgerichts nicht mehr zur Verfügung. In der politischen Reformdebatte wird versucht, mögliche Vetoentscheidungen des Bundesverfassungsgerichts zu antizipieren. Dadurch werden die Handlungsmöglichkeiten der AkteurInnen bereits reduziert.

5. In der 14. Legislaturperiode (1998–2002) bestand ein Gelegenheitsfenster für eine Reform des Ehegattensplittings. Das Thema stand auf der politischen Agenda einer Regierungskoalition, es handelte sich also um einen Zeitpunkt, zu dem politischer Gestaltungswille und die politischen Durchsetzungsmöglichkeiten bestanden. Warum die Gelegenheit nicht genutzt wurde, kann mit der Rolle von Mechanismen der Kontinuitätssicherung im Reformprozess erklärt werden: Von dem Reformprojekt wurde Abstand genommen, weil schließlich zu viel (Thesen 3–4) für eine Beibehaltung des Status quo sprach. Die GegnerInnen einer Reform konnten sich auf die entsprechenden Argumente berufen. Die Mechanismen der Kontinuitätssicherung verhindern also nicht grundsätzlich Reformen, erschweren aber ihre Durchsetzung.

6. In der 14. Legislaturperiode standen sich auch innerhalb der Regierungskoalition BefürworterInnen einer Reform und BewahrerInnen des Status quo gegenüber. Im Konflikt zwischen gleichstellungspolitisch orientierten Reformbestrebungen auf der einen Seite und der Sorge um Benachteiligungen von Einverdienstehen auf der anderen Seite vermochten sich Reformansätze nicht durchzusetzen. Die Organisation von Politik in Zuständigkeiten, die sich im konkreten Fall in der Dominanz der Steuerpolitik und der Federführung des Bundesministeriums der Finanzen zeigte, machte es für eine gleichstellungs- oder familienpolitisch orientierte Kritik beim Querschnittsthema Ehegattensplitting schwieriger, eigenen Standpunkten Geltung zu verschaffen.

3.3 Historisch-rekonstruktive Analyse – Quellen und Methoden

Die Fragestellung dieser Arbeit erfordert die Nutzung unterschiedlicher Quellen und Methoden. Im Folgenden werden der gewählte Methodenmix sowie die Quellen, die dieser Arbeit zugrunde liegen, im Einzelnen erläutert und begründet. Wie bereits dargestellt, geht es um die Analyse von politischen Entscheidungsprozessen sowie um die Untersuchung der Entwicklung des Ehegattensplittings und der Mechanismen der Kontinuitätssicherung, die Reformen bisher verhindert haben. Dabei wähle ich einen historisch-rekonstruktiven Ansatz, der sich auf unterschiedliche Textquellen und ExpertInneninterviews stützt.

3.3.1 Dokumentenauswahl und Inhaltsanalyse

Neben der umfangreichen wissenschaftlichen Literatur zum Ehegattensplitting aus verschiedenen Fachdisziplinen und der Rechtsprechung des Bundesverfassungsgerichts (vgl. Kapitel 2) sind Textquellen von Bedeutung, die sich auf die politischen Debatten und Reformprozesse der Ehegattenbesteuerung beziehen.[76] Die Ausführungen in Kapitel 3 über die Einführung des Ehegattensplittings in den 1950er-Jahren beruhen auf einer Auswertung von im Bundesarchiv Koblenz zugänglichen Archivalien des Bundesministeriums der Finanzen und des Bundeskanzleramtes. Außerdem wurden die im Parlamentsarchiv des Deutschen Bundestages verfügbaren Gesetzgebungsmaterialien für die in den Kapiteln 3 bis 6 dargestellten Gesetzentwürfe eingesehen und ausgewertet. Zum Themenbereich Kritik am Ehegattensplitting und den in Kapitel 6 dargestellten Reformdebatten während der 14. und 15. Legislaturperiode habe ich Archivalien und graue Literatur aus dem Archive Grünes Gedächtnis und dem Archiv der Sozialen Demokratie benutzt. Darüber hinaus gab eine Recherche in den Datenbanken der großen Tageszeitungen[77] Aufschluss darüber, wann und mit welchen Argumenten die Ehegattenbesteuerung überhaupt öffentlich diskutiert wurde. Die einschlägigen Presseberichte wurden gesichtet, systematisiert und im Rahmen einer Inhaltsanalyse untersucht.

Allerdings wäre es methodisch nicht ausreichend, die Policy-Analyse auf öffentlich zugängliche Dokumente der politischen Entscheidungsprozesse im Parlament oder die Behandlung des Themas in der Presse zu beschränken. Bundestagsreden, Gesetzesbegründungen, Ausschussanhörungen und ver-

---

76 Welche Materialien aus welchen Archiven in die Untersuchung einbezogen wurden, lässt sich dem Verzeichnis der Archivalien entnehmen.
77 Im Zeitraum vom 01.01.1997 bis 01.01.2011 wurden die Tageszeitungen *Frankfurter Allgemeine Zeitung*, *Die Welt*, *Süddeutsche Zeitung*, *Financial Times Deutschland* und *taz – die tageszeitung* sowie das Wochenmagazin *Der Spiegel* auf die Suchbegriffe ‚Ehegattensplitting', ‚Ehebesteuerung' und ‚Familiensplitting' hin gesichtet.

gleichbare öffentliche Dokumente liefern zwar Begründungen für politische Entscheidungen; Politik und die Vorbereitung von Entscheidungen finden aber nicht nur bzw. häufig sogar *gerade nicht* in der Öffentlichkeit statt. Zwischentöne sind aus offiziellen Dokumenten oft nicht ersichtlich, die De-Thematisierung bestimmter Aspekte als Herrschaftstechnik und Verhandlungen, deren Ergebnis nur kurz der Öffentlichkeit präsentiert werden, gehören ebenso zum politischen Alltag und müssen Berücksichtigung finden (Howlett u.a. 2009: 7). Auch die Forschung zu politischer Kommunikation unterscheidet zwischen interner und öffentlicher Akteurskommunikation (Wrobel 2009: 26–27).

Deshalb wurde die Quellengrundlage um eingeschränkt zugängliche Archivalien ergänzt, die gerade für die Analyse der länger zurückliegenden historischen Entscheidungsprozesse unverzichtbar waren. Weil diese Dokumente „institutionalisierte Spuren" (Wolff 2012a: 503) des Politikprozesses darstellen, erlauben sie Rückschlüsse auf den Ablauf des Politikprozesses und auf die „Absichten und Erwägungen" (ebd.) ihrer VerfasserInnen.

Große Teile des Diskussionsprozesses über die Ehegattenbesteuerung in den 1950er-Jahren sind in den Akten des Bundesfinanzministeriums und des Bundeskanzleramtes im Bundesarchiv Koblenz sowie in den online verfügbaren Kabinettsprotokollen[78] dokumentiert. Dies gilt jedenfalls für den Diskussionsprozess, wie er aus der Sicht des Bundesministeriums der Finanzen als federführender Behörde stattgefunden hat. Die Sammlungen enthalten Sitzungsprotokolle aus den Besprechungen mit den Finanzministern der Bundesländer und mit anderen Ministerien ebenso wie Berechnungen und interne Vermerke über mögliche Reformoptionen und deren Auswirkungen. Auch die Stimmen von regierungsexternen Akteuren wie Gewerkschaften, Wirtschafts- und Frauenverbänden finden sich in den Akten. Hinzu kommen tausende Briefe, in denen sich BürgerInnen in unterschiedlichster Weise zum Thema Besteuerung äußern. Aus der Durchsicht dieser Akten ergibt sich ein umfangreiches Bild des Politikprozesses. Gleichzeitig wird aber auch das Bundesministerium der Finanzen als politischer Akteur sichtbar. Das Bild, das die Akten von den damaligen Auseinandersetzungen zeichnen, ist sicher nicht vollständig, eine Erweiterung durch andere Quellen (zum Beispiel aus dem Archiv des Bundesinnenministeriums oder des Bundesfamilienministeriums[79]) wäre wünschenswert gewesen. Aus arbeitsökonomischen Gründen

---

78 http://www.bundesarchiv.de/cocoon/barch/0000/index.html (Zugriff: 06.01.2013).
79 Im Bundesministerium des Innern bestand eine Abteilung „Frauen", welche die Umsetzung des Gleichberechtigungsgrundsatzes im bundesdeutschen Recht begleitete. Die Aktivitäten dieser Abteilung zum Thema Steuern sind zwar in den Archivalien des Bundesminsteriums der Finanzen vorhanden, wurden dort aber offenkundig ignoriert; jedenfalls finden sich keinerlei Hinweise darauf, dass sie in die Diskussionsprozesse einflossen. Zukünftige Forschungsarbeiten könnten sich mit der interessanten Fragestellung beschäftigen, welche Themen die Abteilung „Frauen" noch bearbeitet hat und welchen Einfluss sie konkret auf politische Prozesse ausüben konnte.

und weil das Bundesministerium der Finanzen als federführendes Ministerium eine Schnittstellenfunktion für damalige Debatten hatte, habe ich mich auf die genannten Quellen beschränkt.

Neben den genannten inhaltlichen Beschränkungen von parlamentarischen Textdokumenten existieren Zugangsbeschränkungen für bestimmte Dokumente, die für eine Analyse des Reformprozesses der Zeit von 1998 bis 2005 von Bedeutung sind. So sind Archivalien der Bundesregierung und der Bundesministerien (also Akten von Ministerien, die Gesetze vorbereiten und auch im parlamentarischen Prozess weiter begleiten, zum Beispiel durch sogenannte Formulierungshilfen für die Änderungsanträge der Regierungsfraktionen) im Regelfall erst nach 30 Jahren überhaupt zugänglich (vgl. im Einzelnen § 5 Bundesarchivgesetz). In den Parteiarchiven sind zwar unter Umständen Kopien dieser Dokumente verfügbar, wenn sie den Bundestagsfraktionen zugeleitet wurden; diese Unterlagen sind aber nicht immer vollständig. Die von mir eingesehenen Archivalien der Bundestagsfraktionen von SPD und Bündnis 90/Die Grünen zum Untersuchungszeitraum 1998 bis 2005[80] wiesen offenkundige Lücken auf, die erst durch einen Vergleich des Bestandes beider Archive[81] entdeckt und auch geschlossen werden konnten.

Die Zitierweise der Dokumente, die ich in den folgenden Kapiteln verwende, orientiert sich an den Hinweisen der Archive, sofern solche vorhanden waren. Nicht in allen Archiven werden die einzelnen Blätter nummeriert, wie es im Bundesarchiv der Fall ist. Teilweise handelt es sich bei den Archivalien im Archiv der sozialen Demokratie und im Archiv Grünes Gedächtnis um Lose-Blatt-Schuber oder geheftete Ordner ohne weitere Nummerierung. In diesen Sammlungen sind die Archivalien teilweise nur unter einer Signatur und dem Namen des/der einreichenden Abgeordneten oder Organisationseinheit abgelegt, im besten Fall wurde auf dem Ordner noch ein inhaltlicher Stichpunkt oder der Zeitraum der Aktenführung vermerkt. In diesen Fällen habe ich zur Erleichterung der Auffindbarkeit Überschriften, Daten oder sonstige inhaltliche Hinweise ergänzt, die eine möglichst eindeutige Identifizierung des zitierten Materials erlauben. Bei wörtlichen Zitaten aus den Archivmaterialien habe ich auf eine Korrektur von Grammatik-, Rechtschreibungs- und Zeichensetzungsfehlern verzichtet.

---

80 Vgl. das Verzeichnis der Archivalien.
81 In den Archiven von SPD und Bündnis 90/Die Grünen werden die von Einzelabgeordneten oder den Fraktionen überlassenen Akten vergangener Legislaturperioden gesammelt und auf Anfrage sowie teilweise nach Genehmigung der Bundestagsfraktionen für die Forschung zugänglich gemacht. Die Erschließung ist teilweise nur sehr eingeschränkt erfolgt, aus den Überschriften der einzelnen Sammelmappen oder Ordner lässt sich nur bedingt auf die Inhalte schließen. Die Suche nach einem bestimmten Dokument hatte deshalb teilweise den Charakter von Detektivarbeit; so fand sich beispielsweise ein interner und nie veröffentlichter Gesetzentwurf eines Bundesministeriums, der in einem Schreiben in einem der Archive erwähnt wurde, aber nicht abgelegt war, letztlich in einem anderen Archiv.

3.3.2 ExpertInneninterviews mit am Politikprozess beteiligten Personen

Um die Entscheidungs- und Diskussionsprozesse während der 14. und 15. Legislaturperiode (Kapitel 6) zu rekonstruieren, habe ich ExpertInneninterviews mit verschiedenen AkteurInnen geführt. In den folgenden Abschnitten werden die Auswahl der GesprächspartnerInnen, der verwendete ExpertInnenbegriff, der Feldzugang sowie die Durchführung und die Auswertung der Interviews dargestellt.

3.3.2.1 ExpertInnenbegriff und Funktion der Interviews im Forschungsdesign

Die Erforschung von Politikprozessen kann nicht allein auf verfügbare Textquellen aus dem parlamentarischen und außerparlamentarischen Bereich gestützt werden, denn Entscheidungsprozesse sind häufig nur unzureichend verschriftlicht. Nicht alle Gründe für Entscheidungen, Diskussionsprozesse oder Positionen verschiedener AkteurInnen innerhalb einer Regierungskoalition werden in Textquellen wie Änderungsanträgen zu Gesetzentwürfen oder in Reden im Parlament explizit genannt. Insbesondere Entscheidungen, die vorparlamentarisch ablaufen und gegen die Einbringung eines Vorschlags in Kabinett und Parlament ausfallen, wären der Analyse weitgehend entzogen.

Dieses Problem stellt sich häufig in politikwissenschaftlichen Untersuchungen, die im weitesten Sinne mit Reformprozessen, Ursachen und Hintergründen oder Auswirkungen politischer Entscheidungen befasst sind. Deshalb wird für die Datenerhebung in Fallstudien von Politikprozessen oft auf leitfadengestützte ExpertInneninterviews zurückgegriffen (Blatter u.a. 2007: 62; Frantz 2006). So nutzen zum Beispiel *Silke Bothfeld* (2005), *Gülay Caglar* (2009) und *Karin Lenhart* (2009) mit unterschiedlichen Fragestellungen und aus unterschiedlichen Gründen ExpertInneninterviews als Ergänzung zu anderen Quellen und als wichtigen Bestandteil ihres Forschungsdesigns. Neben dem Wissen über Abläufe und Hintergründe, zu dem das ExpertInneninterview Zugang verschaffen kann, sind auch andere Formen des Wissens von Bedeutung. *Caglar* (2009: 72) begründet die Verwendung von ExpertInneninterviews mit einem Verweis auf die von *Alexander Bogner* und *Wolfgang Menz* (2001: 484) entwickelte Unterscheidung zwischen technischem Wissen, Prozesswissen und Deutungswissen, wobei vor allem die letzteren zwei Wissensarten sich kaum aus Textdokumenten rekonstruieren ließen. Technisches Wissen umfasst vor allem Wissen über Anwendungsroutinen und „bürokratische Kompetenzen" (ebd.). Prozesswissen wird definiert als „Einsichtnahme und Informationen über Handlungsabläufe, Interaktionsroutinen, organisationale Konstellationen sowie vergangene oder aktuelle Ereignisse […], in die der Experte aufgrund seiner praktischen Tätigkeit direkt involviert ist oder über die er aufgrund der Nähe zu seinem persönlichen Handlungsfeld zumindest genauere Kenntnisse besitzt" (ebd.). Der Begriff des Deutungswissens beschreibt subjektive Sichtweisen und Interpretationen der ExpertInnen, deren „Sinnentwürfe und Erklärungsmuster" (ebd.).

Bogner und *Menz* (2005: 36–39) zufolge gibt es drei Formen von ExpertInneninterviews: Sie können der Felderschließung dienen (explorativ), Spezialwissen zu einem Feldes abfragen (systematisierend) sowie implizites Handlungs- und Deutungswissen einschließen und einen breiteren wissenssoziologischen Ansatz verfolgen (theoriegenerierend). Nach *Michael Meuser* und *Ulrike Nagel* dienen ExpertInneninterviews der Erhebung von „Betriebswissen", verstanden als Frage nach dem eigenen Handeln von ExpertInnen und dessen Rahmenbedingungen, oder von „Kontextwissen", verstanden als Frage nach den „Kontextbedingungen des Handelns anderer" (2009: 470). Häufig seien beide Wissensformen in ein und demselbem ExpertInnenkreis anzufinden und auch abzufragen. Gerade im Bereich von Kontextwissen können ExpertInneninterviews laut *Meuser* und *Nagel* als eine von mehreren Quellen und Methoden verwendet werden und verschiedene Funktionen im Forschungsdesign einnehmen (ebd.). Richtet sich das Interesse zumindest auch auf Betriebswissen, so werden die Rahmenbedingungen des Handelns der ExpertInnen selbst zum Gegenstand des Forschungsinteresses. Die für die vorliegende Untersuchung durchgeführten Interviews verfolgen zumindest teilweise diesen Zweck – es geht auf der einen Seite um Informationen, die auf anderem Wege nicht zu bekommen sind. Sie werden von *Bogner* und *Menz* als technisches oder Prozesswissen bezeichnet (2001: 484). Auf der anderen Seite geht es darum zu verstehen, welche Hindernisse aus Sicht politischer AkteurInnen (die selbst an politischen Entscheidungen beteiligt sind oder es waren) einer Reform des Ehegattensplittings entgegenstehen. Bei den Interviews standen deshalb sowohl das öffentlich nicht zugängliche politische Hintergrundwissen über Abläufe, Entscheidungskriterien, AkteurInnen und Auseinandersetzungen als auch die Einschätzungen meiner InterviewpartnerInnen zu Hindernissen im Reformprozess im Mittelpunkt meines Interesses.

Wer als ExpertIn in Betracht kommt, variiert nach Fragestellung und theoretischem Zugang der jeweiligen Untersuchung. *Meuser* und *Nagel* definieren ExpertInnen als „FunktionsträgerInnen innerhalb eines organisatorischen oder institutionellen Kontextes" (1991: 444). Als ExpertIn werde von Forschenden angesprochen, wer „in irgendeiner Weise Verantwortung trägt für den Entwurf, die Implementierung oder die Kontrolle einer Problemlösung oder wer über einen privilegierten Zugang zu Informationen über Personengruppen oder Entscheidungsprozesse verfügt." (ebd.). *Bogner* und *Menz* verwenden demgegenüber einen differenzierteren Expertenbegriff: Experten verfügen über

„Expertenwissen nicht allein aus systematisiertem, reflexiv zugänglichem Fach- oder Sonderwissen, sondern es weist zu großen Teilen den Charakter von Praxis- oder Handlungswissen auf, in das verschiedene und durchaus disparate Handlungsmaximen und individuelle Entscheidungsregeln, kollektive Orientierungen und soziale Deutungsmuster einfließen. Das Wissen des Experten, seine Handlungsorientierungen, Relevanzen usw. weisen zudem – und das ist entscheidend – die Chance auf, in der Praxis in einem bestimmten organisationalen Funktionskontext hegemonial zu werden, das heißt, der Experte besitzt die Möglichkeit zur (zumindest partiellen) Durchsetzung seiner Orientierungen" (Bogner/Menz 2001: 486).

Die begrifflichen und methodischen Unterschiede zwischen den Ansätzen von *Meuser* und *Nagel* auf der einen sowie *Bogner* und *Menz* auf der anderen Seite sollen an dieser Stelle nicht weiter vertieft werden, weil im untersuchten Feld nach beiden Definitionen eine ähnliche Gruppe von ExpertInnen für die Interviews infrage kam.

Aufgrund der Verortung des Themas zwischen den Bereichen Steuer- bzw. Finanzpolitik auf der einen Seite und Familien- bzw. Frauenpolitik auf der anderen Seite kamen unterschiedliche PolitikerInnen, Ministerien, Verbände und Organisationen in Betracht (vgl. zu den jeweiligen Politikfeldern Bajohr 2007: 64; Gerlach 2010: 143ff.). Zum ExpertInnenkreis zählten zum einen AkteurInnen des politisch-administrativen Systems, also Mitglieder des Bundestages, des Bundesrates und der Bundesregierung und/oder deren jeweilige MitarbeiterInnen sowie in der Ministerialverwaltung tätige Personen, die mit Ehe- und Familienbesteuerung befasst waren. Aufgrund der thematischen Auseinandersetzung mit politischen Prozessen und eines möglicherweise privilegierten Informationszugangs durch den regelmäßigen Kontakt mit politischen EntscheidungsträgerInnen kommen VertreterInnen von Verbänden und anderen Organisationen hinzu, die (zumindest auch) auf dem Gebiet der Ehe- und Familienbesteuerung aktiv sind.[82]

3.3.2.2 Durchführung der Interviews

Feldzugang

Zum Einstieg führte ich zunächst Interviews mit zwei Personen, die mir aus der Literatur und anderen Recherchen als MultiplikatorInnen auf dem Themengebiet bekannt waren. Anschließend fragte ich bei einer Reihe von PolitikerInnen sowie bei MitarbeiterInnen von Abgeordneten und in der Ministerialverwaltung an.[83] Über die Frage, mit wem ich noch sprechen sollte, um

---

82 Eine Übersicht über die durchgeführten Interviews unter Angabe der jeweiligen Funktion der ExpertInnen zum Zeitpunkt des Gesprächs findet sich am Ende des Buches.
83 Die Auswahl orientierte sich an zwei Kriterien: Zuständigkeit qua Funktion (zum Beispiel steuerpolitische, frauen- und gleichstellungspolitische oder familienpolitische SprecherInnen der Bundestagsfraktionen, Bundesfamilien- bzw. BundesfinanzministerInnen) oder politische Positionierung zum Thema. Aufgrund einer früheren Tätigkeit im Bundestag war ich mit den formalen Zuständigkeiten für bestimmte Themen vertraut und konnte unter Rückgriff auf dieses Wissen und auf Grundlage der Analyse der Gesetzgebungsmaterialien

mir von der Thematik ein umfassendes Bild zu machen, also über ein im Sinne der Reputationsanalyse ausgestaltetes ‚Schneeball-System' (vgl. Gilland 2004), konnte ich außerdem weitere InterviewpartnerInnen gewinnen.

Während vor allem Frauen- und Gleichstellungspolitikerinnen sehr gesprächsbereit und thematisch interessiert waren, gestaltete sich der Zugang zur Ebene der MitarbeiterInnen von Abgeordneten oder zu MinisterialbeamtInnen schwierig. Diese Gruppe berief sich regelmäßig auf arbeitsrechtliche Schweigepflichten und verwies mich an die politische Ebene (vgl. zu dieser und anderen häufigen Reaktionen auf Zugangsbemühungen Bothfeld 2005: 151; Wolff 2012b: 343). Ein Grund dafür kann der Zeitpunkt der Interviewanfragen gewesen sein, denn meine erste Erhebungsphase fand ab Januar 2010 statt, also wenige Monate nach der Bundestagswahl 2009, die zu einem Regierungswechsel von der Koalition aus CDU/CSU und SPD zur Koalition von CDU/CSU und FDP führte und mit Umstrukturierungen in Fraktionen und Ministerien verbunden war. Insbesondere im Bundesministerium der Finanzen, das von 1998 bis 2005 von einem SPD-Mitglied geführt worden war, kam es zu umfangreichen personellen Veränderungen. Eine weitere Erklärungsmöglichkeit ist die politische Umstrittenheit des Themas, die dafür sorgt, dass MitarbeiterInnen auf der Arbeitsebene besonders häufig auf die Verantwortung der politischen EntscheidungsträgerInnen verweisen.

Ich habe deshalb überwiegend mit Bundestagsabgeordneten und Ministerinnen selbst gesprochen. Dies hatte den Vorteil, dass viele meiner Gesprächspartnerinnen persönlich unmittelbar in Prozesse wie Koalitionsverhandlungen, Kabinettssitzungen, Arbeitsgruppensitzungen in den Fraktionen etc. involviert waren. Die Arbeitsebene, die diese Entscheidungssituationen vorbereitet hat, konnte ich seltener interviewen.[84] Manche GesprächspartnerInnen, die selbst als PolitikerInnen Entscheidungsverantwortung trugen, konnten sich an Details der Vorbereitung einer Entscheidung nicht mehr erinnern. Diese vereinzelten Lücken konnte ich aber wiederum durch die Materialien aus den Parteiarchiven schließen, weil es sich dabei eher um technisches Wissen handelte (zum Beispiel den Zeitpunkt einer Reihe von Arbeitssitzungen einer Fraktion zum Thema, Details der Berechnung möglicher Auswirkungen eines Reformvorschlages).

Insgesamt habe ich im Zeitraum von Januar 2010 bis Mai 2010 sowie im Juli 2011 18 ExpertInneninterviews durchgeführt. Die Gespräche dauerten zwischen 15 Minuten und 2 Stunden. Sie fanden überwiegend am Arbeitsplatz meiner GesprächspartnerInnen statt, in einigen Fällen auch in einem Restaurant oder Café; zwei Interviews wurden telefonisch geführt. Bis auf

---

aus der 14. Legislaturperiode die relevanten AnsprechpartnerInnen für eine erste Anfragerunde identifizieren.

84 Nach *Meuser* und *Nagel* (1991: 444) sind ExpertInnen häufig auf der zweiten oder dritten Ebene einer Organisation anzutreffen, weil dort das detaillierteste Wissen über Abläufe oder Vorgänge vorhanden sei.

ein Interview, bei dem aus organisatorischen Gründen auf eine Aufnahme verzichtet werden musste, wurden alle Gespräche mit Einverständnis der InterviewpartnerInnen aufgezeichnet.

Leitfadengestützte offene Interviews

Michael Meuser und *Ulrike Nagel* empfehlen für ExpertInnengespräche ein leitfadengestütztes offenes Interview. Dabei sollen thematische Vorstrukturierungen in einem Interviewleitfaden dabei helfen, das Wissen und die Erfahrungen der ExpertInnen möglichst umfassend zu erheben (Meuser/Nagel 1991). Auch *Karin Gilland* (2004) empfiehlt diese Vorgehensweise für Interviews mit politischen Funktionseliten. Den Anregungen von *Meuser* und *Nagel* (1997: 486ff.) folgend, habe ich thematische Leitfäden erarbeitet und im Laufe der Erhebung jeweils auf die GesprächspartnerInnen zugeschnitten und weiterentwickelt.

Diese Leitfäden waren nach relevanten Themenkomplexen gegliedert (zum Beispiel Diskussion des Themas in der Organisation der ExpertIn, Abschnitte des Politikprozesses, Handlungsstrategien, Einschätzungen der Hindernisse für Entscheidungen, Einschätzung des Einflusses anderer AkteurInnen auf den Diskussionsprozess etc.), die ich ausgehend von meiner Fragestellung, bereits vorhandenen Informationen und der Zugehörigkeit meines Gegenübers zu einer bestimmten Akteursgruppe angepasst habe. Nach den Grundsätzen der *grounded theory* (Strauss/Corbin 1996) wurden die Leitfäden während des Forschungsprozesses immer wieder überarbeitet, bereits gewonnene Erkenntnisse dokumentiert und sich daraus entwickelnde neue Fragen integriert. Die unterschiedlichen Erfahrungen, Zuständigkeiten und Tätigkeiten der GesprächspartnerInnen erforderten also einen immer wieder anderen Interviewzuschnitt.

In allen Interviews habe ich die Einschätzung und Position zum Thema und die Meinung zur zukünftigen Entwicklung der Debatte abgefragt. Außerdem habe ich meine GesprächspartnerInnen gebeten, die steuer-, familien- und gleichstellungspolitischen Entwicklungslinien und die darin enthaltenen Rollenanforderungen an Individuen einzuschätzen. Personen, die als *change agents* einzuordnen waren, weil sie eine Reform der Ehegattenbesteuerung politisch befürworten und auch anstreben, bat ich außerdem darum, mir ihre Strategien für Veränderung und ihre Wünsche bzw. ihre Erwartungen für die Zukunft mitzuteilen. Darüber hinaus fragte ich diese Personen, was sie rückblickend anders machen würden, wenn sie die Chance dazu hätten.

Eigene Positionierung zum Thema in den Interviewsituationen

Das Ehegattensplitting ist kontrovers und die inhaltlichen Positionen dazu sind sehr verfestigt (vgl. Kapitel 2). Gerade bei einem so umstrittenen Thema ist es deshalb wichtig, die eigene Haltung zum Thema und die eigene strategische Positionierung im Rahmen der Interviews zu reflektieren.

Nach *Alexander Bogner* und *Wolfgang Menz* (2001: 495) kann die InterviewerIn als Co-ExpertIn, Laie, Autorität, KomplizIn oder potenzielle KritikerIn wahrgenommen werden. Die Wahrnehmung als KomplizIn geht von einer unterstellten „Identität der normativen Orientierungen" zwischen den GesprächspartnerInnen aus (ebd.: 492), die potenzielle KritikerIn gilt als „ideologisch vorbelastete Vertreterin einer bestimmten unerwünschten Weltanschauung" (ebd.).

Einige wenige ExpertInnen fragten mich ausdrücklich nach meiner Einstellung zum Thema Ehegattensplitting und wollten nur einer kritischen Wissenschaftlerin ein Interview geben. Vor Beginn meiner Arbeit an diesem Projekt hatte ich mich in Publikationen bereits aus feministisch-kritischer Sicht zur Ehegattenbesteuerung geäußert (Wersig 2006: 130–133; 2007). Darauf habe ich bei entsprechenden Nachfragen Bezug genommen. GesprächspartnerInnen, die das Ehegattensplitting befürworten, fragten mich vor dem Gespräch nicht nach meiner Meinung zu dem Thema; ich bemerkte aber im Verlauf von einigen Gesprächen eine Unsicherheit meiner GesprächspartnerInnen und eine Wahrnehmung meiner Person als potenzielle Kritikerin,[85] die ebenfalls auf Hintergrundinformationen über meine bisherigen Arbeiten beruhen konnte.

Neben der inhaltlichen Positionierung der InterviewerIn bzw. der GesprächspartnerInnen können natürlich auch Geschlecht, Lebensalter und auch andere Kategorien wie ‚*race*', Behinderung oder sexuelle Identität für Inhalt und Ablauf der Interviews von Bedeutung sein. In der Diskussion um qualitative Methoden in der Frauen- und Geschlechterforschung werden diese Zusammenhänge reflektiert (vgl. zusammenfassend Künzel 2010: 78–80). *Cornelia Behnke* und *Michael Meuser* zufolge erleben gerade junge Frauen, die in einem männerdominierten Feld forschen, dass „in der Wahrnehmung der Erforschten der Geschlechtsstatus den professionellen Status dominiert" (1999: 78). *Gabriele Abels* (1997: 88) beschreibt, wie dies zu einer größeren Offenheit ihrer Gesprächspartner führte, die wiederum im Forschungsprozess produktiv genutzt werden konnte. Auch *Bogner* und *Menz* gehen davon aus, dass nicht nur „alte promovierte Männer" erfolgreich ExpertInneninterviews führen können (2001: 490); sie raten zur Offenlegung des Erkenntnisinteresses und des eigenen fachlichen Standpunktes in der Interviewsituation, wenn dies notwendig erscheint, sowie zur Reflexion der Rollenerwartungen und Kompetenzzuschreibungen bei der Auswertung des Materials.

Meine persönliche Positionierung als Wissenschaftlerin, die dem Ehegattensplitting aus einer feministischen Perspektive heraus kritisch gegenüber-

---

85 So wählte einer meiner Gesprächspartner ausdrücklich immer solche Beispiele ehelicher Arbeitsteilung, bei denen der Ehemann zu Hause blieb und die Ehefrau das Geld verdiente. Damit wollte er wohl einen Ideologievorwurf vermeiden.

steht, wie auch meine Eigenschaft als junge Frau, die zu diesem Thema forscht, können wohl nicht getrennt betrachtet werden. Beides hat sich im Forschungsprozess einerseits als hilfreich erwiesen – zum Beispiel beim Feldzugang zu Politikerinnen, die sehr großzügig mit ihrer Zeit und ihren Auskünften waren –, andererseits aber auch als Hürde herausgestellt. So war es in der Regel schwieriger, wenn nicht gar unmöglich, Steuerpolitik*er* und politische VertreterInnen aus CSU, CDU und FDP zu Auskünften oder einem Gespräch zu bewegen.[86] Aus diesen Schwierigkeiten konnte ich aber auch die vorläufige Erkenntnis gewinnen, dass zwar nicht ausschließlich und auch nicht alle, jedoch vor allem Politiker*innen* beim Thema Ehegattensplitting Reformbedarf sehen. Diese Annahme hat sich für mich im Verlauf des Forschungsprozesses bestätigt.

In der Regel konnte ich im Vorfeld der Interviews bereits antizipieren, ob mein Gegenüber mich als potenzielle Kritikerin wahrnehmen würde, und sowohl meinen Gesprächseinstieg als auch mein Verhalten während des Gespräches entsprechend vorbereiten. Im Sinne des Vorschlages von *Bogner* und *Menz*, das Erkenntnisinteresse und den eigenen Standpunkt transparent zu machen, habe ich meine GesprächspartnerInnen zu Beginn des Interviews über meine Fragestellung informiert.

3.3.2.3 Auswertung der Interviews

Alle aufgezeichneten Interviews wurden transkribiert.[87] In Anlehnung an *Michael Meuser* und *Ulrike Nagel* habe ich das transkribierte Material zur Vorbereitung der Auswertung nach einer ersten Durchsicht codiert bzw. in „thematische Einheiten" und „inhaltlich zusammengehörigen, über die Texte verstreuten Passagen" zusammengefasst (1991: 453). Zusätzlich habe ich unmittelbar im Anschluss an die Interviews Kurzprotokolle zum Gesprächs-

---

86 Ich habe beide Ministerinnen für Familie, Senioren, Frauen und Jugend interviewen können, die von 1998 bis 2005 für die SPD im Amt waren. Hingegen wollten die ebenfalls angefragten ehemaligen Bundesfinanzminister nicht mit mir sprechen. Einer von ihnen rief mich jedoch an und riet mir, die damaligen Staatssekretärinnen zu kontaktieren, weil sie in diesem Themenfeld deutlich besser Bescheid wüssten. Zumindest mit einer von beiden konnte ich daraufhin auch ein Interview vereinbaren. Aus der Reihe der BeamtInnen im Bundesministerium der Finanzen konnte ich zwei GesprächspartnerInnen gewinnen. Anfragen bei PolitikerInnen aus CDU und CSU wurden ausnahmslos abschlägig beschieden. Ich konnte zwar ein Gespräch in der Bundeszentrale der CDU führen; dort stellte sich aber leider heraus, dass der mir zugewiesene Gesprächspartner selbst nicht für die Details der Familienbesteuerung zuständig war und nur allgemeine Auskünfte geben konnte. Ein Gespräch mit der Mitarbeiterin, die das Themenfeld fachlich bearbeitete, kam nicht zustande. Außerdem führte ich ein Gespräch mit einer ehemaligen Bundestagsabgeordneten der FDP, die sich jahrelang gegen das Ehegattensplitting und die Lohnsteuerklassenkombination III/V engagiert hatte, ihre Inhalte innerhalb der FDP aber kaum durchsetzen konnte.

87 Auf ein Transkriptionssystem, das auch Pausen, Stimmlagen und nonverbale Äußerungen vermerkt, wurde verzichtet. Diese Elemente waren nicht Teil der Auswertung.

verlauf und zu ersten Eindrücken erstellt und dabei auch Rollenerwartungen und Kompetenzzuschreibungen berücksichtigt.

Der Auswertung von ExpertInneninterviews wird in der einschlägigen Literatur (Bogner/Menz 2001; 2005; Gläser/Laudel 2009; Littig 2008; Meuser/Nagel 1991; 1997; 2005) noch zu wenig Aufmerksamkeit gewidmet (Littig 2008), der Schwerpunkt der Diskussion liegt häufig bei Problemen des Feldzugangs und den Schwierigkeiten der Interviewführung. Es existieren allerdings mehrere grundlegende Vorschläge für Auswertungsstrategien (Gläser/Laudel 2009; Meuser/Nagel 1991). Die Auswertungsstrategie hängt vom Erkenntnisinteresse und vom epistemologischen Verständnis des Status der generierten Daten im Forschungsdesign ab (Littig 2008). *Beate Littig* zufolge ist die Auswertungsstrategie in explorativen, systematisierenden und theoriegenerierenden Interviewformen (vgl. auch Bogner/Menz 2005) unterschiedlich – wichtig ist außerdem die Frage, ob ein eher „positivistischer" oder „interpretativ-hermeneutischer Zugang" gewählt wird (Littig 2008). Der Stellenwert der Interviews in meinem Forschungsdesign machte unterschiedliche Herangehensweisen denkbar. Zunächst sollten die Interviews eine Quelle sein, die öffentliche und interne Textquellen des Politikprozesses durch „technisches Wissen" und „Prozesswissen" ergänzt (Bogner/Menz 2001: 484). Die Frage, welche politischen Schwierigkeiten aus Sicht der beteiligten AkteurInnen bei der Umsetzung des Reformvorhabens bestanden und warum es letztlich gescheitert ist, geht aber über die Rolle der ExpertInnen als „Informant" (Littig 2008) hinaus; an dieser Stelle zielt das Interesse darauf, was *Meuser* und *Nagel* „Betriebswissen" nennen (2009: 470). Aus den Einschätzungen der ExpertInnen zu Reformhindernissen beim Ehegattensplitting in der 14. Legislaturperiode sollte repräsentatives Wissen gewonnen und nicht lediglich die aus anderen Quellen generierten Daten anekdotenhaft ausgeschmückt werden. Deshalb wurde die Auswertung in Anlehnung an *Meuser* und *Nagel* gestaltet und vor allem auf den Aspekt der Reformhindernisse und mit Reformforderungen verbundenen Probleme aus Sicht der ExpertInnen ausgerichtet.

Meusers und *Nagels* knapper Modellvorschlag sieht eine Auswertung des Textmaterials in mehreren Schritten vor. Ziel dabei ist, das „Überindividuell-Gemeinsame" und „Aussagen über Repräsentatives, über gemeinsam geteilte Wissensbestände, Wirklichkeitskonstruktionen und Deutungsmuster zu treffen" (Meuser/Nagel 1991: 452). Sie empfehlen deshalb, das Material zunächst zu ordnen, indem thematische Einheiten gebildet und mit geeigneten generalisierenden Überschriften versehen werden (ebd.: 457–461). Danach soll die empirische und theoretische Generalisierung der herausgearbeiteten Strukturen des ExpertInnenwissens erfolgen. Dieser letzte Abschnitt der Analyse beginnt mit der „Konzeptualisierung" der vorher formulierten Überschriften „unter Rekurs auf soziologisches Wissen" (ebd.: 462), danach sollen die so zusammengefassten Tatbestände interpretiert und ihre Sinnzusammenhänge strukturiert werden.

Um eine größtmögliche Offenheit zu gewährleisten, sollen Vorwissen und Theorie laut *Meuser* und *Nagel* nur vorsichtig in die Auswertung der Interviews einbezogen werden. Deshalb erfolgt die Auswertung auch nicht anhand eines vorgefertigten Kategoriensystems, vielmehr werden die Kategorien während der Auswertung aus dem Material entwickelt. Andererseits bestehen im Forschungsprozess natürlich Vorkenntnisse und theoretische Vorüberlegungen, deren Existenz mitbedacht und konzeptionell eingebunden werden muss (vgl. dazu im Einzelnen Meinefeld 2012: 269ff.). In diesem Sinne habe ich das Verfahren von *Meuser* und *Nagel* ergänzt, indem ich während der Auswertung der Interviews die Bildung der thematischen Passagen aus dem Material und die Auswertungsschritte durch jeweils einen Auswertungsschritt erweitert habe, der die Bezüge zu Informationen aus anderen Quellen herstellte und Gemeinsamkeiten und Widersprüche analysierte.

Die Einheiten des ausgewerteten Interviewmaterials bildete ich zunächst an Themenbereichen, die sich sowohl an Phasen des Politikprozesses (chronologische Aspekte wie Vorgeschichte, Koalitionsvertrag, Ablauf des parlamentarischen Reformprozesses 1998–2002) als auch an inhaltlichen Aspekten orientierten (Politikziele, diskutierte und verworfene Alternativen und ihre prognostizierten Auswirkungen, Gründe für Entscheidungen, strukturelle Probleme der Einflussnahme und Strategien). Die Einschätzungen der ExpertInnen zu den Hindernissen und Schwierigkeiten für Reformen im Politikprozess in der 14. Legislaturperiode habe ich zunächst diesem Stichwort zugeordnet und diese Textausschnittsammlung später aus Gemeinsamkeiten der in den Interviews angesprochenen Themen heraus weiter verfeinert und inhaltlich strukturiert. Weil die Erkenntnisse aus anderen Quellen im Forschungsprozess kaum auszublenden waren, habe ich sie produktiv zu nutzen versucht, indem ich bereits während der Interviewauswertung systematisch in Zwischenschritten thematische Bezüge zu diesen Erkenntnissen hergestellt habe. Danach habe ich die so herausgearbeiteten und zusammengefassten Textpassagen in einem weiteren Auswertungsschritt in den größeren Kontext mit Überlegungen und Erkenntnissen aus anderen Quellen (vgl. Kapitel 3.3.3) gestellt und, wie *Meuser* und *Nagel* (1991: 465) empfehlen, mit meinen theoretischen Konzepten und Überlegungen zu Mechanismen der Kontinuitätssicherung „konfrontiert".

Die Interviews waren vor allem zur Untersuchung des Entscheidungsprozesses in der 14. Legislaturperiode (Kapitel 6) gedacht, stellten sich aber auch darüber hinaus als hilfreich für die Annäherung an das Thema heraus, weil die Einschätzung des Ehegattensplittings durch die ExpertInnen zusätzlich zur ökonomischen und steuerjuristischen Fachliteratur zum Verständnis der Materie beigetragen hat. Eine separate Auswertung dieser Interviewteile erfolgte zwar nicht, bildete aber Hintergrundwissen für die übrigen Kapitel. Viele InterviewpartnerInnen nutzten außerdem die Frage nach Entwicklungslinien, um Widersprüche zu thematisieren, die sich durch Reformen in der

Familien- und Sozialpolitik ergeben und die sie als Argumente für eine Reform der Ehegattenbesteuerung heranziehen. Diese Widersprüche spitzen sich zum Teil erst nach der 14. Legislaturperiode durch verschiedene Reformen in unterschiedlichen Politikbereichen zu; sie werden deshalb im Fazit in Kapitel 7 nur kurz angerissen.

An dieser Stelle sollen aber zwei Aspekte der Auswertung und Kontextualisierung der Interviews mit anderen Quellen vertieft werden. Dabei geht es darum, wie mit Differenzen zwischen öffentlichen Dokumenten, eingeschränkt zugänglichen Archivmaterialien und Erinnerungen und Einschätzungen in den Interviews umgegangen und nach welchen Kriterien die Relevanz der ExpertInnenaussagen beurteilt wurde.

Wie oben bereits erläutert, kann bei ExpertInnenaussagen zwischen zwei Ebenen unterschieden werden: zum einen die Ebene des technischen Wissens bzw. Prozesswissens, das dazu diente, den Ablauf der Reformdiskussionen in der 14. Legislaturperiode zu verstehen, und zum anderen die Ebene des ‚Betriebswissens', also der Auskünfte von AkteurInnen über ihr eigenes Handeln und dessen Rahmenbedingungen und Hintergründe. In Bezug auf technisches Wissen und Prozesswissen über Details der Abläufe habe ich die unterschiedlichen Textquellen zunächst als gleichberechtigt betrachtet. Differenzen zwischen den einzelnen Textquellen (offizielle Dokumente, Archivalien, Interviewtranskripte) habe ich im Auswertungsprozess zur Kenntnis genommen und nach möglichen Gründen hierfür gesucht. Durch die gemeinsame Nutzung der Archivmaterialien und der Interviews bei der Rekonstruktion der damaligen Reformdebatte blieben zwar an manchen Stellen Details offen, ungeklärte Widersprüche gab es aber nicht – die Nutzung mehrerer Quellen ermöglichte also ein relativ umfassendes Bild der damaligen internen Debatten.

In Bezug auf die Frage, welche Hindernisse für eine Reform der Ehegattenbesteuerung sich aus den Gesprächen mit den beteiligten AkteurInnen selbst rekonstruieren lassen, war der Blick auf Gemeinsamkeiten und Widersprüche der Darstellung in den Interviews für mich entscheidend. In einem Aufsatz aus dem Jahr 1991 sprechen *Meuser* und *Nagel* kurz das Problem an, was zu tun ist, falls ExpertInnen nicht die „Wahrheit" sagen, ihre Darstellung „beschönigen" oder Aspekte unterschlagen (1991: 466–467). Sie empfehlen einen pragmatischen Umgang: Der Vergleich verschiedener Interviewpassagen der themenbezogenen Auswertung soll demnach als Variante des *cross checking* dienen. Dabei geht es weniger um die Frage, ob die Einschätzung einer ExpertIn richtig oder falsch ist, sondern um die Gefahr von zu starken „Generalisierungen" auf der Basis der Interviews (ebd.: 467). Dieser Gefahr kann ebenfalls durch das Hinzuziehen anderer Quellen wie etwa interner Textdokumente aus Archiven begegnet werden (vgl. zur Triangulation der Quellen und Methoden auch das folgende Kapitel 3.3.3). Bei der Auswertung der Texte im Hinblick auf die Fragestellung nach Reformhindernissen habe ich mich deshalb vor allem bemüht, Gemeinsamkeiten zwischen den Interviews und vergleichbare oder häufiger auftauchende Argumentationsmuster herauszuarbeiten.

3.3.3 Triangulation der Methoden und Verhältnis unterschiedlicher Datenquellen zueinander

Die in den Interviews gewonnenen und strukturierten Informationen habe ich für die Untersuchung des Scheiterns des Reformvorhabens in der 14. Legislaturperiode (Kapitel 6) mit den Erkenntnissen aus den ausgewerteten Textquellen in Beziehung gesetzt und in einen Gesamtzusammenhang gestellt. Den Kapiteln 2, 4 und 5 liegt eine Inhaltsanalyse unterschiedlicher Textquellen (vgl. Kapitel 3.3.1) zugrunde. Im Folgenden soll die Verwendung von und der Umgang mit unterschiedlichen Datenquellen und Methoden und ihre Relation zueinander reflektiert werden. Die Methodendiskussion über diese sogenannte Triangulation stammt aus der Soziologie und wird in der Politikwissenschaft selten zur Kenntnis genommen bzw. genutzt, stellt *Susanne Pickel* (vgl. auch Kritzinger/Michalowitz 2008; 2009) fest und konzentriert ihre Darstellung auf die Kombination quantitativer und qualitativer Methoden.

Nach *Uwe Flick* kann Triangulation mehrere Zwecke verfolgen: Validierung, Generalisierung und Gewinn zusätzlicher Erkenntnisse (2012: 318). Dabei geht es darum, durch die Kombination von Datenquellen, Methoden, Theorien oder Forschenden sowie zeitlicher Aspekte der Untersuchung den Forschungsgegenstand aus unterschiedlichen Perspektiven in den Blick zu nehmen. Auch unterschiedliche Methoden der qualitativen Sozialforschung können dabei parallel angewendet werden. Ich verstehe in dieser Studie unter Triangulation drei Aspekte: die Berücksichtigung der Zeitdimension bei der Untersuchung des Forschungsgegenstands, einen transdisziplinären Ansatz und die Kombination der Methode der Inhaltsanalyse von Textquellen aus dem Politikprozess mit der Methode der ExpertInneninterviews. Wird wie hier eine historische Perspektive eingenommen, ist bereits aus pragmatischen Gründen die Nutzung unterschiedlicher Textquellen und die Kontextualisierung der Quellen vor ihrem jeweiligen historischen Hintergrund notwendig. Um den Forschungsstand aufzuarbeiten, müssen die Grenzen der Wissenschaftsdisziplinen überschritten werden, vor allem in Hinblick auf die Debatten in den Wirtschaftswissenschaften und in der Rechtswissenschaft. Gerade die Berücksichtigung der Bedeutung der verfassungsrechtlichen Debatte macht eine juristisch-informierte Analyse notwendig, um die Rahmenbedingungen politischen Handelns aus dieser Perspektive beurteilen zu können. Hinzu kommt für die Analyse in Kapitel 6 die Kombination der ExpertInneninterviews mit anderen Textquellen, von der ich mir sowohl Validierung als auch den Gewinn zusätzlicher Erkenntnisse verspreche.

4 Am Anfang des Pfades – Die Einführung des Ehegattensplittings in den 1950er-Jahren

> „Diese Ausnahmebestimmung ist aus arbeitsmarktpolitischen Gründen während des Krieges geschaffen worden und sollte den dringend erforderlichen Arbeitseinsatz der Frauen in der Kriegswirtschaft fördern. Ein arbeitspolitischer Grund, den Arbeitseinsatz verheirateter Frauen zu begünstigen, besteht heute nicht mehr."[88]

In den 1950er-Jahren wurden in der Bundesrepublik erstmals mehrere Alternativen der Ehegattenbesteuerung diskutiert. Schließlich wurde ein Reformpfad eingeschlagen, der zu einer Regelung führte, die bis heute beibehalten wurde. Welche Regelungsalternativen erörtert wurden, welche AkteurInnen den Politikprozess prägten und warum schließlich die Entscheidung für die Zusammenveranlagung mit Splittingtarif fiel, ist Gegenstand dieses Kapitels.

Die Ehegattenbesteuerung war in den 1950er-Jahren hochumstritten. In der Debatte ging es um Anreizwirkungen der Ehebesteuerung auf die Erwerbstätigkeit von Ehefrauen und um die Gleichbehandlung zwischen Arbeitnehmerehepaaren und Selbstständigen, zwischen Einverdienstehen und den damals sogenannten Doppelverdienern sowie zwischen Ledigen und Verheirateten. Es gab verschiedene Reformversuche, bis das Bundesverfassungsgericht im Jahr 1957 die bis dahin geltende Form der Ehebesteuerung für verfassungswidrig erklärte. In Reaktion auf diese Entscheidung wurde zunächst im Jahr 1957 eine Übergangsregelung in Kraft gesetzt[89] und im Jahr 1958 schließlich das Ehegattensplitting eingeführt[90]. Seither ist im Einkommensteuergesetz geregelt, dass Ehegatten zwischen Zusammenveranlagung mit Splittingtarif und getrennter Veranlagung wählen können.

Die Betrachtung kann sich nicht auf das Gesetzgebungsverfahren im Jahr 1958 beschränken. Die politische Konflikthaftigkeit dieses Themas in den 1950er-Jahren macht es notwendig, die jahrelangen Streitigkeiten über die beste Art und Weise der Ehegattenbesteuerung in die Analyse einzubeziehen. Nach einer kurzen Darstellung des Forschungsstandes und der Entwicklung der Ehebesteuerung vor 1945 wird die Diskussion über die Ehegattenbesteuerung von 1950 bis 1957 (Kapitel 4.3), die Entscheidung des Bundesverfassungsgerichts zur Zusammenveranlagung im Jahr 1957 und die Bedeutung dieser Entscheidung für den politischen Prozess (Kapitel 4.4) sowie die Einführung des Ehegattensplittings im Jahr 1958 (Kapitel 4.5) analysiert.

---

88 BArch B 126/6297, Bl. 6, Schreiben Referat IV A/3 vom 12.02.1953 (hausintern) zur Frage, ob die Einnahmen der Ehefrau aus einer nichtselbständigen Tätigkeit in einem dem Ehemann fremden Betrieb weiterhin getrennt veranlagt werden sollten.
89 Gesetz zur Änderung steuerrechtlicher Vorschriften vom 26.07.1957, BGBl I, S. 848.
90 Gesetz zur Änderung steuerlicher Vorschriften auf dem Gebiet der Steuern vom Einkommen und Ertrag und des Verfahrensrechts vom 18.07.1958, BGBl I, S. 473.

Besonderes Augenmerk gilt dabei den diskutierten Regelungsalternativen, der damaligen Kritik am Ehegattensplitting, vor allem aus frauenpolitischer Perspektive, und der Rolle des Bundesfinanzministeriums in der damaligen politischen Debatte. Für die Analyse der politischen Diskussion über die Ehegattenbesteuerung in der Bundesrepublik in den 1950er-Jahren greife ich auf Quellenmaterial des Bundesfinanzministeriums und des Bundeskanzleramtes sowie die verfügbaren Gesetzgebungsmaterialien im Parlamentsarchiv des Deutschen Bundestages zurück (vgl. Kapitel 3.3 zu Quellen und Methoden sowie das Verzeichnis der Archivalien).

4.1 Rechtliche Rahmenbedingungen für Frauenerwerbstätigkeit in den 1950er-Jahren

Die Debatte über die Ehegattenbesteuerung in den 1950er-Jahren muss vor dem Hintergrund der damaligen rechtspolitischen und sozialpolitischen Situation, insbesondere der Gleichstellungs- und Familienpolitik, betrachtet werden. Einige AutorInnen analysieren die Steuerdebatte in der damaligen Zeit als Teil der rechtlichen und gesellschaftlichen Rahmenbedingungen der Frauenerwerbstätigkeit und illustrieren damit die Bedeutung des Frauenbildes in der Familienpolitik. Im Folgenden stelle ich den relevanten Forschungsstand dar und betrachte die Rolle der Ehegattenbesteuerung in diesen Arbeiten.

Die bundesdeutsche Sozial- und Familienpolitik in den 1950er-Jahren legte einen Schwerpunkt auf die „abhängige Stellung von Frauen im Binnenraum von Kernfamilien" (Moeller 1997: 214). Es existieren eine Reihe von Untersuchungen zu den Zusammenhängen zwischen Geschlechterpolitik und Familienpolitik sowie zu den damaligen konservativen Restaurationsbemühungen der *Adenauer*-Regierung (Delille/Grohn 1985; Heineman 1999; Joosten 1990; Jurczyk 1978; Moeller 1997; Niehuss 1997b; von Oertzen 1999; van Rahden 2005; Reich-Hilweg 1979; Ruhl 1994). Wenn Steuerpolitik hierbei angesprochen wird, gilt sie als Teil von Bestrebungen, die die Erwerbstätigkeit von Ehefrauen zu begrenzen suchten. *Merith Niehuss* (1997b: 194) beschreibt die Einführung des Ehegattensplittings als „historischen Kompromiss" zwischen diesem Interesse und anderen wirtschaftlichen Interessen (ebd.). *Astrid Joosten* (1990: 57ff.) beleuchtet kurz die Rolle der Ehegattenbesteuerung als „Regulativ der Frauenerwerbstätigkeit" und als Teil der konservativen Familienpolitik des damaligen Familienministers *Franz-Josef Wuermeling*. Das Splitting, so *Joosten*, habe familienbildend und stabilisierend auf den damaligen geschlechtsspezifischen Arbeitsmarkt gewirkt (ebd.: 61).

In fast allen erwähnten Arbeiten taucht Steuerpolitik allerdings lediglich neben arbeitsmarktpolitischen und familienpolitischen bzw. familienrechtlichen Diskursen über die Gleichstellung von Frau und Mann auf. Auch die den Arbeiten zugrunde liegenden Quellen spiegeln diesen Status als Randthema wider: Nur *Christine von Oertzen* hat in ihrer Studie zur Entwicklung der Teilzeitarbeit von Frauen in der Bundesrepublik (1999) das Kapitel über den „Steuerstreit um den Zuverdienst", das die Einführung sowohl des Ehegattensplittings wie auch der Lohnsteuerklasse F (einer damaligen Lohnsteuerklasse für verheiratete Frauen) behandelt, zusätzlich zu parlamentarischen Quellen und Pressematerialien auch auf die Akten des Bundesfinanzministeriums gestützt. Wie *von Oertzen* in ihrer Analyse zur damaligen Debatte um die Lohnsteuer gezeigt hat (1999: 195–209), war dieser Zuverdienst von Frauen durchaus relevant; seine hohe Besteuerung über die Lohnsteuerklassengestaltung wurde deshalb kontrovers diskutiert und stieß auf Gegenwehr.

Ich werde im Folgenden noch auf *von Oertzens* Analyse der ökonomischen Interessen an einem Zuverdienst von Ehefrauen auch anhand der Debatte um das Steuerrecht Bezug nehmen. Im nächsten Abschnitt stelle ich zunächst historische Arbeiten vor, die sich mit rechtlichen und gesellschaftlichen Aspekten der Debatte um Gleichstellung und Familie in den 1950er-Jahren befassen und die wichtige Hintergrundinformationen für die Analyse der Steuerdebatte bilden.

Elisabeth D. Heineman geht unter anderem der Frage nach, welche Rolle der Familienstand für Frauen in der Bundesrepublik in den 1950er-Jahren spielte (1999: 137). Auch wenn sie das Thema Besteuerung dabei außer Acht lässt, sind die Ergebnisse ihrer Untersuchung für den Kontext interessant, in dem sich die von mir dargestellten Auseinandersetzungen bewegt haben. Wie *Heineman* aufzeigt, hing die soziale und rechtliche Stellung von Frauen in den 1950er-Jahren in der Bundesrepublik entscheidend von ihrem Familienstand ab. *Heineman* arbeitet diese Zusammenhänge unter anderem anhand der Diskussion um die Umsetzung des Grundsatzes der Gleichberechtigung von Frauen und Männern im Familienrecht heraus.

Ob und wie der Gleichberechtigungsgrundsatz in das Familienrecht hineinwirken sollte, war bereits während der Beratungen des Parlamentarischen Rats äußerst kontrovers. Die Frist zur Umsetzung des Art. 3 Abs. 2 GG im Familienrecht ließ die damalige Bundesregierung zunächst verstreichen, ehe sie ihrer Pflicht mit dem Gleichberechtigungsgesetz von 1957[91] Genüge tat. Die These von der natürlichen Vorherrschaft des Ehemannes hatte sich aber auch in diesem Gesetz zunächst zumindest teilweise behauptet – so war der Stichentscheid des Mannes bei Meinungsverschiedenheiten in Bezug auf Erziehungsfragen[92] und die Hausfrauenehe mit der geschlechtsspezifischen Zuschreibung von Rechten und Pflichten, wonach der Ehefrau die Haushalts-

---

91 Gesetz über die Gleichberechtigung von Mann und Frau auf dem Gebiet des bürgerlichen Rechts vom 18.06.1957, BGBl I, S. 609.
92 Das Bundesverfassungsgericht hob den Stichentscheid in einer Entscheidung aus dem Jahr 1959 auf; BVerfG vom 29.07.1959 – 1 BvR 205/58, BVerfGE 10, 59ff.

führung oblag, als gesetzliches Modell verankert.[93] Ehefrauen gewannen im Zuge dieser politisch und gesellschaftlich hochumstrittenen Prozesse zwar einige Rechte, wie Eigentumsrechte und Einfluss in eheinternen Entscheidungsprozessen, es blieb aber bei der Verankerung der Hauptzuständigkeit von Ehefrauen für die Haushaltsführung.

Die geschlechtsspezifische Zuweisung verschiedener Aufgaben innerhalb der Familie im damaligen Familienrecht wurde politisch auch grundsätzlich kaum infrage gestellt, wie *Heike Vaupel* (1999) in ihrer Untersuchung der bundesdeutschen Familienrechtsreform in den 1950er-Jahren belegt (vgl. zur Gleichwertigkeit von Haushaltsführung und Erwerbstätigkeit ebd.; Wersig 2010). Dies prägte auch die Rahmenbedingungen für die Erwerbstätigkeit von Frauen, die *Klaus-Jörg Ruhl* (1994) unter Berücksichtigung der wirtschaftlichen und ideologischen Aspekte untersucht hat.

Auf dem Arbeitsmarkt waren Frauen Diskriminierungen ausgesetzt. So benutzten Arbeitgeber bis Mitte der 1950er-Jahre nach Geschlecht differenzierte Entgeltsysteme, nach einer Entscheidung des Bundesarbeitsgerichts aus dem Jahr 1955[94] wurden diese durch die Differenzierung zwischen ‚Leichtlohngruppen' und schweren Tätigkeiten ersetzt (ebd.: 275–279). Sogenannte ‚Zölibatsklauseln' in Arbeitsverträgen waren keine Seltenheit; auch der öffentliche Dienst bediente sich dieser Praktik, die das Arbeitsverhältnis einer Frau nach Eheschließung enden ließ (Heineman 1999: 167; Neunsinger 2001). Dies sind Beispiele für die etablierte Sichtweise, dass ein Mann eine Familie ernährt und nicht eine (verheiratete) Frau.

Aufgrund des wirtschaftlichen Aufschwungs herrschte in der Bundesrepublik in den 1950er-Jahren allerdings Arbeitskräftemangel, bereits ab 1955 war Vollbeschäftigung erreicht. Gleichzeitig stiegt die Erwerbstätigkeit von Ehefrauen und Müttern in dieser Zeit an (Jurczyk 1978: 85). *Karin Jurczyk* schlussfolgert, dass sich die Familienpolitik damals eine offene Diskriminierung erwerbstätiger Frauen und Mütter nicht (mehr) leisten konnte. Selbst der damalige Familienminister *Wuermeling* habe Müttererwerbstätigkeit zwar verbal geächtet, sie aber nicht zu unterbinden versucht, und die Doppelrolle der Frauen in Beruf und Familie sei allmählich auch von der Familienpolitik akzeptiert und erleichtert worden (ebd.: 103).

Welche Rolle spielten Frauen im politischen Prozess und welche AkteurInnen waren in der Lage, einer frauenerwerbsfeindlichen Familienideologie etwas entgegenzusetzen? *Robert G. Moeller* (1997: 219) zieht in seiner Studie das Fazit, die individualistische, emanzipationsbereite Feministin sei in

---

93 § 1356 Abs. 1 BGB (i.d.F. bis 30.06.1977): „Die Frau führt den Haushalt in eigener Verantwortung. Sie ist berechtigt, erwerbstätig zu sein, soweit dies mit ihren Pflichten in Ehe und Familie vereinbar ist."

94 BAG vom 06.04.1955 – 1 AZR 365/54, Leitsatz 3: „Eine Tarifklausel, die generell und schematisch weiblichen Arbeitskräften bei gleicher Arbeit nur einen bestimmten Hundertsatz der tariflichen Löhne als Mindestlohn zubilligt, verstößt gegen den Lohngleichheitsgrundsatz und ist nichtig." (zitiert nach juris).

den Nachkriegsjahren nicht anzutreffen gewesen. Die Debatte über die Situation alleinstehender Frauen und ihre Besteuerung beispielsweise sei weniger von Forderungen nach Autonomie und Unabhängigkeit als vielmehr davon geprägt gewesen, dass den Frauen das zu bevorzugende Modell der Hausfrau und Mutter durch das Schicksal des Krieges und fehlender Heiratspartner als eine der Kriegsfolgen genommen worden sei. Eine solche Argumentationsweise findet sich auch in etlichen der zahlreichen Briefe an das Bundesfinanzministerium, in denen sich BürgerInnen zum Beispiel gegen eine höhere Steuer für Ledige oder gegen eine steuerliche Bestrafung berufstätiger Frauen wendeten.[95] Dennoch haben sich Frauen in der Nachkriegszeit politisch engagiert und für Fraueninteressen gekämpft so *Moeller*, und dabei häufig an politische Kämpfe vor dem Nationalsozialismus angeknüpft (ebd.: 218). Frauen waren eine marginale Erscheinung in politischen Institutionen, die von Männern dominiert waren. Auch die Zusammenschlüsse von Frauen in Parteien selbst standen noch am Anfang. Allerdings gründeten sich viele der im Jahr 1933 aufgelösten Frauenverbände nach dem Zweiten Weltkrieg neu (Nave-Herz 1988: 37) und verfolgten das Ziel politischer und insbesondere parlamentarischer Interventionen, wie die Quellenanalyse der Auseinandersetzung um die Ehegattenbesteuerung im Folgenden zeigt (vgl. Kapitel 4.3.3.3 und 4.5.6).

Die Verankerung des Grundsatzes der Gleichberechtigung von Frauen und Männern im Grundgesetz ist ein Ergebnis dieser Anstrengungen; auch das Gleichberechtigungsgesetz von 1957 wäre ohne sie kaum anders als die Familiengesetzgebung des BGB von 1900 ausgefallen (Moeller 1997: 350). *Vaupel* (1999) stellt die Bemühungen organisierter Frauenverbände dar, die in den 1950er-Jahren die Debatte um das Gleichstellungsgesetz zu beeinflussen suchten, dabei allerdings nicht so erfolgreich waren wie bei der Auseinandersetzung um die Aufnahme von Art. 3 Abs. 2 in das Grundgesetz. Sie erklärt dies mit der Bedeutung von Ehe und Familie als stabilem Fluchtpunkt nach einer Zeit des Krieges, wirtschaftlicher Not und sozialem Abstieg. Aus diesen Gründen, so *Vaupel*, konnte auch das bürgerliche Ideal der arbeitsteiligen Ehe wieder restauriert werden. Nach den Erfahrungen des Nationalsozialismus, der die Unterordnung der Familie unter politisch-ideologische Ziele gefordert habe, sei außerdem das Re-Privatisierungsargument, also die Ab-

---

95 BArch B 126/6301; zwei Loseblattsammlungen im Umfang von ca. 640 Seiten mit Briefen von BürgerInnen und Antwortentwürfen des Bundesministeriums der Finanzen. Dort findet sich beispielsweise ein Schreiben vom 28.10.1957, in dem eine Frau auf Ankündigungen in der Presse reagiert, wonach Alleinstehende künftig höher besteuert werden sollen: „Das wir Frauen, die ledig sind, im Staate nicht zählen, ist längst bekannt, daß wir aber immer wieder zu neuen Leistungen herangezogen werden, ist unverständlich. Bekannt ist ja auch, daß Frauen weitaus weniger verdienen als Männer (das heute bei der immer gepriesenen Gleichberechtigung) und daß Frauen, die ein gewisses Alter erreicht haben, wie ich 44 Jahre, als Arbeitskraft möglichst ausgeschaltet werden. Daß viele Frauen in meinem Alter heute alleinstehend sind, ist ja auch die Schuld des Staates, wenn auch eines früheren."

lehnung jeder Einmischung des Staates in innereheliche bzw. familiäre Entscheidungen, stark gewesen (ebd.: 210–214). Unter diesen Bedingungen seien die selbstbewussten und fachlich fundierten Forderungen der Frauenverbände in den rückschrittlichen Strömungen in den 1950er-Jahren nicht gehört worden (ebd.: 213).

Das Modell der Hausfrauenehe war zwar Leitbild im Familienrecht, die Lebensrealität sehr vieler Menschen sah jedoch anders aus, wie die damaligen Debatten zur Situation lediger Frauen und Alleinerziehender zeigen (vgl. Niehuss 1997b; von Oertzen 1999: 276).

4.2 Haushalts- und Ehebesteuerung vor 1945

In der historischen Entwicklung des Steuerrechts war zunächst nicht das Individuum, sondern der Haushalt die kleinste Einheit der Besteuerung. So behandelte das preußische Gesetz wegen Einführung der Klassensteuer vom 30. Mai 1806 die Familie als Einheit und erhob die Steuer „nach Haushaltungen" (Heuermann 2011: § 26 Rn. 2). Erst als die außerhäusliche bezahlte Erwerbsarbeit einzelner Haushaltsmitglieder zunahm und Einnahmen einzelnen Haushaltsmitgliedern individuell zugeordnet werden konnten (von Oertzen 1999), entwickelte sich die Einkommensbesteuerung von einer Haushaltsbesteuerung zur Ehebesteuerung weiter (Vollmer 1998: 29). In der Bundesrepublik galt mit dem § 27 EStG 1951 bis 1958 außerdem für bestimmte Einkommensarten eine Haushaltsbesteuerung von Eltern mit ihren Kindern, die das Bundesverfassungsgericht im Jahr 1964 für verfassungswidrig erklärte.[96] In Preußen wurden Ehegatten ab dem Jahr 1906 unabhängig von der Einkommensart uneingeschränkt zusammen veranlagt (ebd.). In der Weimarer Zeit wurde im Jahr 1921 das Einkommen aus Erwerbsarbeit, das die Ehefrau in einem dem Ehemann fremden Betrieb erzielte, erstmals aus der Zusammenveranlagung herausgenommen (ebd.: 30). Im Jahr 1925 folgten auch die Einnahmen der Ehefrau aus selbstständiger Tätigkeit.[97]

In der Zeit des Nationalsozialismus wurde im Jahr 1934 wiederum eine Zusammenveranlagung der Einkünfte von Ehegatten eingeführt.[98] Dem nationalsozialistischen Bild von der Rolle der Frau als Mutter und Hausfrau folgend (vgl. zur Verschränkung von Rassen- und Geschlechterideologie im Nationalsozialismus Niehuss 1997a: 854ff.; W. Schubert 1997), sollten die Frauen damit vom Arbeitsmarkt verdrängt werden (Voß 1995: 87; Werns-

---

96 BVerfG vom 30.06.1964 – 1 BvL 16/62, 1 BvL 17/62, 1 BvL 18/62, 1 BvL 19/62, 1 BvL 20/62, 1 BvL 21/62, 1 BvL 22/62, 1 BvL 23/62, 1 BvL 24/62, 1 BvL 25/62, BVerfGE 18, 97ff.
97 Einkommensteuergesetz vom 10.08.1925, RGBl I, S. 189.
98 Einkommensteuergesetz vom 16.10.1934, RGBl I, S. 1005.

mann 2005: 37). Ein Splittingvorteil für Ehegatten wurde während des Nationalsozialismus allerdings nicht eingeführt (so aber: Butterwegge 2006: 62). Zur damaligen Begründung der Gesetzesänderung zitiert *Lore Kullmer* (1960: 18) ein einkommensteuerrechtliches Fachbuch aus dem Jahr 1934, das vom ab 1933 als Staatssekretär des Reichsministers der Finanzen tätigen *Fritz Reinhardt* verfasst wurde (zum Wirken von Fritz Reinhardt vgl. Schöpf 2002; Voß 1995: 51–55), wonach „[...] zu einer einkommensteuerlichen Schonung der Ehefrau, wie sie bisher durch die getrennte Veranlagung der Frau mit ihren Einkünften aus selbständiger und unselbständiger Arbeit gewährt wurde, [...] in der gegenwärtigen Zeit, in der noch zahlreiche Volksgenossen arbeitslos sind, kein Raum" sei. Auch das Bundesverfassungsgericht bezieht sich in der Entscheidung zur Ehegattenbesteuerung aus dem Jahr 1957 (vgl. Kapitel 4.4) auf Reinhardts Erwägungen: „Die Maßnahme diente nach einer Äußerung des damaligen Staatssekretärs im Reichsfinanzministerium arbeitsmarktpolitisch bedingten Bestrebungen, die Frau vom Arbeitsmarkt zu verdrängen (Reinhardt, Die neuen Steuergesetze, 1934, S. 98)".[99] Aufgrund der gleichzeitig eingeführten ‚Familienvergünstigungen' war die Steuerbelastung vieler Ehepaare mit Kindern trotz der Einführung der Zusammenveranlagung jedoch geringer als vorher (Kullmer 1960: 18; Voß 1995: 87).

Auch *Reimer Voß* verweist auf den mit dem Gesetz verfolgten Zweck, Frauen aus dem Arbeitsmarkt zu verdrängen und so Stellen für Männer zu schaffen. Er beleuchtet in diesem Zusammenhang die Einführung des Instruments der steuerlichen Förderung von Haushaltsgehilfinnen (Voß 1995: 80, 82). Mit dem Gesetz zur Verminderung der Arbeitslosigkeit vom 1. Juni 1933[100] wurden Haushaltsgehilfinnen „bei der Besteuerung des Haushaltsvorstandes steuerlich wie dessen Kinder berücksichtigt" (ebd.: 80). *Voß* schlussfolgert, dass Frauen zu Beginn der Zeit des Nationalsozialismus also möglichst in Privathaushalten arbeiten und so andere Stellen für Männer freimachen sollten, solange sie noch nicht selbst als Ehefrau und Mutter tätig waren (ebd.: 82).

Im Jahr 1941 wurde eine Ausnahmeregelung in der Durchführungsverordnung zum Einkommensteuergesetz[101] geschaffen, die das Einkommen der Frau aus nichtselbstständiger Arbeit in einem dem Ehemann fremden Betrieb aus der Zusammenveranlagung ausklammerte. Diese Regelung erfolgte „aufgrund der kriegsbedingten Abwesenheit der Männer" (Vollmer 1998: 31) und verfolgte den ausschließlichen Zweck, Anreize für die Arbeit von Frauen in der Rüstungsindustrie zu setzen: deshalb blieben die Einnahmen von Frauen aus einer selbstständigen Tätigkeit weiter der Zusammenveranlagung unterworfen. *Jurczyk* zufolge begann die Reintegration der Frauen in den Arbeits-

---

99 BVerfG vom 17.01.1957 – 1 BvL 4/54, juris-Rz. 41, BVerfGE 6, 55–84 (69).
100 RGBl I, S. 323.
101 Einkommensteuer-Durchführungsverordnung vom 07.12.1941, RGBl I, S. 751ff.

markt während der Zeit des Nationalsozialismus bereits Ende der 1930er-Jahre: 1937 wurden Arbeitsverbote für Frauen bei Ehestandsdarlehen wieder aufgehoben, im Jahr 1938 wurde der weibliche Arbeitsdienst Pflicht und ab 1939 wurden Arbeitsbeschränkungen für verbotene Frauenberufe außer Kraft gesetzt (Jurczyk 1978: 65). Bereits im Jahr 1940 lag der Anteil der Frauen an allen Erwerbstätigen deshalb bei über 40 Prozent (ebd.: 66). Der Widerspruch zwischen der steuerlichen Bestrafung der Erwerbsarbeit der Ehefrau, den Maßnahmen zur Reintegration der Frauen in den Arbeitsmarkt und der weiter propagierten Mutterideologie ist laut *Jurczyk* Ausdruck einer Politik, die die widerstreitenden Interessen bezogen auf die Frauenrolle nicht miteinander in Einklang bringen konnte. Die mit Blick auf die Tätigkeit von Frauen in der Rüstungsindustrie eingeführte Ausnahmeregelung von der Zusammenveranlagung blieb bis Kriegsende bestehen und galt auch in der Bundesrepublik fort.

4.3 Zusammenveranlagung oder getrennte Besteuerung – Der Streit um die Ehegattenbesteuerung bis 1957

Nach dem Zweiten Weltkrieg wurde die Regelung zur Veranlagungsweise aus dem Jahr 1941 zunächst beibehalten. Das Einkommen der Ehefrau wurde also gemäß § 43 EStDV getrennt veranlagt, wenn sie als Arbeitnehmerin in einem dem Ehemann fremden Betrieb arbeitete. War sie jedoch im gleichen Betrieb wie ihr Ehemann oder als Selbstständige, Freiberuflerin oder ‚mithelfende' Ehefrau im Betrieb des Ehemannes tätig, wurden die Eheleute gemäß § 26 EStG zusammen veranlagt.

Die Ausnahmeregelung des im Nationalsozialismus eingeführten § 43 EStDV galt außerdem nicht im Fall des Rollentausches. Wenn der Ehemann beispielsweise Einkünfte aus nichtselbstständiger Tätigkeit in einem der Ehefrau fremden Betrieb hatte und die Ehefrau selbstständig tätig war, wurden sie dennoch zusammen veranlagt. Die Regelung zur steuerlichen Zusammenveranlagung von Kindern mit dem Haushaltsvorstand wurde durch das Kontrollratsgesetz Nr. 12 vom 11. Februar 1946[102] gelockert und mit einer Altersgrenze (Vollendung des 16. Lebensjahres des Kindes) versehen (Thiede u.a. 1999: 15).

Es machte einen großen finanziellen Unterschied, ob das Paar zusammen veranlagt oder individuell besteuert wurde. Durch den progressiven Einkommensteuertarif und die Anwendung des Individualtarifs auf das gemeinsam erzielte Einkommen war die Steuerlast für Ehegatten bei Zusammenveranlagung höher, als wenn sie individuell besteuert worden wären. Diese

---

[102] Art. III i.V.m. Anlage A Gesetz Nr. 12 des Kontrollrates vom 11.02.1946, Amtsblatt des Kontrollrates in Deutschland, S. 60, 61f., 68f.

Tatsache wurde in der Öffentlichkeit als ‚Ehestrafsteuer' kritisiert. Die steuerliche Belastung in den Nachkriegsjahren war hoch, der Spitzensteuersatz betrug im Jahr 1946 95 Prozent, im Jahr 1951 80 Prozent und im Jahr 1953 70 Prozent (ebd.: 15). Die spätere Verfassungsrichterin *Erna Scheffler* beschrieb die steuerliche Belastung für Ehepaare in ihrem im Jahr 1951 auf dem 38. Deutschen Juristentag in Frankfurt am Main vorgetragenen Gutachten wie folgt:

„Gehen wir davon aus, daß jeder der Ehepartner 6.000 DM jährliches Einkommen hat, dann zahlen die beiden vor der Ehe etwa 2.000 DM Steuern, nach der Heirat, wenn die Frau Gehaltsempfängerin, z.B. Lehrerin ist, als getrennt versteuert wird, 350 DM weniger (wegen der Einstufung in Stufe II), – wenn die Frau aber selbständig ist, z.B. als Ärztin verdient, zahlen sie nach der Heirat rund 1.300 DM mehr (durch die Zusammenveranlagung), d.h. daß das Fraueneinkommen durch die Verheiratung einmal 350 DM an Wert gewinnt, das andere Mal um 1.300 DM geschmälert wird, während es […] für die Zusammenrechnung keine Rolle spielt, ob der Mann Gehaltsempfänger ist oder einen selbständigen Beruf hat" (Scheffler 1951: B20).

Die unterschiedliche steuerliche Behandlung verschiedener Einkommensarten der Ehefrau wurde ab 1950 auch als politisches Problem wahrgenommen. Wie dieses Problem zu lösen sei, wurde allerdings sehr unterschiedlich beurteilt. Insbesondere das Bundesfinanzministerium, aber auch einige andere sahen die getrennte Veranlagung bestimmter Arbeitnehmerinnen als überholtes Privileg an, das rückgängig gemacht werden sollte. Andere sprachen sich für eine Ausweitung der getrennten Veranlagung auch auf andere Fallkonstellationen aus. Die Konfliktlinien verliefen dabei nicht eindeutig zwischen Parteigrenzen, sondern quer durch die Bundesregierung und führten außerdem zu erheblichen Meinungsverschiedenheiten zwischen Regierung und Parlament.

Von den ersten Wahlen zum Deutschen Bundestag am 14. August 1949 bis 1966 setzten sich die Regierungen aus wechselnden Koalitionen der *bürgerlichen Parteien* CDU, CSU, FDP, Deutsche Partei (DP), Gesamtdeutscher Block/Bund der Heimatvertriebenen und Entrechteten (BHE) mit *Konrad Adenauer* (bis 1963) als Bundeskanzler zusammen (vgl. im Einzelnen Völk 1989: 36, 49). Vom 20. September 1949 bis zum 29. Oktober 1957 war *Fritz Schäffer* (CSU) Bundesminister der Finanzen (zum Wirken von Fritz Schäffer vgl. Henzler 1994). Die Koalition aus CDU, CSU, FDP und DP regierte zwei Wahlperioden, in der dritten Bundestagswahl errangen CDU und CSU dann die absolute Mehrheit, bildeten aber trotzdem eine Koalitionsregierung mit der DP. *Franz Etzel* (CDU) wurde Finanzminister und leitete das Ministerium vom 29. Oktober 1957 bis zum 14. November 1961 (zum Wirken von Franz Etzel vgl. Dietrich 1995). Im Jahr 1953 wurde das Bundesministerium für Familienfragen gegründet, Minister für Familienfragen und ab als 1957 dann Minister für Familien- und Jugendfragen wurde *Franz-Josef Wuermeling* (CDU), der dieses Amt vom 20. Oktober 1953 bis zum 13. Dezember 1962 innehatte.

4.3.1 Position des Bundesministeriums der Finanzen und der Finanzministerien der Bundesländer

Das Bundesministerium der Finanzen und die Finanzministerien der Bundesländer (mit Ausnahme von Baden-Württemberg, wo Benachteiligungen insbesondere der in der Stuttgarter Industrie beschäftigten Arbeiterinnen befürchtet wurden) waren ab dem Jahr 1950 bestrebt, die Regelung des § 43 EStDV, der die getrennte Veranlagung der Einkünfte der Ehefrau aus nichtselbstständiger Arbeit in einem dem Ehemann fremden Betrieb vorsah, zu streichen und für alle Ehepaare und alle Einkommensarten zur Zusammenveranlagung zurückzukehren. Auf Vorschlag des Bundesministeriums wurde dieses gemeinsame Ziel in einem Abstimmungsprozess im Dezember 1950 und Januar 1951 mit Finanzministerien der Länder festgelegt.[103] Neben fiskalischen Vorteilen – man erhoffte sich Mehreinnahmen in Höhe von jährlich 120 Millionen DM[104] – sprachen auch andere Argumente für diese Lösung. Das Bundesfinanzministerium führte zunächst steuersystematische Gründe an: Der Grundsatz der Besteuerung nach dem Leistungsfähigkeitsprinzip gebiete die gemeinsame Veranlagung, weil zusammenlebende Ehegatten durch gemeinsames Wirtschaften gegenüber Alleinlebenden geringere Kosten hätten.[105] Außerdem seien Paare, in denen beide Ehegatten arbeiteten, wirtschaftlich leistungsfähiger als Paare, in denen die Ehefrau sich ausschließlich Haushalt und Kindern widme. Die Doppelverdiener-Logik, die bereits gegen Ende der 1920er-Jahre und während des Nationalsozialismus (Moeller 1997: 37; Neunsinger 2001; Niehuss 1997a: 853) gegen erwerbstätige Ehefrauen ins Feld geführt wurde, steht auch hinter dieser Interpretation des Grundsatzes der Besteuerung nach der Leistungsfähigkeit.

Ein internes Schreiben des Bundesministerium der Finanzen aus dem Jahr 1953 argumentierte offen mit den arbeitsmarktpolitischen Zielen der Ausnahmeregelung:

„Diese Ausnahmebestimmung ist aus arbeitsmarktpolitischen Gründen während des Krieges geschaffen worden und sollte den dringend erforderlichen Arbeitseinsatz der Frauen in der Kriegswirtschaft fördern. Die Gründe für die Schaffung dieser Bestimmung sind längst fortgefallen. Ein arbeitspolitischer Grund, den Arbeitseinsatz verheirateter Frauen zu begünstigen, besteht heute nicht mehr. [...] Mitarbeit der Ehefrau bedeutet also auch heute noch eine wirtschaftliche Vorzugsstellung, es kann kaum etwas dagegen eingewendet werden, wenn hieraus die Folge gezogen wird, diese Fälle wieder nach den normalen steuerlichen Grundsätzen zu behandeln."[106]

---

103 BArch B 126/6296, Bl. 271, Schnellbrief Bundesminister der Finanzen an die Finanzminister der Länder vom 17.12.1950.
104 BArch B 126/6296, Bl. 239.
105 BArch B 126/6297, Bl. 6, Schreiben Referat IV A/3 vom 12.02.1953 (intern).
106 Ebd. Mit den „normalen steuerlichen Grundsätzen" war die Zusammenveranlagung aller Einkommensarten von Ehegatten gemeint.

Auch selbstständige Gewerbetreibende beteiligten sich an der Diskussion über die unterschiedlichen Veranlagungsformen je nach Einkommensart der Ehefrau. Sie setzten sich allerdings für eine Ausweitung der getrennt zu besteuernden Einkommensarten von Ehefrauen ein und vertraten somit genau das entgegengesetzte Ziel. Selbstständige, deren Ehefrau im Betrieb ‚mithalf', wollten die getrennte Veranlagung. So fragte zum Beispiel der Matratzenhersteller *Gustav F.* in einem Schreiben aus dem Jahr 1951 an das Bundesfinanzministerium, warum die ‚mithelfende' Ehefrau im Geschäft des Mannes steuerlich anders behandelt werden soll, als wenn sie in einem anderem Betrieb tätig wäre. Dies sei eine offensichtliche Benachteiligung der kleinen Gewerbetreibenden.[107] Einer ähnlichen Argumentation folgt auch das Protesttelegramm des Deutschen Glasertages an Bundeskanzler *Adenauer* vom Juli 1951, das eine Beendigung der steuerlichen Benachteiligung von Glasermeistern und ihrer Ehefrauen forderte.[108]

Wie wichtig die Aufhebung der Ausnahmeregelung des § 43 EStDV innerhalb des Bundesfinanzministeriums genommen wurde, zeigt der Umstand, dass der Finanzminister *Fritz Schäffer* sogar die Möglichkeit in Betracht zog, die Verordnung ohne Mitwirkung des Parlaments zu ändern. Hierzu sollte ein Gutachten des Präsidenten des Bundesfinanzhofs eingeholt werden.[109] In einem Schreiben des Präsidenten des Bundesfinanzhofes *Müller* an Finanzminister *Schäffer* vom 20. Mai 1953 bezieht sich dieser auf ein Telefonat mit dem Minister, in dem unter anderem die Frage erörtert worden sei, „ob der Bundesminister der Finanzen den Zustand, wie er vor 1941 bestanden habe (Zusammenveranlagung bei Arbeitstätigkeit der Frau), wiederherstellen könne, ohne die gesetzgebenden Faktoren einzuschalten".[110] Bei einer informellen Befragung habe sich die Mehrheit im Einkommensteuersenat gegen eine solche Möglichkeit ausgesprochen; sie sehe § 43 EStDV als gültig an.[111] Ein offizielles Gutachten sei nicht zu empfehlen, da „die Mehrheit des Bundestages zur Beibehaltung der bisherigen Regelung neigt und die Angelegenheit so bereits in politisches Fahrwasser gelangt ist".[112] Letztlich wurde das Gutachten nicht erstellt.

---

107 BArch B 126/6297, Bl. 252.
108 BArch B 126/6296, Bl. 275.
109 BArch B 126/6297, Bl. 37, Schreiben des BMF an den Präsidenten des Bundesfinanzhofes zur Frage „... ob es rechtlich möglich ist, den § 43 der Einkommensteuer-Durchführungsverordnung durch eine Verordnung aufzuheben oder abzuändern. Oder ob es hierzu eines Gesetzes bedarf."
110 BArch B 126/6297, Bl. 38.
111 Ebd.
112 Ebd., Bl. 39.

4.3.2 Weitere Entwicklung der Diskussion über die Ehegattenbesteuerung in Parlament und Regierung

4.3.2.1 Keine Rückkehr zur Zusammenveranlagung im Jahr 1951

Wie der Schriftverkehr mit dem Präsidenten des Bundesfinanzhofs bereits andeutet, fand der Vorschlag einer Rückkehr zur Zusammenveranlagung aller Einkommensarten von Ehegatten im Jahr 1951 letztlich keine tragfähige Mehrheit. Ein einschlägiger Beschluss des Bundestages rief Protest hervor und wurde deshalb im Vermittlungsausschuss von Bundestag und Bundesrat zunächst überdacht und dann durch einen erneuten Beschluss des Bundestages rückgängig gemacht.[113] *Von Oertzen* schlussfolgert, dass eine gemeinsame Besteuerung von Ehegatten zu diesem Zeitpunkt gesellschaftlich nicht durchsetzbar war, und vergleicht die öffentliche Empörung mit den Aktionen von Frauen zur Durchsetzung von Art. 3 Abs. 2 GG im Parlamentarischen Rat (1999: 190).

4.3.2.2 Ausdehnung der getrennten Veranlagung im Jahr 1955

Das Bundesministerium der Finanzen hielt dennoch an dem Ziel fest, zur Zusammenveranlagung aller Einkommensarten zurückzukehren, was bereits daran zu erkennen ist, dass sich in jedem Steuergesetzentwurf erneut ein entsprechender Vorschlag fand (ebd.:).

Die im Jahr 1955 in Kraft getretene ‚Große Steuerreform' enthielt noch keine abschließende Lösung der Frage der Ehegattenbesteuerung. Mit dem Einkommensteuergesetz vom 23. Dezember 1954 (EStG 1955)[114] wurden die Einkünfte der Ehefrau aus selbstständiger Arbeit ebenfalls der getrennten Veranlagung unterstellt (§ 26 Abs. 3 S. 1 EStG 1955). Diesen Einkünften war das Einkommen aus Gewerbebetrieb bis zur Höhe von 12.000 DM gleichgestellt. Auf Antrag konnten die Ehegatten aber auch zusammen veranlagt werden (§ 26 Abs. 3 S. 3 EStG 1955). Diese ab 1955 geltende Lösung stellte eine Mischform aus getrennter Veranlagung und Zusammenveranlagung dar (Thiede u.a. 1999: 16). Sie wurde deshalb auch als Kompromiss angesehen, der das Problem der Veranlagung der Einkünfte selbstständig tätiger und ‚mithelfender' Ehefrauen übergangsweise auflösen sollte. Diese Zwischenlösung war Folge der starken Proteste der verheirateten Gewerbetreibenden, die ihre Ungleichbehandlung gegenüber Arbeitnehmerehepaaren beklagten.

---

113 BT I/1949, Protokolle, S. 5734 B bzw. BT I/1949, Protokolle, S. 6157, 6160 B, zitiert nach *von Oertzen* 1999: 190. Vgl. auch die Darstellung des Ablaufs in BVerfG vom 17.01.1957 – 1 BvL 4/54, juris-Rz. 33–35, BVerfGE 6, 55–84 (65f.).
114 Neufassung des Einkommensteuergesetzes vom 23.12.1954, BGBl I, S. 441.

4.3.2.3 Streit um die Denkschrift des Bundesfinanzministeriums zur Ehebesteuerung 1955 bis 1956

Mit einem Beschluss vom 23. Februar 1955, der von allen Fraktionen mitgetragen wurde, beauftragte der Bundestag die Bundesregierung, „bis spätestens 30. September 1955 Vorschläge für Maßnahmen zur gleichmäßigen und gerechten Besteuerung der Ehegatten zu unterbreiten."[115]

Als Reaktion auf diesen Beschluss, der Vorschläge für eine umfassende Lösung forderte, diskutierte das Bundesfinanzministerium die Neuregelungsoptionen der Ehegattenbesteuerung mit Vertretern der Finanzministerien der Länder[116] und den anderen Bundesministerien[117]. Am Ende der Reihe von Arbeitstreffen stand ein Entwurf für eine sogenannte Denkschrift,[118] der sich im Ergebnis wiederum für die Zusammenveranlagung aller Einkünfte der Ehegatten aussprach. In diesem Dokument wurden die Argumente für die Zusammenveranlagung von Ehegatten im Sinne der früheren Linie des Bundesministeriums der Finanzen präsentiert; *von Oertzen* charakterisiert es deshalb als „tendenziöses ideologisches Plädoyer" (1999: 192). Die Denkschrift schreibt der Erwerbstätigkeit von Ehefrauen eine ehe- und familienzerstörerische Wirkung zu, indem sie den starken Anstieg der Ehescheidungen „als Warnung vor einer Begünstigung der in der marktwirtschaftlichen Betätigung der Ehefrau liegenden Auflösungskräfte" bezeichnet.[119] Angesichts dessen liege die Frage nahe, ob das Steuerrecht gesellschaftliche Entwicklungen fördern solle, die „zu einer fortschreitenden Auflösung der Ehe und Familie führen".[120] Deshalb schlug das Bundesministerium der Finanzen die Zusammenveranlagung aller Einkommensarten und den Ausgleich der Belastung von

---

115 Beschluss der 68. Sitzung des 2. Deutschen Bundestages, 23.02.1955, BT-Drs. 2/1152, S. 237.
116 BArch B 126/6296, Umschlag 2, Bl. 575, Vermerk Volkswirtschaftlicher Generalreferent BMF vom 27.07.1955 über Besprechung zum Thema Ehegattenbesteuerung am 26.07.1955: „Die Ländervertreter traten einmütig für ein veredeltes Splitting fühlbaren Ausmaßes ein, das in gleicher Weise Hausfrauen, Mithelfende und Mitarbeitende treffen soll. Die so entstehende Bevorzugung der Hausfrau wurde bewusst bejaht. Eine Differenzierung soll nach Ansicht der Ländervertreter allenfalls als Notlösung angesehen werden. Unter veredeltem Splitting wird dabei ein mit variablen Divisoren (bezogen auf das Einkommen) und Multiplikatoren (bezogen auf die Steuer) arbeitendes Splitting bezeichnet."
117 BArch B 126/6296, Umschlag 1, Bl. 210, Kurzniederschrift über die Besprechung mit den Vertretern der Bundesressorts zur Vorbereitung von Maßnahmen für eine gerechte und gleichmäßige Besteuerung von Ehegatten am 28.07.1955, anwesend Vertreter von BMF, BMI, BM Wirtschaft, BMA, BuMin für Vertriebene, BM Familienfragen.
118 BArch B 126/6296, Denkschrift zur Frage der Ehebesteuerung, Entwurf vom 18.11.1955 (= BT-Drs. II/1866, Anlage 1).
119 Ebd., S. 15.
120 Ebd., S. 14.

Arbeitnehmerehepaaren durch die Einführung von Pauschbeträgen für Werbungskosten und anderer Freibeträge vor.[121]

Der Entwurf der Denkschrift war innerhalb der Bundesregierung umstritten. Das Bundesministerium für Wirtschaft sprach sich für die getrennte Veranlagung von Ehegatten unabhängig von der Einkommensart aus. In einem Schreiben an den Finanzminister heißt es:

„Die gesetzliche Regelung der Ehegattenbesteuerung darf nicht dazu angehalten sein, den Entschluss zur Ehe durch steuerliche Erwägungen maßgeblich zu beeinflussen. Wenn sich eine Beeinflussung als unvermeidbar erweisen sollte, darf diese, im Hinblick auf Art. 6 Abs. 1 GG – mindestens keine negative sein. Die derzeit grundsätzlich geltende Haushaltsbesteuerung bringt jedoch für Ehegatten, die beide Einkünfte beziehen, durch Zusammenrechnung der beiderseitigen Einkünfte so große auf der Einkommensteuer-Progression beruhende steuerliche Nachteile, dass sie, wirtschaftlich betrachtet, als ehehindernd angesehen werden muss. Das Argument der größeren wirtschaftlichen Leistungsfähigkeit der Ehegemeinschaft kann die steuerlichen Nachteile, wenn überhaupt, so nur zu einem geringen Teile verständlich machen. Aus diesen Gründen sollte das Prinzip der Haushaltsbesteuerung bei den Ehegatten aufgegeben werden."[122]

In seiner Denkschrift hatte das Bundesfinanzministerium eine Missbrauchsgefahr bei getrennter Veranlagung konstatiert. Das Argument einer solchen Missbrauchsgefahr findet sich bis heute in der Diskussion über die Ehebesteuerung. Im Wesentlichen geht es dabei darum, dass Ehepaare mit Einkommen aus selbstständiger Tätigkeit oder aus Kapital durch privatrechtliche Regeln untereinander Einkommensanteile übertragen und so auch bei individueller Besteuerung einen faktischen Splittingeffekt erzeugen können. Diese Möglichkeit steht Ehepaaren mit Einkommen aus abhängiger Beschäftigung nicht zur Verfügung. Das Bundesministerium für Wirtschaft ging davon aus, die Missbrauchsgefahr könne „für die Masse der Fälle dadurch ausgeräumt werden, daß von der getrennten Veranlagung die Fälle ausgenommen werden, die aus Quellen stammen, an denen beide Ehegatten beteiligt sind".[123]

Trotz der damit verbundenen Kosten sei auch die als ‚Vollsplitting' bezeichnete hälftige Teilung der Einkünfte akzeptabel, allerdings nur, wenn die getrennte Veranlagung als Alternative zur Verfügung stehe.[124]

Auch der Bundesminister für Arbeit sprach sich dagegen aus, die getrennte Veranlagung abzuschaffen. In einem Schreiben an den Finanzminister erklärte er, es wäre „bedauerlich, wenn sich bei der Neuregelung der Ehegattenbesteuerung nur eine Lösung finden ließe, die den Anreiz für die Arbeits-

---

121 BArch B 136/628, Bl. 50, Schreiben von Bundesfinanzminister *Fritz Schäffer* an den Staatssekretär im Bundeskanzleramt, vom 26.09.1955 anlässlich der Übersendung der Denkschrift an das Kabinett.
122 BArch B 126/6297, Bl. 191, Schnellbrief des Bundesministers für Wirtschaft an den Bundesminister der Finanzen, 06.09.1955, Betr. Neuregelung der Ehegattenbesteuerung.
123 Ebd.
124 Ebd., Bl. 192.

aufnahme zusätzlicher, insbesondere weiblicher Arbeitskräfte mindert".[125] Weil der Verwaltungsaufwand beim Splitting hoch und seine Einführung teuer sei, bevorzuge er eine Freibetragslösung für im Moment noch zusammen veranlagte Ehepaare, auch in Fällen, in denen nur ein Ehegatte Einkünfte hat.[126]

Was die Beurteilung der Erwerbstätigkeit von Ehefrauen und insbesondere die Auffassung zur ‚Doppelverdienerehe' anging, stimmte das Bundesministerium für Familienfragen mit dem Bundesfinanzministerium überein. In einem Sitzungsprotokoll eines Treffens der Bundesministerien und der Ländervertreter am 12. September 1955 finden sich folgende Ausführungen des Vertreters des Familienministeriums: „Bedauerlicherweise zielt die Entwicklung auf eine ständig anwachsende Beteiligung der Frau am Wirtschaftsleben hin. Diese familienpolitisch unerwünschte Entwicklung solle steuerlich keinen Anreiz erhalten."[127] Der ‚Vorteil' einer getrennt besteuerten erwerbstätigen Ehefrau entspreche in etwa der Förderung einer Familie mit drei Kindern. Dieses Missverhältnis müsse beseitigt werden, eine mögliche Lösung neben der Zusammenveranlagung ohne Splitting sei die Einführung des Splittings mit der Berücksichtigung weiterer Kinderfreibeträge.[128] Die Akten des Bundeskanzleramts enthalten Vermerke über Kabinettssitzungen, die in Bezug auf die konkreten Belastungen bzw. Entlastungen von Familien und insbesondere von Ehen mit ‚mithelfender' Ehefrau bzw. Hausfrau deutliche Meinungsverschiedenheiten offenbaren.[129]

Der Streit um die Denkschrift wurde auch im Kabinett nicht beigelegt, weil die inhaltlichen Stellungnahmen der anderen Bundesressorts innerhalb der Schrift nicht in nennenswerter Weise gewürdigt wurden. *Von Oertzen* spricht von einem „Eklat" im Kabinett (1999: 192). Auch eine „Chefbesprechung" der zuständigen Bundesminister im November 1955 brachte kein Ergebnis.[130] Bei diesem Treffen des Ministers für Familienfragen *Franz-Josef Wuermeling*, des Ministers für Arbeit *Anton Storch* und des Finanzminister

---

125 BArch B 126/6297, Umschlag 1, Bl. 194, Schreiben des Bundesministers für Arbeit an den Bundesminister der Finanzen, 08.09.1955, Betr. Neuregelung der Ehegattenbesteuerung.
126 Ebd.
127 BArch B 126/6297, Umschlag 1, Bl. 210, Kurzniederschrift über die Besprechung mit den Vertretern der Bundesressorts zur Vorbereitung von Maßnahmen für eine gerechte und gleichmäßige Besteuerung von Ehegatten am 28.07.1955.
128 Ebd.
129 BArch B 136/628, Bl. 198, Protokoll zu Punkt 1a) der TO vom 18.11.1955. Bundesminister *Franz-Josef Wuermeling* bringt darin unter anderem zum Ausdruck, dass er durch die Denkschrift in eigenen Stellungnahmen nicht gebunden sei. Außerdem führt er aus, dass die Vorschläge des BMF Familien mit Kindern gegenüber anderen Steuerpflichtigen weniger zugutekommen und „vielmehr wieder einmal Ledige und kinderlose Ehepaare begünstigt" würden.
130 BArch B 136/628, Bl. 141, Vermerk Referat VI, Betr. Ehegattenbesteuerung zu einem Anruf von Ministerialrat *Mersmann* zur „Chefbesprechung" des Ministers mit den Kabinettskollegen, 04.11.1955.

Fritz Schäffer äußerte *Franz-Josef Wuermeling* Bedenken hinsichtlich der politischen Durchsetzbarkeit der Zusammenveranlagung und forderte einen Freibetrag (in jeweils gleicher Höhe) für Hausfrauen und ‚mithelfende' Ehefrauen. Die Ministerrunde einigte sich darauf, die Denkschrift nicht als Beschluss des Bundeskabinetts, sondern lediglich als Denkschrift des Bundesfinanzministeriums dem Bundestag zu überstellen.[131] Der Vorsitzende des Finanzausschusses des Bundestages *Hans Wellhausen* kritisierte dieses Vorgehen und argumentierte, es sei dem Finanzausschuss kaum zuzumuten, ohne eine Stellungnahme der Bundesregierung auf der Grundlage „*der Ausarbeitung eines Ressortministers*" eine Neuregelung der Ehebesteuerung zu beraten.[132] Er forderte die Bundesregierung zu einer Stellungnahme auf, die allerdings nie erfolgte.[133]

Diese Vorgänge illustrieren die Konfliktlinien, die es beim Thema der Ehebesteuerung innerhalb der Regierung und zwischen Regierung und Parlament gab. Gerade die Widerstände der Minister für Arbeit und Wirtschaft zeigen, dass wirtschaftliche Interessen einer steuerlichen Bestrafung von Zweiverdienstehepaaren entgegenstanden. Der nächste Abschnitt beleuchtet die Positionen von Akteuren außerhalb von Parlament und Regierung.

4.3.3 Positionen von Akteuren außerhalb von Parlament und Regierung

Die wichtigsten politischen Akteure außerhalb von Regierung und Parlament, die für eine getrennte Besteuerung eintraten und im Rahmen der Reformdebatte vom Bundesministerium der Finanzen auch zu Gesprächen geladen wurden, waren die Gewerkschaften und der Bund der Steuerzahler. Zwar forderten auch verschiedene Frauenverbände eine getrennte Veranlagung – ihre Argumente wurden aber im Gegensatz zu den zuerst genannten Organisationen im Bundesministerium der Finanzen nicht ernst genommen.

4.3.3.1 Gewerkschaften

In der Diskussion vor der Entscheidung des Bundesverfassungsgerichts im Jahr 1957 sprachen sich die Gewerkschaften für ein Ende der Zusammenver-

---

131 BArch B 126/6297, Bl. 267, Schreiben der Abteilung IV an das Referat II C/1 im Hause, 21.11.1955, Denkschrift soll dem Bundestag nicht als Vorschlag des Bundeskabinetts, sondern des Bundesministeriums der Finanzen zugeleitet werden, deshalb Änderung auf Seite 3 des Entwurfs notwendig; B 136/628, Bl. 183, Zuleitung der Denkschrift am 18.11.1955 an den Bundestagspräsidenten durch den Stellvertreter des Bundeskanzlers *Franz Blücher*.
132 BArch B 136/628, Bl. 204, Schreiben Ausschuss für Finanz- und Steuerfragen, Der Vorsitzende an den Bundeskanzler vom 08.12.1955.
133 BArch Kabinettsprotokolle online, 106. Kabinettssitzung am 18.11.1955, TOP 1a), Vermerk in Fußnote 15.

anlagung aus; jeder Ehegatte sollte das Einkommen versteuern, das er oder sie verdiente.[134] Für ‚mithelfende' oder ausschließlich im Haushalt tätige Ehegatten sollte ein Freibetrag gewährt werden. Dies, so argumentierte auch das Wirtschaftswissenschaftliche Institut der Gewerkschaften, entspreche am ehesten der „heutigen Stellung der Frau in Wirtschaft und Gesellschaft", eine Verschlechterung der Besteuerung der abhängig beschäftigten Ehefrauen werde der Deutsche Gewerkschaftsbund (DGB) nicht zustimmen können.[135] Die Ablehnung eines Splittingverfahrens wurde mit den unterschiedlichen Auswirkungen auf die verschiedenen Einkommens- und Erwerbskonstellationen begründet:

„Entgegen der weit verbreiteten Ansicht ist der DGB der Auffassung, daß das Splittingverfahren nach amerikanischem Muster erhebliche Mängel aufweist, denn das Splitting führt zu krassen unsozialen Unterschieden in der Höhe der Steuerermäßigung der Ehefrau und erhöht die Belastungsunterschiede zwischen Ledigen und Verheirateten und bewirkt eine erhebliche Verschlechterung für Ehefrauen gegenüber der jetzigen Regelung."[136]

4.3.3.2 Bund der Steuerzahler

Der Bund der Steuerzahler war ebenfalls dagegen, die Zusammenveranlagung von Ehegatten beizubehalten oder vollumfänglich wiedereinzuführen. Der Verein, der im Jahr 1949 von dem im Jahr 1945 emeritierten Finanzwissenschaftler *Karl Bräuer* gegründet wurde und bis heute auf dem Gebiet der Steuerpolitik Lobbyarbeit betreibt, trat grundsätzlich für die getrennte Veranlagung von Ehegatten ein und vertrat diese Position bis zur Einführung des Ehegattensplittings im Jahr 1958.[137] Zur Begründung wurden steuersystematische Argumente genannt: Die getrennte Veranlagung ermögliche die gleichmäßige Besteuerung aller Steuersubjekte nach ihrer Leistungsfähigkeit.[138]
In den jahrelangen Reformdebatten zur Ehegattenbesteuerung galt der Bund der Steuerzahler als wichtiger und ernst zu nehmender Fachverband. In mehreren Gesprächen beriet der damalige Präsident *Karl Bräuer* das Bundesministerium der Finanzen und plädierte dabei stets für die getrennte Veranlagung von Ehegatten. Als Reaktion auf die kontroverse Denkschrift des Bundesministeriums der Finanzen veröffentlichte der Verein 1956 eine län-

---

134 BArch B 126/6297, Umschlag 2, Bl. 502–503, Schreiben des DGB vom 28.03.1955, Vorschläge zu Lohnsteuer und Ehegattenbesteuerung.
135 BArch B 126/6297, Umschlag 2, Bl. 595, Schreiben von *Lorenz Wolkersdorf* und *Günther Pehl*, Wirtschaftswissenschaftliches Institut der Gewerkschaften, an Ministerialdirektor *Mersmann* (BMF) vom 25.08.1955.
136 BArch B 126/6297, Umschlag 2, Bl. 503.
137 Der Bund der Steuerzahler spricht sich inzwischen mit verfassungsrechtlichen Argumenten für den Fortbestand des Ehegattensplittings aus, vgl. Kapitel 6.3.
138 BArch B 126/22804, Ordner 1, Bl. 6; Bund der Steuerzahler 195; Bund der Steuerzahler 1958.

gere Abhandlung, die ein fachlich fundiertes Gegenmodell vorstellen sollte. Sie wurde unter anderem den Mitgliedern des Bundestages zur Verfügung gestellt.[139]

4.3.3.3 Frauenverbände

Wie bereits in der Einleitung erwähnt, lässt sich ein nennenswerter und dem Austausch mit Gewerkschaften und dem Bund der Steuerzahler vergleichbarer Dialog des Bundesministeriums der Finanzen oder des Finanzausschusses des Bundestages mit Frauenverbänden aus den ausgewerteten Quellen nicht entnehmen. Das bedeutet aber keineswegs, dass von deren Seite keine Kritik an der Ehegattenbesteuerung formuliert und öffentlich vertreten wurde. *Von Oertzen* zitiert Berichte aus der Zeitschrift *Gleichheit. Das Blatt der arbeitenden Frau*, wonach der Protest gegen die Abschaffung der getrennten Veranlagung des Einkommens der Ehefrau in einem dem Ehemann fremden Betrieb im Jahr 1951 alle Frauenverbände vereinte und die katholischen Frauenverbände sogar „persönlich in Bonn aufkreuzten" (1999: 190, Fn. 252).[140]

Vor der Entscheidung des Bundesverfassungsgerichts im Jahr 1957 wandte sich die *Vereinigung weiblicher Juristen und Volkswirte e.V.*[141] mit einer Stellungnahme an das Bundesministerium der Finanzen. Die Federführung der Vereinsarbeit zum Thema Steuern übernahm *Liselotte Funcke*, die später Vizepräsidentin und Vorsitzende des Finanzausschusses des Deutschen Bundestages werden sollte. Auf ihrer Mitgliederversammlung 1954 lehnten die ‚weiblichen Juristen und Volkswirte' eine Haushaltsbesteuerung grundsätzlich ab (vgl. zur Tätigkeit des Vereins in den 1950er-Jahren Deutscher Juristinnenbund e.V. 2003) und im April 1956 kritisierten sie die Denkschrift des Bundesfinanzministeriums in einer scharfsinnigen zehnseitigen Stellungnahme.[142] Die Pläne der Denkschrift, so der Verein, richteten sich in erster Linie gegen die Erwerbstätigkeit von Frauen der Mittelschicht, die über eine längere Berufsausbildung und höhere Einkommen verfügten.

„Solange die Arbeit der Frau vergleichsweise gering bezahlt wird, stehen ihr seine [des Bundesfinanzministers; M.W.] familienpolitischen Bedenken nicht entgegen. [...] Die

---

139 BArch B 126/22804, Ordner 1, Bl. 6; Bund der Steuerzahler 1956.
140 Zu dieser Aktion der Frauenverbände fanden sich keine Informationen in den gesichteten Dokumenten des Bundesarchivs.
141 Der Verein wurde 1948 in Dortmund gegründet und verstand sich als Nachfolger des 1914 in Berlin von *Marie Munk*, *Margarete Berent* und *Margarete Mühsam-Edelheim* gegründeten *Deutschen Juristinnen-Vereins*, der sich 1933 aufgelöst hatte. Prominente Mitglieder in der Gründungsphase waren *Elisabeth Selbert*, *Erna Scheffler* und *Marie-Elisabeth Lüders*. Der heutige Vereinsname lautet *Deutscher Juristinnenbund e.V.* (djb).
142 BArch B 126/6297, Bl. 377–382, Anschreiben vom 13.04.1956 an den Bundesminister der Finanzen *Fritz Schäffer*, unterzeichnet von der Bundesvorsitzenden *Hildegard Gethmann*, Rechtsanwältin und Notarin; sowie Stellungnahme zur Denkschrift des Bundesministers der Finanzen zur Ehegattenbesteuerung.

Vermutung liegt nahe, daß die von der Denkschrift in den Vordergrund gerückten familienpolitischen Bedenken nicht maßgebend waren, sondern daß die Vorschläge des Bundesfinanzministers in Wahrheit darauf abzielen, den Wunsch der Mädchen nach einer fachlichen Ausbildung zu lähmen – weil man ja doch nur ein paar Jahre bis zur Verheiratung erwerbstätig sein wird – die Frauen möglichst aus den gehobenen Berufen zu verdrängen [...]."[143]

Die Stellungnahme wendet sich sowohl gegen den in der Denkschrift unterstellten Zusammenhang von Scheidungsraten und steigender Frauenerwerbstätigkeit als auch gegen das Argument, die gemeinsame Lebensführung habe eine höhere steuerliche Leistungsfähigkeit zur Folge:

„Die Kosten der Lebenserhaltung (der Aufwand) sind im gesamten übrigen Steuerrecht für die Bemessung der Steuer irrelevant. [...] Die Benützung des geringeren Aufwandes durch gemeinsame Lebensführung als Anknüpfungspunkt für eine erhöhte Besteuerung allein gegenüber der ehelichen Lebensgemeinschaft verletzt daher den Gleichheitssatz des Art. 3 Abs. 1 GG, besonders in Verbindung mit Art. 6 Abs. 1 GG [...]."[144]

Von der Ungleichbehandlung zwischen erwerbstätigen Verheirateten auf der einen und Ledigen, Verwitweten und Geschiedenen auf der anderen Seite sei die Frage zu unterscheiden, ob die Leistung der ‚mithelfenden' Ehefrau oder Hausfrau durch Freibeträge oder ‚veredeltes Splitting'[145] berücksichtigt werden könne.[146] Eine Benachteiligung von beiderseits erwerbstätigen Ehepaaren gegenüber Unverheirateten sei keine Förderung der nichterwerbstätigen Ehefrau.[147] Außerdem standen die Juristinnen der gesamtschuldnerischen Haftung von Ehegatten für Steuerschulden kritisch gegenüber. Ihrer Ansicht nach sollte jeder Einzelne nur für die eigene individuelle Steuerschuld haften, denn Ehefrauen sei kaum zuzumuten, ihr eigenes Einkommen und Vermögen zur Begleichung der Steuerschulden ihres Gatten einzusetzen.[148] In einer weiteren Stellungnahme vom 10. September 1956 sprach sich der Verband gegen eine Abschaffung des Wahlrechts zwischen getrennter und gemeinschaftlicher Veranlagung aus.[149] Aus Nebensätzen in beiden Stellungnahmen geht hervor, dass der Verband in diesem Stadium der Diskussion einer Zusammenveranlagung mit ‚veredeltem' Splittingtarif, dessen genaue Ausgestaltung aber nicht definiert wurde, positiv gegenüberstand.[150] Denn eine Splittingvariante

---

143 Ebd., Bl. 377.
144 Ebd., Bl. 380.
145 Im damaligen Sprachgebrauch waren mit ‚veredeltem Splitting' Modelle gemeint, die durch einen Divisor des Einkommens, einen Multiplikator der Steuer oder eine Kappung des Splittingeffekts dessen Auswirkungen nach oben zu begrenzen suchten, vgl. Kapitel 4.5.3.
146 Ebd., Bl. 381.
147 Ebd.
148 Ebd.
149 BArch B 126/6297, Bl. 436.
150 Im Anschreiben BArch B 126/6297, Bl. 377 findet sich der Satz „Wir würden uns freuen, wenn Sie sich doch noch dazu verstehen könnten, in unser Steuersystem ein veredeltes Splitting einzuführen." In der Stellungnahme vom 10.09.1956 heißt es: „Es wäre erheblich einfacher gewesen, wenn der Bundestag entweder grundsätzlich die getrennte Veranlagung

hätte zumindest die mit Eheschließung erfolgende höhere Steuerlast von Zweiverdienstpaaren verringert. In den Akten des Bundesministeriums der Finanzen findet sich auf beiden Stellungnahmen der handschriftliche Vermerk „Antwort wird offensichtlich nicht erwartet".

4.3.4 Zusammenfassung der vor 1957 diskutierten Regelungsalternativen der Ehegattenbesteuerung

Im Folgenden sollen die in den vorherigen Abschnitten dargestellten Kontroversen und von unterschiedlichen Verfechtern vorgetragenen Regelungsalternativen kurz zusammengefasst werden.

Bis zur Entscheidung des Bundesverfassungsgerichts im Jahr 1957 verlief die Konfliktlinie zwischen der Forderung des Bundesministeriums der Finanzen nach möglichst umfassender Zusammenveranlagung von Ehegatten auf der einen Seite und mehreren Alternativen auf der anderen Seite. Zu diesen Alternativen zählten verschiedene Möglichkeiten der Entlastung unterschiedlicher Erwerbskonstellationen (durch Freibeträge oder Splittingtarife) sowie die grundsätzlich getrennte Veranlagung von Ehepaaren.

Eine Zusammenveranlagung unter Anwendung eines Splittingtarifs wie in den USA war bereits in der Diskussion, wurde vom Bundesministerium der Finanzen jedoch abgelehnt. Auch die Gewerkschaften, der Bund der Steuerzahler und die mit dem Thema befassten Frauenverbände hielten das Ehegattensplitting aus verschiedenen Gründen nicht für die optimale Lösung. In dieser verfahrenen Situation veröffentlichte das Bundesverfassungsgericht am 17. Januar 1957 eine wichtige Entscheidung. Darin erklärte das Gericht den vorher vom federführenden Bundesfinanzministerium favorisierten Reformpfad der Zusammenveranlagung aller Einkommensarten von Ehegatten für verfassungswidrig.

4.4 Die Entscheidung des Bundesverfassungsgerichts zur Ehebesteuerung aus dem Jahr 1957

Die Entscheidung des Bundesverfassungsgerichtes vom 17. Januar 1957[151] zur Ehegattenbesteuerung in der Fassung des Einkommensteuergesetzes aus dem Jahr 1951 erhöhte den politischen Entscheidungsdruck enorm und lenkte

---

von Ehegatten oder ein Wahlrecht zwischen getrennter Veranlagung und dem in den USA eingeführten und bewährten Splitting-System akzeptiert hätte."; BArch B 126/6297, Bl. 436.
151 BVerfG vom 17.01.1957 – 1 BvL 4/54, BVerfGE 6, 55–84.

die politische Debatte in neues Fahrwasser. Denn der 1. Senat des Bundesverfassungsgerichtes erklärten die Regelung des § 26 EStG 1951 für unvereinbar mit Art. 3 Abs. 1, Art. 6 Abs. 1 und Art. 3 Abs. 2 des Grundgesetzes. Wie kam es zu der Entscheidung? Im April 1954 legte das Finanzgericht München dem Bundesverfassungsgericht die Frage der Zusammenveranlagung zur Entscheidung vor. Damals galt noch die getrennte Veranlagung nur für den Fall der Arbeitnehmerin, die in einem dem Ehemann fremden Betrieb arbeitete. Das Gericht argumentierte, § 26 EStG 1951 verstoße „wegen Beeinträchtigung der steuerlichen Gleichstellung von verheirateten Staatsbürgern mit nicht verheirateten Staatsbürgern" gegen Art. 3 Abs. 2 und Art. 6 Abs. 1 GG, aber auch gegen Art. 3 Abs. 1 GG.[152] Im Bundesfinanzministerium wurde die Argumentation des Finanzgerichts nicht ernst genommen:

„Der Beschluss des FG München bringt kein neues Moment in die Erörterung über die Zusammenveranlagung von Ehegatten. [...] Es ist seitens des Hauses (Abteilung VI und Abteilung IV) in umfangreichen Stellungnahmen dargelegt worden, dass die Vorschriften über die Zusammenveranlagung mit den Vorschriften des Grundgesetzes in Einklang stehen."[153]

Die Akte zur Vorbereitung der Stellungnahme des Bundesministeriums der Finanzen im Verfahren beim Bundesverfassungsgericht[154] ist bemerkenswert kurz. Aus ihr wird deutlich, dass von der Verfassungskonformität der Regelung ausgegangen wurde. Auffassungen, wonach die Regelung eine Benachteiligung der Ehe darstelle[155] oder gegen den Grundsatz der Gleichberechtigung verstoße[156], wurden in den internen Gutachten als abwegig verworfen. Zudem wurde in den internen Papieren und auch in der Stellungnahme zu dem Verfahren beim Bundesverfassungsgericht grundsätzlich die Frage aufgeworfen, ob eine Überprüfung der Regelungen durch das Bundesverfassungsgericht überhaupt zulässig sei, weil die angegriffenen Regelungen be-

---

152 FG München vom 21.12.1954 – FG II 293/53.
153 BArch B 126/6297, 1. Umschlag, Bl. 65, Abteilung IV am 14.05.1954 an Staatssekretär und Minister sowie BArch B 126/9381, 1. Umschlag, Akte zur Vorbereitung der Stellungnahme an das BVerfG.
154 BArch B 126/9381, 1. Umschlag.
155 BArch B 126/9381, 1. Umschlag, Bl. 19, Gutachten Abteilung IV: Art. 6 Abs. 1 sei lediglich ein Programmsatz und deshalb sei fraglich, ob sich eine Verfassungsbeschwerde darauf überhaupt stützen könne. Selbst wenn dies der Fall sei, bestehe „keine Verpflichtung des Gesetzgebers, die Ehe und damit die einzelnen verheirateten Personen besonders zu fördern oder zu begünstigen"; zwar dürfe der Gesetzgeber keine Maßnahmen treffen, die die Ehe an sich aushöhlen, eine „ehefeindliche" Tendenz der Regelungen sei aber nicht zu erkennen und bei Berichten von Scheidungen aus steuerlichen Gründen handle es sich wohl um vereinzelte Fälle, in denen „vermutlich noch andere Gründe für die Trennung maßgeblich waren".
156 BArch B 126/9381, 1. Umschlag, Bl. 14, Abteilung IV: „Gegen die Gleichberechtigung der Geschlechter verstößt § 26 jedenfalls nicht. Hinsichtlich der Zusammenrechnung der Einkünfte wird in dieser Vorschrift das Einkommen des Mannes nicht anders behandelt als das Einkommen der Frau."

reits vor 1945 bestanden und somit vorkonstitutionelles Recht darstellten. Selbst für den Fall, dass das Gericht die Regelung des § 26 EStG 1951 für verfassungswidrig erklären sollte, könne es diese nur aufheben, aber nicht die Individualbesteuerung auf andere Einkommensarten erweitern.[157] Diese Sichtweise erscheint aus heutiger Perspektive absurd, wenn man sich die Geschichte der Rechtsprechung des Bundesverfassungsgerichts und seine vielen politikprägenden Entscheidungen vor Augen führt, die der Gesetzgebung gerade im Bereich der Steuerpolitik zum Teil sehr genaue Vorgaben mit auf den Weg gaben. In der damals noch jungen Bundesrepublik war sie aber vielleicht nicht ganz so aus der Luft gegriffen. Andererseits war das Thema bereits im Jahr 1950 auf dem 38. Deutschen Juristentag diskutiert worden. Referentin war *Erna Scheffler*[158], die in ihrem Gutachten die damals praktizierte Form der Zusammenveranlagung für verfassungswidrig erklärte (Kapitel 4.4.1). *Scheffler* wurde später Richterin am Bundesverfassungsgericht und war Berichterstatterin in eben diesem Verfahren. Die enorme Sorglosigkeit, mit der im Bundesministerium der Finanzen die Entscheidung erwartet wurde, mutet deshalb auch für damalige Verhältnisse etwas naiv an.

Wie bereits erwähnt, spielte die Richterin am Bundesverfassungsgericht *Erna Scheffler* beim Zustandekommen der Entscheidung eine wichtige Rolle, denn sie war die Berichterstatterin des Verfahrens (Tipke 2000: 376), also inhaltlich zuständig für die Vorbereitung der Entscheidung. *Scheffler* hatte bereits in ihrem für den 38. Deutschen Juristentag im Jahr 1950 in Frankfurt am Main erstellten Gutachten über die Gleichstellung von Frauen und Männern die Zusammenveranlagung von Ehegatten und die damit verbundenen Nachteile durch die Progression wegen ihrer Verstöße gegen Art. 3 Abs. 1, Abs. 2 und Art. 6 GG als grundgesetzwidrig kritisiert (1951: B19-B21). Sie forderte damals den völligen Verzicht auf die generelle Zusammenveranlagung von Ehegatten und stellte auch das Splittingverfahren in den USA als mögliche Alternative in den Raum, die sie aber wegen der damit verbundenen Steuerausfälle für politisch kaum durchsetzbar hielt.

Scheffler war aktives Mitglied in der *Vereinigung weiblicher Juristen und Volkswirte e.V.* (vgl. Kapitel 4.3.3.3), deren Argumentationslinie in vielen Punkten mit ihrem auf dem Juristentag dargestellten Standpunkt und der

---

157 BArch B 126/6297, Umschlag 1, Bl. 104, Abteilung IV, 04.07.1954, Verfassungsmäßigkeit der Haushaltsbesteuerung von Ehegatten (intern).
158 *Erna Scheffler*, geboren am 21. September 1893 in Breslau, studierte Jura in Breslau, München und Berlin und schloss 1914 ihr Studium mit Promotion in Breslau ab. Nachdem Frauen im Jahr 1921 zu den juristischen Staatsexamina zugelassen wurden, legte sie 1922 und 1924 das 1. und 2. Juristische Staatsexamen ab und arbeitete als Rechtsanwältin und später als Amtsgerichtsrätin in Berlin. Ab 1933 wegen ihrer ‚nichtarischen' Herkunft mit Berufsverbot belegt, überlebte sie die Zeit des Nationalsozialismus in Berlin und kehrte nach 1945 in den Justizdienst zurück. Im Jahr 1951 wurde sie als einzige Frau an das Bundesverfassungsgericht berufen, wo sie bis 1963 Richterin war; vgl. zum Wirken *Erna Schefflers* van Rahden 2005; Waldhoff 2008.

späteren Entscheidung des Bundesverfassungsgerichts übereinstimmten.[159] Sie dürfte entscheidend dazu beigetragen haben, dass das Bundesverfassungsgericht ausdrücklich auch auf die Wirkungen der Besteuerung auf die Erwerbschancen von Frauen abstellte und die Ziele des Bundesfinanzministeriums so deutlich und ausdrücklich als gleichstellungswidrig kritisierte. Damit legte das Bundesverfassungsgericht auch eine der Grundlagen für das Konzept der mittelbaren Diskriminierung, das nicht nur direkt an die Kategorie Geschlecht anknüpfende Benachteiligungen in den Blick nimmt, sondern auch die Wirkungen vermeintlich geschlechtsneutral formulierter Regelungen (Wrase/Klose 2011: 97). Die Entscheidung ist bis heute die einzige Entscheidung des Bundesverfassungsgerichts zur mittelbaren Diskriminierung von Frauen im Bereich des Steuerrechts geblieben (vgl. im Einzelnen Spangenberg 2013).

4.4.1 Argumente des Bundesverfassungsgerichts

Das Bundesverfassungsgericht erklärte die Regelung des § 26 EStG 1951 für verfassungswidrig und damit nichtig.

Eine „an die Eheschließung anknüpfende steuerliche Mehrbelastung der Ehegatten", die sich aus der Progression und der Zusammenveranlagung ergebe, sei mit Art. 6 Abs. 1 GG unvereinbar.[160] Die Auffassung des Bundesfinanzministeriums, es handele sich nur um einen Programmsatz ohne konkrete Bedeutung für das Steuerrecht, lehnte das Gericht ab. Der in Art. 6 Abs. 1 GG verankerte Schutz von Ehe und Familie verbiete als „wertentscheidende Grundsatznorm [...] eine Beeinträchtigung von Ehe und Familie durch störende Eingriffe des Staates selbst".[161] Auch das Argument, die höhere Leistungsfähigkeit gemeinsam wirtschaftender Paare rechtfertige die Zusammenveranlagung, wurde verworfen.[162]

---

159 Eine Auswertung der Archive des heutigen *Deutschen Juristinnenbundes e.V.* könnte vermutlich Aufschluss über die Frage geben, inwieweit *Erna Scheffler* an der Ausarbeitung dieser Stellungnahmen beteiligt war. Sie konnte im Rahmen dieser Untersuchung leider nicht geleistet werden.
160 BVerfG vom 17.01.1957 – 1 BvL 4/54, juris-Rz. 46, BVerfGE 6, 55–84 (77).
161 Ebd., juris-Rz. 76 bzw. S. 71, 76.
162 Ebd., juris-Rz. 80 bzw. S. 77: „Die Zusammenveranlagung kann nicht damit gerechtfertigt werden, daß sie nicht an die Ehe, sondern an die (angeblich) durch gemeinsame Haushaltsführung erzielten Einsparungen und eine dadurch erhöhte ‚Leistungsfähigkeit' anknüpfe, so daß es sich bei der erhöhten Besteuerung der Ehegatten lediglich um eine ungewollte Nebenfolge handle. Die Möglichkeit von Einsparungen in der Lebenshaltung wird aber im gesamten übrigen Einkommensteuerrecht als Faktor der Leistungsfähigkeit nicht berücksichtigt; dieser Gesichtspunkt ist also systemfremd. Vor allem aber trifft es nicht zu, daß die erhöhte Besteuerung der Ehegatten nur eine ungewollte Nebenfolge sei; denn die Zusammenveranlagung ist nicht nur rechtsgrundsätzlich an die Ehe gebunden, sondern die dadurch eintretende Wirkung erhöhter Besteuerung ist geradezu der Hauptzweck dieser Bestimmung."

Wie auch *Deters* und *Krämer* in ihrem Aufsatz zur Pfadabhängigkeit steuerpolitischer Entscheidungen des Bundesverfassungsgerichts darlegen, war diese Auffassung des Bundesverfassungsgerichts im Steuerrecht der damaligen Zeit keineswegs Mehrheitsmeinung (2011: 16). Vielmehr sei die Entscheidung von vielen als ein Bruch mit dem Prinzip der Besteuerung nach der Leistungsfähigkeit gesehen worden. Denn einer damals gängigen Interpretation zufolge galten mehrere Menschen aufgrund gemeinsamer Haushaltsführung als leistungsfähiger als Alleinstehende (ebd.). Diese Darstellung von *Deters* und *Krämer* lässt aber die geschlechterpolitische Komponente der Auseinandersetzung außer Acht, die darin besteht, dass die Leistungsfähigkeit von Zweiverdiensthaushalten als höher angesehen wurde als die von Einverdiensthaushalten.

Eine deutliche Absage erteilte das Bundesverfassungsgericht dem Ziel, mithilfe der Zusammenveranlagung die Berufstätigkeit von Ehefrauen zu beschränken. Die Entscheidung bezieht sich an mehreren Stellen explizit auf die diesbezüglichen Argumente aus der Denkschrift des Bundesfinanzministeriums:

„Dem Ziel ‚die Ehefrau ins Haus zurückzuführen', dem sogenannten Edukationseffekt, soll die Zusammenveranlagung dadurch dienen, daß die damit verknüpfte erhöhte steuerliche Belastung die Ehefrau von der Berufstätigkeit zurückhält (vgl. z.B. Denkschrift des Bundesministers der Finanzen, S. 14.) [...] Zur Gleichberechtigung der Frau gehört aber, daß sie die Möglichkeit hat, mit gleichen rechtlichen Chancen marktwirtschaftliches Einkommen zu erzielen wie jeder männliche Staatsbürger. Die erwerbswirtschaftliche Tätigkeit der Frau von vornherein als ehezerstörend zu werten, widerspricht nicht nur dem Grundsatz, sondern auch dem Wortlaut des Art. 3 Abs. 2 GG. Die Zweckrichtung des Gesetzes, die Ehefrau von marktwirtschaftlicher Tätigkeit zurückzuhalten, ist ungeeignet, die Zusammenveranlagung zu rechtfertigen."[163]

4.4.2 Vom Bundesverfassungsgericht aufgezeigte Regelungsalternativen

In der Entscheidung des Bundesverfassungsgerichts finden sich Verweise auf mögliche Alternativen zur kritisierten Variante der Ehegattenbesteuerung. Dabei wurde an zwei Stellen auch das Splitting als eine von mehreren Optionen explizit erwähnt. Diese Darstellung des Splittings als verfassungsgemäße Regelungsalternative ist für den weiteren Politikprozess in den 1950er-Jahren und die Debatte über das Ehegattensplitting in der Bundesrepublik insgesamt von Bedeutung, und auch heute wird in der verfassungsrechtlichen und politischen Diskussion immer noch darauf Bezug genommen.

Zur Frage, inwieweit Art. 6 Abs. 1 GG der Gesetzgebung Gestaltungsgrenzen auferlegt, führte das Gericht aus: „Einmal steht Art. 6 Abs. 1 GG

---

163 Ebd., juris-Rz. 86–88 bzw. S. 80ff.

nicht einer Begünstigung, sondern nur einer Benachteiligung von Verheirateten entgegen: Die Einführung begünstigender steuerrechtlicher Vorschriften (z.b. des ‚splitting') wäre daher unter diesem Gesichtspunkt verfassungsrechtlich unbedenklich."[164] Dem Argument des Bundesfinanzministeriums, die getrennte Veranlagung werde zu einer Benachteiligung von Einverdienstehepaaren gegenüber beiderseits erwerbstätigen Ehegatten führen, entgegnete das Gericht:

„Will man aus dem Gesichtspunkt der Sozialstaatlichkeit und des Schutzes von Ehe und Familie der besonderen Lage des Ehemannes und Familienvaters, der für mehrere Personen aufzukommen hat, Rechnung tragen, so gibt es dazu verschiedene, in der Öffentlichkeit bereits erörterte Wege (Erhöhung der Freibeträge, Einführung des ‚splitting'). Die Zusammenveranlagung ist dazu nicht geeignet, da sie nur einen Teil der Ehepaare höher belastet, ohne den anderen zu nützen."[165]

Was genau unter ‚Splitting' zu verstehen ist, wird in der Entscheidung nicht weiter konkretisiert. Auch legt sich das Gericht nicht auf die Zusammenveranlagung mit Splittingverfahren als einzige mögliche Besteuerungsform für Ehegatten fest. Inwieweit das Bundesverfassungsgericht mit der Erwähnung der Splittingvariante diese der Gesetzgebung tatsächlich „nahelegte", wie *Lang* meint (1988: 623), mag eine Frage der Lesart sein. Zwar wurde den Ausführungen des Bundesverfassungsgerichts im Diskussionsprozess über ein neues Steuerrecht eine hohe Bedeutung zugemessen, die Entscheidung für das Ehegattensplitting kann aber nicht auf seine Erwähnung durch das Bundesverfassungsgericht zurückgeführt werden. Allerdings sollte nach dieser Entscheidung die grundsätzlich höhere Besteuerung von Ehegatten im Vergleich zu Ledigen in Zukunft nicht mehr möglich sein.

4.4.3 Reaktionen auf die Entscheidung des Bundesverfassungsgerichts

Die Entscheidung stieß in der Öffentlichkeit auf ein breites Echo. In der Pressesammlung des Bundesministeriums der Finanzen finden sich allein 161 Artikel über die Entscheidung und ihre Folgen.[166]

Trotz der verfassungsrechtlichen Debatte in den Jahren davor und der Stellungnahme des Hauses im Verfahren vor dem Bundesverfassungsgericht kam die Entscheidung für das Bundesfinanzministerium als federführend zuständiger Behörde überraschend. Bereits aus den Akten zur Vorbereitung der Stellungnahme der Bundesregierung zu dem Verfahren vor dem Bundesverfassungsgericht[167] geht hervor, dass die Erfolgsaussichten der Vorlage als ge-

---

164 Ebd., juris-Rz. 77 bzw. S. 76f.
165 Ebd., juris-Rz. 85 bzw. S. 80.
166 BArch B 126/22804, Ordner 4.
167 BArch B 126/9381, Umschlag 1.

ring eingeschätzt wurden. Entsprechend unvorbereitet reagierte das Ministerium auf den Urteilsspruch. Es finden sich mehrere Hinweise, dass zur Lösung des Problems sogar eine Grundgesetzänderung erwogen wurde.[168] Der Wissenschaftliche Beirat beim Bundesfinanzministerium forderte in einer Entschließung vom 2. März 1957 die „befristete Aufrechterhaltung der Zusammenveranlagung von Ehegatten, die allerdings nur im Wege einer Verfassungsänderung erreicht werden könnte".[169] Eine vorübergehende Änderung des Grundgesetzes kam für die Parteien allerdings nicht infrage[170] und den Akten des Bundesfinanzministeriums lässt sich auch keine konkrete Überlegung entnehmen, wie eine solche Grundgesetzänderung hätte aussehen sollen. Das Ministerium stand nun vor der Wahl zwischen zwei Lösungen, die es beide zuvor abgelehnt hatte: getrennte Veranlagung der Ehepartner oder Zusammenveranlagung mit Splittingtarif.

4.5 Einführung des Ehegattensplittings im Jahr 1958

Nach der Entscheidung des Bundesverfassungsgerichts sah sich die Bundesregierung vor die Herausforderung gestellt, für das aktuelle Steuerjahr schnell eine Übergangsregelung zu finden, aber auch eine grundsätzliche Entscheidung darüber zu treffen, wie die Zukunft der Ehegattenbesteuerung unter Berücksichtigung der Vorgaben aus der Rechtsprechung des Bundesverfassungsgerichts aussehen sollte.

Die Position des Bundesfinanzministeriums verschob sich nach der Entscheidung des Bundesverfassungsgerichts rasch in Richtung der Beibehaltung der Zusammenveranlagung mit Einführung eines Splittingtarifs. Nachdem diese grundsätzliche Entscheidung gefallen war, ging es dann im weiteren Abstimmungsprozess mit den Finanzministern der Länder,[171] anderen Bundesministerien und ausgewählten Verbänden vor allem um Fragen

---

168 BArch B 126/22804, Ordner 1, Bl. 63, Schreiben der Abt. IV BMF an Minister vom 20.03.1957, die vom Wissenschaftlichen Beirat vorgeschlagene vorübergehende Verfassungsänderung werde voraussichtlich am Widerstand von SPD und vermutlich auch der FDP scheitern. Grundlage der Übergangsregelung müsse deshalb die getrennte Veranlagung von Ehegatten sein.
169 PA-DBT, Materialien zum Gesetz zur Änderung steuerrechtlicher Vorschriften vom 26.07.1957, Band A 2, Bl. 7 (Anlage 1).
170 Dies stellte der Ausschussvorsitzende MdB *Lindrath* (CDU) in der zweiten Sitzung des Unterausschusses „Ehegattenbesteuerung" am 15.03.1957 einleitend fest; vgl. ebd., Bl. 7.
171 BArch B 136/628, Bl. 222–228, Protokoll der Besprechung mit den Steuerreferenten der Finanzministerien (Finanzsenatoren) der Länder vom 23.06.1957; Bl. 229–243, Protokoll der Besprechung mit den Steuerreferenten der Finanzministerien (Finanzsenatoren) der Länder vom 06.–07.09.1957.

der Ausgestaltung des neuen Tarifs und um den Splittingfaktor, also letztlich um die Finanzierbarkeit der Reform.

Auch andere politische Akteure veränderten ihre Position. So hielten zum Beispiel die Gewerkschaften ihre grundsätzliche Kritik am Splitting nicht aufrecht und forderten nun anstatt der getrennten Besteuerung ein sogenanntes ‚veredeltes Splitting'. Der Bund der Steuerzahler blieb bei seiner Haltung, wonach die getrennte Veranlagung steuersystematisch am sinnvollsten sei.[172] Durch das Ehegattensplitting würden Hausfrauen im Vergleich zu anderen Ehefrauen zu sehr begünstigt.[173] Da das Bundesverfassungsgericht eine für alle Einkommensarten gültige Regelung eingefordert hatte, erhielt vor allem das Argument der Missbrauchsgefahr durch Verschiebung von Einkommensquellen zwischen Partnern neue Nahrung und wurde gegen die Option der getrennten Veranlagung ins Feld geführt. Frauenverbände forderten weiterhin eine getrennte Veranlagung von Verheirateten (vgl. Kapitel 4.5.6).

Das wichtigste Argument gegen die Einführung des Ehegattensplittings waren in dieser Phase des Politikprozesses die Verteilungswirkungen der Regelung. Denn vom Ehegattensplitting profitier(t)en mittlere und höhere Einkommen weitaus mehr als geringe Einkommen. Auf dieses Problem machten die Gewerkschaften und verschiedene andere Akteure aufmerksam. Darüber hinaus war der Vergleich zwischen der Steuerlast Lediger und Verheirateter ein Thema. Die Frage, wie sich das neue Recht auf die Erwerbstätigkeit von Ehefrauen auswirken würde, rückte demgegenüber in den Hintergrund. Anreizwirkungen, wie sie heute in der Kritik am Ehegattensplitting formuliert werden (vgl. Kapitel 2.3.3), waren damals kein Thema.

4.5.1 Übergangsregelung

Nachdem die Regelungen des § 26 EStG 1951 (und demzufolge auch § 43 EStDV 1951) vom Bundesverfassungsgericht für nichtig erklärt worden waren, wurde für die Zeit von 1949 bis 1957 eine Übergangsregelung[174] beschlossen. Danach konnten die Steuerpflichtigen zwischen drei Alternativen der Veranlagung wählen: erstens die vollständig getrennte Veranlagung der Ehegatten, bei der beide auch lohnsteuertechnisch als Ledige behandelt werden (Lohnsteuerklasse I), zweitens die vollständige Zusammenveranlagung der Ehegatten bei Gewährung eines Freibetrages von 600 DM im Jahr für die Ehefrau und drittens die eingeschränkte Zusammenveranlagung nach dem Recht, das in den einzelnen Kalenderjahren jeweils Gültigkeit hatte. Für die

---

172 Eine detaillierte Stellungnahme vom April 1958 stellt die Besteuerung der Ehegatten in den Kontext notwendiger Reformen der gesamten Einkommensteuer; Bund der Steuerzahler 1958.
173 BArch B 126/22805, Bl. 94, Vermerk zur Besprechung mit Prof. Dr. Bräuer, Bund der Steuerzahler, 17.07.1958 zur Ehegattenbesteuerung.
174 Gesetz zur Änderung steuerrechtlicher Vorschriften vom 26.07.1957, BGBl I, S. 848.

Jahre 1949 bis 1954 wurden Einkünfte der Ehefrau aus unselbstständiger Tätigkeit, für die Jahre 1955 bis 1957 alle Einkünfte aus unselbstständiger und selbstständiger Arbeit sowie Ehefraueneinkünfte aus Gewerbebetrieb bis maximal 12.000 DM auf Antrag aus der Zusammenveranlagung herausgenommen.

Prognosen des Bundesministeriums der Finanzen vom Mai 1957[175] zufolge wurde aufgrund dieser Übergangsregelung mit einem Steuerausfall von einer Milliarde DM gerechnet.

4.5.2 Entscheidung für die Einführung des Ehegattensplittings aus der Perspektive des Bundesfinanzministeriums

Im Bundesfinanzministerium war schnell klar, dass es auch in Zukunft bei der Zusammenveranlagung von Ehegatten bleiben sollte. Ausschlaggebende Gründe waren der Schutz der Alleinverdienerehe und die Möglichkeit, beiderseits erwerbstätige Ehegatten über die Ausgestaltung des Tarifs zumindest im Ergebnis höher zu besteuern als vorher.

In einem Vermerk vom April 1957[176] werden die Alternativen getrennte Besteuerung und Splitting dargestellt. Die Einführung des Splittings „nach amerikanischem Modell" (gemeint ist der Splittingfaktor 50:50) bei Beibehaltung des Steuersystems von 1957 werde zu Einnahmeausfällen von „*1.600 Mill. DM*" führen, „während die Verallgemeinerung der getrennten Besteuerung zu einem zusätzlichen Einnahmeausfall von 700 Mill. DM führen würde. Die Einführung des amerikanischen Splitting würde also eine Zusatzbelastung von rd. 900 Mill. DM mit sich bringen." Der durch die Einführung des Ehegattensplittings bedingte Einnahmeausfall könne durch eine Tariferhöhung zum Teil aufgefangen werden, die Ledige in vollem Umfang treffen würde und „für die Verheirateten den Vorteil, den sie bei der Anwendung des Splitting auf den unveränderten Tarif genießen würden"[177], mindern würde. Der Vermerk enthält einen Vorschlag, die Tarife für unterschiedliche Einkommensgruppen zwischen 7,5 und 11 Prozent zu erhöhen.[178] Zur grundsätz-

---

175 BArch B 126/22804, Ordner 2, Bl. 96, BMF an den Staatssekretär im Bundeskanzleramt, 13.05.1957.
176 BArch B 126/22805, Ordner 1, Bl. 39, Ausarbeitung BMF Unterabteilung II C vom 09.04.1957.
177 Ebd., Bl. 40.
178 Ebd., Bl. 41–42: „Der Tarifaufbau bewirkt für Einkommen über 50.000 DM einen steileren Progressionsanstieg, als ihn der gegenwärtige Tarif aufweist. Der Tarif läuft mit einem Spitzensteuersatz von 57 vH aus. Ein Plafond ist nicht vorgesehen. Für die Ledigen ergibt sich eine Erhöhung der Steuerbelastung, die mit 7,5 vH beginnt und bei Einkommen von 200.000 DM mit rund 9% die größte Höhe erreicht. Bei Einkommen von 800.000 DM beträgt die zusätzliche Steuerbelastung nur 0,2 vH, da sich hier die Senkung des Spitzensteuersatzes von 63,45 auf 57,0 vH voll auswirkt. Die ganz hohen Einkommen, als Beispiel ist ein Einkommen von 1,6 Mill. DM angeführt, erfahren nicht nur bei den Ledigen, sondern

lichen Abwägung zwischen getrennter Besteuerung und Zusammenveranlagung mit Splittingtarif wird darauf verwiesen, dass es in der Bundesrepublik einen Trend in Richtung getrennter Veranlagung gebe und diese Entwicklung nun zu Ende gebracht werden könnte. Dadurch würden aber Arbeitnehmerehepaare gegenüber Selbstständigen benachteiligt, da letztere die Verteilung ihrer Einkommen untereinander vertraglich gestalten könnten. Diese Benachteiligung von Arbeitnehmern sei nur schwer durch einen Freibetrag auszugleichen, weil dieser dann sehr hoch sein müsste. Diese Quelle legte die Einschätzung nahe, dass sich das Bundesministerium der Finanzen deshalb für eine Beibehaltung der Zusammenveranlagung und die Einführung eines Splittingtarifs entschied, weil die sich im Vergleich mit der bisherigen Besteuerung daraus ergebenden Steuervorteile für unterschiedliche Gruppen von Ehegatten im Hinblick auf Einkommensarten, Einkommenshöhe und Arbeitsteilung des Paares variabel gestalten ließen.

Im Juli 1957 fanden eine Reihe von Treffen mit Vertretern von Gewerkschaften, Arbeitgeberverbänden und dem Bund der Steuerzahler statt, in denen es bereits um die Details der Ausgestaltung des Ehegattensplittings ging.[179] Aus einer Gesprächsnotiz zu einem Treffen am 17. Juli 1957 mit Vertretern des Bundes der Steuerzahler, der weiter die getrennte Veranlagung forderte, geht hervor, dass Vertreter des Bundesfinanzministeriums das schlechte Abschneiden der Einverdienstehen als wichtigstes Gegenargument zu dieser Forderung nannten.[180] Auch in einer detaillierten internen Einschätzung der Position des Bundes der Steuerzahler findet sich diese Argumentation des Ministeriums.[181]

---

auch bei den Verheirateten eine (der Relation nach allerdings geringe) Zusatzbelastung, weil der Plafondsatz von 55 vH durch den Spitzensatz von 57 vH abgelöst wird. Für Verheiratete ergeben sich durchweg fühlbare Entlastungen. Diese Entlastungen verlieren der Natur der Sache nach relativ an Bedeutung, in je größerem Ausmaß das gesplittete Einkommen dem höchsten Spitzensteuersatz angenähert ist bzw. ihn überschreitet. Soweit das gesplittete Einkommen oberhalb des Betrages liegt, bei dem bisher der Plafondsatz wirksam wurde, tritt, wie schon hervorgehoben wurde, eine Zusatzbelastung ein. Die generelle Erhöhung der Tarifsätze und der Fortfall des dritten Freibetrages für die erwerbstätige Ehefrau hat zur Folge, dass sich Ehepaare, die schon heute getrennt besteuert werden, bei Einführung des Splittingtarifes schlechter stehen, auch wenn dieser auf die optimale Verteilung der Einkommen im Verhältnis 50:50 auf Mann und Frau abgestellt wird. An Beispielsrechnungen ist das Ausmaß der eintretenden Benachteiligung veranschaulicht. Dabei ist auch dargelegt, welchen Einfluss der Wechsel in den Einkommensrelationen von Mann und Frau in diesem Zusammenhang ausübt. Wenn man unterstellt, dass eine Aufteilung des Einkommens zwischen Mann und Frau im Verhältnis 60 (Mann) : 40 (Frau) den Regelfall darstellt, so kann auch die Gewährung eines allgemeinen Arbeitnehmerfreibetrages von 300 DM je Steuerpflichtigen (also 600 DM für ein Ehepaar) die steuerliche Mehrbelastung im allgemeinen nicht überbrücken."

179 Ebd., Bl. 90–106.
180 BArch B 126/22805, Ordner 1, Bl. 94.
181 BArch B 126/22804, Ordner 3 Bl. 51–56, 19.02.1958, Referat IV: „Die Stellungnahme des Bundes der Steuerzahler erklärt sich aus dessen grundsätzlicher Gegnerschaft gegen das

4.5.3 Kritik an ‚unsozialen Wirkungen' des Splittings – Forderungen nach einem verändertem Splittingfaktor

Vor allem die Gewerkschaften, vertreten durch den DGB[182] und das Wirtschaftswissenschaftliche Institut, forderten eine „Abmilderung der unsozialen Wirkungen des Ehegattensplittings" (Pehl 1957: 8). Das Wirtschaftswissenschaftliche Institut der Gewerkschaften schlug ein ‚veredeltes Splitting' vor, das die Steuervorteile aus dem Splitting mit steigendem Einkommen begrenzen sollte. Zu den Forderungen gehörten außerdem ein Freibetrag für die berufstätige Ehefrau, höhere Kinderfreibeträge sowie Veränderungen des Steuertarifs und der Lohnsteuererhebung durch andere Lohnsteuerklassen.

Warum veränderten die Gewerkschaften ihre Position, obwohl sie das Splittingverfahren vor der Entscheidung des Bundesverfassungsgerichts abgelehnt und die getrennte Veranlagung gefordert hatten? An der Forderung nach getrennter Veranlagung hielten die Gewerkschaften nicht fest, weil sie befürchteten, dass dadurch Ehepaaren mit Einkünften aus Vermögen oder Selbstständigkeit rechtliche Gestaltungsmöglichkeiten zur Optimierung der Einkommensverteilung eröffnet würden, die Arbeitnehmerehepaaren nicht offenstünden (ebd.: 8). Außerdem habe das Splittingverfahren den Vorteil, dass Ehefrauen mit eigenen Erwerbseinkünften gegenüber Männern oder ledigen Frauen nicht mehr steuerlich benachteiligt seien, weil mit der Eheschließung keine höhere Steuerlast mehr verbunden sei (ebd.: 4).

Die getrennte Besteuerung, so die Argumentation, würde nicht nur Ehepaaren mit Einkommensquellen jenseits der abhängigen Erwerbsarbeit deutliche Vorteile gegenüber Arbeitnehmerehepaaren bescheren. Außerdem seien

---

Splitting. Der Bund der Steuerzahler wiederholt sein früheres Vorbringen, wonach er die getrennte Veranlagung für diejenige Art der Ehegattenbesteuerung hält, die den Verfassungsgrundsätzen am besten entsprechen würde und dem Splitting bei weitem vorzuziehen ist. Die Berechtigung dieser Auffassung muss bezweifelt werden. Die Auffassung geht von einem überspitzten Individualprinzip aus. Sie sieht auch die Ehegatten lediglich als zwei getrennte Steuersubjekte an, die dann verschieden behandelt werden müssen, je nachdem, ob beide Einkünfte haben oder nur einer von ihnen. Eine solche Betrachtungsweise wird aber unseren Vorstellungen von der steuerlichen Behandlung der Ehe nicht gerecht. Die Betrachtung muss von der Familie und der Besteuerung des der Familie zur Verfügung stehenden Einkommens ausgehen. In diesem Fall müssen aber gegen die getrennte Veranlagung Bedenken erhoben werden, die schon der Bundesfinanzhof in seinen bekannten Urteilen herausgestellt hat. Es zeigt sich dann nämlich eine deutliche Begünstigung der Ehepaare, in denen beide Ehegatten Einkünfte haben. Das hat sich schon bei den bisherigen Gesetzesänderungen gezeigt und man hat versucht, zugunsten der Ehepaare mit nur einem Einkommensbezieher eine Korrektur durch die Schaffung eines Freibetrags herbeizuführen. Das ist aber eine unvollkommene Behelfsmaßnahme. Die endgültige Regelung der Ehegattenbesteuerung muss eine möglichst weitgehende Gleichbehandlung aller Ehepaare bringen, ohne Rücksicht darauf, ob ein Ehegatte Einnahmen erzielt oder beide. Eine solche Wirkung tritt durch das Splitting weitgehend ein."
182 BArch B 126/22805, Bl. 80, Schreiben des DGB-Bundesvorstandes an den Bundesminister der Finanzen vom 31.10.1957.

am stärksten die Arbeitnehmerehepaare benachteiligt, bei denen nur ein Ehegatte das gemeinsame Einkommen erziele: *Günther Pehl* rechnet vor, dass auf Grundlage des Einkommensteuertarifs 1957 und eines gemeinsamen Einkommens von 15.000 DM die Steuerlast für Ehepaare mit aufteilungsfähigen Einnahmen im Jahr bei 2.376 DM, für Ehepaare mit Arbeitnehmereinkommen, das im Verhältnis 10.000 DM zu 5.000 DM erzielt wird, bei 2.450 DM und für Ehepaare mit nur einem Bezieher von Arbeitnehmereinkünften dagegen bei 2.789 DM liegen würde (ebd.).

Bedenken gegen die Auswirkungen der getrennten Veranlagung auf Einverdienerpaare äußerte auch der Bundesfinanzhof in einer damals viel beachteten Entscheidung vom 4. April 1957.[183] Darin führte er aus, dass es wohl mit Art. 6 Abs. 1 GG und Art. 3 GG unvereinbar sei, „Ehen mit eigenen Einkünften beider Ehegatten ohne besondere stichhaltige Gründe günstiger zu besteuern als Ehen, in denen der Ehemann die gesamten Einkünfte bezieht, die Ehefrau aber, weil sie im Haushalt tätig ist und die Kinder erzieht, sich im Wirtschaftsleben nicht betätigen kann."[184] Auch wies das Gericht auf die unterschiedlichen Möglichkeiten hin, Einkommen zwischen Ehegatten aufzuteilen, und wendete sich grundsätzlich gegen eine steuerliche Anerkennung von vertraglichen Gestaltungen der Einkommensverteilung zwischen Ehegatten.

Weil die getrennte Veranlagung aller Einkommensarten von Ehepaaren diesen für die Gewerkschaften grundlegenden Makel aufwies und weil die Gewerkschaften zu der Einschätzung gelangt waren, dass die Bundesregierung sich ohnehin bereits für eine Einführung des Splittings entschieden habe, ging es dann darum, auf eine möglichst sozial ausgewogene Gestaltung von Splittingverfahren und Steuertarif zu drängen. Nach dieser grundsätzlichen Befürwortung der Zusammenveranlagung mit Splittingtarif wurden Argumente gegen einen Splittingfaktor von 50:50 ins Feld geführt. Der Unterschied in der Besteuerung zwischen kinderlosen Verheirateten und Ledigen sei so eklatant, dass schon von einer Ledigen-Strafsteuer gesprochen werden könne (Pehl 1957: 4). Die Steuerermäßigung für Verheiratete durch den Splittingeffekt steige bei mittleren und höheren Einkommen außerdem enorm an. Dies stehe „im krassen Widerspruch zu den Prinzipien einer sozialen Besteuerung" (ebd.).

Die grundsätzliche Kritik am Splittingfaktor 50:50 wurde von den Gewerkschaften auch später aufrechterhalten:

„Die Übernahme des amerikanischen Splittingverfahrens ist eine sehr grobe Besteuerungsform, die zu nicht vertretbaren sozialen Härten führt. Diese sind insbesondere die starke Belastung der Ledigen gegenüber den Verheirateten und die Benachteiligung der Ehen mit niedrigen Einkommen gegenüber den Ehen mit hohen Einkommen."[185]

---

183 BFH vom 02.04.1957 – I 335/56 U.
184 Ebd., juris-Rz. 11.
185 BArch B 126/22805, Bl. 80, Schreiben des DGB-Bundesvorstandes an den Bundesminister der Finanzen vom 31.10.1957.

Denn das Splitting wirke sich „belastungsmäßig wie ein mit steigendem Einkommen wachsender Freibetrag für die Ehefrau aus".[186] Dies seien „schwerwiegende Mängel", die „den Grundprinzipien einer sozial-gerechten Besteuerung widersprechen".[187] Aus diesem Grund forderte der DGB, erstens die Wirkungen des 50:50-Splittings auf eine bestimmte Einkommenshöhe zu begrenzen, zweitens Ledigen mit Unterhaltsverpflichtungen die Vorteile des Splittings voll oder teilweise einzuräumen, drittens die Freibeträge so weit heraufzusetzen, dass untere Einkommensgruppen nicht mehr Steuern zahlen als vorher, sowie viertens auf die Einführung einer Proportionalzone zu verzichten.[188] In der Proportionalzone werden Einkommen mit einem gleichbleibenden Steuersatz besteuert, in der Progressionszone steigt der Steuersatz mit steigendem Einkommen.

Der wissenschaftliche Beirat beim Bundesministerium der Finanzen, dem auch Mitarbeiter des Wirtschaftswissenschaftlichen Instituts der Gewerkschaften angehörten, befürwortete ebenfalls die Einführung eines veredelten Splittings. Dagegen wurden im Februar 1958 verfassungsrechtliche Bedenken vorgebracht. Auf Bitten von Vertretern des Bundesfinanzministeriums[189] erstellte das Bundesministerium der Justiz eine Stellungnahme, die ein veredeltes Splitting (vgl. Tabelle 4) als Verstoß gegen die vom Bundesverfassungsgericht vorgegebenen Grundsätze der Ehebesteuerung darstellte.[190]

Tabelle 4: Wirkungsweise des veredelten Splittings im Vergleich zum Vollsplitting

Gemeinschafts-einkommen in DM	Steuer nach Reformtarif 1958 in DM bei				
	Vollsplitting 50:50	veredeltem Splitting und zwar bei einer Einkommensverteilung von			Unverheirateten
		60:40	70:30	80:20	
10.000	1.288	1.288	1.288	1.288	1.814
20.000	3.628	3.650	3.846	4.083	4.925
40.000	9.850	9.963	10.289	10.751	12.839
60.000	17.378	17.485	17.952	18.717	21.848
80.000	25.678	25.818	26.311	27.379	31.596
100.000	34.440	34.687	35.325	36.521	41.862
500.000	242.378	242.378	242.378	242.515	253.689
1.000.000	507.378	507.378	507.378	507.378	518.689

Quelle: BArch B 126/2023, Bl. 316, Berechnungen der Volkswirtschaftlichen Gruppe im BMF Vw – 1411-15/58, 11.03.1958

---

186 PA-DBT, Materialien zum Gesetz zur Änderung steuerlicher Vorschriften auf dem Gebiet der Steuern vom Einkommen und Ertrag und des Verfahrensrechts vom 18.07.1958, Band 4, Bl. 20, Schreiben des DGB-Bundesvorstands vom 13.03.1958 an die Mitglieder des Finanzausschusses des Deutschen Bundestages.
187 Ebd., Bl. 81.
188 Ebd.
189 BArch B 126/2023, Bl. 315.
190 BArch B 126/2023, Bl. 320, Schreiben vom 12.03.1958.

Die Entscheidung über die Ausgestaltung des Tarifs, ob eine Eingangsproportionalzone für die Mehrheit der Steuerpflichtigen geschaffen werden sollte oder nicht, bot nach der grundsätzlichen Entscheidung für die Zusammenveranlagung Stoff für Diskussionen, weil die Verteilungswirkungen des Ehegattensplittings ganz erheblich vom Tarifverlauf abhängen. Die konkrete Ausgestaltung des Tarifs ist Gegenstand des nächsten Abschnitts.

4.5.4 Neuer Steuertarif anlässlich der Einführung des Ehegattensplittings

Um die Zusammenveranlagung mit dem Splittingtarif überhaupt finanzieren zu können, wurde der Einkommensteuertarif erheblich verändert. In den Akten des Bundesministeriums der Finanzen finden sich ausführliche Berechnungen und Überlegungen zur Tarifgestaltung. Es handelte sich um ein sehr kontroverses Thema, insbesondere die Gewerkschaften und der Bund der Steuerzahler meldeten sich mit detaillierter Kritik zu Wort. Die Einführung des Splittings sollte höchstens 1,3 Milliarden DM kosten.[191] Dieses Ziel sollte einerseits durch den Wegfall von bisher geltenden Freibeträgen[192] und andererseits durch eine entsprechende Tarifgestaltung erreicht werden.

Dass sich die Wirkungen des Ehegattensplittings durch die Tarifgestaltung steuern ließen, war als Argument für die Beibehaltung der Zusammenveranlagung angeführt worden. Anhand der Archivmaterialien werden im Folgenden der gewählte Tarif, die wichtigsten Konfliktlinien in der Auseinandersetzung um die Tarifgestaltung und die erwarteten Wirkungen auf Verheiratete und Unverheiratete dargestellt.

Im Ergebnis entschied man sich für einen Tarif, der mit einer Proportionalzone von 20 Prozent begann, die bis zu einem zu versteuernden Einkommen in Höhe von 8.000 DM für Ledige und 16.000 DM für Verheiratete reichte. Danach begann die Progressionszone, die mit einem Spitzensteuersatz von 53 Prozent für Einkommen über 110.000 DM endete.[193] Außerdem wurden mehrere Freibeträge neu geschaffen bzw. erhöht: Die Kinderfreibeträge wurden auf 900 DM für das erste Kind, 1.680 DM für das zweite Kind und 1.800 DM für jedes weitere Kind festgelegt.[194] Ein Freibetrag in Höhe

---

191 BArch B 126/22805, Ordner 2, Bl. 51, Vermerk BMF Referat IV, Besprechung Steuerreferenten der Länder mit BMF und Bundesressorts vom 06./07.09.1957.
192 Gestrichen werden sollten: „ursprünglicher Freibetrag für die Hausfrau 250 DM" (385 Millionen DM), „zusätzlicher Freibetrag für die Hausfrau 350 DM" (450 Millionen DM) und „dritter Freibetrag für die getrennt besteuerte Ehefrau" (150 Millionen DM). Dadurch wurden nach Berechnungen des BMF bereits 985 Millionen DM Finanzmasse für die Gestaltung eines neuen Tarifs verfügbar (ebd.).
193 BR-Drs. 41/58, S. 38–39.
194 Zuvor lagen die Kinderfreibeträge bei 720, 1.440 bzw. 1.680 DM. Laut Gesetzesbegründung war die Erhöhung notwendig, um sicherzustellen, „daß bei Einkommen bis etwa 10.000 DM

von 840 DM wurde für Alleinstehende gewährt, wenn diese das 50. Lebensjahr vollendet hatten; für Alleinstehende mit Anspruch auf mindestens einen Kinderfreibetrag erhöhte sich die Summe auf 1.200 DM.

Für eine Mehrzahl der Ehegatten mit niedrigen bis mittleren Einkommen änderte sich durch die Neuregelung wenig, denn die volle Wirkung des Splittingeffekts trat nur bei hohen Einkommen ein (vgl. Tabelle 5), Zweiverdienerpaare waren gegenüber dem Tarif 1957 sogar schlechter gestellt[195] (vgl. Tabelle 7).

Im Gesetzentwurf der Bundesregierung findet sich die Angabe, dass das Einkommen von 5 Prozent aller nach der Neuregelung zu besteuernden Personen oberhalb der Proportionalzone lag.[196] Wie der Bund der Steuerzahler vorrechnete, reduziert sich diese Zahl auf 2,7 Prozent, wenn alle Steuerpflichtigen[197] einbezogen werden. Unter der Annahme, dass zwei Drittel aller Erwachsenen in dieser Gruppe verheiratet seien, kam der Bund zu dem Ergebnis, „dass das Splitting für 1,8 Prozent aller Steuerpflichtigen einen Vorteil bringt" (Bund der Steuerzahler 1958: 10). Die Gewerkschaften und der Bund der Steuerzahler waren gegen die Einführung der Proportionalzone. Die Gewerkschaften befürchteten, dass die „starke Aushöhlung des Progressionsprinzips" den Einstieg in die Abschaffung der Progression bedeute, was wiederum die „Masse der Arbeitnehmereinkommen" stärker als bisher belasten würde.[198]

Wie sich die Neuregelungen auf verheiratete und unverheiratete Paare auswirkte, hing von der Einkommenshöhe und der Verteilung der Einkommen zwischen den Partnern ab. In den folgenden Tabellen, die der Bund der Steuerzahler im April 1958 in einer Expertise zum Gesetzentwurf der Bundesregierung vorlegte, zeigen sich diese prognostizierten Wirkungen deutlich. Einverdienstehen mit einem durchschnittlichen oder mittleren Einkommen bis 10.000 DM würden aufgrund der Proportionalzone vom Splittingeffekt nicht beziehungsweise nur minimal (mit 18 DM bei einem Einkommen von 10.000 DM) profitieren (vgl. Tabelle 5).

Bei einer Einkommensverteilung von 60:40 betrug der Splittingeffekt bei einem hohen Einkommen von 40.000 DM 113 DM (vgl. Tabelle 7) im Verhältnis zu 2.274 DM bei einem Alleinverdienerehepaar (vgl. Tabelle 6).

---

die Steuerersparnis der Familien mit Kindern im Verhältnis zum Ehepaar ohne Kinder gegenüber dem bisherigen Stand auch absolut die gleiche bleibt"; BR-Drs. 41/58, S. 36.

195 Der Wegfall der drei Steuerfreibeträge (vgl. Fn. 192) führte nach Angaben der Bundesregierung dann zu Mehrbelastungen bei Paaren, wenn beide Ehegatten Einkommen aus nichtselbstständiger Arbeit hatten und bisher getrennt veranlagt worden waren; BR-Drs. 41/58, S. 42.
196 BT-Drs. III/260, S. 43.
197 Nach der Definition des Bundes der Steuerzahler zählen dazu auch Personen, die letztlich unbesteuert blieben oder steuerbefreit waren.
198 PA-DBT, Materialien zum Gesetz zur Änderung steuerlicher Vorschriften auf dem Gebiet der Steuern vom Einkommen und Ertrag und des Verfahrensrechts vom 18.07.1958, Schreiben des DGB-Bundesvorstands an die Mitglieder des Finanzausschusses des Bundestages vom 13.03.1958.

Tabelle 5: Belastung der Unverheirateten gegenüber Verheirateten, Tarif 1958

Zu versteuerndes Einkommen in DM	Zusatzbelastung der Unverheirateten gegenüber Verheirateten (ohne Kinder)
10.000	486
20.000	1.297
40.000	3.043
80.000	4.918
100.000	7.386
200.000	11.037
400.000	11.311
1.000.000	11.311

Quelle: Bundesregierung, BR-Drs. 41/58, S. 42

Tabelle 6: Steuerliche Wirkungen der Eheschließung bei einem kinderlosen Paar, Einverdienstehe, Tarif 1958

Zu versteuernder Einkommensbetrag	6.000	10.000	40.000	220.000
Steuer				
vor der Heirat	864	1.814	12.839	105.289
nach der Heirat	528	1.328	9.850	93.978
Ersparnis	336	486	2.989	11.311
davon sind				
Freibetragswirkungen	336	486	715	891
Splittingeffekt	–	18	2.274	10.420

Quelle: Bund der Steuerzahler (1958: 11)

Tabelle 7: Steuerliche Wirkungen der Eheschließung bei einem kinderlosen Paar, Einkommensverteilung Verhältnis 60:40, Tarif 1958

Einkommensbetrag des Paares	6.000	10.000	40.000	220.000
Steuer				
vor der Heirat	528	1.328	9.963	94.311
nach der Heirat	528	1.328	9.850	93.978
Ersparnis durch Splitting-Effekt	–	–	113	333

Quelle: Bund der Steuerzahler (1958: 11)

Tabelle 8 macht deutlich, welche Bedeutung die Einkommensaufteilung zwischen den Ehegatten für die Höhe des Splittingeffekts hatte. In einer Tabelle zur Lohnsteuerbelastung, in der die Bundesregierung den Einkommensteuertarif 1957 und den Reformtarif 1958 für Arbeitnehmerehepaare gegenüberstellte, zeigte sich das bemerkenswerte Ergebnis, dass verschiedene Einkommenskonstellationen von Zweiverdienstpaaren und insbesondere Paare, die eine Einkommensverteilung von 50:50 aufwiesen, sogar höher belastet wurden als im Jahr 1957 (vgl. Tabelle 9). Dies erklärt sich durch den Wegfall des dritten Freibetrags „für die mitarbeitende Ehefrau".[199]

Für Verwitwete mit Kindern sah der Gesetzentwurf der Bundesregierung eine Weitergewährung der Splittingbesteuerung und für Unverheiratete mit Kindern einen Sonderfreibetrag neben den damaligen Kinderfreibeträgen von 1.200 DM vor. Damit sollten auch Unverheiratete berücksichtigt werden, die vom Splitting nicht profitieren, aber erhöhte Aufwendungen für Wohnung und Haushalt haben.

Tabelle 8: Steuerliche Wirkungen der Eheschließung bei einem kinderlosen Paar mit einem gemeinsamen Einkommen von 40.000 DM, Tarif 1958

Verteilung der Einkünfte	50:50	60:40	70:30	100:00
Steuer				
vor der Heirat	9.850	9.963	10.289	12.839
nach der Heirat	9.850	9.850	9.850	9.850
Ersparnis	–	113	439	2.989
davon sind				
Freibetragswirkungen	–	–	–	715
Splittingeffekt	–	113	439	2.274

Quelle: Bund der Steuerzahler (1958: 12)

Tabelle 9: Mehr- (+) oder Minderbelastung (−) Reformtarif 1958 gegenüber 1957 für Ehepaare ohne Kinder mit beiderseitigen Einkünften aus nichtselbstständiger Arbeit

Höhe der gemeinsamen Einkünfte aus unselbstständiger Arbeit	bei Aufteilung der gemeinsamen Einkünfte im Verhältnis								
	50:50		60:40		70:30		80:20		90:10	
	DM	%	DM	%	DM	%	DM	%	DM	%
5.000	–	–	–	–	–	–	–	–	–	–
6.000	−47	−49,5	−38	−44,2	−86	−64,2	−175	−78,5	−274	−85,1
8.000	+102	+29,5	+104	+30,2	+65	+17,0	−55	−10,9	−216	−32,5
10.000	+183	+27,5	+181	+27,1	+131	+18,3	+14	+1,7	−210	−19,8
12.000	+218	+21,2	+211	+20,3	+149	+13,6	+21	+1,7	−247	−16,5
14.000	+214	+14,9	+203	+14,0	+130	+8,6	−18	−1,1	−316	−16,1
16.000	+179	+9,6	+164	+8,7	+79	+4,0	−91	−4,3	−423	−17,1
18.000	+118	+5,1	+98	+4,2	0	0	−200	−7,6	−548	−18,3
20.000	+140	+5,0	+117	+4,1	−3	−0,1	−220	−6,9	−590	−16,6
25.000	+232	+5,6	+189	+4,5	+38	+0,9	−241	−5,2	−701	−13,9
30.000	+304	+5,5	+263	+4,7	+70	+1,2	−281	−4,6	−847	−12,6

Quelle: BR-Drs. 41/58, S. 45

---

199 BR-Drs. 41/58, S. 45.

4.5.5 Gesetzesbegründung 1958 – ‚Wesen der Ehe' erfordert Zusammenveranlagung

Mit dem Gesetz zur Änderung steuerlicher Vorschriften auf dem Gebiet der Steuern vom Einkommen und Ertrag und des Verfahrensrechts vom 18. Juli 1958[200] wurde das Ehegattensplitting eingeführt. Die Bundesregierung legte einen Gesetzentwurf[201] vor, der die obligatorische Zusammenveranlagung von nicht dauernd getrennt lebenden Ehegatten vorsah – im Laufe des Gesetzgebungsverfahrens kam dann das Wahlrecht für die getrennte Veranlagung hinzu. In der Begründung des Gesetzentwurfes vertrat die Bundesregierung die Auffassung, wonach die Zusammenveranlagung die dem „Wesen der Ehe" am besten entsprechende Besteuerungsart sei:

„Die Bundesregierung und das Bundesfinanzministerium standen auf dem Standpunkt, daß die Zusammenveranlagung der Ehegatten, wie sie als Grundsatz im früheren § 26 EStG niedergelegt war, im Hinblick auf das Wesen der Ehe[202] als Gemeinschaft die beste Form der Besteuerung bilde. Sie waren der Ansicht, daß man die getrennte Besteuerung, wie sie für die Einkünfte der Ehefrau aus nichtselbständiger und selbständiger Arbeit (seit 1955 auch aus gewerblicher Tätigkeit) eingeführt war, auf ein Mindestmaß beschränken müsse."[203]

Die Neuregelung sei aufgrund der Entscheidung des Bundesverfassungsgerichts erforderlich, die „im Zusammenhang mit der Entwicklung der Auffassung von der rechtlichen Stellung der Frau im allgemeinen und von der Gestaltung des ehelichen Güterrechts im besonderen"[204] stehe.

Als verfassungskonforme Regelungsalternativen nennt der Gesetzentwurf die

„voll durchgeführte getrennte Besteuerung […], ebenso die Zusammenveranlagung bei einem proportionalen Tarif. Auch eine Zusammenveranlagung bei einem Progressionstarif unter Anwendung des amerikanischen Splittingverfahrens (Halbierung des Gesamteinkommens der Eheleute) entspricht den Forderungen des Bundesverfassungsgerichts."[205]

Aufgrund der Missbrauchsgefahr bei getrennter Veranlagung und weil eine Einführung eines durchgehenden Proportionaltarifes keine Lösung sei, spricht

---

200 BGBl I, S. 473.
201 BR-Drs. 41/58 und BT-Drs. III/260.
202 Dazu der Kommentar in der Stellungnahme des Bundes der Steuerzahler (1958: 17): „Vom ‚Wesen' des Splitting-Verfahrens kann man in der Begründung zum Gesetzentwurf mehr als einmal lesen. Bekanntlich gibt es unter den Fachphilosophen eine ganze Schule, die sich seit mehr als 50 Jahren um die methodologische Frage müht, wie man das Wesen einer Sache erkennen kann. Das Bundesfinanzministerium begnügt sich mit der Beschwörung des ‚Wesens', ohne zu sagen, was denn seiner Meinung nach das Wesen des Splittings ist, und zieht aus dem solcherart geheimgehaltenen Wesen kurzerhand einen Schluss, nämlich den, daß das Splitting ‚seinem Wesen nach nur für Ehegatten in Frage kommen kann'."
203 BR-Drs. 41/58, S. 35.
204 Ebd.
205 Ebd.

sich der Gesetzentwurf für die Zusammenveranlagung mit Splittingtarif aus. Beiderseits erwerbstätige Ehepaare hätten gegenüber der getrennten Veranlagung keine Nachteile:

„Haben sowohl der Mann als auch die Frau Einkünfte, so können sie sich über die Besteuerung nach dem Splitting nicht beklagen; denn auch in dem Falle, daß ihr Einkommen gleich hoch ist, tritt für sie bei der Zusammenveranlagung keine Verschlechterung ein. Bei Verschiedenheit der Einkommen von Mann und Frau ergibt sich aber stets ein Progressionsvorteil durch die Halbierung des gemeinsamen Einkommens. Die Fälle, in denen die Ehefrau keine oder keine nennenswerten Einkünfte hat, werden dem genannten Fall, daß beide verdienen, gleichgestellt. Hieraus ergibt sich eine besondere Anerkennung der Funktion der Ehefrau als Hausfrau und Mutter."[206]

Das Splittingverfahren unterstelle, „daß die Eheleute eine Gemeinschaft des Erwerbs und Verbrauchs bilden", und entspreche daher der neuen Ehegesetzgebung mit dem Gedanken der gesetzlichen Zugewinngemeinschaft.[207] Der Bundesminister der Finanzen *Franz Etzel* (CDU) betonte dieses Argument in verschiedenen Reden: „[...] so sind wir auf die Idee übergegangen, daß auch das, was der Mann formell allein verdient, praktisch in der ehelichen Gemeinschaft ja doch von beiden Ehegatten verdient wird. Und so wird im Splitting durch die Teilung durch zwei anerkannt, daß die Frauen die Hälfte dieses Einkommens mit verdienen. Ich glaube, daß mit dem Vorschlag des Splittings eine große Reverenz vor der Stellung der Frau in der Ehe, aber auch vor der Stellung der Frauen überhaupt gemacht werden konnte."[208] „Damit wird ein Weg begangen, der der Stellung der Frau im modernen Staat und in der heutigen Gesellschaft im besonderen Maß Genüge tut."[209]

Die Bundesregierung verwies in ihrem Gesetzentwurf jedoch auch auf die Auswirkungen des Splittings für hohe Einkommen:

„Allerdings sind die Auswirkungen des Splittings nicht nur günstig. Die Gründe, aus denen die Bundesregierung früher gegen eine Einführung des Splittings Bedenken hatte, waren beachtenswert. Die Aufteilung des gemeinsamen Einkommens der Ehegatten führt naturgemäß zu einem weit höheren Vorteil bei höheren als bei kleineren Einkommen. Der Gedanke liegt daher nahe, die Wirkung des Splitting etwa dadurch zu begrenzen, daß der Unterschied in der Besteuerung des Ehepaars und des Ledigen auf einen bestimmten Höchstbetrag fixiert wird. Die Bundesregierung hatte aber Bedenken, diesen Weg zu gehen, um nicht in zahlreichen Fällen gegen die Grundsätze des Bundesverfassungsgerichts zu verstoßen. Sie hat es vorgezogen, den neuen Einkommensteuertarif durch eine schnellere Progression so zu gestalten, daß sich die Vorteile gegenüber der jetzigen Besteuerung auch bei Ehepaaren mit höheren Einkommensstufen in Grenzen halten."[210]

---

206 Ebd., S. 36.
207 Ebd.
208 Bundesrat, 189. Sitzung, 28.02.1958, Wortprotokoll, S. 34 (zitiert nach http://www.bundesrat.de).
209 PA-DBT, Deutscher Bundestag, 1. Wahlperiode, 17. Sitzung, 13.03.1958, Wortprotokoll, S. 771.
210 BR-Drs. 41/58, S. 36.

4.5.6 Getrennte Besteuerung und Familienlastenausgleich statt Splitting – Positionen von Frauenverbänden im Jahr 1958

Mehrere Frauenverbände, die sich im Gesetzgebungsprozess zu Wort meldeten, kritisierten die Einführung des Ehegattensplittings und forderten stattdessen eine getrennte Besteuerung von Ehegatten. In den Akten des Bundesministeriums der Finanzen findet sich eine gemeinsame Stellungnahme des *Deutschen Frauenrings e.V.* und des *Deutschen Akademikerinnenbundes e.V.*[211] sowie ein Schreiben der *Vereinigung der Unternehmerinnen e.V.*[212]. In beiden Papieren wird das Ehegattensplitting aus sozialpolitischer, familienpolitischer und frauenpolitischer Sicht grundsätzlich kritisiert. Sie belegen, dass Kritik am Ehegattensplitting aus diesen Perspektiven nicht erst später einsetzte, sondern in sehr ausgefeilter und pointierter Form bereits zum Zeitpunkt der Einführung formuliert wurde. Bewusst oder unbewusst steht spätere Kritik am Ehegattensplitting insoweit in der Tradition bereits damals diskutierter Aspekte. Deshalb wird die Kritik der Frauenverbände am Gesetzentwurf der Bundesregierung im Folgenden detaillierter dargestellt.

In einer am 12. März 1958 an das Bundesfinanzministerium übersandten Stellungnahme[213] zum Gesetzentwurf der Bundesregierung lehnten der *Deutsche Frauenring e.V.*[214] und der *Deutsche Akademikerinnenbund e.V.*[215] die Einführung des Ehegattensplittings ab.

Die Verbände forderten die Einführung der Individualbesteuerung mit einem durchgängig progressiven Tarif. In ihrer sehr ausführlichen und auf hohem fachlichem Niveau verfassten Schrift bezogen die Verbände deutlich Stellung gegen die verteilungspolitischen und geschlechterpolitischen Auswirkungen der Neuregelung.

---

211 BArch B 126/6303, Bl. 238.
212 BArch B 126/6303, Bl. 168. Dieses Dokument findet sich auch im PA-DBT, Materialien zum Gesetz zur Änderung steuerlicher Vorschriften auf dem Gebiet der Steuern vom Einkommen und Ertrag und des Verfahrensrechts vom 18.07.1958, Band 4, Bl. 43.
213 BArch B 126/6303, Bl. 238ff., Schreiben an den Bundesminister der Finanzen, unterzeichnet von der Vorsitzenden des *Deutschen Frauenrings e.V. Emmy Engel-Hansen* und der Vorsitzenden des *Deutschen Akademikerinnenbundes e.V.* Dr. *Johanna Lürssen.*
214 Der *Deutsche Frauenring e.V.* war ein Zusammenschluss von Frauenverbänden, der sich 1949 in Bad Pyrmont gegründet hatte und Verbände aus allen drei westlichen Zonen und West-Berlin umfasste. Im Jahr 1951 wurde der Deutsche Frauenring in den *International Council of Women* und 1952 in die *International Alliance of Women* aufgenommen, die als internationale Dachorganisationen nationaler Frauenverbände beratenden Status beim Wirtschafts- und Sozialrat der Vereinten Nationen haben.
215 Der *Deutsche Akademikerinnenbund e.V.* wurde 1926 auf Anregung von *Marie Elisabeth Lüders* gegründet. Nach der Machtübernahme der NSDAP im Jahr 1933 legte die damalige Bundesvorsitzende *Agnes von Zahn-Harnack* ihr Amt nieder und die meisten Ortsverbände lösten sich auf. Im Jahr 1949 wurde der Verein wiederum auf Initiative von *Marie Elisabeth Lüders* neu gegründet.

Gegen das Argument, bei getrennter Veranlagung würden Ehepaare nur aus steuerlichen Gründen Verträge über eine lediglich vorgetäuschte Einkommensverteilung schließen, wandten die Verbände ein, nicht alle Verträge seien missbräuchlich, viele spiegelten lediglich die Realität des Anteils der Ehefrau, die „über die reine Hausarbeit hinaus entweder nach Art des Mitinhabers oder nach Art eines Angestellten zum Erwerb des steuerpflichtigen Einkommens beiträgt".[216] Außerdem könne missbräuchlichen Verträgen durch Formvorschriften, insbesondere die notarielle Beglaubigung, vorgebeugt werden. Entsprechende Entscheidungen der Gerichte hätten dazu geführt, dass die Mit-Inhaberschaft an Betrieben oder Arbeitsverhältnisse mit erwachsenen Kindern oder sonstigen Verwandten in Gewerbebetrieben oder in der Landwirtschaft steuerlich anerkannt werden mussten, und die Anzahl der Missbrauchsfälle in diesem Bereich sei gering.

Der wesentliche Kritikpunkt der beiden Frauenverbände an dem Reformvorhaben waren außerdem die großen Entlastungsunterschiede zwischen niedrigen und hohen Einkommensgruppen. Die Stellungnahme rechnet dies anhand einer Tabelle vor (vgl. Tabelle 10) und schlussfolgert:

„Hingegen ist es absurd, das Splitting einzuführen und es zugleich wegen seiner unerträglichen Konsequenzen für 95% der Steuerzahler auszuschalten, in dem man es mit einem – heutigem sozialen Rechtsempfinden – nicht mehr entsprechenden proportionalen Sockel kombiniert, jenen 95% also die auf die Förderung der Verheiratung tendierenden angeblichen Vorteile des Splitting vorenthält. Man fragt sich vergebens: warum dann überhaupt das Splitting? Dies umso mehr, als die außerordentlichen Nachteile des Splitting, die auch in den USA bereits zu scharfer Kritik geführt haben, allgemein bekannt sind: Nutznießer des Splitting sind nämlich lediglich die wohlhabenden Ehemänner der Frauen ohne eigenes Einkommen, und zwar besonders bei kinderloser Ehe. Im Vergleich zu dieser kleinen Gruppe sind die Steuerzahler mit kleineren Einkommen und vor allem die Ehepaare mit Kindern diskriminiert, so daß in Bonn schon das Schlagwort geprägt worden ist, der Regierungsentwurf sei zwar partiell ehefreundlich, aber dafür familienfeindlich. Die Diskriminierung liegt darin, dass die Manövriermasse zum großen Teil für sozialpolitisch und verfassungsrechtlich überflüssige Steuererleichterungen einer kleinen Gruppe von Nutznießern verbraucht wird, so daß für die notwendige Steuererleichterung der Familie mit Kindern nicht mehr genug übrig ist. Diese Belastungsverschiebungen widersprechen dem politischen und verfassungsrechtlichen Gebot der sozialen Gerechtigkeit."[217]

Die Antwort des Bundesfinanzministeriums auf die Stellungnahme war kurz: Bei der Bewertung des Ehegattensplittings gingen die beiden Frauenverbände „zu sehr vom Individualprinzip aus" und ließen „die tatsächlich und rechtlich bestehende Lebensgemeinschaft der Ehegatten außer Acht".[218]

---

216 BArch B 126/6303, Bl. 244.
217 BArch B 126/6303, Bl. 245–246.
218 BArch B 126/6303, Bl. 254, Antwortscheiben Referat IV B/3, 17.04.1958.

Tabelle 10: Steuervorteile durch Eheschließung im neuen Tarif 1958

Angenommenes Einkommen des allein steuerpflichtigen Mannes (nach Abzug Werbungskosten, Sonderausgaben) in DM	Steuerschuld als Lediger	Steuerschuld als kinderlos Verheirateter	Steuerersparnis allein durch die Tatsache der Verheiratung
8.000	1.264	928	336 durch Freibetrag für Ehefrau
18.000	4.261	3.056	1.205 durch Freibetrag und Splitting für Ehefrau
80.000	31.596	25.678	5.918 durch Freibetrag und Splitting für Ehefrau

Quelle: BArch B 126/6303, Bl. 246, Stellungnahme des Deutschen Akademikerinnenbundes und des Deutschen Frauenrings vom 13.03.1958

Das Schreiben der Frauenverbände ist nicht in den im Parlamentsarchiv des Deutschen Bundestages verfügbaren Materialien zum Gesetzgebungsentwurf enthalten. In den Akten des vorrangig zuständigen Finanzausschusses gibt es auch keinerlei Hinweis darauf, dass dieser sich mit der Stellungnahme beschäftigt hat. Im Bundesfinanzministerium findet sich das Dokument in einer Akte zum Thema ‚Eingaben aus der Bevölkerung', die mehrheitlich aus Briefen von Einzelpersonen besteht. Auch dies spiegelt die Geringschätzung des damals federführenden Ministeriums gegenüber den Frauenverbänden und ihren Argumenten (vgl. Kapitel 4.3.3.3). Stellungnahmen der Gewerkschaften und des Bundes der Steuerzahler wurden ausnahmslos zu den Fachakten genommen und in internen Einschätzungen und persönlichen Gesprächen auch als fachliche Standpunkte wahrgenommen und gewürdigt.

Der *Verband der Unternehmerinnen e.V.* kritisierte in seiner Stellungnahme die steuerliche Benachteiligung der ledigen Frauen, die als Unternehmerin für eine Familie sorgen, gegenüber den verheirateten männlichen Unternehmern. Auch dieser Verband plädiert für eine individuelle Besteuerung und nur „hilfsweise" für die Einführung eines „veredelten" Splittingverfahrens. Die größtenteils ledigen Unternehmerinnen sicherten mit ihrer Tätigkeit abhängige Familienmitglieder und Angestellte ab, dieser Familiengedanke sei „staatspolitisch nicht geringer einzuschätzen als der Familiengedanke, der dem Splitting zugrunde liegt."[219]

Auf Initiative des Frauenreferats des Bundesinnenministeriums, insbesondere seiner Leiterin Frau *Karsten*,[220] fand am 6. Mai 1958 eine ‚Frauenkonferenz' zum Thema Steuern statt, auf der ein Ministerialbeamter des

---
219 BArch B 126/6303, Bl. 168.
220 Vgl. Rundschreiben der Vereinigung weiblicher Juristen und Volkswirte e.V. Nr. 9/1951, abgedruckt in Deutscher Juristinnenbund e.V. 2003.

141

Bundesfinanzministeriums den Standpunkt seiner Behörde vorstellte. Das Protokoll der Konferenz enthält außerdem ein Referat der Oberregierungsrätin *Endres*, in dem sie die Kritik der genannten und weiterer Frauenverbände und -gruppen, die sich in den Akten des Bundesfinanzministeriums nicht finden,[221] zusammenfasst. *Endres* führt aus, dass die „Individualsteuer, die lediglich nach der Leistungsfähigkeit des Einzelnen differenziert", dem „modernen Rechtsverständnis" entspräche.[222] Auch eine Frau mit eigenem Erwerbseinkommen könne dann wie jeder Unverheiratete selbstständig versteuern, die Vorteile des Splittings fielen aber einseitig zugunsten des erwerbstätigen Ehemannes aus. Zwar werde von vielen Seiten die finanzielle Besserstellung der nicht berufstätigen Hausfrau begrüßt, es sei allerdings zu bezweifeln, ob das Splitting die sozial gerechte Lösung zur Erreichung dieses Ziels sei. Außerdem trügen beiderseits erwerbstätige Paare mit höheren Ausgaben für ihren Haushalt eine gleich hohe Steuerlast wie Paare, bei denen nur ein Ehegatte das gleiche Einkommen erziele. Gegen den Missbrauch beim Abschluss von Arbeits- oder anderen Verträgen zwischen Ehegatten gäbe es andere Wege als die steuerliche Zusammenveranlagung.

Laut Diskussionsprotokoll kritisierten Anwesende, dass die Reform eine Schlechterstellung beiderseits berufstätiger Ehepaare zur Folge habe. Der Vertreter des Bundesfinanzministeriums bestätigte dies mit Verweis auf den wegfallenden Freibetrag für die berufstätige Ehefrau. Es sei verfassungsrechtlich nicht vorgegeben, dass alle Ehepaare nach neuem Recht ebenso gut stehen würden wie nach altem Recht; lediglich eine gegenüber Ledigen höhere Besteuerung sei verboten.[223] Tagungsteilnehmerinnen wandten darüber hinaus ein, dass das Splitting wie ein Freibetrag für die Ehefrau wirke, der mit Einkommen des Mannes steige und dann am höchsten sei, wenn nur er das Einkommen verdiene. Wiederholt wurde eine stärkere Entlastung berufstätiger Frauen gefordert.

Die Bundestagsabgeordnete *Margot Kalinke* von der *Deutschen Partei* bat den Finanzminister unter Hinweis auf die Frauenkonferenz zu Steuerfragen schriftlich um eine Stellungnahme zu den Argumenten der Frauenverbände.[224] Diese Stellungnahme erfolgte nicht, das Schreiben von *Kalinke* wurde erst nach der Verabschiedung des Gesetzentwurfes beantwortet.[225]

---

221 Es handelte sich um den *Deutschen Frauenbund für alkoholfreie Kultur*, die *Arbeitsgemeinschaft der Wählerinnen*, die *Arbeitsgemeinschaft für Mädchen- und Frauenbildung* und den *Landesfrauenrat Schleswig-Holstein*.
222 BArch B 126/22805, Bl. 43.
223 Ebd., Bl. 46.
224 BArch B 126/6303, Bl. 263, Schreiben *Margot Kalinke* (MdB) an Finanzminister *Etzel* vom 09.04.1958.
225 BArch B 126/6303, Bl. 263, Schreiben vom 28.04.1958.

4.6 Zwischenfazit

Die Einführung des Ehegattensplittings 1958 war ein „historischer Kompromiss" (Niehuss 1997b: 194). Es war hochumstritten, wie Ehepaare mit verschiedenen Erwerbskonstellationen besteuert werden sollten, und keineswegs alle AkteurInnen des damaligen Politikprozesses teilten das ideologische Ziel, Ehefrauen mit den Mitteln des Steuerrechts in den Haushalt zurückzuführen.

Verfassungsrechtliche Vorgaben zur Besteuerung von Ehegatten und andere institutionelle Rahmenbedingungen spielten in der Debatte zunächst nur eine marginale Rolle. Dies änderte sich erst, als das Bundesverfassungsgericht in seiner Entscheidung im Jahr 1957 einen vorher vom Bundesminister der Finanzen und seinen Steuerexperten favorisierten und vergeblich forcierten Reformpfad für verfassungswidrig erklärte und damit unbegehbar machte. Ein Ehegattensplitting stand schon vor der Entscheidung im Jahr 1957 als Reformoption im Raum, wurde aber überwiegend kritisch gesehen. In seinem Beschluss erklärte das Bundesverfassungsgericht das Ehegattensplitting zwar nicht für verfassungsrechtlich geboten, nannte es aber als eine zulässige Möglichkeit für den Fall, dass der Gesetzgeber an der Zusammenveranlagung von Ehegatten festhalten wolle.

Durch die politische Entscheidung für eine Einführung des Ehegattensplittings blieb die Zusammenveranlagung von Ehegatten erhalten und auf den Schritt zur Individualbesteuerung als einzige Besteuerungsoption auch für Ehepaare wurde verzichtet. Das Ehegattensplitting kann also durchaus als ein Element der damaligen Familienpolitik zur Absicherung der Alleinverdiener- bzw. Hausfrauenehe gelesen werden, es wurde in den Gesetzgebungsmaterialien zur Einführung des Ehegattensplittings auch so begründet. Frauen konnten aber unter dem materiellen Schutz der Versorgerehe ein geringes zusätzliches Einkommen erzielen (Opielka 2002: 40).

Frauenverbände hatten im damaligen Politikprozess trotz der keineswegs homogenen politischen Debatte um die Ehegattenbesteuerung kaum Einfluss. Das federführende Bundesfinanzministerium bezog zwar Fachleute aus dem Gewerkschaftsbereich oder dem Bund der Steuerzahler ein, befand sich aber zu keinem Zeitpunkt in einem nennenswerten Dialog mit frauenpolitischen Verbänden. Briefe der *Vereinigung weiblicher Juristen und Volkswirte e.V.* blieben unbeantwortet, eine Konferenz mit frauenpolitischen Verbänden zum Thema Besteuerung ging auf eine Initiative des Bundesinnenministeriums zurück und eine Reaktion auf die sehr ausführliche Stellungnahme von zwei Frauenverbänden zum Gesetzentwurf aus dem Jahr 1958 erfolgte nach der Aktenlage im Bundesarchiv sogar erst nach Inkrafttreten des Gesetzes.

Es lässt sich aber festhalten, dass Kritik am Ehegattensplitting auch aus frauenpolitischer Sicht bereits in den 1950er-Jahren formuliert wurde und dabei sowohl die einseitige steuerliche Privilegierung der Alleinverdienerehe gegenüber anderen Erwerbskonstellationen und Unverheirateten als auch die Bevorzugung hoher Einkommen zum Thema machte. Über *Erna Scheffler,* die in dem Verfahren zur Ehegattenbesteuerung als Berichterstatterin fungierte, fanden diese Positionen Eingang in die Entscheidung des Bundesverfassungsgerichts zur Ehebesteuerung. Es ist vor allem ihr zu verdanken, dass die Entscheidung im Jahr 1957 das Recht von Frauen so deutlich anerkannte, „mit gleichen rechtlichen Chancen marktwirtschaftliches Einkommen zu erzielen wie jeder männliche Staatsbürger".[226]

Die Einführung des Ehegattensplittings im Jahr 1957 stellte einen Kompromiss zwischen ökonomischen Interessen und geschlechterpolitischen Vorstellungen dar. Bei genauerer Betrachtung der diskutierten Reform- und Steuertarifvarianten mutet es befremdlich an, dass die Bereitschaft bestand, einen hohen Preis für das Festhalten an der steuerlichen Zusammenveranlagung von Ehepaaren und die Privilegierung der Alleinverdienerehe zu bezahlen: Um das Ehegattensplitting zu finanzieren, musste der gesamte Steuertarif umgestellt werden. Dies ist umso erstaunlicher, als von den progressionsmindernden Wirkungen des Splittings nur eine sehr kleine Gruppe von Steuerpflichtigen profitierte. Die Entscheidung für das Ehegattensplitting ist demnach nicht mit ökonomischen Erwägungen zu erklären, denn die Einführung war teuer, kompliziert und mit erheblichem Aufwand verbunden. Die ideologischen Interessen an der Aufrechterhaltung der Zusammenveranlagung überwogen letztlich aber.

In der Debatte um die Einführung des Ehegattensplittings 1957 und 1958 wurde ein Aspekt kaum beachtet: Veränderungen des Steuertarifes und Veränderungen der Lohn- und Gehaltsstruktur würden auch künftig auf die Verteilungswirkungen des Ehegattensplittings beeinflussen. Während der Splittingeffekt für die Mehrzahl der Ehepaare zunächst überhaupt nicht spürbar war, sah dies in späteren Jahren anders aus.

Ein Pferdefuß des Ehegattensplittings, nämlich seine sehr unterschiedlichen Auswirkungen abhängig von der Höhe des Haushaltseinkommens, wurde damals kontrovers diskutiert und sollte auch die Kritik der nächsten Jahrzehnte bestimmen. Festzuhalten bleibt, dass das Ehegattensplitting eingeführt wurde, weil die steuerpolitischen Akteure (allen voran das Bundesfinanzministerium) die Zusammenveranlagung von Ehegatten grundsätzlich beibehalten und vor allem die Alleinverdienerehe gegenüber anderen Erwerbskonstellationen steuerlich unterstützen wollten.

Die Gesetzesbegründung für die Einführung des Ehegattensplittings, insbesondere das darin explizit enthaltene Ziel der „besonderen Anerkennung der Aufgabe der Ehefrau als Hausfrau und Mutter",[227] und die Entscheidung des Bundesverfassungsgerichts sind bis heute für den Streit um das Ehegattensplitting von großer Bedeutung, sie werden zitiert und argumentativ ver-

---

226 BVerfG vom 17.01.1957 – 1 BvL 4/54, juris-Rz. 88, BVerfGE 6, 55–84 (82).
227 BR-Drs. 41/58, S. 36.

wendet. Demgegenüber sind der Kontext der damaligen Auseinandersetzung und die Wirkungen des Splittings nach seiner Einführung weitgehend in Vergessenheit geraten. Die damaligen Positionen der Verbände müssen aber im Kontext dieser Debatten gesehen werden. Sonst bleibt unverständlich, warum beispielsweise der *Deutsche Juristinnenbund*, dessen Vorläuferorganisation vor der Entscheidung des Bundesverfassungsgerichts im Jahr 1957 einer (nicht näher konkretisierten) Splittinglösung nicht abgeneigt war, heute rückblickend die ablehnende Haltung des Verbandes gegenüber dem Ehegattensplitting bereits in den 1950er-Jahren betont.[228] Die Diskussion über die Ehegattenbesteuerung in den 1950er-Jahren war geprägt von der klaren Zäsur durch die Entscheidung des Bundesverfassungsgerichts im Jahr 1957, das eine Pfadoption abschnitt und damit die Debatte in völlig neue Bahnen lenkte.

Heutige Interpretationen, die auf Basis der Gesetzesbegründung von 1958 den Zweck der Einführung des Ehegattensplittings in einer „Förderung der Ehe gerade wegen ihrer gesamtgesellschaftlich bedeutsamen demographischen Funktion" entdecken (Löhr/Serwe 2011: 28), beruhen auf einer stark verkürzten und in ihrem Ergebnis sogar verfälschenden Analyse der damaligen politischen und gesellschaftlichen Situation. *Kerstin Löhr* und *Reinhard Serve*, die die Zusammenveranlagung mit Splittingtarif mit dem „demographischen Potenzial" von Ehen und damit unter anderem auch die Verfassungsmäßigkeit der Beschränkung auf Ehepaare gegenüber gleichgeschlechtlichen eingetragenen Lebenspartnern (vgl. Kapitel 2.5.5) begründen (ebd.: 34), können sich jedenfalls nicht auf Argumentationen oder Motivationen stützen, die im Politikprozess der Einführung des Ehegattensplittings in den 1950er-Jahren relevant waren. In den Archivalien wird die Sorge um die demografische Zukunft nicht erwähnt; sie war zu keinem Zeitpunkt entscheidungsrelevant. Mit Verweis auf ein Zitat aus der Gesetzesbegründung unterstellt diese Interpretation eine einheitliche Motivationslage und lässt den historisch gewachsenen Kompromisscharakter sowie die politische Umkämpftheit der Regelung in den 1950er-Jahren völlig außer Acht. Sie ist ein Beispiel dafür, wie heute mit dem Argument der Motivation des „historischen Gesetzgebers" (2011ebd.: 31) wiederum Politik gemacht wird bzw. heutige politische Entscheidungen begründet und gerechtfertigt werden. So argumentiert im Jahr 1998 beispielsweise auch *Volker Lietmeyer*, die Einführung des Ehegattensplittings sei „eine echte Reform für Familien und für die Steuervereinfachung" gewesen (1998: 852) – obwohl sowohl die Quellen aus den 1950er-

---

228 Nach Sichtung der vorhandenen Quellen interpretiere ich die Position des Vereins vor der Entscheidung des Bundesverfassungsgerichts so, dass die getrennte Veranlagung gefordert wurde, ein ‚veredeltes Splitting' aber als Minimalkonsens angesehen wurde. Ob sich diese Position nach der Entscheidung des Bundesverfassungsgerichts eventuell verändert hat, konnte mit den verfügbaren Archivalien nicht nachvollzogen werden. Hierzu wäre weitere Forschung wünschenswert.

Jahren als auch die spätere Forschung zur Familienpolitik der 1950er-Jahre (Kuller 2004: 175) das Gegenteil belegen.

Der Standpunkt, das Ehegattensplitting sei verfassungsrechtlich alternativlos oder – in der gewählten Form – geboten, wurde in den 1950er-Jahren nicht vertreten. Eine ganze Reihe von Steuerrechtlern reagierte vielmehr entsetzt auf die in der Entscheidung des Bundesverfassungsgerichts festgelegten Grundsätze und wollte an der Zusammenveranlagung mit Progression und ohne Splitting festhalten.[229] Zwar diente der Verweis auf die Verfassung häufig dazu, die Position des Bundesfinanzministeriums zu stützen und Alternativvorschläge zum Ehegattensplitting mit dem Argument der Verfassungswidrigkeit zu diskreditieren. Darüber hinaus war die Debatte über die konkrete Ausgestaltung des Splittings (zum Beispiel die Wahl des Divisors) aber weitgehend frei von verfassungsrechtlichen Erwägungen. Die Entscheidung, einen bestimmten Reformpfad einzuschlagen, wurde also von institutionellen Rahmenbedingungen wie Art. 6 Abs. 1 GG und seiner Interpretation durch das Bundesverfassungsgericht befördert, sie waren aber nicht allein ausschlaggebend. Institutionelle Verfestigungen, zum Beispiel durch verfassungsrechtliche Argumente, die den unveränderten Bestand des Ehegattensplittings für die Zukunft sichern sollten und heute als Beschränkung der Reformmöglichkeiten gelten, traten erst später ein. Sie sind Gegenstand des nächsten Kapitels.

---

229 *Tipke* (2000: 367 m.w.N.) hält dies aus der heutigen Sicht für nicht mehr nachvollziehbar. Wie *Lang* (1988: 631–634 m.w.N.) zeigt, gab es diese Auffassung bis in die 1980er-Jahre, sie ist aber heute kaum noch zu finden.

5 Institutionelle Verfestigungen des Ehegattensplittings von 1960 bis 1998

Während sich Ehe, Familie und Geschlechterverhältnisse in der Bundesrepublik in der Lebensrealität und im Recht seit den 1950er-Jahren tief greifend gewandelt haben (vgl. Kapitel 5.1), blieben die Regeln der Ehegattenbesteuerung weitgehend unverändert bestehen. Die Kritik am Ehegattensplitting, die Akteure wie Frauenverbände, Gewerkschaften und der Bund der Steuerzahler im Gesetzgebungsverfahren von 1958 und auch bereits im Vorfeld geäußert hatten, wurde weiterentwickelt und fand unter anderem Eingang in die Programme von SPD und Grünen (vgl. Kapitel 5.2).

Gleichzeitig fanden Prozesse der institutionellen Verfestigung statt, die Reformen des Ehegattensplittings potenziell zunehmend erschweren (vgl. Kapitel 5.4). Dieses Kapitel konzentriert sich in Abschnitt 5.4 auf zwei Aspekte dieser Mechanismen der Kontinuitätssicherung: zum einen auf Anreiz- und Verteilungswirkungen des Ehegattensplittings und zum anderen auf veränderte Verfassungsinterpretationen, die die Aufrechterhaltung des Status quo begünstigen.

Zunächst wird die Entwicklung der Kritik am Ehegattensplitting exemplarisch anhand einiger wichtiger historischer Beispiele nachgezeichnet. Obwohl die Fachöffentlichkeit in den 1970er-Jahren eine kontroverse Reformdebatte führte, wurde erst im September 1982 ein Gesetzentwurf zur Kappung des Ehegattensplittings[230] in den Bundestag eingebracht. Wegen des Scheiterns der sozialliberalen Koalition wurde dieser Entwurf allerdings nicht mehr im Parlament beraten, geschweigedenn umgesetzt (vgl. Kapitel 5.3). Danach findet sich das Thema erst wieder 1998 auf der Agenda einer Regierungskoalition (vgl. Kapitel 6).

---

230 BT-Drs. 9/1956 vom 07.09.1982, S. 39, sah die „Kürzung von Steuervorteilen" zur Verbesserung der Haushaltslage vor, unter anderem die „Begrenzung der Entlastungswirkung des Ehegattensplittings auf 10.000 DM".

5.1 Wandel von Ehe, Familie und Geschlechterverhältnissen in Recht und Gesellschaft

Die Bedeutung des Ehegattensplittings hat sich im Verlauf der Zeit schon allein deshalb geändert, weil Recht und Lebensrealität in der Bundesrepublik seit seiner Einführung enormen Veränderungen unterworfen waren. Weil sie den Kontext für die in diesem Kapitel zu analysierenden institutionellen Verfestigungen des Ehegattensplittings bilden, sollen die wichtigsten Veränderungen an dieser Stelle kurz angerissen werden.

Wesentlich ist zunächst der Wandel des Ehe- und Familiensystems, der sich unter anderem in der veränderten Bedeutung der Ehe, der Zunahme von alternativen Familienformen und Einpersonenhaushalten sowie sinkenden Geburtenraten zeigt.[231] Anfang der 1950er-Jahre war die Zahl der Ehescheidungen in der Bundesrepublik kurzzeitig hoch, insgesamt werden die 1950er- und 1960er-Jahre aber als „golden age of marriage" bezeichnet (Huinink/ Konietzka 2007: 66). In dieser Zeit war das Rechtsideal der bürgerlichen Ehe auch in der Lebensrealität angekommen, „Ideal und Realbild von Familie in allen sozialen Schichten [stimmten] mehr oder weniger überein", wie *Rosemarie Nave-Herz* und *Corinna Onnen-Isemann* formulierten (2007: 318).

Seit den 1960er-Jahren stieg die Scheidungsrate an (Nave-Herz 2006: 63). Die Familienrechtsreform in den 1970er-Jahren reagierte auf diese Veränderungen, indem sie Scheidungen ohne Schuldzuweisungen ermöglichte und unter anderem das nacheheliche Unterhaltsrecht neu regelte (vgl. zu den Hintergründen und Einzelheiten Berghahn 2007: 36–40; Lucke 1996: 53–109; Lucke/Berghahn 1983; Metz 2005: 72–94). In diesem Zusammenhang wurde auch das Realsplitting für Geschiedene eingeführt, um die Unterhaltsverpflichtungen nach der Ehe zu berücksichtigen und den Wegfall des Ehegattensplittings zu kompensieren (Lang 2010: 266).[232] Die Zahl der unverheiratet zusammenlebenden Paare und der Anteil von Einelternfamilien stiegen seit den 1960er-Jahren ebenfalls an (zur Entwicklung seit den 1990er-Jahren Krack-Roberg u.a. 2011; Nave-Herz 2006: 67). Im Jahr 2010 lag der Anteil Alleinerziehender an allen Familien bei etwa 20 Prozent, in Ostdeutschland war er noch höher (Bundesministerium für Familie 2012: 5). 17 Prozent aller Kinder wachsen aktuell in Alleinerziehendenhaushalten auf (ebd.: 7). Der

---

231 *Rosemarie Nave-Herz* (2006: 66–67) weist darauf hin, dass es für die Beurteilung historischer Veränderungsprozesse von Ehe und Familie entscheidend auf den Bezugsrahmen ankommt. Wählt man nicht die 1950er- und 1960er-Jahre des 20. Jahrhunderts, sondern eine frühere, möglicherweise vorindustrielle Ära als Ausgangspunkt, stellen sich die beschriebenen Entwicklungslinien anders dar, insbesondere was die Bedeutung der Ehe und des Anteils von Einelternfamilien angeht. Da das Ehegattensplitting aber in den 1950er-Jahren eingeführt wurde, beziehe ich mich auf diesen Zeitraum.
232 BT-Drs. 8/2100, S. 60.

Bedeutungswandel der Ehe lässt sich auch daran ablesen, dass im Jahr 2004 rund jede dritte Ehe geschieden wurde (Nave-Herz 2006: 168).

Der Wandel der Familienformen und der Geschlechterverhältnisse lässt sich ebenfalls in Recht und Realität beobachten. Die Unterordnung der Ehefrau unter die Entscheidungsgewalt des Ehemannes war zu Beginn der 1950er-Jahre noch geltendes Recht (vgl. Kapitel 4.1). Erst mit der Verabschiedung des Gleichberechtigungsgesetzes[233] im Jahr 1957, das sogar vom Bundesverfassungsgericht eingefordert werden musste (Rust 2001: 30), wurde dieses Leitbild abgelöst von geschlechtsneutralen Formulierungen und dem Gedanken der Gleichwertigkeit von Erwerbsarbeit und unbezahlter Sorgearbeit im Privathaushalt.

Die Erwerbsquote von Frauen stieg seit Ende der 1960er-Jahre in der Bundesrepublik kontinuierlich an, während die der Männer leicht zurückging (Allmendinger u.a. 2008: 20–22; F. Maier 2012: 48). Allerdings ging die Erhöhung der Zahl und des Anteils erwerbstätiger Frauen nicht mit einer signifikanten Ausweitung ihres Arbeitsvolumens einher; wie *Friederike Maier* für die Zeit seit den 1990er-Jahren zeigt, war die Zahl der von Frauen geleisteten Arbeitsstunden lediglich auf mehr Schultern verteilt (2012: 50). In Deutschland hat sich also das sogenannte ‚modernisierte Ernährermodell' (Ernährer plus Zuverdienerin) mehrheitlich etabliert (Wirth/Schutter 2011: 29).[234] Das Sachverständigengutachten für den 1. Gleichstellungsbericht der Bundesregierung kritisiert die individuellen Folgen dieses Modells: Gerade verheiratete Frauen können ihre Existenz nicht durch ihre Erwerbstätigkeit sichern; sie arbeiten in kurzer Teilzeit oder ausschließlich geringfügig in einem sogenannten Minijob.[235] Interessant ist der Einfluss des Familienstandes auf die Aufteilung von Erwerbstätigkeit und Sorgearbeit von Paaren mit Kindern. Nach Ergebnissen des Mikrozensus waren im Jahr 2009 bei 74 Prozent der Ehepaare mit Kindern unter 15 Jahren der Vater in Vollzeit und die Mutter in Teilzeit erwerbstätig. Von den unverheirateten Eltern lebten 52 Prozent dieses Modell (Krack-Roberg u.a. 2011: 37). Bei 21 Prozent der verheirateten Eltern hatten beide eine Vollzeitstelle, bei unverheirateten waren es 40 Prozent (ebd.).

Weil eine Vielzahl von rechtlichen Regelungen und anderer Faktoren die Erwerbsentscheidungen von Individuen prägen, ist schwer zu sagen, inwieweit die Wirkungen des Ehegattensplittings für diese Entwicklung ursächlich sind. Gerade die Anreizwirkungen, die sich aus dem Zusammenwirken der mit dem Ehegattensplitting verbundenen Steuervorteile, der Lohnsteuerklasse V, der Steuerfreiheit der ausschließlich geringfügigen Beschäftigung und

---

233 Gesetz über die Gleichberechtigung von Mann und Frau auf dem Gebiet des bürgerlichen Rechts vom 18.06.1957, BGBl I, S. 609.
234 Das bedeutet jdoch nicht, dass dieses Modell auch das von der Mehrheit gewünschte Arrangement ist vgl. dazuAsmus/Reinelt 2013.
235 BT-Drs. 17/6340, S. 111–113, 118.

der Mitversicherung von Ehefrauen in der gesetzlichen Krankenversicherung und Pflegeversicherung ergeben, sprechen aber für die Annahme, dass der aktuell sehr hohe Anteil verheirateter Frauen in ausschließlich geringfügiger Beschäftigung zumindest auch auf diese Rahmenbedingungen zurückgeht. Das bestätigen auch die Erkenntnisse der ökonomischen Studien zu den Anreizwirkungen des Ehegattensplittings auf die intrafamiliäre Verteilung bezahlter und unbezahlter Arbeit (vgl. Kapitel 2.3.3).

Der Wandel von Ehe und Familie sowie die veränderten Geschlechterrollen und Auffassungen von Gleichberechtigung haben aber offenkundig nicht zu einer Reform der Ehegattenbesteuerung geführt. Weil Ehe und Familie immer häufiger nicht notwendigerweise eine Einheit bilden, wurde noch deutlicher als in den 1950er-Jahren darauf hingewiesen, dass das Ehegattensplitting die Zielsetzung einer Familienförderung nicht (mehr) erreicht, weil zum einen bei Weitem nicht alle Familien und zum anderen auch kinderlose Ehen davon profitieren (Gerlach 2010: 267). Statt es infrage zu stellen, verfestigten aber verschiedene Mechanismen der Kontinuitätssicherung den Bestand des Ehegattensplittings (vgl. Kapitel 5.4).

5.2 Kritik am Ehegattensplitting seit den 1950er Jahren

Die Kritik am Ehegattensplitting, die bereits in den 1950er-Jahren von verschiedenen AkteurInnen geäußert worden war (vgl. Kapitel 4.5), entwickelte sich in den folgenden Jahrzehnten weiter. Sie erreichte auch die SPD, hier vor allem die Arbeitsgemeinschaft sozialdemokratischer Frauen, und die Grünen. Im Folgenden werden anhand ausgewählter historischer Beispiele verschiedene Aspekte der Kritik am Ehegattensplitting nachgezeichnet. Die steuerrechtliche und steuerpolitische Debatte wurde vor allem von Fachgremien und ExpertInnen geführt – die Beispiele stammen deshalb aus den Diskussionsforen in Rechtspolitik und Parlament.

Zunächst standen die Verteilungswirkungen des Ehegattensplittings und die Entlastungswirkungen für Einverdienerehen mit hohen Einkommen im Mittelpunkt. In den 1970er-Jahren kam ein vor allem von *Annemarie Mennel* herausgearbeiteter Aspekt hinzu: Ihr zufolge stellt das Ehegattensplitting ein Hemmnis für die Erwerbstätigkeit von Ehefrauen dar (vgl. Kapitel 5.2). Der vom Bundesverfassungsgericht in seiner Entscheidung aus dem Jahr 1957 abgelehnte Edukationseffekt, wonach das Steuerrecht darauf zielte, „die Ehefrau ins Haus zurückzuführen"[236], bestehe auch beim Ehegattensplitting weiter.

---

[236] BVerfG vom 17.01.1957 – 1 BvL 4/54, juris-Rz. 86–88, BVerfGE 6, 55–84 (79f.); vgl. auch Kapitel 4.4.1.

Kuller (2004: 200, 203) zeigt anhand von Quellen des Bundesfamilienministeriums auf, dass das Ehegattensplitting in dieser Zeit mehrfach als Finanzierungsquelle eines verbesserten Familienlastenausgleichs diskutiert wurde. Während in den 1960er- und 1970er-Jahren also in der Familienpolitik, aber auch in der Steuerpolitik und im Steuerrecht Reformforderungen formuliert wurden, waren es in den 1980er- und 1990er-Jahren vor allem die Grünen und (mit Einschränkungen) die SPD, die sich für Reformen aussprachen. In der wissenschaftlichen Fachdebatte wurden die Reformforderungen hingegen merklich leiser.

Bereits zwei Jahre nach dem Inkrafttreten des neuen Rechts äußerte sich die Bundesverfassungsrichterin *Erna Scheffler* öffentlich kritisch zum Ehegattensplitting. In einem im Jahr 1960 erschienenen Beitrag bezeichnete *Scheffler* das Ehegattensplitting als verfassungswidrig (1960: 313, 314). Dabei kritisierte sie die damaligen Verteilungswirkungen des Ehegattensplittings scharf:

„Daß die extreme Begünstigung des wohlhabenden Ehemannes der Nur-Hausfrau für sich betrachtet mit der Steuergerechtigkeit – Art. 3 I – unvereinbar ist, dürfte unbestreitbar sein. Zur Rechtfertigung kann nur auf Art. 6 I Bezug genommen werden. Eine Maßnahme, die nur etwa 2,7% der Steuerpflichtigen, und zwar nur aus der wohlhabendsten Schicht begünstigt, kann aber kaum ernstlich als Maßnahme des Eheschutzes qualifiziert werden. Ich halte deshalb das Splitting für verfassungswidrig" (Scheffler 1960: 314).

Das Bundesverfassungsgericht habe in seiner Entscheidung von 1957 das Splitting zwar als Option erwähnt, habe dabei aber nicht an „ein zugunsten weniger Wohlbegüterter manipuliertes Splitting gedacht" (ebd.: 315). Stattdessen sollten Ehepaare getrennt veranlagt werden und kinderlose Ehepaare mit zwei Einkommen wie Ledige besteuert werden. Dem Ehemann der „kinderlosen Nur-Hausfrau" sollte ein Freibetrag gewährt werden und die Freibeträge für Kinder erhöht werden.

Die rechtspolitischen Diskussionen auf Deutschen Juristentagen befassten sich seit den 1970er-Jahren mehrfach mit der Ehegattenbesteuerung. Diese Debatten sind deshalb interessant, weil sie den Stand der rechtspolitischen Diskussion abbilden. Anträge, der Juristentag solle einen Übergang zur Individualbesteuerung empfehlen, konnten sich in den 1970er-Jahren zeitweise durchsetzen, diese Beschlusslage wurde aber in den 1980er-Jahren zugunsten eines Fortbestandes des Ehegattensplittings wieder verworfen. Schließlich empfahl der 60. Juristentag im Jahr 1994 eine Erweiterung des Ehegattensplittings zu einem Familiensplitting.[237]

Annemarie Mennel, Mitglied des *Deutschen Juristinnenbundes* und Beamtin im Bundesministerium der Finanzen, verfasste für den 50. Deutschen Juristentag im Jahr 1974 ein Gutachten zum Thema „Welche rechtlichen Maßnahmen sind vordringlich, um die tatsächliche Gleichstellung der Frauen

---

[237] NJW 1994, S. 3083.

mit den Männern im Arbeitsleben zu gewährleisten?" (Mennel 1974). In diesem Gutachten, das einen Meilenstein der Kritik am Ehegattensplitting darstellt, kam sie zu dem Schluss, dass das Einkommensteuerrecht erwerbstätige Frauen diskriminiert. Sie entwickelte die bis heute aktuelle feministische Argumentation, das Ehegattensplitting privilegiere die Hausfrauenehe und behindere die Erwerbstätigkeit von Ehefrauen. Weil der Splittingvorteil sinke, wenn die Ehefrau eigene Einkünfte habe, weise die Zusammenveranlagung mit Splittingtarif weiterhin einen „Edukationseffekt" für erwerbstätige Ehefrauen auf, der vom Bundesverfassungsgericht 1957 ausdrücklich gerügt worden sei (ebd.: D 175). Der Gesetzgeber werde „entgegen den ökonomischen, gesellschaftlichen, verfassungsrechtlichen und zivilrechtlichen Realitäten zum ‚Moralrichter'", das Ehegattensplitting subventioniere „die ‚Hausfrauenehe', die im Zivilrecht in Zukunft als gesetzliches [...] Leitbild nicht mehr besteht" (ebd.). In ihrem Gutachten kritisierte *Mennel* außerdem die im Vergleich zum Ehegattensplitting sehr viel ungünstigere Besteuerung alleinerziehenden Müttern und ihre Kindern (damals als ‚Halbfamilien' bezeichnet). Sie empfahl die ersatzlose Streichung des Ehegattensplittings und den Übergang zu einer obligatorischen Individualbesteuerung mit Freibeträgen unter anderem für Einverdienerehen und die Absetzbarkeit von Altersvorsorgebeiträgen für nicht erwerbstätige EhegattInnen (ebd.: D 194).

Der Antrag, den Übergang zur Individualbesteuerung zu empfehlen, wurde vom Deutschen Juristentag 1974 angenommen.[238] In späteren Entscheidungen sprach er sich stattdessen für eine Beibehaltung des Ehegattensplittings aus (Ständige Deputation des Deutschen Juristentages 1988); die Mehrheit des Juristentages folgte dabei der Position des Bundesverfassungsgerichts, das Ehegattensplitting sei „kein beliebiger Steuervorteil" (vgl. Kapitel 5.2.). Gerade die Arbeit und die Argumente von *Annemarie Mennel* galten in der steuerjuristischen Debatte der Folgejahre als Beispiel für die „Emotionalität" der Diskussion über das Ehegattensplitting (Lang 1988: 628; Tipke 2000: 370).[239] In jüngerer Zeit, stellt aber beispielsweise *Tipke* fest, habe die Kritik sachlich argumentiert und „wer ihre Position auf Ressentiments zurückführt, muss sich den Gegenvorwurf gefallen lassen, daß auch der ‚Vorstand einer Hausfrauenehe mit Kindern' nicht frei sei von Interessen" (2000: 370).

Die Enquete-Kommission „Frau und Gesellschaft" des Bundestages wurde als Reaktion auf die Proteste und Forderungen der zweiten Welle der

---

238 Ständige Deputation des Deutschen Juristentages 1974: L 242: „Im Einkommensteuergesetz sollte die Zusammenveranlagung von Ehegatten mit Splitting ersatzlos gestrichen werden. Es sollte eine obligatorische Individualbesteuerung (Einzelveranlagung) für alle Einkommensbezieher ohne Rücksicht auf den Familienstand eingeführt werden."
239 In seiner Habilitationsschrift kommentiert *Joachim Lang* (1988: 628), durch „die Betonung des Edukationsarguments [...] und des Moralarguments für alleinstehende erwerbstätige Mütter war die Diskussion emotional und rechtssystematisch schief angelegt, so dass die relevanten Argumente [...] nicht hinreichend ausdiskutiert wurden"; vgl. zur einflussreichen Argumentation *Langs* auch Kapitel 5.4.2.

Frauenbewegung eingesetzt und begann am 19. Juni 1974 mit ihrer Arbeit. Sie hatte den Auftrag, „Entscheidungen vorzubereiten, die zur Verwirklichung der vollen rechtlichen und sozialen Gleichberechtigung der Frau in der Gesellschaft führen sollen".[240] Der Abschlussbericht der Kommission wurde erst 1980 vorgelegt. Darin wurde die „Überprüfung der Auswirkungen des Einkommensteuerrechts" gefordert.[241] Das Ehegattensplitting, das einmal zur Vermeidung der Benachteiligung von Verheirateten eingeführt worden sei, sei „umgeschlagen in eine Begünstigung gegenüber Ledigen, getrennt Lebenden, Geschiedenen und Verwitweten".[242] Gründe dafür seien das „Hineinwachsen" neuer Einkommensschichten in die Einkommensteuerprogression, die verstärkte Berufstätigkeit von Ehefrauen und die wachsende Zahl Alleinerziehender. Das Splitting führe zu unterschiedlichen Ergebnissen, je nachdem, „ob beide Ehegatten berufstätig sind oder nur einer".[243] Die Kommission sei sich darin einig, dass das Einkommensteuerrecht nicht dazu führen dürfe, „im Ergebnis kinderlose Ehen gegenüber Familien mit gleichem Einkommen spürbar [zu] bevorzugen und Alleinerziehende ungerechtfertigt [zu] benachteiligen."[244] Die Kommission regte einen entsprechenden Prüfauftrag an, der aber nicht umgesetzt wurde (vgl. zum eher geringen Einfluss der Enquete-Kommission auf politische Entscheidungen insgesamt Altenhof 2002).

Die Grünen waren die erste im Bundestag vertretene Partei, die sich für eine Abschaffung des Ehegattensplittings einsetzte. Im Wahlaufruf für die Bundestagswahl 1983 findet sich der Satz: „Außerdem möchten wir die Privilegien für die oberen Einkommensgruppen im Steuer- und Sozialversicherungssystem (Ehegattensplitting, Abschreibungsgesellschaften) streichen."[245] Bis zur Bundestagswahl 1998 fand sich die Forderung nach der Abschaffung des Ehegattensplittings in jedem Wahlprogramm der Grünen.[246] Bereits die erste Bundestagsfraktion der Grünen in der 10. Legislaturperiode (1983–1987) erarbeitete einen Steuerreformvorschlag, der einen Wegfall des Ehegattensplittings vorsah. Das DIW, das im Auftrag der grünen Bundestagsfraktion im Jahr 1986 Berechnungen zu dem Steuerreformvorschlag anstellte, prognostizierte bei einem Wegfall des Splittings im Tarif 1986 27 Milliarden DM Mehreinnahmen.[247]

---

240 BT-Drs. 7/367, S. 1.
241 BT-Drs. 8/4461, S. 28.
242 Edb.
243 Ebd.
244 Ebd., S. 29.
245 http://www.boell.de/downloads/stiftung/1983_Wahlaufruf.pdf, S. 11 (Zugriff: 14.12.2012).
246 1987: http://www.boell.de/downloads/stiftung/1987_Wahlprogramm%281%29.pdf, S. 17, 1990: http://www.boell.de/downloads/stiftung/1990_Wahlprogramm.pdf, S. 33; 1994: http://www.boell.de/downloads/stiftung/1994_Wahlprogramm.pdf, S. 20; 1998: http://www.boell.de/downloads/stiftung/1998_Wahlprogramm.pdf, S. 91 (Zugriff: jeweils 18.07.2012).
247 Archiv Grünes Gedächtnis, B.II.1. 2.1.1.2. (Abgeordnetenbüro Axel Vogel), 4184.

Innerhalb der SPD waren es vor allem einzelne SteuerpolitikerInnen wie *Ingrid Matthäus-Meier*[248] sowie die Arbeitsgemeinschaft Sozialdemokratischer Frauen (ASF), die die Kritik am Ehegattensplitting vorantrieben.

Anders als die Grünen verlangte die SPD nicht die Abschaffung des Ehegattensplittings, sondern die Kappung der maximalen Splittingvorteile für hohe Einkommen. Eine solche Forderung war von der sozialliberalen Regierung 1982 kurz vor dem Scheitern der Koalition in den Bundestag eingebracht worden (vgl. Kapitel 5.3) und wurde in ähnlicher Form von der Partei übernommen. So beschloss der Nürnberger Parteitag im Jahr 1986: „Es muß in verfassungsrechtlich einwandfreier Form sichergestellt werden, daß der maximale Splittingvorteil nicht noch weiter anwächst, sondern eingeschränkt wird. Die hierdurch freiwerdenden Finanzmittel sind gezielt für eine weitere Verbesserung der Familienförderung zu verwenden."[249]

Danach wurden in der SPD-Bundestagsfraktion verschiedene konkrete Modelle diskutiert: die Kappung des Splittingvorteils auf maximal 6.000 DM, die Herabsetzung des Splitting-Divisors auf 1,5 und der Übergang zu einer Individualbesteuerung unter Berücksichtigung von Unterhaltsleistungen bis 18.000 DM.[250] Es lässt sich nicht rekonstruieren, ob diese Diskussion in einen Beschluss der Arbeitsgruppe Steuern oder der Bundestagsfraktion mündete. Die internen Vermerke sprachen sich dafür aus, den Splittingvorteil, der sich gegenüber einer getrennten Veranlagung ergibt, auf maximal 6.000 DM zu beschränken. Während die anderen Reformvarianten bereits Ehepaare „mit relativ niedrigen Einkommen" beträfen, wirke sich die favorisierte Kappungsvariante lediglich auf Hoch- und Höchstverdiener aus. Für „die ganz überwiegende Mehrzahl der Familien" habe die Begrenzung des Splittings keine nachteiligen Folgen, deshalb sei dieser steuerrechtlich überzeugenderen Lösungen der „sozialpolitische Vorzug" zu geben.[251] Im Unterschied dazu forderte die ASF bereits seit 1977 die Abschaffung des Ehegattensplittings im Rahmen einer „frauenfreundlichen Steuerpolitik" (Künnecke 1998: 77–78). Im Jahr 1997 veranstaltete die ASF eine steuerpolitische Fachkonferenz, die sich unter anderem für den Übergang zur Individualbesteuerung und die Abschaffung der Lohnsteuerklassenkombination III/V sowie eine deutliche Kindergelderhöhung auf 300 DM aussprach (ebd.: 77). *Ira Künnecke* kommt in ihrer Arbeit über den Einfluss der ASF auf die Programmatik der SPD zu dem Schluss, dass die ASF ihre Positionen in der SPD nicht durchsetzen konnte (ebd.). Der Steuerreformkommission im Jahr 1997, die das Steuer-

---

248 *Ingrid Matthäus-Meier* hatte sich bereits während ihrer Zeit als FDP-Bundestagsabgeordnete und Vorsitzende des Finanzausschusses kritisch mit dem Ehegattensplitting auseinandergesetzt und behielt ihre Position nach ihrem Übertritt in die SPD im Jahr 1983 bei.
249 Archiv der sozialen Demokratie, SPD-Bundestagsfraktion, AG Finanzen, 41.739.
250 Archiv der sozialen Demokratie, SPD-Bundestagsfraktion, AG Finanzen, 41.739, verschiedene Vermerke für *Ingrid Matthäus-Meier*, datiert August und September 1989.
251 Archiv der sozialen Demokratie, SPD-Bundestagsfraktion, AG Finanzen, 41.739, Vermerk für *Ingrid Matthäus-Meier* vom 18.10.1989, S. 2.

konzept für die Bundestagswahl vorbereitete, gehörte kein ASF-Mitglied an (wohl aber die beiden Steuerpolitikerin *Ingrid Matthäus-Meier* und die Familienpolitikerin *Anke Fuchs*). Die Durchsetzungsfähigkeit der ASF, schlussfolgert *Ira Künnecke*, findet ihre Grenzen, wenn die Inhalte „von der Mehrheit der Gesamtpartei politisch nicht gewollt sind. Wenn frauenpolitische Zielvorstellungen in Konkurrenz zu anderen sozialpolitischen Zielen treten, stehen erstere meist zurück" (ebd.: 78).

5.3 Kürzung von Steuervorteilen– Sozialliberaler Gesetzentwurf zur Kappung des Splittingvorteils im Jahr 1982

Ein Gesetzentwurf der sozialliberalen Koalition vom September 1982 zur Änderung des Einkommensteuerrechts enthielt eine Regelung zur Beschränkung des Splittingvorteils auf maximal 10.000 DM (von vorher 14.837 DM).[252] Ziel der Reform war die „Kürzung von Steuervorteilen"[253], die zu insgesamt 1,2 Milliarden Euro Steuermehreinnahmen führen und so die schwierige Haushaltslage verbessern sollte. Mit einem Einsparpotenzial von damals voraussichtlich 300 Millionen DM stellte die Kappung des Splittingvorteils im Gesamtpaket der vorgeschlagenen Kürzungen den drittgrößten Posten dar.

In § 32a des Entwurfs war eine Vergleichsrechnung zwischen der Steuerschuld bei Zusammenveranlagung und bei einer fiktiven getrennten Veranlagung der Ehepaare vorgesehen.[254] Sollte der Unterschiedsbetrag 10.000 Euro übersteigen, würde die Steuerschuld des Ehepaares entsprechend erhöht. Der Gesetzentwurf wurde am 9. September 1982 in das Parlament eingebracht, konnte aber nicht mehr beraten werden. Am 17. September 1982 traten die FDP-Minister der sozialliberalen Koalition zurück, am 1. Oktober 1982 wurde der Bundeskanzler *Helmut Schmidt* (SPD) durch ein konstruktives Misstrauensvotum von CDU, CSU und FDP abgewählt und *Helmut Kohl* (CDU) wurde Bundeskanzler. Das Thema Ehegattensplitting verschwand von der Agenda und wurde erst 1998 Gegenstand des Koalitionsvertrages von SPD und Grünen (vgl. Kapitel 6).

---

252 BT-Drs. 9/1956, S. 4.
253 Ebd., S. 1.
254 Ebd., S. 4. Im Rahmen der fiktiven getrennten Veranlagung sollte ein eingeschränkter Verlustausgleich möglich sein, Unterhaltsverpflichtungen zwischen den Ehegatten sollten aber nicht berücksichtigt werden.

5.4 Institutionelle Verfestigungen und gradueller Wandel

Das Ehegattensplitting blieb seit seiner Einführung im Jahr 1958 im Wesentlichen unverändert. Institutionelle Verfestigungen, die die Aufrechterhaltung des Status quo fördern und die Kontinuität dieser Regelung legitimieren, sind in den Wirkungen und in den verfassungsrechtlichen Begründungen des Ehegattensplittings zu suchen.

Gradueller Wandel und die Anpassung der Institution an gesellschaftliche Entwicklungen kann ebenfalls auf beiden Ebenen stattfinden – sowohl die Wirkungen des Ehegattensplittings als auch die Begründungen für seinen Bestand können sich im Zeitverlauf verändern. Im Folgenden werden beide Aspekte der institutionellen Verfestigungen des Ehegattensplittings dargestellt.

5.4.1 Verteilungs- und Anreizwirkungen des Ehegattensplittings

Die durch das Ehegattensplitting erzeugten Verteilungs- und Anreiz- (bzw. Koordinations-)wirkungen können seinen Bestand festigen (vgl. Kapitel 3.1.2.3.) und Reformen erschweren.

Diese Wirkungen haben sich seit der Einführung des Ehegattensplittings verändert: Auf der Verteilungsseite ist die Zahl der Ehen, die vom Progressionsvorteil des Ehegattensplittings profitieren, seither angestiegen. Steuerrechtsreformen[255] haben den erreichbaren Splittingvorteil beeinflusst. Wenn eine Reform der Regelung für größere Gruppen in der Bevölkerung Einschnitte bedeuten würde, kann sich dies als Reformhindernis erweisen. Die Anreizwirkungen des Ehegattensplittings können im Zeitverlauf außerdem dazu geführt haben, dass Ehepaare ihre Erwerbsarrangements auf die institutionellen Rahmenbedingungen einstellen. Auch dadurch wird der Bestand einer Institution gefestigt, etwa wenn politische Akteure davon ausgehen, dass die Betroffenen deshalb ein Interesse an der Aufrechterhaltung des Status quo haben.

Die Veränderungen der Wirkungen des Ehegattensplittings können im Rahmen dieser Arbeit nur in Ansätzen nachvollzogen werden, denn sie sind kaum erforscht. Es existieren keine Untersuchungen zu den Verteilungswirkungen des Ehegattensplittings auf der Basis der Einkommensteuerstatistik im Zeitverlauf. Das Bundesfinanzministerium stellt zwar Daten zur Steuerbelastung nach Grundtabelle und Splittingtabelle zur Verfügung, aus denen sich auch der Splittingeffekt ergibt, also der maximale Steuervorteil eines verheirateten Alleinverdieners gegenüber individueller Besteuerung. Die Information über die Höhe des maximalen Splittingvorteils seit 1958 ist allerdings für

---

255 Vier Tarifänderungen können die maximale Splittingwirkung erhöhen (Lietmeyer 1998: 850): Erhöhung des Grundfreibetrags, Senkung des Eingangssatzes, Senkung der Progressionssteuersätze und Erhöhung des Höchststeuersatzes.

sich genommen wenig aussagekräftig.[256] Denn Veränderungen bei der Kaufkraft, bei der Einkommenshöhe, beim Einkommensteuertarif und bei den Erwerbsmustern haben Auswirkungen auf die realen Verteilungswirkungen des Ehegattensplittings.

Grundlegendere Forschung in diesem Themenfeld wäre also wünschenswert. Auf der Basis von existierenden Veröffentlichungen (Lietmeyer 1982; 1998; Rendels 1983; Wagschal 2005) und Quellen des Bundesfinanzministeriums aus den 1950er-Jahren kann aber zumindest schlaglichtartig die Entwicklung der Wirkungen des Ehegattensplittings illustriert werden.

Die einzige Studie, die die Besteuerung von Ehepaaren im Zeitverlauf überhaupt in den Blick nimmt, ist *Wagschals* Untersuchung zu Steuersystemen und Steuerreformen im internationalen Vergleich (2005). Darin wird festgestellt, dass Deutschland im internationalen Vergleich eine Sonderrolle einnimmt, weil die Steuerbelastung Unverheirateter höher ist als in anderen Ländern, während der Alleinverdienerbonus für Verheiratete im internationalen Vergleich Spitzenwerte einnimmt (vgl. Kapitel 2.2). *Wagschal* hat die Grenz- und Durchschnittssteuerbelastung[257] von Alleinstehenden und Verheirateten unterschiedlicher Einkommensniveaus im Zeitablauf von 1958 bis 2005 untersucht (ebd.: 82–91). Er stützte sich dabei auf den Steuerrechner des Bundesfinanzministeriums und berücksichtigt die Kaufkraftentwicklung.[258] Dabei stellte er fest, dass die Durchschnittssteuerbelastung von Verheirateten jeweils preisbereinigter Einkommen von 20.000, 50.000 und 100.000 Euro in der Bundesrepublik über Jahrzehnte relativ konstant blieb. Erst mit Einführung des erhöhten Grundfreibetrages im Jahr 1996 sank diese rapide ab (ebd.: 88). Gleichzeitig stieg die Grenzsteuerbelastung für Verheiratete über diesen Zeitraum an. Die Grenzsteuerbelastung determiniert die Anreizwirkungen bezüglich des Arbeitsangebots – genauer bezüglich des Ausmaßes der gearbeiteten Stunden – von Ehefrauen. Aus diesem Ergebnis kann zumindest geschlossen werden, dass seit 1996 die Entlastungen durch

---

256 Laut *Lietmeyer* (ebd.: 860) hat sich die maximale Splittingwirkung seit 1958 wie folgt entwickelt: 1958: 11.281 DM; 1965: 11.281 DM; 1975: 12.676 DM; 1978: 12.742 DM; 1979: 13.644 DM; 1981: 14.837 DM; 1986: 16.433 DM; 1988: 19.561 DM; 1990: 22.842 DM; 1998: 22.843 DM.
257 Zu diesen Begriffen vgl. Fn. 25.
258 Das BMF bietet unter https://www.abgabenrechner.de/ekst/? (Zugriff: 28.10.2012) ein Programm, mit dessen Hilfe unter Eingabe des zu versteuernden Einkommens die Einkommensteuer berechnet werden kann. Außerdem können dort Informationen über die Berechnungsdetails der Einkommensteuer im jeweiligen Jahr und die Durchschnitts- und Grenzbelastung abgerufen werden. Deshalb lässt sich darüber für jedes beliebige Jahr rekonstruieren, welche Steuerlast für Einkommen verschiedener Höhe anfiel (DM-Beträge werden dabei in Euro umgerechnet). Für sich genommen sind die Berechnungsergebnisse aber nur von geringer Aussagekraft, weil sie keine Angaben zu der Frage enthalten, was die eingegebene Summe im Vergleich zu heute wert war. *Wagschal* hat deshalb unter Berücksichtigung der jeweiligen Inflationsrate vom heutigen Ist-Zustand ausgehend die Kaufkraft bis 1958 errechnet, vgl. Wagschal 2005: 87.

das Ehegattensplitting und die Anreize für eine arbeitsteilige Ehe nochmals angestiegen sind.

Was dabei jedoch offen bleibt, ist die Frage, in welchem Ausmaß die Veränderungen in der Einkommensstruktur und in den Erwerbskonstellationen auf die Wirkungen des Ehegattensplittings ‚durchgeschlagen' haben. Dies sollen Beispiele auf der Basis der verfügbaren Informationen illustrieren.

Bei Einführung des Ehegattensplittings betrug der damit verbundene Steuervorteil für die weit überwiegende Mehrzahl der Ehepaare ca. 500 DM. So wurden im Jahr 1958 nach Angaben der damaligen Bundesregierung 95 Prozent aller Steuerpflichtigen in der unteren Proportionalzone besteuert und der Progressionseffekt des Ehegattensplittings wurde für sie nicht wirksam[259] (vgl. Kapitel 4.5.4). Das Splittingvolumen, also die Höhe der Steuermindereinnahmen des Staates durch das Ehegattensplitting gegenüber der individuellen Besteuerung, für das Jahr 1958 ließ sich nicht quantifizieren. Diese Information wurde im damaligen Gesetzgebungsprozess nicht offengelegt und spielte auch keine Rolle, weil anlässlich der Einführung des Ehegattensplittings der Steuertarif neu geregelt wurde und die Mehrkostenberechnungen deshalb den Vergleich mit der alten Steuersystematik in den Mittelpunkt stellten.[260]

Im Jahr 1982 veröffentlichte der im Bundesministerium der Finanzen tätige *Volker Lietmeyer* erstmals eine Darstellung der Wirkungen des Ehegattensplittings. Sie beruhte auf Schätzungen, denen 4.000 gewichtete Einzelfälle der Lohnsteuerstatistik zugrunde lagen, diese Schätzungen waren seinen Angaben zufolge in dieser Form vorher nicht verfügbar. Bezogen auf den Einkommensteuertarif 1981 lag das Splittingvolumen demnach bei rund 22 Milliarden DM.

Lietmeyers Berechnungen (vgl. Tabelle 11 und Tabelle 12) zeigen deutlich, dass der Splittingvorteil abhängig von der Einkommenshöhe und der Einkommensdifferenz zwischen den Ehegatten stark differiert. Während Zweiverdienerehepaare knapp 40 Prozent der vom Ehegattensplitting begünstigten Paare stellten, entfiel auf sie nur 13,5 Prozent des Splittingvolumens. Ehepaare mit Einkommen von über 60.000 DM erhielten knapp 40 Prozent des gesamten Splittingvolumens, obwohl ihr Anteil an allen begünstigten Ehepaaren nur 20 Prozent betrug (Lietmeyer 1982: 128).

Ab einem zu versteuernden Einkommen von ca. 22.212 DM erzielten Einverdienstpaare einen Splittingvorteil von 1.055 DM (Rendels 1983: 496). Bei Zweiverdienstpaaren hing die maximale Entlastung durch das Splitting von der Höhe des Zuverdienstes ab (vgl. Tabelle 13). Diese Zahlen belegen, dass zumindest die Mehrzahl der Einverdienstehepaare im Jahr 1981 von der Entlastungswirkung des Splittings. Die Begünstigung von Zweiverdienstehen durch das Splitting war im Vergleich dazu gering.

---

259 BT-Drs. III/260, S. 43.
260 Ebd., S. 30.

Tabelle 11: Verteilung des Splittingvorteils nach der Höhe des zu versteuernden Einkommens, Einkommensteuertarif 1981

Zu versteuerndes Einkommen von mehr als ... DM bis zu ... DM	Anteil der begünstigten Ehepaare	
	an der Gesamtzahl der begünstigten Ehepaare	am Begünstigungsvolumen für das Splitting
	v.H.	
0–20.000	11	4,1
20.000–40.000	43	28,9
40.000–60.000	25,3	29,7
60.000–100.000	17,5	28,0
100.000–150.000	2,3	5,4
150.000 und mehr	0,9	3,9

Quelle: Lietmeyer (1982: 128)

Tabelle 12: Verteilung des Splittingvorteils nach Erwerbskonstellation und Kinderzahl, Einkommensteuertarif 1981

	Anteil der begünstigten Ehepaare	
	an der Gesamtzahl der begünstigten Ehepaare	am Begünstigungsvolumen für das Splitting
	v.H.	
Einverdiener-Ehepaare, kein Kind	19,1	23,4
Einverdiener-Ehepaare, 1 Kind	16,3	24,0
Einverdiener-Ehepaare, 2 Kinder	17,0	27,9
Einverdiener-Ehepaare, 3 Kinder und mehr	7,8	11,2
Zweiverdiener-Ehepaare, kein Kind	16,2	5,0
Zweiverdiener-Ehepaare, 1 Kind	12,3	4,4
Zweiverdiener-Ehepaare, 2 Kinder	8,5	3,1
Zweiverdiener-Ehepaare, 3 Kinder und mehr	2,8	1,0
Einverdiener-Ehepaare insgesamt	60,2	86,5
Zweiverdiener-Ehepaare insgesamt	39,8	13,5
Ehepaare ohne Kinder	35,3	28,4
Ehepaare mit Kindern	64,7	71,6

Quelle: Lietmeyer (1982: 128). Die in der Quelle verwendeten Begriffe ‚Alleinverdiener' und ‚Doppelverdiener' wurden geändert.

Tabelle 13: Splittingwirkung bei Zweiverdienstehepaaren, Einkommensteuertarif 1981

Gemeinsam zu versteuerndes Einkommen in DM	Anteil des mitverdienenden Ehegatten am gemeinsam zu versteuernden Einkommen			
	10 Prozent	20 Prozent	30 Prozent	40 Prozent
35.100	1.262	633	279	62
79.920	5.966	3.593	*1.559*	*382*
100.080	6.852	*3.700*	1.484	331
140.076	*7.574*	3.464	1.251	259
255.636	5.560	1.812	511	49

Quelle: Rendels (1983: 496). Die hervorgehobenen Zahlen stellen die jeweils höchste Gesamtentlastung von Ehepaaren durch das Splittingverfahren dar.

Lietmeyers Analyse liegen Zahlen für das Jahr 1981 zugrunde. Vergleichbare Darstellungen der Verteilungswirkungen des Ehegattensplittings für spätere Jahre wurden nicht veröffentlicht. In einem Aufsatz aus dem Jahr 1998, in dem sich *Lietmeyer* anlässlich der rot-grünen Reformdiskussion für die Beibehaltung des Ehegattensplittings aussprach, findet sich noch die Information, dass 25,6 Milliarden DM des Splittingvolumens von 40 Milliarden DM im Jahr 1999 auf Einverdienerehepaare (Arbeitnehmer) und 12,3 Milliarden DM auf Zweiverdienerehepaare (Arbeitnehmer) entfielen – insgesamt also über 90 Prozent des Splittingvolumens „Arbeitnehmer-Ehepaaren" zugutekämen (1998: 853). Wie sich die Entlastungen entlang der Einkommenshöhe verteilten, blieb offen.[261]

Die Veränderungen der Verteilungswirkungen des Ehegattensplittings im Zeitverlauf sind im Ergebnis also noch unzureichend erforscht. Die Schlussfolgerung, dass das Ehegattensplitting seit 1958 eine andere verteilungspolitische Bedeutung hat, ist allerdings auch auf der Basis der dargestellten Informationen möglich. Diese Entlastungen entfallen mehrheitlich auf Einverdienstehen – daran hat sich seit Bestehen des Ehegattensplittings wenig geändert.

5.4.2 Verfassungsinterpretation – Von der Anerkennung der ‚Hausfrau und Mutter' zur ‚Realität' in der ‚intakten Durchschnittsehe'

Die Entscheidung des Bundesverfassungsgerichts im Jahr 1957 schränkte den in den 1950er-Jahren eingeschlagenen Pfad der Ehegattenbesteuerung inso-

---

[261] Erst im Jahr 2003 veröffentlichte das DIW eine Studie zu den Verteilungswirkungen des Ehegattensplittings (Bach/Buslei 2003), die auf einer Forschungskooperation mit dem BMF basierte und auf der Grundlage von repräsentativem Einzeldatenmaterial der Einkommensteuerstatistik Aussagen über die Verteilungswirkungen des Ehegattensplittings machte. Die Ergebnisse dieser Studie wurden in Kapitel 2.3 dargestellt.

fern ein, als ihm zufolge die Steuerlast für verheiratete Paare nicht höher ausfallen durfte, als wenn sie unverheiratet geblieben wären (vgl. Kapitel 4.4.1). Angesichts dieser Rechtsprechung ließ sich die damals unter anderem vom Bundesfinanzministerium vertretene Interpretation des Leistungsfähigkeitsprinzips im Steuerrecht, wonach das Zusammenleben ökonomische Vorteile bringt, zu einer höheren Leistungsfähigkeit führen und höhere Steuern für Verheiratete rechtfertigen kann, kaum mehr aufrechterhalten (vgl. kritisch Deters/Krämer 2011: 16). Gleichzeitig war damit aber eben auch die steuerliche Bestrafung sogenannter ‚Doppelverdienerpaare' bzw. der Erwerbstätigkeit verheirateter Frauen verfassungsrechtlich diskreditiert.

Dabei hatte das Bundesverfassungsgericht im Jahr 1957 die Zusammenveranlagung mit Splittingtarif nicht für verfassungsrechtlich geboten oder gar alternativlos erklärt, sondern das Splitting nur als eine mögliche Gestaltungsvariante erwähnt (vgl. Kapitel 4.4). In den 1950er-Jahren schien alles möglich; selbst eine Grundgesetzänderung wurde vom Wissenschaftlichen Beirat des Bundesfinanzministeriums empfohlen, um den unbeliebten Folgen des Spruchs der VerfassungsrichterInnen zu entgehen (vgl. Kapitel 4.4.3).

Die bei der Einführung des Ehegattensplittings im Gesetzentwurf zu findende Begründung für das Ehegattensplitting als einer Berücksichtigung der in Ehen stattfindenden „Gemeinschaft des Erwerbs und Verbrauchs"[262] und der damit verbundenen besonderen Anerkennung der „Aufgaben der Ehefrau als Hausfrau und Mutter"[263] entwickelte sich in den folgenden Jahrzehnten weiter und wurde verfassungsrechtlich fundiert. So herrscht heute die Auffassung vor, es handele sich beim Ehegattensplitting um eine neutrale Form der Besteuerung nach dem Leistungsfähigkeitsprinzip, die die Gemeinschaft des Erwerbs und Verbrauchs in der „intakten Durchschnittsehe" steuerlich berücksichtigt (Lang 1988: 360; Seiler 2011:§ 26 Rz. 5). Die Grundannahme der Halbteilung des Einkommens blieb argumentativ bestehen und wurde mit verfassungsrechtlichen und steuersystematischen Argumenten untermauert. Das noch in den 1970er-Jahren stark diskutierte Argument, dass nicht alle Ehepaare ihr Einkommen überhaupt in der unterstellten Form teilen, sondern zum Beispiel bereits im ehelichen Güterrecht andere Vereinbarungen treffen, verlor damit an Bedeutung.

In seiner im Jahr 1981 erschienenen Habilitationsschrift argumentierte der spätere Leiter des Instituts für Steuerrecht der Universität zu Köln *Joachim Lang*, durch die „Annahme einer Erwerbs- und Verbrauchs[Komsum-, Investitions-, insbesondere Vermögensbildungs-]gemeinschaft von Ehegatten, die im gesetzlichen Güterstand der Zugewinngemeinschaft leben", trage das Ehegattensplitting der „Realität der Durchschnittsehe" Rechnung (1988: 630). *Lang* argumentierte, dass der Gesetzgeber mit dem Ehegattensplitting für alle „intakten" (nicht dauerhaft getrennt lebenden) Ehen eine „Erwerbs-

---

262 BR-Drs. 41/58, S. 36.
263 BT-Drs. III/260, S. 34.

und Verbrauchsgemeinschaft" unterstelle, unabhängig davon, welchen zivilrechtlichen Güterstand ein Ehepaar vereinbart hatte.[264]

Die Auffassung von *Joachim Lang* wurde vom Bundesverfassungsgericht aufgegriffen, als es darüber zu entscheiden hatte, ob das Ehegattensplitting auch Alleinerziehenden zusteht. In der Entscheidung vom 3. November 1982[265] beschäftigte sich der 2. Senat des Bundesverfassungsgerichts mit der steuerlichen Entlastung von Alleinerziehenden und nahm auch zum Ehegattensplitting Stellung. 1982 betrug der Splittingvorteil 12.872 DM für Einverdienerehen mit einem zu versteuernden Einkommen von 130.000 DM;[266] für Alleinerziehende mit gleichem Einkommen lag die maximale Entlastung durch den damaligen Haushaltsfreibetrag bei 2.357 DM (Rendels 1983: 496).

In der genannten Entscheidung führte das Bundesverfassungsgericht aus:

„Das Splittingverfahren entspricht dem Grundsatz der Besteuerung nach der Leistungsfähigkeit. Es geht davon aus, dass zusammenlebende Ehepaare eine Gemeinschaft des Erwerbs und des Verbrauchs bilden, in der ein Ehegatte an den Einkünften und Lasten des anderen wirtschaftlich jeweils zur Hälfte teilhat [...] Damit knüpft das Splitting an die wirtschaftliche Realität der intakten Durchschnittsehe an, in der ein Transfer steuerlicher Leistungsfähigkeit zwischen den Partnern stattfindet [...] Das Splitting [ermöglicht] den Ehegatten die freie Entscheidung, ob einer allein ein möglichst hohes Familieneinkommen erwirtschaften [...] oder ob stattdessen beide Partner sowohl im Haushalt als auch im Beruf tätig sein wollen, so dass beide ihre Berufstätigkeit entsprechend beschränken [...] Damit ist das Ehegattensplitting keine beliebig veränderbare Steuer-,Vergünstigung', sondern – unbeschadet der näheren Gestaltungsbefugnis des Gesetzgebers – eine an dem Schutzgebot des Art. 6 Abs. 1 GG und der wirtschaftlichen Leistungsfähigkeit der Ehepaare (Art. 3 Abs. 1 GG) orientierte sachgerechte Besteuerung."[267]

Da im gleichen Jahr ein Gesetzentwurf für eine Kappung des Splittings in den Bundestag eingebracht worden war (vgl. Kapitel 5.3), muss der Hinweis, das Splitting sei keine beliebig veränderbare ‚Steuervergünstigung', in diesem historischen Kontext verstanden werden. Zwar hat auch im Jahr 1982 das Bundesverfassungsgericht den eingeschlagenen Pfad der Ehegattenbesteuerung nicht für unumkehrbar erklärt; die Frage, in welchem Umfang Reformen möglich sind, ist aber zumindest seit dieser Entscheidung auch eine verfassungsrechtliche Frage. Politische AkteurInnen, die das Ehegattensplitting verändern wollen, müssen diese Aspekte mitberücksichtigen und even-

---

264 In der Steuerrechtswissenschaft gab es eine rege Diskussion darüber, ob das Halbteilungsprinzip des Splittings zumindest für Paare mit Gütertrennung eventuell doch nicht anzuwenden sei und auf Paare mit dem Güterstand der Zugewinngemeinschaft beschränkt werden sollte; Lang 1988: 628–630 m.w.N.
265 BVerfG vom 03.11.1982 – 1 BvR 620/78, 1 BvR 1335/78, 1 BvR 1104/79, 1 BvR 363/80, juris-Rz. 80–81, BVerfGE 61, 319–357 (347).
266 Der maximale Splittingvorteil, der bei einem zu versteuernden Einkommen des Einverdieners von 255.636 DM zu erreichen war, lag bei 14.837 DM; Rendels 1983: 496, Fn. 17.
267 BVerfG vom 03.11.1982 – 1 BvR 620/78, 1 BvR 1335/78, 1 BvR 1104/79, 1 BvR 363/80, juris-Rz. 80–81.

tuelle Klagen vor dem Bundesverfassungsgericht antizipieren. Die Schwierigkeit dabei ist auch, dass das Bundesverfassungsgericht den Umfang der Gestaltungsbefugnis des Gesetzgebers nicht genauer definiert hat. Es hat keine klaren, starren Vorgaben gemacht, sondern verfassungsrechtliche Rahmenbedingungen gesetzt, die interpretationsfähig und -bedürftig sind.

Seit den 1990er-Jahren wurden wieder verstärkt Ansätze entwickelt, die sich gegen den steuerjuristischen Mainstream wandten. 1998 erschien die verfassungsrechtliche Dissertation von *Franziska Vollmer*, in der sie darlegte, dass das Ehegattensplitting nicht nur politisch reformbedürftig, sondern eine Reform aus verfassungsrechtlichen Gründen sogar zwingend geboten sei (1998: 219ff.). Auch die Verfassungsrechtlerin *Ute Sacksofsky* hält das Ehegattensplitting für verfassungswidrig (2000: 1899; 2011b: 373) und *Ulrike Spangenberg*, die auch die Wirkungen der Lohnsteuerklasse V in ihre Analyse einbezog, kam im Jahr 2005 zu einem ähnlichen Ergebnis (2005). In einer aktuellen Arbeit überträgt Spangenberg (2013) das Konzept der mittelbaren Diskriminierung auf andere Bereiche des Einkommensteuerrechts. Welche Rolle diese verfassungsrechtlichen Argumente im Reformprozess der 14. Legislaturperiode spielten, wird in Kapitel 6.5.2 dargestellt.

5.5 Zwischenfazit

Zwei Mechanismen der Kontinuitätssicherung können eine Reform des Ehegattensplittings in Deutschland erschweren: zum einen Anreiz- und Verteilungseffekte und zum anderen die Legitimation des Status quo durch die herrschende Verfassungsinterpretation.

Die Anreizeffekte des Ehegattensplittings müssen im Kontext mit anderen Regelungen gesehen werden, die die arbeitsteilige Ehe und damit das männliche Ernährermodell stützen. Trotz gestiegener Erwerbsbeteiligung von Frauen in Deutschland in den letzten 50 Jahren sind die Erwerbsquoten verheirateter Frauen immer noch niedriger als die unverheirateter Frauen. Auch im internationalen Vergleich ist die Frauenerwerbsbeteiligung in Deutschland immer noch eher niedrig. Verschiedene Studien führen diese Tatsache zumindest auch auf die Anreizeffekte des Ehegattensplittings zurück (vgl. Kapitel 2.3.3).

Die Verteilungswirkungen des Ehegattensplittings im Zeitverlauf sind nicht umfassend erforscht. Bekannt ist, dass durch die Veränderungen des Steuertarifs und anderer Regelungen des Steuerrechts sowie steigender Einkommen die Zahl der Ehepaare, die vom Ehegattensplitting profitieren, heute höher ist als bei seiner Einführung. Seit in den 1990er-Jahren der doppelte Grundfreibetrag eingeführt wurde, stieg die Grenzsteuerbelastung für Ehepaare deutlich an, wodurch die Erwerbstätigkeit von Ehefrauen steuerlich noch unattraktiver wurde. Was als eine Regelung begann, die nur vergleichsweise wenige Ehepaare überhaupt betraf, hat sich zu einer Regelung gewandelt, die für Einverdienerpaare in allen Einkommensgruppen einen Vorteil gegenüber der Individualbesteuerung bedeutet.

Es sind also gerade die Anreiz- und Verteilungseffekte, die den Hauptgegenstand der Kritik am Ehegattensplitting darstellen und gleichzeitig den Fortbestand des Ehegattensplittings stützen, denn Reformvorschläge in Richtung einer Individualbesteuerung müssen sich an den Auswirkungen auf die betroffenen Ehepaare und den für sie entstehenden Mehrbelastungen messen lassen.

Die Verfassungsinterpretation ist ein weiterer Mechanismus der Kontinuitätssicherung, der Reformen verhindern kann. Spätestens seit der Entscheidung des Bundesverfassungsgerichts im Jahr 1982 muss sich jeder Reformvorschlag mit verfassungsrechtlichen Argumenten auseinandersetzen. Die Frage, welche Schritte von der Gestaltungsbefugnis des Gesetzgebers noch erfasst sind und welche nicht, kann dabei nicht eindeutig beantwortet, sondern auf Grundlage der bestehenden Verfassungsgerichtsentscheidungen zum Steuerrecht lediglich vermutet werden, denn konkrete Vorgaben existieren nicht.

Ein *lock-in*, verstanden im Sinne einer faktischen „Unumkehrbarkeit" (Deters/Krämer 2011: 17) der Entscheidung für die Zusammenveranlagung mit Splittingtarif für Ehepaare ergibt sich aus den beschriebenen Mechanismen der Kontinuitätssicherung nicht. Weder das Verfassungsrecht noch die Wirkungen des Ehegattensplittings machen es unmöglich, sich für Veränderungen zu entscheiden und sie durchzusetzen. Wie AkteurInnen in der Vergangenheit mit diesen Mechanismen umgegangen sind, muss unter Berücksichtigung der Handlungskontexte in der jeweiligen historischen Situation untersucht werden.

Die Mechanismen der Kontinuitätssicherung können sich als Reformhindernisse erweisen. Sie können zum einen dazu führen, dass das Thema gar nicht erst auf die politische Agenda gelangt – so lehnt beispielsweise die FDP seit Jahrzehnten eine Reform des Ehegattensplittings mit Verweis auf die Verfassungslage ab und ein Agenda-Setting findet nicht statt.[268] Sie können zum anderen aber auch insofern als Reformhindernisse zutage treten, als sie in Entscheidungsprozessen (der Phase der Problemdefinition und der Entscheidungsfindung) mitbestimmen, wie politische AkteurInnen mit dem Gegenstand umgehen, welche Aspekte der Reformdebatte für sie Gewicht haben und welche nicht, welche Reformvarianten in Betracht gezogen und welche verworfen werden. Inwieweit dies in der 14. Legislaturperiode der Fall war und warum die rot-grüne Bundesregierung ihr Vorhaben einer Kappung des Splittingvorteils nicht umsetzte, ist Gegenstand von Kapitel 6.

---

268 Die *Liberalen Frauen* (ein Zusammenschluss von Frauen in der FDP, aber keine Frauenorganisation der Partei) befürworten einen Übergang zur Individualbesteuerung, scheiterten in der Vergangenheit jedoch bei Versuchen, einen entsprechenden Parteitagsbeschluss herbeizuführen.

6 Verpasste Gelegenheit – Das Scheitern des rot-grünen Vorhabens einer Reform des Ehegattensplittings

> „Aber die Schnecke ist schon sehr langsam, die sich da beim Ehegattensplitting bewegt. Also ich meine, das ist ja auch das Problem, wenn man ehrlich ist. Seit 20 Jahren wird das immer wieder mal wieder beschlossen und so und eigentlich haben wir überhaupt gar nichts verändert."[269]

Im Jahr 1998 erlangten SPD und Bündnis 90/Die Grünen eine Mehrheit bei der Bundestagswahl und verankerten im Koalitionsvertrag das Ziel, die Wirkung des Ehegattensplittings auf maximal 8.000 DM zu begrenzen (sogenanntes Kappungsmodell). Der maximale Splittingvorteil (ohne Solidaritätszuschlag) lag von 1990 bis 1998 bei 22.842 DM (11.679 Euro) und wurde von Einverdienerehepaaren ab einem zu versteuernden Einkommen von 120.000 DM erreicht.[270]

Obwohl das im Koalitionsvertrag definierte Vorhaben keinen radikalen Pfadbruch darstellte, wie es ein Übergang zur Individualbesteuerung oder zur Familienbesteuerung gewesen wäre, war es doch das erste konkrete Vorhaben einer Regierungskoalition zur Reform des Ehegattensplittings seit dem Jahr 1982 (vgl. Kapitel 5.3). Somit bestand ein Gelegenheitsfenster für eine Reform des Ehegattensplittings, es wurde jedoch letztlich nicht genutzt.

Der Entwurf eines sogenannten Steuerentlastungsgesetzes 1999-2000-2002 wurde in den Bundestag eingebracht und diskutiert, die geplante Änderung des Ehegattensplittings dann allerdings während des parlamentarischen Verfahrens wieder aus dem Entwurf entfernt. Eine Reform des Ehegattensplittings in der 14. Legislaturperiode unterblieb, im Koalitionsvertrag aus dem Jahr 2002 fand sich das Thema dann nicht mehr. Am Ehegattensplitting wurde während der rot-grünen Jahre also nichts verändert. Die Senkungen des Spitzensteuersatzes während der rot-grünen Regierungszeit zwischen 1998 und 2005 von 53 auf 42 Prozent (vgl. Bach/Haan 2011: 3) führten aber dazu, dass der maximale Splittingvorteil stetig abnahm: von 22.842 DM/11.679 Euro im Jahr 1998 auf 20.575 DM/10.520 Euro im Jahr 2000, 19.308 DM/9.872 Euro im Jahr 2002 und 15.478 DM/7.914 Euro im Jahr 2005.[271] Die Steuerentlastungen für hohe Einkommen lagen aber deutlich über den genannten Veränderungen des Splittingvorteils, die eine Folge der Tarifsenkungen waren.

---

269 Interview Nr. 8, MdB, steuerpolitische Sprecherin der SPD-Bundestagsfraktion (SPD).
270 Archiv der sozialen Demokratie, SPD-Bundestagsfraktion, AG Finanzen/Jörg-Otto Spiller MdB, 51.356, Darstellung BMF, Referat I A 5, 15.01.2002.
271 Ebd.

Die nachfolgenden Abschnitte stellen dar, warum der Entwurf einer Kappung des Splittingvorteils im Rahmen des Steuerentlastungsgesetzes 1999-2000-2002 scheiterte und warum keine weiteren Reformvorschläge auf die Agenda gelangten. Dabei werden zunächst die unterschiedlichen Ziele der Ehegattenbesteuerung beschrieben, die SPD und Grüne im Wahlkampf 1998 vertraten (Kapitel 6.1). Im Anschluss werden das Kappungsmodell und der Verzicht auf dessen Umsetzung im Gesetzgebungsverfahren 1998/1999 vorgestellt (Kapitel 6.2 und 6.3). In Kapitel 6.4 werden die darauffolgenden internen Reformdiskussionen aus den Jahren 1999 und 2002 analysiert. Auch wenn sie nicht mehr in Entwürfe zu einer Neuregelung mündeten, geben sie dennoch Aufschluss über Konfliktlinien, Abwägungskriterien und Beweggründe, auf das Reformvorhaben zu verzichten. Kapitel 6.5 systematisiert auf der Grundlage der Analyse des gescheiterten Reformprozesses und der Auswertung der durchgeführten ExpertInneninterviews die Reformhindernisse, die in der 14. Legislaturperiode zutage traten. Kapitel 6.7 fasst die Ergebnisse zusammen.

6.1 Widerstreitende Ziele im Wahlkampf 1998

Wie waren die Positionen der Koalitionspartner SPD und Bündnis 90/Die Grünen zur Ehegattenbesteuerung? Bereits im Vorfeld der Bundestagswahl zeichnete sich ab, dass die beiden Parteien widerstreitende Ziele bei der Ehegattenbesteuerung hatten und es unterschiedliche Vorstellungen zur Priorität einer Reform der Ehegattenbesteuerung und deren Ausgestaltung gab. Daher war zu erwarten, dass das Thema kein unstrittiges Projekt der späteren rot-grünen Koalition werden würde.

Die Grünen forderten in ihrem Wahlprogramm die schrittweise Abschaffung des Ehegattensplittings. Innerhalb der SPD war das Thema hingegen umkämpft; vor allem Frauenpolitikerinnen verlangten Schritte in Richtung einer Individualbesteuerung, was der Bereich Steuerpolitik in der Parteizentrale eher skeptisch kommentierte. Aus deren Sicht war die Entlastung von Arbeitnehmerfamilien vordringlich – mit dieser Forderung ging die SPD auch in den Wahlkampf. Mehrbelastungen für Einverdienerfamilien, die sich aus einer Veränderung des Ehegattensplittings hin zu einer Individualbesteuerung ohne anderweitige Kompensation (durch Veränderungen des Steuertarifs oder erhöhte Familienleistungen) zwangsläufig ergeben würden, hätten diesem erklärten Ziel aber diametral widersprochen.

Der Steuerpolitik kam im Wahlkampf insgesamt eine hohe Bedeutung zu. Das Vorhaben einer ‚großen' Steuerreform spielte eine wesentliche Rolle, weil die SPD-geführten Länder in den Jahren davor durch eine Blockade im Bundesrat eine Steuerreform verhindert hatten (vgl. Fröhlich/Schneider 2008).

Sowohl CDU/CSU und FPD als auch SPD und Bündnis 90/Die Grünen warben in den Wahlprogrammen um ein Mandat für eine ‚große' Steuerreform (Ganghof 2006: 126). Die Ehegattenbesteuerung war einer der wichtigsten Dissens-Punkte in den Steuerreformkonzepten von SPD und Bündnis 90/Die Grünen. *Steffen Ganghof* stellt deshalb fest, dass Konflikte „vorprogrammiert" gewesen seien (2004: 99). Denn die Grünen wollten im Gegensatz zur SPD den Splittingvorteil für Verheiratete zumindest deutlich reduzieren (Kaltenborn 1999: 44, 70).

Im Vorfeld der Bundestagswahl 1998 hatten Bündnis 90/Die Grünen die Reform des Ehegattensplittings als Teil ihres Steuerreformkonzepts formuliert: „Eine sozial gerechte und transparente Steuerreform […] Wir wollen das Kindergeld für jedes Kind auf 300 DM erhöhen. Wir wollen künftig alle Einkommen gleich behandeln – durch einen Abbau von Steuervergünstigungen und die schrittweise Abschaffung des Ehegattensplittings".[272]

Im Wahlprogramm der SPD von 1998 tauchte das Wort Ehegattensplitting hingegen nicht auf. Als Ziele einer SPD-Steuerreform wurden die Erhöhung des Kindergeldes, die Steuerentlastung von Arbeitnehmern und Familien („für eine durchschnittlich verdienende Familie mit 2 Kindern eine Entlastung von 2.500 Mark im Jahr"), sowie die Senkung des Eingangssteuersatzes über zunächst 21,9 Prozent auf später 15 Prozent und eine Erhöhung des Grundfreibetrages genannt.[273] Das Kindergeld wollte die SPD auf 250 DM erhöhen. Demgegenüber sprach sich die ASF auch im Wahlkampf für eine Reform des Ehegattensplittings aus:

„Die Frauen in der SPD befürworten, daß Frauen über ein eigenes existenzsicherndes Einkommen und eine eigenständige soziale Sicherung im Alter verfügen müssen, um sich materiell unabhängig vom Einkommen des Mannes zu machen. Das geltende Steuersplitting ist durch Individualbesteuerung abzulösen."[274]

---

272 Bündnis 90/Die Grünen „Vierteljahresprogramm zur Bundestagswahl 1998. Neue Mehrheiten nur mit uns", 7. Juni 1998, S. 11. Der Wahlprüfstein „Ehegattensplitting" im Steuerreformkonzept von Bündnis 90/Die Grünen lautete: „Wir wollen das Ehegattensplitting in eine Freibetragsregelung umwandeln. Solange das Einkommen des niedriger verdienenden Ehegatten das steuerfreie Existenzminimum nicht erreicht, wird die jeweilige Differenz als Freibetrag bei dem besser verdienenden Ehepartner berücksichtigt. Das steuerfreie Existenzminimum wird auf 15.000 DM angehoben. […] Unterhaltsaufwendungen, die die steuerliche Leistungsfähigkeit der Steuerpflichtigen mindern (z.B. für geschiedene Ehegatten, Kinder in Ausbildung) können vom Einkommen abgezogen werden, solange der Unterhaltsempfänger kein Einkommen hat, das höher als das steuerfreie Existenzminimum liegt und u.a. öffentliche Mittel (zum Beispiel Sozialhilfe) dadurch eingespart werden. Diese Regelung ersetzt das bisherige Realsplitting für dauernd getrennt lebende und geschiedene Ehegatten und den begrenzten Abzug von Unterhaltsaufwendungen."
273 SPD-Wahlprogramm für die Bundestagswahl 1998 (Beschluss des außerordentlichen Parteitages der SPD am 17. April 1998 in Leipzig) Bonn 1998, „Arbeit, Innovation und Gerechtigkeit", S. 26–27.
274 Beschluss der ASF-Bundeskonferenz, 05.–07.06.1998 in Münster: „Wofür wir einen Politikwechsel brauchen: 20 gute Gründe für Frauen, SPD zu wählen" (Punkt 8).

In den Akten der Bundestagsfraktion von Bündnis 90/Die Grünen findet sich eine Gegenüberstellung der beiden Parteiprogramme, die in Vorbereitungen auf die Koalitionsverhandlungen Gemeinsamkeiten und mögliche Differenzen auflistete. Dort wird das Thema Ehegattensplitting als „besonders brisanter Punkt für die Umsetzung der Reform" benannt.[275] In einem Schreiben an den Parteivorstand vom 12. März 1998 wies der Arbeitskreis I, der unter anderem für Steuern und Finanzen zuständig war, unter der Überschrift „Die Hauptauseinandersetzung wird sich auf die Frage der Gegenfinanzierung [von Steuererleichterungen; M.W.] konzentrieren" darauf hin, dass das Ehegattensplitting besondere Aufmerksamkeit erfordere: „Die bestehende Ehe-Subventionierung bleibt im SPD-Konzept vollständig erhalten, dies ist ein wesentlicher Unterschied zum grünen Modell (demgegenüber ist das SPD-Konzept mit dem Modell der Koalition kompatibel)".[276]

Im Wahlkampf wurde die Reform des Ehegattensplittings zwischen den unterschiedlichen Lagern in der SPD – Frauenpolitik auf der einen Seite, Steuerpolitik in der Parteizentrale auf der anderen Seite – öffentlich diskutiert. Die designierte Bundesministerin für Familie, Senioren, Frauen und Jugend *Christine Bergmann* forderte in einem Interview eine „Kürzung zugunsten von Familien". Die Reaktion der SPD-Wahlkampfzentrale gegenüber der Zeitung *Die Welt* war „etwas irritiert". „Der Gedanke ist zwar alt, aber gut.", zitiert *Die Welt* ein Fraktionsmitglied. Dennoch sei der Ansatz in der Steuerdiskussion „niemals prioritär behandelt worden".[277]

Die *taz* fasste einige Tage später die Reaktion der SPD-Parteizentrale auf *Christine Bergmanns* Vorstoß so zusammen:

„Der Rückpfiff kam aus der Bonner Parteizentrale. Christine Bergmanns Äußerungen zum sogenannten Ehegattensplitting habe ‚eine erhebliche Anzahl' von Protesten aus der Bevölkerung nach sich gezogen, heißt es dort. Die Briefe und E-Mails verunsicherter Bürger hätten die Parteizentrale veranlasst, ‚Frau Bergmann darauf hinzuweisen, daß die Abschaffung des Ehegattensplittings Einkommensverluste bedeuten würde für Familien mit einem Alleinverdiener und kleinem oder mittlerem Einkommen', erfuhr die taz bei der Bonner SPD. Man habe keinen Zweifel, daß der Senatorin die Argumente der Zentrale bezüglich dieses ‚sehr sensiblen' Themas eingängig gewesen seien. [...] In der Parteizentrale wird vorgerechnet: Ein Ehepaar, bei dem der alleinverdienende Mann 50.000 Mark nach Hause bringe, verliere 4.200 Mark im Jahr, falls das Splitting abgeschafft werde."[278]

Demzufolge war die Forderung nach einer Reform der Ehegattenbesteuerung aus Sicht der SPD-Zentrale als Wahlkampfthema nicht geeignet. In der Erinnerung *Christine Bergmanns* genoss dieses Anliegen auch beim späteren Bundeskanzler *Gerhard Schröder* oder dem späteren Finanzminister *Oskar Lafontaine* keine Priorität:

---

275 Archiv Grünes Gedächtnis, B.II.3. (BT-Fraktion Bündnis 90/Die Grünen), 324 (1994–1998).
276 Ebd.
277 *Die Welt* vom 15.07.1998.
278 *taz* vom 19.08.1998, Barbara Debus: „Ehegattensplitting soll tabu sein".

„Das war alles nicht sein [gemeint ist Gerhard Schröder; M.W.] Thema. Das ist dieses wirklich traditionelle Familienbild, die haben das alles ein Stück weit als Angriff darauf verstanden. Das ging nun zu weit. Jetzt in den Steuerbereich einzugreifen ... Da war nicht auf viel Einsicht zu hoffen, eigentlich. Alles Betroffene ... Ich kann mich auch nicht erinnern, dass irgendjemand von den Männern das so kräftig mit vertreten hätte. Da gab es nicht allzu viel Unterstützung."[279]

Angesichts dieser Positionen mag es erstaunen, dass eine Reform des Ehegattensplittings überhaupt Teil des Koalitionsvertrages wurde. Auf welches Ziel man sich schließlich einigte, ist Gegenstand des nächsten Kapitels.

6.2 Kompromiss: Kappungsmodell im Koalitionsvertrag 1998

Im Koalitionsvertrag von 1998 sahen SPD und Bündnis 90/Die Grünen die Kappung des Splittingvorteils auf maximal 8.000 DM ab dem Jahr 2002 vor (SPD/Bündnis 90/Die Grünen 1998: 15).[280] Damit sollten die Auswirkungen des Ehegattensplittings in höheren Einkommensbereichen beschränkt und gleichzeitig Ehepaare mit geringen oder durchschnittlichen Einkommen nicht höher belastet werden: „[D]as Kappungsmodell bedeutet, dass die Wirkung eingeschränkt wird. Und das kann man ja so verändern, dass man ab einer bestimmten Einkommenshöhe sagt, hier wirkt das eben stärker."[281] Wie kam es zu dieser Regelung im Koalitionsvertrag?

Das Thema wurde von der Arbeitsgruppe Steuern in den Koalitionsverhandlungen unter „Mitberatung" der Frauenpolitikerinnen behandelt.[282] Die Bereiche Frauenpolitik und Steuerpolitik von Bündnis 90/Die Grünen gingen mit der Forderung, das Ehegattensplitting auf das „verfassungsrechtlich gebotene" Minimum zurückzuführen, in die Koalitionsverhandlungen im Jahr 1998.[283]

---

279 Interview Nr. 6, frühere Ministerin (1998–2002) für Familie, Senioren, Frauen und Jugend (SPD).
280 Dort heißt es wörtlich: „Im Rahmen der dritten Stufe der großen Steuerreform verwirklichen wir eine familienpolitische Strukturreform zugunsten der Familien mit Kindern. Im Gegenzug zur Erhöhung des Kindergeldes auf 260 DM erfolgt bei hohen Einkommen eine Begrenzung des Splittingvorteils auf maximal 8.000 DM im Jahr."
281 Interview Nr. 8, MdB, steuerpolitische Sprecherin der SPD-Bundestagsfraktion (SPD).
282 Die Informationen zu den Koalitionsverhandlungen in diesem Abschnitt beruhen im Wesentlichen auf den im Archiv Grünes Gedächtnis zugänglichen Unterlagen von Einzelpersonen, dem Bundesvorstand der Partei Bündnis 90/Die Grünen und der Bundestagsfraktion Bündnis 90/Die Grünen; vgl. das Verzeichnis der Archivalien und die im Folgenden zitierten Einzelsignaturen. Im Bonner Archiv der sozialen Demokratie fanden sich keine Unterlagen zu den Koalitionsverhandlungen.
283 Archiv Grünes Gedächtnis, 1.A. 1.1.1.1. (Rita Grießhaber, Vorbereitung Koalitionsverhandlungen), 80, Fax vom 09.10.1998 von *Christine Scheel* an *Rita Grießhaber*, mit der Bitte um fachliche Rückmeldung, Überschrift „Frauenpolitik für eine gerechte Gesell-

In einer Synopse (vgl. Übersicht 1) der Bundestagsfraktion Bündnis 90/ Die Grünen vom 25. September 1998 wird der Stand zum Thema Ehegattensplitting zusammengefasst; darin wird deutlich, dass auch für die Grünen die Reform des Ehegattensplittings eher ein langfristig umzusetzendes Projekt war.

Über den Ablauf der Koalitionsverhandlungen gaben die verfügbaren Archivunterlagen keinen Aufschluss; im Ergebnis wurde der Vorschlag der Grünen nicht in den Koalitionsvertrag aufgenommen. Auch die Interviewpartnerin, die auf der Seite der SPD an den Koalitionsverhandlungen beteiligt war, bezeichnete den Vorschlag der Kappung als einen Kompromiss zwischen unterschiedlichen Vorstellungen: „[D]ie Begeisterung für dieses Thema hielt sich sehr in Grenzen, so dass dann eine Kompromissformel, also die Kappung des Splittingvorteils herauskam."[284]

Das Ziel, den Splittingeffekt ausschließlich in den höheren Einkommensgruppen zu beschränken, prägte das Reformvorhaben – demzufolge konnten BefürworterInnen eines Übergangs zur Individualbesteuerung aus Gleichstellungsgründen darin nur einen Kompromiss sehen. Woher der Kappungsvorschlag stammte, ist nicht bekannt. Wie das Modell im Gesetzgebungsverfahren diskutiert wurde und warum es schließlich scheiterte, wird im nächsten Kapitel thematisiert.

Übersicht 1: Synopse zum Thema Ehegattensplitting bei den Koalitionsverhandlungen 1998 aus Sicht von Bündnis 90/Die Grünen

Thema/Sachverhalt	Abbau Ehegattensplitting und Abschaffung Steuerklasse 5
Zeithorizont*	eher Korb 3, als Korb 2
Programm SPD	nicht erwähnt
Programm Bündnis 90/ Die Grünen	Kurzprogramm S. 11: schrittweise Abschaffung des Ehegattensplittings; Magdeburger Programm: S. 92 Abschaffung Ehegattensplitting und Lohnsteuerklasse 5
Finanzielle Auswirkungen	siehe Berechnungen zur Steuerreform
Probleme rot-grün	SPD-Frauen wünschen sich in dieser Hinsicht Druck von uns zur Steuerreform
Probleme grün-intern	Teile der Partei wollen nicht nur Abbau sondern völlige Abschaffung des Splittings
Anmerkungen	muß im Rahmen der Steuerreform behandelt werden

* Handschriftliche Notiz: „Korb 1 = sofort Korb 2 = mittelfristig Korb 3 = langfristig".

Quelle: Archiv Grünes Gedächtnis, 1.A. 1.1.1.1. (Rita Grießhaber, Vorbereitung Koalitionsverhandlungen, 80, Synopse Bündnis 90/Die Grünen im BT vom 25.09.1998, S. 8, Unterpunkt 17 „Frauen"

---

schaft": „Im Rahmen des Steuerrechts wird das Ehegattensplitting auf das verfassungsrechtlich gebotene Minimum zurückgeführt und die Steuerklasse Fünf abgeschafft."
284 Interview Nr. 6, frühere Ministerin (1998–2002) für Familie, Senioren, Frauen und Jugend (SPD).

6.3 Gescheiterte Umsetzung des Kappungsmodells im Jahressteuergesetz 1999/2000/2002

Die im Koalitionsvertrag 1998 vorgesehene Kappung des Splittingvorteils auf maximal 8.000 DM war im Gesetzentwurf der Bundesregierung[285] und der Fraktionen von SPD und Bündnis 90/Die Grünen für das Steuerentlastungsgesetz 1999/2000/2002[286] enthalten. Das Steuerentlastungsgesetz 1999/2000/2002[287] wurde wie alle Steuergesetze vom Bundesministerium der Finanzen, das damals von *Oskar Lafontaine* (SPD) als Minister geleitet wurde, erarbeitet und im parlamentarischen Prozess in Bundestag und Bundesrat auch federführend vom Finanzausschuss beraten.

Die vorgeschlagene Regelung[288] sollte ab 2002 in Kraft treten und war sehr kompliziert, weil sie von der Finanzverwaltung drei Rechenschritte erforderte. Gleichzeitig wurde der Begriff Splittingvorteil neu interpretiert und damit die Wirkungen der im Koalitionsvertrag beschlossenen Kappung des Splittings minimiert: Unter Splittingvorteil wurde bisher die Steuerersparnis verstanden, die Ehepaare durch eine Zusammenveranlagung mit Splittingtarif im Vergleich zu einer individuellen Besteuerung erzielten. Der Vorschlag definierte den zu kappenden Splittingvorteil so, dass die nach herkömmlicher Methode (Zusammenveranlagung mit Ehegattensplitting) berechnete Einkommensteuer die addierte Steuersumme beider Ehepaare auf der Basis der individueller Einkommen und bei Einkommensunterschieden zwischen den Ehegatten der Anwendung eines fiktiven Realsplittings durch Zuordnung von maximal 27.000 DM um maximal 8.000 DM nicht übersteigen durfte. [289]

---

285 BR-Drs. 910/98, S. 22; BT-Drs. 14/265, S. 22. Dieser Entwurf wurde gemäß den Gepflogenheiten im Bundestag durch abschließende Beratung des Fraktionsentwurfes für erledigt erklärt.
286 BT-Drs. 14/23, S. 13, 180.
287 Steuerentlastungsgesetz 1999/2000/2002 vom 24.03.1999, BGBl I, S. 402.
288 BT-Drs. 14/23, S. 13 sah einen neuen Absatz 5a in § 32a EStG vor: „(5a) Bei Ehegatten, die nach den §§ 26, 26b zusammen zur Einkommensteuer veranlagt werden, beträgt die tarifliche Einkommensteuer vorbehaltlich der §§ 32b und 34 mindestens die Summe der tariflichen Einkommensteuer nach den Absätzen 1 bis 3 für das vom jeweiligen Ehegatten bezogene eigene zu versteuernde Einkommen abzüglich 8.000 Deutsche Mark, wenn der Gesamtbetrag der Einkünfte des einen Ehegatten den Gesamtbetrag der Einkünfte des anderen Ehegatten um mehr als 54 000 DM übersteigt. Bei der Ermittlung des von jedem Ehegatten bezogenen eigenen zu versteuernden Einkommens ist der Gesamtbetrag der Einkünfte desjenigen Ehegatten, der den höheren Gesamtbetrag der Einkünfte erzielt, um fiktive Unterhaltsleistungen in Höhe von 27 000 Deutsche Mark zu vermindern. Diese fiktiven Unterhaltsleistungen sind dem anderen Ehegatten als Einkünfte im Sinne des § 22 Nr. 1a zuzurechnen. § 26a ist entsprechend anzuwenden."
289 Im Gegensatz dazu hatte der sozialliberale Entwurf einer Kappung des Splittingvorteils aus dem Jahr 1982 noch eine fiktive Vergleichsrechnung der getrennten Veranlagung mit eingeschränktem Verlustausgleich vorgesehen; BT-Drs. 9/1956, S. 4, vgl. auch Kapitel 5.3.

Der Gesetzentwurf nennt als Grund für diesen Reformvorschlag die Notwendigkeit einer „familienpolitischen Strukturreform" mit einer deutlichen Kindergelderhöhung (nämlich von vorher 220 auf 260 DM).[290] Durch die Berücksichtigung fiktiver Unterhaltsanrechnungen bei der Berechnung des Splittingvorteils sei sichergestellt, dass die „intakte Familie" niemals schlechter stehe als geschiedene Ehepaare, denen das Realsplitting zur Verfügung steht. Die Freiheit der Ehepaare, über ihre Arbeitsteilung selbst zu entscheiden, sei durch den Entwurf nicht tangiert, denn Art. 6 Abs. 1 GG verpflichte nicht dazu, „verheiratete Steuerpflichtige als Einheit zu behandeln."[291]

Steuersystematisch sollte es bei der Wahlmöglichkeit zwischen Zusammenveranlagung oder getrennter Veranlagung bleiben. Zusammen veranlagte Ehegatten sollten dabei unverändert doppelte Freibeträge zustehen – ein weiterer Vorteil für Einverdienstehen. Für die zusammen veranlagten Ehepaare sollte dann in drei Schritten der maximale Splittingvorteil berechnet und begrenzt werden:[292]

(1) Berechnung der Einkommensteuer der Ehegatten „wie nach bereits geltendem Recht nach der Splittingtabelle".[293]
(2) Berechnung der individuellen Einkommensteuer der einzelnen Ehepartner auf der Grundlage ihrer nach folgenden Vorgaben unterstellten Einkommen: (a) Für Paare ohne Einkommensdifferenzen bildet deren Einkommen ohne weitere Veränderungen die Berechnungsgrundlage. (b) Für Paare mit Einkommensdifferenzen von bis zu 54.000 DM wird die Hälfte des Differenzbetrages dem „wirtschaftlich schwächeren Ehegatten" als fiktive Unterhaltsleistung zugerechnet. (c) Für Paare mit Einkommensdifferenzen über 54.000 DM wird dem „wirtschaftlich schwächeren Ehegatten" eine fiktive Unterhaltsleistung von 27.000 DM zugerechnet, analog der auch beim Realsplitting für geschiedene Ehegatten maximal zu berücksichtigenden Unterhaltsleistung.
(3) Vergleich der Summe der gemeinsamen Einkommensteuer nach der Splittingtabelle (berechnet im ersten Schritt) und der individuellen Einkommensteuer mit fiktivem Unterhaltsübertrag (berechnet im zweiten Schritt). In Fällen, in denen der Splittingvorteil bei Anwendung der Splittingtabelle nach bisherigem Recht gegenüber den addierten in Schritt 2 ermittelten Steuerbeträgen mehr als 8.000 DM beträgt, wird die Einkommensteuer nach den Regeln des Schrittes 2 berechnet.

Ein Beispiel des DIW verdeutlicht die Berechnung des Splittingvorteils:

„Bei einem zu versteuernden Einkommen von 220.000 DM für einen alleinverdienenden Ehepartner ergibt sich nach der geltenden Regelung des Splittings und dem für 2002 geplanten Tarif eine Einkommensteuer von 68.104 DM. Nach der Grundtabelle würde die Steuer 87.401 DM betragen; der traditionell gemessene Splittingvorteil bemisst sich also für dieses Ehepaar auf 19.297 DM (68.104 DM minus 87.401 DM). Unter Berücksichtigung des Realsplittings wird nun eine weitere fiktive Rechnung durchgeführt: Der erste Partner kann von seinem Einkommen von 220.000 DM die unterstellte Unterhaltsleistung

---

290 BT-Drs. 14/23, S. 180.
291 Ebd.
292 So die Gesetzesbegründung, BT-Drs. 14/23, S. 180ff.
293 Ebd., S. 180.

an den zweiten Partner von 27.000 DM absetzen; er hätte also nur noch 193.000 DM zu versteuern, und zwar nach der Grundtabelle. Dies ergibt eine Einkommensteuer in Höhe von 74.306 DM. Beim Unterhaltsberechtigten muss der Unterhaltsbetrag auch nach der Grundtabelle versteuert werden; dies ergibt – keine weiteren Einkünfte vorausgesetzt – eine Steuer von 3.041 DM. Zusammen hätten die Eheleute also nach dem Realsplitting eine Steuer von 77.347 DM zu entrichten. Gemessen an diesem Betrag wäre die Steuer nach der Splittingtabelle (68.104 DM) um 9.243 DM geringer. Der Vorteil wird folglich um 1.243 DM auf 8.000 DM gekappt, die nach der Splittingtabelle ermittelte Steuerschuld erhöht sich um diesen Betrag auf 69.347 DM, d.h. der traditionell gemessene Splittingvorteil gegenüber der Grundtabelle ohne Realsplitting sinkt von 19.297 DM auf 18.054 DM."[294]

Demzufolge wären die Auswirkungen der Umsetzung dieses Vorschlages marginal gewesen, für den Großteil der Ehepaare hätte sich durch das neue Recht keine Veränderung gegenüber dem Status quo ergeben. Schlechter als zuvor stünden nach der Darstellung der Gesetzesbegründung Einverdienstehen in hohen Einkommensbereichen – der maximale Splittingvorteil wurde erst von Einverdienstehen mit einem Einkommen von „deutlich über 170.000 DM erreicht"[295] bzw. ab einem monatlichen Bruttoeinkommen von 13.000 DM[296]. Für Ehepaare mit Einkommensdifferenzen von bis zu 54.000 DM und Paare mit gleich hohen Einkommen wäre es laut Gesetzesbegründung nie zu einer Kappung des Splittingvorteils gekommen, weil dieser entweder unter 8.000 DM lag oder gar nicht vorhanden war. Das Rheinisch-Westfälische Institut für Wirtschaftsforschung (RWI) prognostizierte, dass die Kappung hauptsächlich bei Arbeitnehmerehepaaren mit hohem Einkommen des Alleinverdieners wirksam werden würde, weil andere Einkommensarten wie Einkünfte aus Selbstständigkeit oder Zinseinnahmen zwischen den Ehegatten aufgeteilt werden könnten und bereits dadurch der Splittingvorteil unter 8.000 DM gesenkt werden könne.[297] Die Anzahl von betroffenen Arbeitnehmerehepaaren mit entsprechenden Bruttoeinkommen des Alleinverdieners lag nach der Lohnsteuerstatistik bei unter 200.000. Von höheren Mehreinnahmen als 250 Millionen DM sei nicht auszugehen, so das RWI.

Eine in der Stellungnahme von *Bruno Kaltenborn* für die Anhörung im Finanzausschuss enthaltene Grafik (vgl. Abbildung 4) zeigt die Auswirkungen des Kappungsmodells auf Alleinverdiener-Arbeitnehmerehepaare (dort als „Begrenztes Splitting" bezeichnet) gegenüber der Alternative der Einführung eines Realsplittingmodells, also der Ausweitung der Regelungen für geschiedene Ehepaare auf alle Ehepaare (mit einem maximal übertragbaren Einkommensbetrag zwischen den EhegattInnen von 27.000 DM und 54.000 DM).

---

294 PA-DBT, Materialien zum Steuerentlastungsgesetz 1999/2000/2002, Band B6 Nr. 96, S. 16, Stellungnahme zur Anhörung des Finanzausschusses, ohne Datum.
295 Ebd., S. 181.
296 PA-DBT, Materialien zum Steuerentlastungsgesetz 1999/2000/2002, Band B6 Nr. 858, S. 6, Stellungnahme von Dr. Bruno Kaltenborn, ohne Datum.
297 PA-DBT, Materialien zum Steuerentlastungsgesetz 1999/2000/2002, Band B6 Nr. 136, S. 4, Stellungnahme vom 04.12.1998.

Abbildung 4: Steuerbelastung eines Alleinverdiener-Arbeitnehmerehepaars durch alternative Begrenzungen des Ehegattensplittings

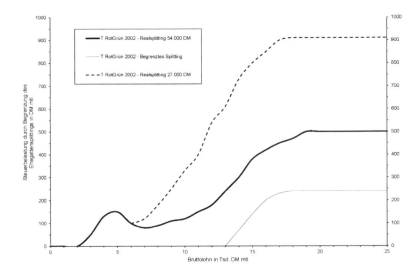

* Das Original enthält folgende Erläuterung: „Die Auswirkungen des Kappungsvorschlages ‚Begrenztes Splitting' und zwei Realsplittingalternativen werden unter Anwendung des im Gesetzentwurf vorgesehenen Einkommensteuertarifes für 2002 dargestellt. Der Berechnung der absetzbaren Vorsorgeaufwendungen liegen die Sozialversicherungsbeiträge auf Basis der 1998 maßgeblichen institutionellen Regelungen zugrunde."

Quelle: PA-DBT, Materialien zum Steuerentlastungsgesetz 1999/2000/2002, Band B6 Nr. 858, Stellungnahme von Dr. Bruno Kaltenborn zum Entwurf des Steuerentlastungsgesetzes 1999/2000/2002, ohne Datum, S. 6

Die Abbildung zeigt, dass eine Mehrbelastung nach dem rot-grünen Gesetzentwurf erst bei höheren Bruttolöhnen (ab ca. 13.000 DM) eingetreten wäre und die ebenfalls denkbare Alternative der Einführung eines Realsplittings weitreichendere Effekte gehabt hätte.

Obwohl das Reformvorhaben insgesamt ausgesprochen moderat war und die Mehrbelastungen für die überhaupt davon betroffenen Ehepaare lediglich gering gewesen wären, war die Kritik massiv, die vonseiten der Steuerrechts- und Finanzwissenschaft, einiger Familienverbände,[298] dem *Bund der Steuer-*

---

298 Der *Deutsche Familienverband* warnte zum Beispiel davor, die Kappung werde „kinderreiche Familien mit nur einem Verdiener treffen", die zwar über ein hohes Einkommen aber ein niedriges Pro-Kopf-Einkommen verfügten. Anstatt zwischen leistungsfähigeren Familien und wirtschaftlich schwächeren Familien umzuverteilen, solle zwischen „Familien und

zahler,[299] dem *Deutschen Steuerberaterverband*, der *Deutschen Steuer-Gewerkschaft* und den Kirchen[300] vorgebracht wurde. Die beiden Kirchen gingen sogar so weit, in einem gemeinsamen Brief an die Vorsitzende des Finanzausschusses des Bundestages durch die Reform das „christliche Bild von Ehe und Familie" gefährdet zu sehen.[301] Sie waren nicht zur öffentlichen Anhörung des Finanzausschusses über die Reform im Dezember 1998 eingeladen worden und wandten sich daraufhin im Dezember 1998 und Januar 1999 mit schriftlichen Stellungnahmen an den Finanzausschuss. Nach Einschätzung eines damaligen Mitgliedes des Finanzausschusses (SPD) war der Protest beider Kirchen mit ausschlaggebend für das Scheitern des Vorhabens im Jahr 1999.[302] Auch in den Medien überwog die negative Berichterstattung und empörte BürgerInnen schrieben an ihre Abgeordneten, um die Reform zu stoppen:

„Es gibt eine unglaublich große Zahl von Betroffenen. Es gibt eine noch größere Zahl von Ehepartnern, die glauben, sie seien betroffen. Unsere Erfahrung ist, dass wenn man über eine Einschränkung beim Ehegattensplitting spricht und diskutiert, dass auch zum Beispiel Lehrerehepaare, die genau gleich oder fast gleich verdienen, glauben, sie seien massiv davon betroffen. In Wirklichkeit wäre das ja nicht so, denn das Ehegattensplitting wirkt ja dann besonders stark, wenn die Einkommensunterschiede besonders groß sind. Es gab

---

nicht Unterhaltsverpflichteten" umverteilt werden; PA-DBT, Materialien zum Steuerentlastungsgesetz 1999/2000/2002, Band B6 Nr. 86, Stellungnahme vom 03.12.1998.

299 Der *Bund der Steuerzahler*, der die Einführung des Ehegattensplittings in den 1950er-Jahren massiv kritisiert und als steuersystematisch unsinnig bekämpft hatte, bewegte sich vier Jahrzehnte später zum anderen Ende des Debattenspektrums und vertrat 1998 die Auffassung, das Ehegattensplitting sei verfassungsrechtlich geboten und die geplante Kappungsregelung verstoße deshalb gegen Art. 6 Abs. 1 GG und das Gleichbehandlungsgebot; PA-DBT, Materialien zum Steuerentlastungsgesetz 1999/2000/2002, Band B6 Nr. 872, S. 7. Er gehört inzwischen zu den wichtigsten Verteidigern des Ehegattensplittings in der Verbändelandschaft.

300 PA-DBT, Materialien zum Steuerentlastungsgesetz 1999/2000/2002, Band B6 Nr. 115, Schreiben der Evangelischen Kirche in Deutschland und des Kommissariats der deutschen Bischöfe an die Vorsitzende des Finanzausschusses, 07.12.1998, S. 1–2.

301 Ebd., S. 1: „Die Kirchen treten ein für das Leitbild von Ehe und Familie. Deshalb gilt ihre besondere Sorge dem Schutz und der Förderung von Ehe und Familie. Dies ist auch ein Gebot unserer Verfassung (Art. 6 Abs. 1 GG). Unter das Schutz- und Fördergebot des Staates fällt die Pflicht, die Gestaltungsfreiheit der Eheleute bei Erwerb und Zuordnung der materiellen Grundlagen für ihre Gemeinschaft zu respektieren und für die Erhaltung von Ehe und Familie als positive Leitbilder in unserer Gesellschaft und Rechtsordnung zu sorgen. Die Einführung des Prinzips der Individualbesteuerung in die Berechnung der Bemessungsgrundlage, die Orientierung am Geschiedenenunterhalt und im Übrigen die Ungleichbehandlung von Einverdienerehen durch Kappung entsprechen diesen Erfordernissen nicht. Sie geben das gesellschaftspolitisch falsche Signal. Das bisherige Ehegattensplitting als steuerrechtlicher Ausdruck der Förderung von Ehe und Familie wird hingegen dem Sinn und Zweck des Art. 6 Abs. 1 GG voll gerecht und kommt der Bedeutung von Ehe und Familie im christlichen Verständnis entgegen. Die EKD setzt sich daher entschieden für die Beibehaltung des Ehegattensplittings in der bisherigen Form ein." Die Stellungnahme des Kommissariats der deutschen Bischöfe vom 08.12.1998 ist bis auf die Bezeichnung der Kirche textidentisch.

302 Interview Nr. 8, MdB, steuerpolitische Sprecherin der SPD-Bundestagsfraktion (SPD).

auch sehr, sehr viele Verbände, auch Familienverbände, es gibt eine Reihe von Familienverbänden, die sich immer massiv für die Beibehaltung des Ehegattensplittings einsetzen."[303]

Dieser heftigen Kritik stand nur verhalten artikulierte Befürwortung gegenüber. Der DGB erklärte in seiner Stellungnahme nur kurz, die Begrenzung des Splittingvorteils sei „im Prinzip o.k., aber sehr kompliziert",[304] der *Bundesverband der Deutschen Lohnsteuerhilfevereine* sah die Mehrzahl der typischen Arbeitnehmerehepaare nicht betroffen und stimmte deshalb dem Vorschlag zu.[305] Dem *Deutschen Frauenrat* ging der Entwurf nicht weit genug, der Kappungsentwurf sei „kaum noch an Unverständlichkeit zu überbieten", außerdem gehörten „Splitting und Realsplitting gestrichen, die Individualbesteuerung muss eingeführt werden".[306] Die *Evangelische Aktionsgemeinschaft für Familienfragen e.V.* vertrat die Auffassung, dass das Ehegattensplitting „sehr viel weitergehender gekappt werden sollte".[307] Das DIW warf die Frage auf, „ob der mit einem solchen Verfahren erreichte verteilungspolitische Effekt den Aufwand lohnt", wenn die maximale Kürzung des Splittingvorteils, die bei Bruttoeinkommen von 210.000 DM erreicht werde, 1.243 DM betrage.[308] Es sei zu bezweifeln, dass „das mit dieser Regelung verfolgte gesellschaftspolitische Anliegen, die steuerliche Begünstigung der traditionellen Ehe zu mindern, in der üblicherweise der Mann einer Erwerbsarbeit nachgeht und die Frau sich um Schwerpunkt der häuslichen Arbeit widmet, hinreichend berücksichtigt wurde". Konsequenter wäre die Einführung eines Realsplittings, schlussfolgerte deshalb das DIW.

In der Kabinettssitzung vom 16. Dezember 1998 wurde beschlossen, das Kappungsmodell wieder aus dem Gesetzentwurf zu entfernen.[309] Eine Interviewpartnerin, die allerdings nicht selbst am Kabinettstisch saß, berichtete, es habe sich dabei um eine der berühmten ‚Basta'-Entscheidungen des Bundeskanzlers Gerhard Schröder gehandelt, mit denen er eine Debatte durch ein Machtwort beendete. Offiziell wurde der Schritt mit dem Änderungsbedarf begründet, der sich durch die Entscheidungen des Bundesverfassungsgerichts zum Familienlastenausgleich vom 10. November 1998[310] insgesamt ergebe

---

303 Ebd.
304 PA-DBT, Materialien zum Steuerentlastungsgesetz 1999/2000/2002, Band B6 Nr. 91, Schreiben vom 02.12.1998.
305 Ebd., Band B6 Nr. 519, Schreiben vom 01.12.1998.
306 Ebd., Band B6 Nr. 87, Schreiben vom 16.11.1998.
307 Ebd., Band B6 Nr. 114, Schreiben vom 30.11.1998.
308 Ebd., Band B6 Nr. 96, S. 17, Stellungnahme zur Anhörung des Finanzausschusses, ohne Datum.
309 Eine entsprechende Formulierungshilfe des BMF an den Finanzausschuss trägt das Datum 28.01.1999; ebd., Band A5, Nr. 97.
310 Das Bundesverfassungsgericht fasste am 10.11.1998 vier Beschlüsse zum Familienlastenausgleich, die sich sowohl auf das steuerliche Existenzminimum von Kindern als auch auf den Haushaltsfreibetrag von Alleinerziehenden bezogen, allerdings nicht zu einer Neuordnung der Ehegattenbesteuerung aufriefen; vgl. BVerfG vom 10.11.1998 – 2 BvR 1057/91,

und eine Gesamtlösung erforderlich mache.[311] Aus Sicht der damaligen Ministerin für Familie, Senioren, Frauen und Jugend war der Verzicht auf die Umsetzung des Kappungsmodells auch keine Katastrophe: „Und weil der Kompromiss ja schon so unbefriedigend war, wie wir den dann 1998 hatten, dafür lange zu kämpfen, muss ich ehrlich sagen, lohnte dann auch nicht mehr. Das Kappungsmodell sehe ich noch vor mir, wo ich dann sagte: ‚Was ist denn das?'"[312]

Die Reformdiskussion ging nach der Streichung des Kappungsmodells aus dem Steuerentlastungsgesetz 1999/2000/2002 intern weiter, führte aber nicht mehr zu konkreten Änderungsvorhaben. In den Jahren 1999 und 2002 fanden von unterschiedlichen Akteuren angestoßene interne Reformdebatten statt, innerhalb derer verschiedene Alternativmodelle diskutiert und schließlich verworfen wurden. Diese werden im Folgenden ebenfalls dargestellt und dann die Reformhindernisse in der 14. Legislaturperiode auf der Grundlage dieser Erkenntnisse systematisiert.

6.4 Entwicklung von Reformalternativen

Die Reformdiskussion ging nach der Streichung des Kappungsmodells aus dem Steuerentlastungsgesetz 1999/2000/2002 innerhalb der Bundesministerien und der Bundestagsfraktionen von SPD und Bündnis 90/Die Grünen weiter. Neue Vorschläge drangen dabei aber nahezu nicht mehr an die Öffentlichkeit;[313] auf Grundlage der gesichteten Archivunterlagen und der durchgeführten ExpertInneninterviews konnten zwei interne Reformdiskussionen in weiten Teilen rekonstruiert werden.

Beide Konzepte sind für diese Untersuchung interessant, weil sie Einblicke in die internen Details der Auseinandersetzung des damaligen politisch-administrativen Systems mit dem Thema Ehegattenbesteuerung auf der Entscheidungsfindungsebene gewähren und verschiedene Positionen (vor allem innerhalb der beteiligten Bundesministerien) und Probleme deutlich machen, die als Reformhindernisse wirkten. Der Blick auf die interne Diskussion verschiedener Reformalternativen macht deutlich, welche Gründe ausschlaggebend dafür waren, keinen neuen Standpunkt der Regierungskoalition zu

---

2 BvR 1226/91, 2 BvR 980/91; 2 BvR 1852/97, 2 BvR 1853/97; 2 BvL 42/93; 2 BvR 1220/93.
311 BT-Drs. 14/442, S. 3.
312 Interview Nr. 6, frühere Ministerin (1998–2002) für Familie, Senioren, Frauen und Jugend (SPD).
313 Bis auf vereinzelte kurze Nachrichten: *Handelsblatt* vom 26.05.1999: „Bonn: Keine Pläne für Realsplitting" S. 5; *Frankfurter Rundschau* vom 04.05.1999: „Der Staat signalisiert verheirateten Müttern: bleibt besser zu Hause", S. 9–11.

entwickeln und letztlich auf die Umsetzung des im Koalitionsvertrag verankerten Ziels zu verzichten. Außerdem sind die angesprochenen Reformalternativen von Interesse, weil sie in ähnlicher Form noch heute diskutiert werden und auch immer noch umgesetzt werden könnten.[314]

6.4.1 *Gesetzentwurf des Bundesministeriums der Finanzen vom Mai 1999 – Individualbesteuerung mit Unterhaltsabzugsbetrag (Realsplitting)*

In einem Informationspapier vom 21. April 1999, das damals parlamentsintern bzw. regierungsintern blieb, stellte das Bundesfinanzministerium die verschiedenen Reformoptionen der Ehegattenbesteuerung mit ihren Vor- und Nachteilen dar.[315]

Dabei wurden fünf Alternativmodelle erörtert:

1. Zusammenveranlagung mit niedrigerem Divisor als 2, eventuell Familiensplitting;[316]
2. Reine Individualbesteuerung, Berücksichtigung von ehelichen Unterhaltsleistungen als außergewöhnliche Belastung nach § 33a EStG;[317]

---

[314] So beschloss der Bundesparteitag der SPD am 06.12.2011, „das Ehegattensplitting für zukünftige Ehen durch eine Individualbesteuerung mit Unterhaltsabzug umgestalten. Eingetragene Lebenspartnerschaften sollen gleich behandelt werden. Damit wird bis zu einem Einkommen von 64.000 Euro/Einzelveranlagung, 128.000 Euro/Gemeinsame Veranlagung niemand stärker belastet als heute; insgesamt sind weniger als 5 Prozent der Steuerpflichtigen betroffen.", Pressemitteilung Nr. 441/11, http://www.spd.de/aktuelles/Pressemitteilungen/21930/20111206_leitantrag_steuern_und_finanzen.html (Zugriff: 28.09.2012).

[315] Archiv Grünes Gedächtnis, B.II.4. (AK I Referat Finanzpolitik), 1050.

[316] Ebd., S. 2f. Ist der Divisor niedriger als 2, fällt die durch das Splittingverfahren erzeugte Abflachung der Progression geringer aus. Nachteile des Verfahrens: Zweiverdienerpaare müssten getrennte Veranlagung wählen, weil sie sonst höhere Steuern zahlen würden, als wenn sie nicht geheiratet hätten (,Ehestrafsteuer'). Einverdienerpaare würden bei getrennter Veranlagung wiederum höhere Steuern zahlen als Zweiverdienerpaare (aber auch mehr, als wenn sie die Zusammenveranlagung wählen würden). Es bestehe die Gefahr von Einkommensverschiebungen zwischen Ehegatten zur Steueroptimierung, insbesondere bei Selbstständigen und Gewerbetreibenden. Die Verteilungs- und Anreizwirkungen würden sich gegenüber dem Ehegattensplitting mit Divisor 2 nicht wesentlich verändern. Die Einbeziehung von Kindern in den Splittingtarif, zum Beispiel mit dem Divisor 0,5 pro Kind, würde vor allem Alleinverdienerehen mit hohen Einkommen entlasten und zu hohen Steuerausfällen führen.

[317] Ebd., S. 4f. Die Zusammenveranlagung und damit verbundene Regeln – auch die Lohnsteuerklassen III und V – sollten abgeschafft und Ehegatten zukünftig getrennt besteuert werden. Das Realsplitting für Geschiedene sollte ebenfalls beseitigt werden. Unterhaltsaufwendungen sollten als außergewöhnliche Belastungen nach § 33a EStG (vgl. Kapitel 1.5.2.6) bis zu 13.500 DM (ab 2002 14.040 DM) abzugsfähig sein, Einkünfte des anderen Ehegatten über 1.200 DM jährlich sollten den Abzug vermindern. Der Abzugsbetrag sollte bei einem Ehegatten beim anderen nicht zu den zu versteuernden Einkünften zählen. Das Modell sei problematisch, weil es Unterhaltsansprüche von Ehegatten nicht in ihrer vollen Höhe berücksichtige. Zweiverdienerehen würden durch dieses Modell wegen der Anrechnung des Ehegatteneinkommens geringer entlastet. Erhebliche Mehrbelastungen

3. Individualbesteuerung, Berücksichtigung von ehelichen Unterhaltsverpflichtungen durch Abzug eines Freibetrages in Höhe des steuerlichen Existenzminimums;[318]
4. Individualbesteuerung, Berücksichtigung von ehelichen Unterhaltsverpflichtungen durch Ansatz eines Ehegatten-Grundfreibetrages zusätzlich zum Grundfreibetrag des Steuerpflichtigen;[319]
5. Individualbesteuerung, Berücksichtigung von ehelichen Unterhaltsverpflichtungen durch einen Unterhaltsabzugsbetrag in Höhe von 27.000 bzw. 40.000 DM.

Nur der letztgenannte Vorschlag wurde politisch weiterverfolgt und mündete in einen Gesetzentwurf (eine sogenannte Formulierungshilfe des Bundesfinanzministeriums für die Abgeordneten), der am 31. Mai 1999 der Arbeitsgruppe Steuern der SPD-Bundestagsfraktion und auch der Bundestagsfraktion von Bündnis 90/Die Grünen zuging.[320]

Anders als das im Steuerentlastungsgesetz 1999/2000/2002 vorgeschlagene Kappungsmodell, das an der Zusammenveranlagung und allen damit verbundenen Regeln festhalten sollte, sah der Gesetzentwurf vor, die Zusammenveranlagung von Ehegatten abzuschaffen und zu einer Individualbesteuerung überzugehen. Damit wäre auch die Verdoppelung von Freibeträgen und der Verlustausgleich zwischen den Ehegatten weggefallen. Diese Vorteile der Zusammenveranlagung wären bei der Einführung des Kappungsmodells im Steuerentlastungsgesetz 1999/2000/2002 vollständig erhalten geblieben.

Bei der Ermittlung von Einkünften des unterhaltspflichtigen Ehepartners sollten fiktive Unterhaltsleistungen an den anderen Ehepartner zum Abzug kommen, die wie beim Realsplitting für Geschiedene wiederum beim unterhaltsberechtigten Ehepartner zu versteuern wären. Die Abzugsbeträge könnten 27.000 DM (in Anlehnung an das Realsplitting für Geschiedene) oder 40.000 DM betragen bzw. abhängig von den Einkünften der Ehegatten ge-

---

könnten sich für die Fälle ergeben, in denen negative Einkünfte eines Ehegatten bestehen, die nicht mehr mit positiven Einkünften des anderen Ehegatten verrechnet werden könnten. Hier bestehe das Problem der Feststellung, ob der Unterhalt tatsächlich geleistet werde. (Heutzutage erfolgt diese Feststellung im Rahmen des allgemeinen Unterhaltsabzuges nach § 33a EStG für eingetragene Lebenspartnerschaften und andere Berechtigte nicht.)

318 Ebd., S. 5–6. Ehegatten sollten künftig getrennt besteuert werden. Ein Unterhaltsfreibetrag in Höhe des steuerlichen Existenzminimums (2000 und 2001: 13.499 DM, ab 2002: 14.093 DM) sollte abgezogen werden, wenn der unterhaltsberechtigte Ehegatte keine oder keine ausreichenden Einkünfte hat. Der Abzugsbetrag beim einen Ehegatten sollte beim anderen nicht zu den zu versteuernden Einkünften zählen. Das Problem, dass Unterhaltsverpflichtungen nicht in ihrer vollen Höhe berücksichtigt werden, bleibe auch bei diesem Modell bestehen.

319 Ebd., S. 6–7. Ehegatten sollten künftig getrennt besteuert werden. Ein Ehegatten-Grundfreibetrag in Höhe des steuerlichen Existenzminimums sollte berücksichtigt werden, wenn der unterhaltsberechtigte Ehegatte keine oder keine ausreichenden eigenen Einkünfte hat. Die Steuerentlastungswirkung gegenüber Modell 2 und 3 wäre für alle nominal gleich hoch (2000 und 2001: 3.453 DM, ab 2002: 3.324 DM) und nicht abhängig vom individuellen Grenzsteuersatz.

320 Archiv Grünes Gedächtnis, A. Kristin Heye, 103.

staltet sein.[321] Die jährlichen Steuermehreinnahmen einer solchen Reform hätten bei einem Abzugsbetrag von 27.000 DM 6,7 Milliarden DM, bei einem Abzugsbetrag von 40.000 DM 3,4 Milliarden DM betragen.

Neben dem Gesetzentwurf selbst enthält die Formulierungshilfe ein Gutachten der verfassungsrechtlichen Abteilung des Bundesfinanzministeriums und eine grundrechtliche Beurteilung des Bundesministeriums des Innern sowie Berechnungen zu den zu erwartenden steuerlichen Mehrbelastungen durch die Reform.

Laut Bundesfinanzministerium wären die Auswirkungen dieses Reformmodells nicht zu unterschätzen: „Die stärksten Mehrbelastungen schon ab geringen Einkommen ergeben sich bei Alleinverdienern. Insbesondere die Halbierung der Sonderausgaben-Höchstbeträge führt zu Mehrbelastungen kleiner Einkommen. Bei Annäherung an die Gleichverteilung werden die Mehrbelastungen geringer. Bei einem Aufteilungsverhältnis von 60 zu 40 werden nur noch kleine Einkommen mehrbelastet, alle übrigen Fälle aber entlastet."[322] Tabelle 14 und Tabelle 15 zeigen die damals erwarteten Be- und Entlastungswirkungen des Modells im Einzelnen.

Die Wirkungsanalyse enthielt keine Angaben dazu, wie sich die Einkommenskonstellationen zwischen den Ehegatten in den unterschiedlichen Einkommensdezilen tatsächlich verteilen. Auch fehlt ein Vergleich mit der steuerlichen Belastung anderer Familienformen.

Die verfassungsrechtlichen Einschätzungen des Bundesfinanzministeriums und des Bundesministeriums des Innern kamen beide zu dem Ergebnis, dass mit allen dargestellten denkbaren Veränderungen des Ehegattensplittings ein „nicht unerhebliches verfassungsrechtliches Risiko" einhergehe.[323] Die Rolle der verfassungsrechtlichen Argumente und des Bundesfinanzministeriums beim Scheitern des Reformprozesses werden in Kapitel 6.5 dargestellt.

Der Vorschlag wurde nach der internen Diskussion in den Arbeitsgruppen der Fraktionen nicht weiterverfolgt, spätere Reformen des Familienlastenausgleichs (vgl. Mückenberger u.a. 2007) fanden ohne Veränderungen beim Ehegattensplitting statt.

---

321 Alternativ dazu wurde auch vorgeschlagen, einen feststehenden, einkommensunabhängigen Abzug von der Steuerschuld vorzunehmen (in einem Rahmen von 8.640 bis 10.800 DM), anstatt die Unterhaltsverpflichtungen bei der Ermittlung des zu versteuernden Einkommens zu berücksichtigen. Damit könnte die höhere Entlastung von BezieherInnen hoher Einkommen vermieden werden. In dem oben dargestellten Papier des Bundesfinanzministeriums (vgl. Fn. 315, S. 8) wird in diesem Zusammenhang die Befürchtung geäußert, daraus könnten politische Forderungen entstehen, denjenigen Ehepaaren, die aufgrund ihrer niedrigen Einkommen gar keine Steuern zahlen, der die Steuerschuld übersteigende Abzugsbetrag auszuzahlen.
322 Archiv Grünes Gedächtnis, B.II.4. (AK I Referat Finanzpolitik), 1050.
323 Archiv Grünes Gedächtnis, A. Kristin Heyne, 103, BMI, Referat SG II 7, Schreiben vom 28.05.1999, sowie BMF, Referat VA 5, Schreiben vom 12.05.1999.

Tabelle 14: Folgen eines Übergangs zur Individualbesteuerung mit Realsplitting bis zu 27.000 DM bei verheirateten Arbeitnehmern (Alleinverdiener), Jahresbeträge in DM

Jahresbruttolohn	Nach Zusammenveranlagung (Anwendung der ESt-Splittingtabelle)		ESt 2000 neu	Mehrbelastung bzw. Entlastung (−) im Vergleich zu	
	ESt 1999	ESt 2000		ESt 2000	ESt 1999
30.000	0	0	49	*49*	*49*
40.000	846	602	1.621	*1.019*	*775*
50.000	3.066	2.676	4.147	*1.471*	*1.081*
60.000	5.778	5.236	6.832	*1.596*	*1.054*
70.000	9.028	8.352	9.717	*1.365*	*689*
80.000	12.246	11.480	12.869	*1.389*	*623*
90.000	15.344	14.528	16.307	*1.779*	*963*
100.000	18.508	17.676	19.994	*2.319*	*1.486*
110.000	21.810	20.994	23.948	*2.954*	*2.138*
120.000	25.212	24.446	28.170	*3.724*	*2.958*
130.000	28.680	27.992	32.658	*4.666*	*3.978*
140.000	32.286	31.714	37.439	*5.725*	*5.153*
150.000	35.968	35.526	42.455	*6.929*	*6.487*
160.000	39.840	39.514	47.550	*8.036*	*7.710*
170.000	43.866	43.638	52.645	*9.007*	*8.779*
180.000	47.998	47.850	57.740	*9.890*	*9.742*
190.000	52.328	52.242	62.835	*10.593*	*10.507*
200.000	56.764	56.720	67.957	*11.237*	*11.193*
210.000	61.398	61.380	73.052	*11.672*	*11.654*
220.000	66.188	66.174	78.147	*11.973*	*11.959*
230.000	71.074	71.052	83.242	*12.190*	*12.168*
240.000	76.168	76.114	88.337	*12.223*	*12.169*
250.000	81.358	81.182	93.459	*12.277*	*12.101*
500.000	213.868	208.692	220.942	*12.250*	*7.074*
600.000	266.872	259.696	271.946	*12.250*	*5.074*
800.000	372.880	361.704	373.954	*12.250*	*1.074*
1.000.000	478.888	463.712	475.935	*12.223*	*−2.953*

* Das Original enthält folgende Erläuterungen: „Berechnungen EStG nach Individualbesteuerung mit Realsplitting bis zu 27.000 DM Einkünfteübertragung unter Berücksichtigung der Halbierung des Vorwegabzugs sowie der Sonderausgaben-Höchstbeträge nach ESt-Grundtabelle 2000. Mehrbelastung/Entlastung im Vergleich zu ESt 2000 – ausgewiesener Betrag entspricht dem (wegfallenden) Splittingeffekt und der Auswirkung der geänderten Berücksichtigung von Sonderausgaben (Vorsorgeaufwendungen). ESt 1999: Vergleich mit ESt-Splittingtabelle 1999. Der ausgewiesene Betrag entspricht der effektiv eintretenden Änderung der Steuerbelastung unter Berücksichtigung der Tarifsenkung 2000 im Vergleich zu ESt-Tarif 1999. Die Steuerberechnung entspricht einer ESt-Veranlagung mit Berücksichtigung der üblichen Pausch-, Frei- und Höchstbeträge (Arbeitnehmer-Pauschbetrag von 2.000/ 4.000 DM, Werbungskosten-Pauschbetrag von 200 DM bei sonstigen Einkünften, Sonderausgaben-Pauschbetrag von 108/216 DM; Vorsorgeaufwendungen in Höhe der Sozialabgaben bis zur Höhe der anzuwendenden Sonderausgaben-Höchstbeträge einschl. Vorwegabzug."

Quelle: Archiv Grünes Gedächtnis, A. Kristin Heyne, 103, BMF, Referat I C 6, Tabelle vom 31.05.99. Hervorhebung der Mehrbelastungen im Original.

Tabelle 15: Folgen des Übergangs zur Individualbesteuerung mit Realsplitting bis 27.000 DM bei verheirateten Arbeitnehmern (Doppelverdiener), Jahresbeträge in DM

Gemein-samer Jahres-bruttolohn	Nach Zusammen-veranlagung (Anwendung der ESt-Splitting-tabelle)		Anteil des höher verdienenden Ehegatten in ... vH am gemeinsamen Jahresbruttolohn						
			90 Mehrbelastung bzw. Entlastung (−) im Vergleich		80 Mehrbelastung bzw. Entlastung (−) im Vergleich		70 Mehrbelastung bzw. Entlastung (−) im Vergleich		60 Mehrbelastung bzw. Entlastung (−) im Vergleich
	ESt 1999	ESt 2000	ESt 2000	ESt 1999	ESt 2000	ESt 1999	ESt 2000	ESt 1999	ESt 2000	ESt 1999
30.000	0	0	0	0	0	0	0	0	0	0
40.000	338	124	747	533	487	273	279	65	88	−126
50.000	2.542	2.184	1.187	829	907	549	547	189	109	−249
60.000	5.204	4.690	1.262	748	924	410	590	76	216	−298
70.000	8.462	7.806	867	211	440	−216	46	−610	−135	−791
80.000	11.658	10.906	632	−120	111	−641	−348	−1.100	−317	−1.069
90.000	14.702	13.894	758	−50	0	−808	−363	−1.171	−132	−940
100.000	17.882	17.050	936	104	−111	−943	−413	−1.245	−69	−901
110.000	21.126	20.306	1.196	376	−143	−963	−306	−1.126	−55	−875
120.000	24.510	23.730	1.543	763	−149	−929	−150	−930	−75	−855
130.000	27.994	27.288	1.976	1.270	−22	−728	−78	−784	−78	−784
140.000	31.542	30.942	2.490	1.890	207	−393	−57	−657	−61	−661
150.000	35.236	34.770	3.090	2.624	427	−39	−59	−525	−84	−550
160.000	39.036	38.688	3.818	3.470	829	481	5	−343	−65	−413
170.000	43.030	42.784	4.523	4.277	1.275	1.029	68	−178	−89	−335
180.000	47.178	47.016	5.121	4.959	1.777	1.615	105	−57	−93	−255
190.000	51.432	51.334	5.652	5.554	2.327	2.229	258	160	−72	−170
200.000	55.884	55.832	5.978	5.926	2.631	2.579	363	311	−98	−150
210.000	60.440	60.416	6.229	6.205	2.859	2.835	534	510	−75	−99
220.000	65.196	65.184	6.315	6.303	2.914	2.902	627	615	−104	−116
230.000	70.106	70.086	6.242	6.222	2.846	2.826	606	586	−106	−126
240.000	75.116	75.070	6.133	6.087	2.733	2.687	555	509	−110	−159
250.000	80.330	80.190	5.925	5.785	2.468	2.328	368	228	−110	−250
500.000	212.838	207.700	2.441	−2.697	−137	−5.275	−137	−5.275	−110	−5.248
600.000	265.842	258.704	1.401	−5.737	−137	−7.275	−110	−7.248	−110	−7.248
800.000	371.792	360.658	175	−10.959	−83	−11.217	−83	−11.217	−83	−11.217
1.000.000	477.802	462.666	−83	−15.219	−83	−15.219	−83	−15.219	−83	−15.219

Quelle: Archiv Grünes Gedächtnis, A. Kristin Heyne, 103, BMF, Referat I C 6, Tabelle vom 31.05.1999. Hervorhebung der Mehrbelastungen im Original.

6.4.2 ‚Einstieg in den Ausstieg' – Vorschlag des Bundesfamilienministeriums im Jahr 2002

Im Februar 2002 legte das Bundesministerium für Familie, Senioren, Frauen und Jugend einen eigenen Vorschlag zur Veränderung des Ehegattensplittings vor. Die Motive hierfür beschrieb die ehemalige Ministerin im Interview folgendermaßen:

„Weil ich dachte, das darf nun nicht nochmal passieren, dass wir etwas im Koalitionsvertrag haben und nicht auch gleichzeitig ein Modell dafür bereitsteht. Ein Modell, wie es vernünftig funktionieren kann, braucht man schon, sonst schaut man hinterher wieder dumm aus der Wäsche, um es mal gut Sächsisch zu sagen. Es ist immer schlecht, wenn man sich von denjenigen, die nicht so wahnsinniges Interesse daran haben, die Modelle machen lässt. Also lieber selber machen ... Es war nicht die Radikallösung, völlige Abschaffung, weil ich ja in meinem politischen Leben dann auch gelernt hatte, dass der Weg immer schrittweise gegangen werden muss. Was dann auch umsetzbar ist. Damit man dann nicht wieder die große Auseinandersetzung hat und dann wieder nichts herauskommt. Also quasi der Einstieg in den Ausstieg."[324]

Der Vorschlag wurde nie veröffentlicht, er wurde aber dem Finanz-, dem Innen- und dem Justizministerium sowie dem Arbeitskreis „Fortentwicklung des Familienlastenausgleichs und der Betreuung von Kindern"[325] in der SPD-Bundestagsfraktion zugesendet und dort diskutiert.[326]

Das Konzept sah die Einführung eines begrenzten Splittingverfahrens und einer dadurch finanzierten gleichzeitigen Kindergelderhöhung um 11 Euro pro Kind und Monat zum 1. Januar 2005 vor. Die Begrenzung des Splittings hätte zu Steuermehreinnahmen von ca. 2,4 Milliarden Euro geführt und dadurch die gleichzeitige Kindergelderhöhung kompensiert. Das Datum des Inkrafttretens der Reform war wichtig, weil zu diesem Zeitpunkt weitere Tarifsenkungen geplant waren und deshalb die spürbaren Höherbelastungen für die meisten Ehepaare nach den Berechnungen des Ministeriums gering gewesen wären. Für „die breite Masse der Fälle" hätte das Modell demnach zu Verbesserungen geführt (vgl. Tabelle 16).[327] Man versprach sich von diesem Ansatz größere Umsetzungschancen, weil sich das Gegenargument der nicht vermittelbaren Höherbelastungen von Einverdienerehen so hätte entkräften lassen. Die vom Bundesfinanzministerium erstellten Mehrbelastungstabellen enthielten aber trotzdem Berechnungen der Schlechterstellungen von Ehepaaren durch die Anwendung des neuen Tarifs gegenüber einem unveränderten Ehegattensplitting, auch wenn sie für die Steuerpflichtigen im Ergebnis nicht spürbar geworden wären (vgl. Tabelle 17).

Wie beim begrenzten Splittingverfahren im Entwurf für das Steuerentlastungsgesetz 1999/2000/2002 wollte das Bundesfamilienministeriums in seinem Modell an der Zusammenveranlagung festhalten. Nach der Ermittlung des gemeinsam zu versteuernden Einkommens sollte für die Festsetzung der

---

324 Interview Nr. 6, frühere Ministerin (1998–2002) für Familie, Senioren, Frauen und Jugend (SPD).
325 Nach den Unterlagen der Arbeitsgruppe Finanzen der SPD-Bundestagsfraktion bestand dieser Arbeitskreis aus Mitgliedern mit steuerpolitischen und familienpolitischen Fachzuständigkeiten und sollte Konzepte eines veränderten Familienlastenausgleichs beraten, Archiv der sozialen Demokratie, SPD-Bundestagsfraktion, AG Finanzen/Jörg-Otto Spiller MdB, 51.356.
326 Archiv der sozialen Demokratie, SPD-Bundestagsfraktion, AG Finanzen/Jörg-Otto Spiller MdB, 51.356, Schreiben BMFSFJ vom 27.02.2002.
327 Ebd.

Tabelle 16: Entlastungen und Belastungen von Einverdiener-Ehepaaren beim Vergleich von Ehegattensplitting im Tarif 2004 zum Modell des Bundesfamilienministeriums im Tarif 2005*

Zu versteuerndes Einkommen	Ohne Kind	Mit einem Kind	Mit zwei Kindern	Mit drei Kindern	Mit vier Kindern
30.000	319	451	583	715	847
35.000	335	467	599	731	863
40.000	305	437	569	701	833
45.000	226	358	490	622	754
50.000	102	234	366	498	630
60.000	-291	-159	-27	105	237
80.000	-1.177	-1.045	-913	-781	-649

* Hervorhebung der Entlastungen im Original. Alle Angaben in Euro pro Jahr. Die Darstellung berücksichtigt die vorgeschlagenen Veränderungen des Ehegattensplittings und eine Kindergeld-Erhöhung um 11 Euro je Kind und Monat bzw. 132 Euro je Kind und Jahr.

Quelle: Archiv der sozialen Demokratie, SPD-Bundestagsfraktion, Arbeitsgruppe Finanzen/ Jörg-Otto Spiller MdB, 51.356, Schreiben BMFSFJ vom 27.02.2002

Steuerschuld das gemeinsam zu versteuernde Einkommen entsprechend dem jeweiligen Anteil der Ehegatten an den Einkünften aufgeteilt werden. Bei unterschiedlicher Höhe der Beiträge sollte die Hälfte des Unterschiedsbetrags dem geringeren Teilbetrag zugerechnet werden, jedoch nicht mehr als 14.000 Euro. Für diese Teilbeträge sollte dann der Steuerbetrag ermittelt werden. Die Einkommensteuer des Paares würde sich dann aus der Summe der beiden Steuerbeträge ergeben.[328] Zu welchen Be- bzw. Entlastungen das Modell führen würde, war abhängig von Einkommenshöhe und Erwerbskonstellation. Im Folgenden werden zunächst die Auswirkungen ohne die Berücksichtigung der Kindergelderhöhung dargestellt, wie sie vom Bundesfamilien- und vom Bundesfinanzministerium berechnet worden waren.

Bei einer Umsetzung des Modells hätte sich für Paare, deren jeweilige Anteile am zu versteuernden Gesamteinkommen nicht mehr als 28.000 Euro auseinander lagen, nichts verändert. Je nach Einkommensverteilung wären die Schlechterstellungen gegenüber dem Status quo bei Zweiverdienerpaaren unterschiedlich ausgefallen,[329] ausschließlich Alleinverdienerehen hätten relevante Mehrbelastungen in Kauf nehmen müssen.

---

328 Ebd.
329 Bei einer Einkommensverteilung im Verhältnis 50:50 oder 60:40 gäbe es keine Schlechterstellungen. Eine Verteilung von 70:30 würde zu minimalen Schlechterstellungen ab 75.000 Euro zu versteuerndem Einkommen führen. Bei einer Verteilung von 80:20 wäre mit minimalen Schlechterstellungen (5 Euro) ab 50.000 Euro zu versteuerndem Einkommen zu rechnen, bei 55.000 Euro zu versteuerndem Einkommen stiege die Steuerbelastung (Einkommensteuer plus Solidaritätszuschlag) in Höhe von 10.603 Euro um 29 Euro an (Steigerung von 0,3 Prozent). Wären die Einkommen 90:10 verteilt, ergäben sich Schlechterstellungen ab 40.000 Euro zu versteuerndem Einkommen (das entspricht einem Bruttoeinkommen von ca. 45.000 Euro). Bei 40.000 Euro zu versteuerndem Einkommen stiege die Steu-

Tabelle 17: Mehrbelastung durch das Modell des Bundesfamilienministeriums gegenüber unverändertem Splittingverfahren im Tarif 2005*

zu versteuerndes Einkommen	Einkommensteuer und Solidaritätszuschlag bei Zusammenveranlagung	Mehrbelastung bzw. Entlastung (-) nach individueller Besteuerung gegenüber Zusammenveranlagung bei Aufteilung des zu versteuernden Einkommens auf die beiden Ehegatten im Verhältnis von					
		100 zu 0	90 zu 10	80 zu 20	70 zu 30	60 zu 40	50 zu 50
1	2	3	4	5	6	7	8
20.000	796	0	0	0	0	0	0
25.000	1.864	0	0	0	0	0	0
30.000	3.254	-3	0	0	0	0	0
35.000	4.604	51	0	0	0	0	0
40.000	6.014	165	18	0	0	0	0
45.000	7.482	341	77	0	0	0	0
50.000	9.012	578	174	5	0	0	0
55.000	10.603	873	309	29	0	0	0
60.000	12.253	1.229	484	78	0	0	0
65.000	13.964	1.645	696	147	0	0	0
70.000	15.736	2.087	947	237	0	0	0
75.000	17.568	2.470	1.232	349	4	0	0
80.000	19.461	2.793	1.482	482	19	0	0
85.000	21.412	3.057	1.674	631	44	0	0
90.000	23.425	3.260	1.805	735	78	0	0
95.000	25.499	3.401	1.877	781	121	0	0
100.000	27.366	3.483	1.890	773	138	0	0
105.000	29.827	3.504	1.844	709	105	0	0
110.000	32.042	3.505	1.778	629	64	0	0
115.000	34.258	3.504	1.713	553	32	0	0
120.000	36.473	3.505	1.649	483	11	0	0

* Alle Angaben sind Jahresbeträge in Euro. Dargestellt wird die Mehrbelastung bzw. Entlastung (-) nach individueller Tarifbesteuerung der beiden Ehegatten unter Berücksichtigung einer fiktiven Einkommensübertragung von maximal 14.000 Euro gegenüber Zusammenveranlagung mit Splittingverfahren im Jahre 2005 (Basis: zu versteuerndes Einkommen).

Quelle: Archiv Grünes Gedächtnis, B.II.4. (AK I Referat Finanzpolitik), 1049, Schreiben BMF, Referat I A 5, vom 08.02.2002

Das begrenzte Ehegattensplitting sollte zu Beginn des Jahres 2005 eingeführt werden, weil die ab diesem Zeitpunkt geplante Tarifsenkung die Auswirkungen der Veränderungen der Ehegattenbesteuerung ebenfalls beeinflusst hätte. Dies hätte bezogen auf alle damals rund 14,2 Millionen zusammen veranlagten Ehepaare „bei 71% Entlastungen, 25% keine Belastungsveränderungen und 4% Mehrbelastungen" bedeutet (ohne Berücksichtigung der Kindergelderhöhung, von der aber 71 Prozent der Ehepaare profitiert hätten). Bei den

erbelastung in Höhe von 6.014 Euro um 18 Euro, also um 0,3 Prozent, bei 45.000 wären es 77 Euro (plus ca. 1 Prozent), bei 50.000 Euro 174 Euro (plus ca. 2 Prozent) und bei 120.000 Euro zu versteuerndem Einkommen 1.649 Euro zusätzlich (plus ca. 5 Prozent).

Alleinverdienerehen hätten „56% Entlastungen, 34% keine Belastungsveränderung, 10% Mehrbelastungen" zu verzeichnen gehabt.

Das Modell des Bundesfamilienministeriums wurde bereits im Stadium der Arbeitsgruppendiskussion in der SPD-Bundestagsfraktion verworfen.

6.4.3 Gegenüberstellung der zwischen 1998 und 2002 diskutierten Reformmodelle

Zwischen 1998 und 2002 wurden im Wesentlichen drei Reformmodelle diskutiert – der im Steuerentlastungsgesetz 1999/2000/2002 vorgestellte und dann zurückgezogene Kappungsvorschlag, der vom Bundesministerium der Finanzen auf Anfrage der Koalitionsfraktionen im Mai 1999 erstellte Vorschlag eines fiktiven Realsplittings und der 2002 vom Bundesfamilienministerium entwickelte Vorschlag eines begrenzten Splittings.[330] Diese drei Vorschläge sollen an dieser Stelle verglichen und die wichtigsten Unterschiede zwischen ihnen herausgearbeitet werden.

Die Gegenüberstellung (vgl. Übersicht 2) macht deutlich, dass sich die diskutierten Lösungen besonders im Hinblick auf ihre Verteilungswirkungen stark voneinander unterschieden. Während das Kappungsmodell im Steuerentlastungsgesetz 1999/2000/2002 den Status quo weitgehend erhalten und dementsprechend auch nur marginale Steuermehreinnahmen erreicht hätte, waren die 1999 und 2002 diskutierten Modelle zumindest an einem Pfadwechsel orientierte Reformvorschläge.

Weil er den Systemwechsel zu einer individuellen Veranlagung vorsah, hätte der Gesetzentwurf des Bundesfinanzministeriums aus dem Jahr 1999 noch weiterreichende Folgen gehabt als der Vorschlag des Bundesfamilienministeriums, welcher der Logik der Zusammenveranlagung verhaftet blieb.

Nach allen drei Reformvarianten wären Einverdienerehen die Verlierer gewesen, bei dem Reformvorschlag aus dem Jahr 2002 allerdings abgefedert durch Tarifveränderungen und das höhere Kindergeld. Die Entwürfe divergierten vor allem darin, ab welchem Einkommen die Einverdienstehen mit Mehrbelastungen zu rechnen gehabt hätten: Das Kappungsmodell von 1998 hätte für Ehepaare ab einem zu versteuernden Einkommen von 120.000 DM zu Mehrbelastungen geführt, das Realsplittingmodell des Bundesfinanzministeriums von 1999 hätte sich für Ehepaare ab einem zu versteuernden Einkommen von 40.000 DM und das Modell des Bundesfamilienministeriums für

---

[330] Im Jahr 2002 gab es ein weiteres Modell, das vom DIW im Auftrag der Bundestagsfraktion von Bündnis 90/Die Grünen berechnet worden war (Otto u.a. 2001). Darin war ebenfalls ein Realsplitting für Ehepaare vorgesehen, und zwar mit einem Unterhaltstransfer von 20.000 Euro zwischen den Ehegatten. Das Modell unterschied sich in einigen Details von dem im BMF 1999 entwickelten Realsplittingmodell, ging aber im Wesentlichen in eine ähnliche Richtung und wird an dieser Stelle nicht separat diskutiert.

Ehepaare ohne Kindergeldanspruch ab einem Einkommen von 60.000 Euro negativ ausgewirkt.

Übersicht 2: Gegenüberstellung der zwischen 1998 und 2002 diskutierten Reformmodelle

	Steuerentlastungsgesetz 1999/2000/2002	Vorschlag BMF Mai 1999	Vorschlag BMFSFJ Januar 2002
Geplantes Inkrafttreten	01.01.2002	nicht definiert	01.01.2005
Art der Veranlagung	Zusammenveranlagung	getrennte Veranlagung	Zusammenveranlagung
Berücksichtigung von Unterhalt	Kappung des Splittingvorteils auf maximal 8.000 Euro, Übertragung von Einkommen auf PartnerIn mit niedrigerem Einkommen im Rahmen der Berechnung des Splittingvorteils	Realsplittingmodell – Abzugsbetrag von 27.000 oder 40.000 DM, Versteuerung dann beim anderen Partner als Einkommen	Übertragung von Einkommen bis zu 14.000 Euro auf PartnerIn mit niedrigerem Einkommen; ohne Versteuerung beim anderen Partner
Konzept für geschiedene Ehen	Beibehaltung Realsplitting	Beibehaltung Realsplitting	Beibehaltung Realsplitting
Familienförderung Reformbestandteil?	vorgelagerte Kindergelderhöhung um 10 DM (1999)	nein	gleichzeitige Kindergelderhöhung um 11 Euro pro Kind
Mehrbelastungen ab zu versteuerndem Einkommen von …	Alleinverdienerehen ab einem zu versteuernden Einkommen 120.000 DM verlieren; maximaler Kappungsbetrag liegt bei 1.243 DM; unter Berücksichtigung von Verhaltensanpassungen voraussichtlich weniger als 200.000 Ehepaare betroffen	Alleinverdienerehen ab einem zu versteuernden Einkommen von 40.000 DM verlieren	keine Veränderungen für Paare, deren Einkommen nicht mehr als 28.000 DM auseinanderliegen – wegen der gleichzeitigen Tarifänderungen sind die Mehrbelastungen begrenzt (ohne Berücksichtigung Kindergelderhöhung); Alleinverdienerehen ab einem zu versteuernden Einkommen von 60.000 Euro verlieren (4 % aller Ehepaare, 10 % aller Einverdienstehepaare)
Auswirkungen auf Steueraufkommen	Steuermehreinnahmen von maximal 260 Mill. DM	Steuermehreinnahmen von 6,7 Mrd. DM (bei 40.000 DM Abzugsbetrag) bzw. 3,4 Mrd. DM (bei 27.000 DM Abzugsbetrag)	Steuermehreinnahmen von 2,4 Mrd. Euro

Quelle: Eigene Darstellung

6.4.4 ‚In den Schubladen' – Die Diskussion über das Ehegattensplitting ab dem Jahr 2002

Nach der Bundestagswahl 2002 und in der 15. Legislaturperiode insgesamt wurde es vergleichsweise still um das Thema Ehegattensplitting. Es war nicht wieder Gegenstand des Koalitionsvertrags[331] und die Reformtätigkeit der rotgrünen Bundesregierung konzentrierte sich auf andere Politikbereiche, insbesondere die Arbeitsmarkt- und Sozialpolitik:

> „Die Legislatur ging ja bis 2002 und dann war die Debatte auf einmal eine ganz andere. Es ging dann um Agenda 2010, Afghanistan und solche Sachen. Da ist das Thema in den Schubladen geblieben, weil es auch die Mehrheiten dafür einfach nicht gab, weder in der Gesellschaft noch im Parlament."[332]

In den Koalitionsverhandlungen im Jahr 2002 spielte das Thema Ehegattensplitting noch einmal eine Rolle, es wurde aber kein konkretes Reformvorhaben verankert. An dieser Stelle hätte es nahegelegen, eines der in der vergangenen Legislaturperiode erarbeiteten Konzepte auf die Agenda zu setzen. Es kam aber zu einem Wechsel an der Spitze des Bundesfamilienministeriums: Die neue Ministerin *Renate Schmidt* (SPD) sah im Unterschied zu ihrer Amtsvorgängerin eine Reform des Ehegattensplittings nicht als vordringlich an (vgl. Kapitel 6.5.7) und schätzte die Durchsetzbarkeit einer solchen Forderung auch als gering ein. Dieser Zuständigkeitswechsel und die fehlende Unterstützung durch die künftige Frauen- und Familienministerin könnte einer der Gründe gewesen sein, warum sich BefürworterInnen einer Reform diesmal – anders als noch 1998 – in den Koalitionsverhandlungen nicht durchsetzten. Möglicherweise hatte nach den Diskussionen der 14. Legislaturperiode auch eine Art Ernüchterung eingesetzt – die Hürden für eine Reform des Ehegattensplittings hatten sich immerhin als erheblich erwiesen. Eine Zusammenfassung der Reformhindernisse in der 14. Legislaturperiode folgt im nächsten Abschnitt.

---

331 In den Unterlagen der Bundestagsfraktion von Bündnis 90/Die Grünen (Archiv Grünes Gedächtnis, B.II.4 AK I Referat Finanzpolitik, 1049) finden sich Unterlagen zur Vorbereitung der Koalitionsverhandlungen vom 27.09.2002. Die Grünen wollten das Ehegattensplitting in ein Realsplitting bis zu 20.000 Euro umwandeln, als Zeitschiene wird festgehalten: „möglichst kurz nach der Wahl, da unpopulär". Zur Position der SPD merkt das Papier an: „SPD in der letzten Wahlperiode aber widerwillig, obwohl definitiv mit konkretem Modell im letzten Koalitionsvertrag". Der Formulierungsvorschlag der Grünen („Wir wollen das Ehegattensplitting modernisieren und dabei den Splittingvorteil im oberen Einkommensbereich abschmelzen. Dies ist sozial gerecht und fördert die Gleichberechtigung von Frauen in Familie und Beruf.") wurde im Ergebnis nicht in den Koalitionsvertrag aufgenommen.
332 Interview Nr. 7, MdB a.D., frühere Sprecherin für Frauenpolitik und Familienpolitik (Bündnis 90/Die Grünen).

6.5 Reformhindernisse in der 14. Legislaturperiode

Welchen Hindernissen stand die ursprünglich geplante Reform des Ehegattensplittings in der 14. Legislaturperiode gegenüber? Auf den ersten Blick ist die Antwort einfach: Für die meisten Steuergesetze ist gemäß Art. 105 GG die Zustimmung des Bundesrates erfoderlich. Dort hatte Rot-Grün aber bereits im April 1999 keine Mehrheit mehr. Die Durchsetzbarkeit des Reformvorschlages war damit in weite Ferne gerückt. Diese Antwort erklärt aber nicht, warum das im Steuerentlastungsgesetz 1999/2000/2002 vorgeschlagene Kappungsmodell auch dann nicht umgesetzt wurde, als die entsprechende Bundesratsmehrheit noch bestand. Die Entscheidungen des Bundesverfassungsgerichts vom 10. November 1998, mit denen die Entfernung des Kappungsvorschlag aus dem Gesetzentwurf offiziell begründet wurde, betrafen das Ehegattensplitting gar nicht, sondern den Familienlastenausgleich – und in späteren Reformen der Familienbesteuerung spielt eine Reform des Ehegattensplittings auch keine Rolle mehr. Allenfalls könnte es sein, dass das Ehegattensplitting im Rahmen von späteren Reformvorhaben mitgeregelt werden sollte und diese Pläne dann später revidiert wurden – dann stellt sich aber ebenfalls die Frage, warum jedenfalls zunächst von einer Veränderung beim Ehegattensplitting Abstand genommen wurde. Wie die Auswertung der ExpertInneninterviews und der Archivmaterialien zeigt, waren die grundlegenden Probleme, die aufseiten der Regierungskoalition mit dem Vorhaben einer Reform des Ehegattensplittings verbunden waren, von Anfang an dieselben. Deshalb bilden alle drei hier analysierten Reformdiskussionen die Grundlage für die folgende Systematisierung der Reformhindernisse in der 14. Legislaturperiode.

Um welche Probleme es sich handelte, deutet das Protokoll einer Klausurtagung der AG Finanzen der SPD-Bundestagsfraktion zur „Weiterentwicklung des steuerlichen Familienleistungsausgleichs im Jahre 2002"[333] an. Darin heißt es, dass „von Verbänden und Wissenschaftlern" zur Gegenfinanzierung von Familienentlastungen „gerne die Besteuerung von Ehegatten ins Spiel gebracht" werde. Reformmodelle in Richtung einer Individualbesteuerung, wie sie beispielsweise das DIW entwickelt habe (Otto u.a. 2001; Seidel u.a. 1999), seien zwar in sich „plausibel und verfassungsgemäß", hätten aber „nicht zuletzt wegen der Fülle technischer, verfassungsrechtlicher und politischer Probleme keine Chance auf eine Umsetzung". Das für eine grundlegende Reform des Familienlastenausgleichs benötigte Finanzvolumen könne durch eine Reform der Ehegattenbesteuerung aber nicht aufgebracht werden, insbesondere dann nicht, wenn sie Unterhaltsleistungen und Übergangsfristen zum Schutz von ‚Altehen' berücksichtige. „Der politische Aufwand für die

---

333 Archiv der sozialen Demokratie, SPD-Bundestagsfraktion, AG Finanzen/Jörg-Otto Spiller MdB, 51.354, Protokoll AG Finanzen vom 07.–08.09.2000.

Durchsetzung einer neuen Besteuerung von Ehegatten für den Ertrag von 10–20 DM Kindergelderhöhung lohnt sich ganz offensichtlich nicht", lautet dann auch die Schlussfolgerung im Protokoll.[334]

Die BefürworterInnen einer Reform waren überwiegend in einer Außenseiterposition, verfügten nicht über die fachpolitischen Zuständigkeiten, ein Reformmodell voranzutreiben, und konnten ihren Standpunkt im Ergebnis nicht durchsetzen. Diese Reformhindernisse beim Ehegattensplitting sind teilweise bis heute aktuell und werden im Folgenden dargestellt.

6.5.1 ‚Das Rollo geht sofort runter' – Zustimmungserfordernis im Bundesrat

> „Der Grund war der, dass jegliche Steuergesetzgebung mitbestimmungspflichtig ist und im Bundesrat Mehrheiten waren, die es niemals zugelassen hätten, dass das Wirklichkeit wird. Also die rot-grüne Koalition war schon entschieden, dass sie das auch machen will, und es hätte nur keinerlei Mehrheit im Bundesrat gegeben und insoweit hat man davon Abstand genommen."[335]

Weil Änderungen im Einkommensteuergesetz der Zustimmung des Bundesrates bedürfen, hätte die rot-grüne Koalition die Reform der Ehegattenbesteuerung zusammen mit den anderen Änderungen des Steuerrechts im Jahressteuergesetz 1999/2000/2002 in einem eher kurzen Zeitfenster durchführen müssen. Ein Konsens für ein Reformprojekt des Ehegattensplittings wäre mit den nicht rot-grün regierten Bundesländern unmöglich gewesen: „Aber in der gesamten Union wäre das undenkbar gewesen. Es gibt ja so Themen, da sagt man das Wort und das Rollo geht sofort runter. Das Thema Ehegattensplitting gehört dazu."[336]

Anders als es das Eingangszitat zu diesem Abschnitt darstellt, war die Regierungskoalition allerdings selbst keineswegs entschieden, was die Notwendigkeit und das Ziel einer Reform des Ehegattensplittings angeht. Weitere Reformhindernisse traten bereits in der Phase der Entscheidungsfindung hinzu; auch bei anderen Mehrheitsverhältnissen im Bundesrat wäre die Umsetzung einer Reform des Ehegattensplittings durch die damalige Regierungskoalition deshalb unwahrscheinlich gewesen.

---

334 Ebd.
335 Interview Nr. 3, frühere Ministerin (2002–2005) für Familie, Senioren, Frauen und Jugend (SPD).
336 Interview Nr. 8, MdB, steuerpolitische Sprecherin der SPD-Bundestagsfraktion (SPD).

6.5.2 Bedeutung von Verfassungsargumenten im Prozess der Entscheidungsfindung

Wie Kapitel 5.4.2 gezeigt hat, kam es bei der Verfassungsinterpretation zu institutionellen Verfestigungen, die den Fortbestand des Ehegattensplittings legitimieren und die Reformmöglichkeiten einschränken. Bisher hat das Bundesverfassungsgericht noch nicht direkt zu den Grenzen einer Reform des Ehegattensplittings Stellung bezogen. Weil das Thema aber so kontrovers und die Diskussion von verfassungsrechtlichen Argumenten durchzogen ist, kann davon ausgegangen werden, dass jede Reform schließlich vom Bundesverfassungsgericht zu beurteilen sein wird (zum Beispiel durch eine Klage oppositionsgeführter Länder, wie es bei der Einführung der eingetragenen Lebenspartnerschaft der Fall war). Eine Einschätzung der verfassungsrechtlichen Risiken von Reformen im Politikprozess kann sich auf vorhandene Entscheidungen und deren Interpretation im verfassungs- und steuerrechtlichen Diskurs stützen. Eine Antwort auf die Frage, wie das Bundesverfassungsgericht eine bestimmte Reform bewerten wird, ist aber kaum möglich (vgl. dazu Kapitel 2.5 und 5.4.2). Auch dienen Verweise auf vermeintliche verfassungsrechtliche Grenzen von Reformen in der politischen Auseinandersetzung häufig vor allem dazu, bestimmte Forderungen als nicht realisierbar zurückzuweisen.

Wie wurde die Legitimation des Status quo durch die Verfassungsinterpretation im Reformprozess der 14. Legislaturperiode wirksam und welche Rolle spielte sie bei Entscheidungen? Die Frage nach den verfassungsrechtlichen Rahmenbedingungen für Reformen wurde bei der Entwicklungen von Alternativmodellen zum Ehegattensplitting stets berücksichtigt. Die zuständigen Abteilungen in den Bundesministerien für Finanzen, für Inneres und für Justiz hielten die verfassungsrechtlichen Risiken bei jeder Reformvariante für sehr hoch. Alle Argumente, die von verfassungsrechtlicher Seite gegen eine Reform des Ehegattensplittings vorgebracht werden (vgl. Kapitel 2.5 und Kapitel 5.4.2), fanden Eingang in die ministeriellen Stellungnahmen und Reformmodelle wurden daran gemessen. Demgegenüber wurden Argumente, die einen größeren politischen Spielraum bei der Ehegattenbesteuerung begründen, allenfalls am Rande erwähnt und dann entkräftet oder von vornherein komplett ausgeblendet.[337] Bei den verfassungsrechtlichen Einschätzungen der Bundesministerien handelte es sich nicht um Machbarkeitsanalysen, sondern im Wesentlichen um für die Erhaltung des Status quo argumentierende Stellungnahmen.

---

337 Im Jahr 1998 war die vielbeachtete Dissertation von Vollmer erschienen, die eine Reform des Ehegattensplittings nicht nur für möglich, sondern aus Gleichstellungsgründen sogar für verfassungsrechtlich geboten hielt. Die darin zu findenden verfassungsrechtlichen Argumente hätten ohne Weiteres für eine Begründung der geplanten Reformschritte herangezogen werden können, wurden aber in den Papieren von BMF und BMI nicht aufgegriffen.

Auf Nachfrage der Arbeitsgruppe „Fortentwicklung des Familienlastenausgleichs und der Betreuung von Kindern" in der SPD-Bundestagsfraktion verfasste das Bundesministerium für Familie, Senioren, Frauen und Jugend im Jahr 2002 eine verfassungsrechtliche Bewertung des von ihm selbst entwickelten Reformvorschlags, in der die verfassungsrechtlichen Rahmenbedingungen allerdings anders interpretiert und damit auch keine Bedenken gegen eine Begrenzung der Splittingvorteile vorgebracht wurden.[338]

Drei Aspekte prägten die Diskussion: erstens die Frage nach dem verfassungsrechtlich notwendigen Umfang der steuerlichen Berücksichtigung von Unterhaltspflichten zwischen Ehepartnern, auch während des Bestehens der Ehe, zweitens die Neutralität des Splittings in Bezug auf die Freiheit der Ehegatten, ihre Arbeitsteilung selbst zu bestimmen, sowie drittens die steuerliche Gleichbehandlung von bestehenden mit Geschiedenen.

Der erste Punkt betrifft die Frage, wie und in welcher Höhe den mit der Ehe eingegangenen Unterhaltsverpflichtungen im Steuerrecht Rechnung getragen werden muss. Die verfassungsrechtliche Abteilung des Bundesfinanzministeriums vertrat die Auffassung, dass die Sicht auf die Ehe als Unterhaltsgemeinschaft an sich bereits verfassungsrechtlich problematisch sein könnte und dass geringe Abzugssummen bei Realsplittingmodellen möglicherweise verfassungswidrig seien. So warf die zum 1999 im Bundesfinanzministerium entwickelten Reformvorschlag verfasste Stellungnahme die Frage auf, ob die Berücksichtigung ehelicher Unterhaltsverpflichtungen in Höhe von 27.000 DM bzw. 40.000 DM „gemessen an den tatsächlichen Unterhaltsverpflichtungen als ausreichend angesehen werden kann"[339] und kam zu dem Ergebnis, dass bereits dieser Vorschlag ein verfassungsrechtliches Risiko darstelle. Unterstellend, dass verfassungsrechtlich mehr gefordert sei als das Verständnis der Ehe als Unterhaltsgemeinschaft, wird die Frage aufgeworfen, inwieweit eine Ehegattenbesteuerung, die „lediglich Unterhaltsverpflichtungen" berücksichtige, noch mit der Rechtsprechung des Bundesverfassungsgerichts zur Ehebesteuerung vereinbar ist.[340] Unter Verweis auf eine Entscheidung des Bundesverfassungsgerichts aus dem Jahr 1982 (vgl. Kapitel 5.4.2) wird festgestellt, dass Modifizierungen beim Ehegattensplitting zwar nicht ausgeschlossen seien. Trotzdem verstehe das Bundesverfassungsgericht unter der Ehe „offenbar weit mehr als eine Unterhaltsgemeinschaft".[341] Außerdem lege das Bundesverfassungsgericht nach wie vor viel Wert auf das Recht von Ehegatten, „über die Aufgabenverteilung in der Ehe partnerschaftlich zu entscheiden".[342]

---

338 Archiv der sozialen Demokratie, SPD-Bundestagsfraktion, AG Finanzen/Jörg-Otto Spiller MdB, 51.356, Schreiben BMFSFJ vom 27.02.2002.
339 Archiv Grünes Gedächtnis, A. Kristin Heyne, 103, BMF, Referat V A 5, Schreiben vom 12.05.1999.
340 Ebd.
341 Ebd.
342 Ebd.

Deshalb habe das Bundesverfassungsgericht das Ehegattensplitting als eine an „der wirtschaftlichen Leistungsfähigkeit orientierte sachgerechte Besteuerung bezeichnet" und vor allem betont, dass „das Splitting an die wirtschaftliche Realität der intakten Durchschnittsehe anknüpft, in der ein Transfer steuerlicher Leistungsfähigkeit zwischen den Partnern stattfindet". Auch die Regelungen der Zugewinngemeinschaft und des Versorgungsausgleichs ließen den Grundsatz erkennen, dass „das während der Ehe Erworbene gemeinschaftlich erwirtschaftet ist". Das Splittingverfahren sei „Ausdruck der Gleichwertigkeit der Arbeit von Mann und Frau [...], ohne Rücksicht darauf, ob es sich um Haus- oder Berufsarbeit handelt". So werde den Eheleuten erst die „freie Entscheidung ermöglicht", wie sie ihre Arbeitsteilung gestalten, und die bei getrennter Veranlagung „drohende Gefahr der Benachteiligung der Hausfrauen- oder Hausmannehe" könne vermieden werden.[343]

Zum zweiten Aspekt der Debatte, der Neutralität des Splittings in Bezug auf die Arbeitsteilung zwischen Eheleuten, wurde im Jahr 2002 ebenfalls diskutiert. Damals entzündete sich der Streit zwischen den Ministerien an dem vom Bundesfamilienministerium vorgelegten Reformvorschlag eines eingeschränkten Splittings (vgl. Kapitel 6.4.2) entlang der Frage, ob darin die Gleichwertigkeit von Erwerbsarbeit und Hausarbeit anerkannt und die freie Entscheidung von Ehegatten über ihre Arbeitsteilung ausreichend garantiert sei. Das Bundesfinanzministerium sah Anlass zur Kritik:

> „Das Modell vermag insbesondere nicht die vom BVerfG postulierte Gleichwertigkeit von Haus- und Familienarbeit mit der Erwerbstätigkeit nachzuvollziehen. Es geht vielmehr im Gegensatz hierzu ausdrücklich von einer grundsätzlich unterschiedlichen steuerlichen Leistungsfähigkeit der Ehegatten aus, die in der Ehegattenbesteuerung auch zum Ausdruck kommen soll. Hier besteht ein offener Widerspruch zur Rechtsprechung des BVerfG, das die steuerliche Leistungsfähigkeit von Ehegatten abweichend definiert. Zusammenlebende Ehegatten bilden eine Gemeinschaft des Erwerbs und Verbrauchs, in der ein Ehegatte an den Einkünften und Lasten des anderen wirtschaftlich zur Hälfte teilhat. [...] Das Modell führt zu Steuererhöhungen, die für Ehen unterschiedlich hoch ausfallen. Trotz eines gleich hohen Gesamteinkommens werden Ehepaare unterschiedlich stark belastet, wobei die Stärke der Belastung davon abhängig ist, wie die Anteile am Gesamteinkommen auf die beiden Ehegatten verteilt sind."[344]

Diese Sichtweise, wonach das Ehepaar als Einheit zu begreifen ist, kommt konsequenterweise zu dem Ergebnis, dass jede Besteuerung, die EhepartnerInnen als Individuen betrachtet und von der Fiktion der Halbteilung der Einkünfte abweicht, verfassungswidrig wäre.

Der dritte diskutierte Aspekt betrifft die Gleichbehandlung von bestehenden Ehen mit Geschiedenen und eingetragenen Lebensgemeinschaften. Bei allen diskutierten Modellen müsse mitgedacht werden, wie Geschiedene

---

343 Ebd.
344 Archiv Grünes Gedächtnis, BII.4. (AK I Referat Finanzpolitik), 1049, BMF, Referat V A 5, Schreiben vom 22.03.2002.

und eingetragene Lebenspartnerschaften steuerlich gestellt werden.[345] Eine geschiedene Ehe dürfe steuerlich keinesfalls besser stehen als die „intakte" Ehe, argumentierten die Ministerien in ihren verfassungsrechtlichen Gutachten. Auch würde es gegen den Schutz der Ehe aus Art. 6 Abs. 1 GG verstoßen, wenn eingetragene LebenspartnerInnen höhere Steuervorteile erhalten als Ehepaare. Aus diesem Grunde sei zumindest zwischen diesen drei Gruppen eine Gleichbehandlung notwendig.

Die dargestellten Risikoanalysen von Reformoptionen beim Ehegattensplitting stützen sich auf gängige Argumente innerhalb des Steuer- und Verfassungsrechts. Mögliche alternative Argumentationsstrategien wurden aber ebenso ausgeklammert wie eine Diskussion ihrer Erfolgschancen. Damit wird die Problematik von verfassungsrechtlichen Einschätzungen in Gesetzgebungsprozessen und deren Vorstufen in politischen Entscheidungsprozessen deutlich: Wo verläuft die Grenze zwischen ‚neutralem' Fachgutachten, das Möglichkeiten und Grenzen von Reformmaßnahmen darstellt, und politischem Argument? Die Grenze ist meines Erachtens dann überschritten, wenn alternative Sichtweisen nicht mehr beachtet und ein Argumentationsmuster als die einzig mögliche verfassungsrechtliche Einschätzung dargestellt wird, wie es hier der Fall war. Die Verwendung der verfassungsrechtlichen Argumente im dargestellten Reformprozess hatte politischen Charakter: Sie dienten dazu, ein bestimmtes Ergebnis, nämlich die Erhaltung des Status quo, zu befördern und alternative Argumente nicht zum Zuge kommen zu lassen. Während es in der Gesetzesbegründung für das Steuerentlastungsgesetz 1999/2000/2002 noch hieß, der Gesetzgeber sei nicht verpflichtet, Ehepaare als Einheit zu betrachten, um die Freiheit ihrer innerfamiliären Arbeitsteilung zu sichern, führte das Bundesfinanzministerium knapp drei Jahre später intern genau diesen Gedanken gegen den Reformvorschlag des Bundesfamilienministeriums ins Feld.

Im Jahr 2005 erschien ein Monatsbericht des Bundesfinanzministeriums zum Thema Ehegattensplitting, in dem auf die engen Spielräume einer Reform hingewiesen wurde: Das Ehegattensplitting gewährleiste die grundgesetzliche Gleichwertigkeit von Familien- und Erwerbsarbeit und verhindere eine höhere Besteuerung von Einverdienerehepaaren gegenüber Ehepaaren mit zwei Einkommen.[346] Eine solche Positionierung des Ministeriums in der Öffentlichkeit ist bemerkenswert und weist darauf hin, dass zu diesem Zeit-

---

345 Ebd. Zum damaligen Zeitpunkt wurde die Einführung eines Realsplittings für eingetragene Lebenspartnerschaften erwogen, konnte aber gegen die Widerstände im Bundesrat nicht durchgesetzt werden.
346 „Die gegebenen verfassungsrechtlichen Maßstäbe werden durch die Zusammenveranlagung von Ehegatten in Kombination mit dem Splitting-Verfahren erfüllt. Da jedes andere Verfahren zu vergleichbaren steuerlichen Belastungsergebnissen führen müsste, sind die Spielräume für Änderungen bei der Ehegattenbesteuerung wohl sehr eng."; Bundesministerium der Finanzen 2005: 64.

punkt offenbar ein starker öffentlicher Akzent gesetzt werden sollte, um die Debatte über das Ehegattensplitting vorerst zu beenden.

6.5.3 ‚Es ist ja sowas wie eine Steuererhöhung' – Probleme der redistributiven Politik

Ein weiteres Reformhindernis stellt das Ziel dar, Mehrbelastungen von Einverdienstehen zu vermeiden. Denn Reformvorhaben, die den Splittingvorteil beschränken oder zu einer Individualbesteuerung übergehen wollen, ändern für Zweiverdienstehepaare eher wenig, führen aber (je nach Ausgestaltung in unterschiedlichem Maß) zu Mehrbelastungen von Einverdienstehen. Es handelt sich also um eine Steuererhöhung für eine bestimmte Gruppe. „Und dann fragt sich ein Politiker, warum soll ich mir das dann antun, eine Splittingdiskussion zu führen in dieser Republik, wo sofort viele, die Kirchen und auch andere Akteure, sofort gegen einen mobilisieren? Richtig populär ist das nicht. Es ist ja so was wie eine Steuererhöhung."[347]

Inwieweit Steuererhöhungen für diese Gruppe zumutbar und durchsetzbar sind, wurde in allen von mir geführten Interviews thematisiert. „Das Problem ist dann im Einzelnen nämlich die konkrete Belastungswirkung und natürlich auch das Bewusstsein derer, die vom Ehegattensplitting profitieren. Die gibt es ja auch innerhalb der SPD. Deshalb ist es dann in der Durchsetzung immer etwas schwierig."[348] Die Durchsetzbarkeit einer Veränderung des Ehegattensplittings hänge außerdem stark davon ab, was mit den Mehreinnahmen passiere: „So was kann man machen. Da darf man nicht lange darüber reden, das macht man, wenn man gerade an der Regierung ist und alles gerade gut läuft. Dann kann man so was machen und man muss es immer mit der Umschichtung zugunsten der Kinder verbinden und das auch so kommunizieren."[349]

Nach Ansicht meiner GesprächspartnerInnen in Bundesfamilien- und im Bundesfinanzministerium war dieser Aspekt ausschlaggebend für die Entscheidung, von der geplanten Kappung des Splittingeffekts und weiteren Reformvorhaben abzusehen: „Das ist natürlich schon eine Situation gewesen, wo dann glaube ich Rot-Grün gesagt hat, da kriegen wir doch ein bisschen Manschetten, verteilungspolitisch eine Situation zu erzeugen, dass diejenigen dann halt mit belastet werden."[350]

Das vom Bundesfamilienministerium im Jahr 2002 entwickelte Reformmodell, das ausdrücklich die geplanten Steuersenkungen zum 1. Januar 2005

---

347 Interview Nr. 14, Bundesministerium der Finanzen, Beamter/Beamtin.
348 Interview Nr. 8, MdB, steuerpolitische Sprecherin der SPD-Bundestagsfraktion (SPD).
349 Interview Nr. 3, frühere Ministerin (2002–2005) für Familie, Senioren, Frauen und Jugend (SPD).
350 Interview Nr. 14, Bundesministerium der Finanzen, Beamter/Beamtin.

nutzen wollte, um das Ehegattensplitting ohne spürbare Mehrbelastungen für die breite Masse an Fällen zu verändern, scheiterte nach den Erinnerungen der interviewten Person in der Arbeitsgruppe Finanzen der SPD-Bundestagsfraktion inhaltlich an diesem Punkt:

„Es wurde aber – aus meiner Erinnerung heraus – die Diskussion im Grunde an dem Punkt abgebrochen, wo die Sorge um die Wählerschaft sehr deutlich ... sehr deutlich artikuliert worden ist und dann eigentlich das Gespräch auch relativ schnell auch zu Ende war. Das Modell war ja so mit den geplanten Steuersenkungen und der vorgeschlagenen Kindergelderhöhung, dass man wirklich nur in oberen Einkommensbereichen da irgendwie zu einem Nettoverzicht kommen könnte. Und trotzdem war die Sorge vor dem Wähler prägend. Entscheidungsprägend."[351]

Welche Personengruppen genau vor Veränderungen geschützt werden sollten, wurde in den Interviews unterschiedlich beschrieben:

„Jetzt ist halt bei vielen die Befürchtung, ich weiß auch gar nicht, ob das belegbar ist, dass die glauben, der klassische Facharbeiter hat auch quasi die klassische Rollenverteilung in der Familie und bei denen würde es quasi umso schlimmer zuschlagen. Das ist glaube ich so die Zielgruppe, wo man die Angst hat, dass das, was man selber zwar für politisch korrekter hielte, nicht als gerecht empfunden wird. Weil eben einfach am Monatsende weniger in der Lohntüte da ist als bisher."[352]

Das Argument, das Steuerrecht müsse Einverdienstehen ermöglichen und schützen, das sich auch im verfassungsrechtlichen Diskurs über das Ehegattensplitting häufig findet, ist die wichtigste Hürde einer Reform mit dem Ziel der Beschränkung des Ehegattensplittings. In welchen Einkommensgruppen dieses Modell gelebt wird bzw. gelebt werden kann, blieb in der Reformdebatte in der 14. Legislaturperiode weitgehend unreflektiert. Die InterviewpartnerInnen verwiesen in diesem Zusammenhang häufig darauf, dass die Einverdienerehe auch in der Politik ein weit verbreitetes Arrangement sei:

„Man darf natürlich auch nicht vergessen, dass dieses Lebensmodell der Alleinverdienerehe gerade in Beziehungen, in denen vielbeschäftigte Politiker rumspringen, nicht ganz selten ist. Das darf man auch nicht vergessen. Ganz viele sind sozialisiert in dieser Form von Ehe. Ich glaube, das wird anders, aber wenn ich mal von den heute Fünfzigjährigen ausgehe, heutzutage, wo er immer politisch tätig war, das sind schon sehr häufig auch die typischen Alleinverdienerehen. Wenn Kinder da sind allemal."[353]

---

[351] Interview Nr. 2, Bundesministerium für Familie, Senioren, Frauen und Jugend, frühere/r Mitarbeiter/in.
[352] Interview Nr. 9, MdB, Mitglied im Bundesvorstand der ASF 1992–2004 (SPD).
[353] Interview Nr. 8, MdB, steuerpolitische Sprecherin der SPD-Bundestagsfraktion (SPD).

6.5.4 ‚Wir haben jetzt beschlossen, dass euer Lebensmodell irgendwie das Falsche war' – Vertrauensschutz und Übergangsregeln

Das Reformhindernis des Vertrauensschutzes ergibt sich aus der Sorge der politischen AkteurInnen, Ehepaare für eine Arbeitsteilung zu bestrafen, die über Jahrzehnte favorisiertes Modell der Familienpolitik und auch der Steuerpolitik war:

> „Und das war natürlich dann auch die nächste große Schwierigkeit, dass man also Leute trifft, die in ihren jüngeren Jahren unter Umständen mehrere Kinder großgezogen haben, die Frauen hatten gar nicht die Chance, erwerbstätig zu sein, weil es an Kinderbetreuungseinrichtungen gefehlt hat. Als die Kinder dann in dem Alter waren, als die Frauen wieder erwerbstätig hätten sein können, waren sie angeblich zu alt. Und dann sind die Kinder aus dem Haus, endlich ist das Studium bezahlt und so weiter und dann kommt die liebe SPD dahergelaufen und sagt: Ätsch, jetzt seid ihr kinderlose Ehepaare und wir reduzieren den Splittingvorteil. Also das ist im Prinzip ein politischer Schwachsinn. Deshalb muss man so viele Sicherungsmechanismen in eine Reform integrieren, zum Beispiel dass Über-50-Jährige nicht betroffen sind, wenn die Frau über 50 ist und sonstige Übergangsprobleme abfedern, dann kommen kaum noch Steuermehreinnahmen heraus."[354]

Das Bundesministerium der Finanzen teilte diese Sorge um die Interessen bestehender Einverdienerehen: In allen im Jahr 1999 durchgeführten Berechnungen zu Reformalternativen (vgl. Kapitel 6.4.1) wurde auf das „Problem Altehen" hingewiesen.[355] Bei einer Entscheidung über die Neuregelung der Ehegattenbesteuerung sei eine Entscheidung erforderlich, „ob eine Übergangsregelung für sog. ‚Altehen' vorgesehen werden soll". Das ‚Problem' der ‚Altehe' wurde darin gesehen, dass ohne eine Übergangsregelung gerade Ehegatten mit erwachsenen Kindern steuerlich noch schlechter gestellt würden, obwohl sie bereits „nach heutigem Maßstab" während der Phase der Kindererziehung „zu hoch besteuert" worden seien. Zwar sei eine Übergangsregelung verfassungsrechtlich nicht erforderlich, die Anwendung des neuen Rechts auf ‚Altehen' würde aber „starken Widerstand in der Öffentlichkeit und erheblichen politischen Druck gegen die Neuregelung" auslösen. Deshalb plädierte das Papier für eine „Stichtagsregelung", derzufolge vor einem bestimmten Datum geschlossene Ehen nach altem Recht und später eingegangene Ehen nach neuem Recht besteuert werden sollten.

Die im Steuerentlastungsgesetz 1999/2000/2002 vorgesehene Kappung des Splittingvorteils, die zwar auch ausschließlich Wirkungen für eher gut verdienende Ehepaare mit einem zu versteuernden Einkommen von über 120.000 DM entfaltet hätte, sah keine solche Übergangsregelung vor und

---

354 Interview Nr. 3, frühere Ministerin (2002–2005) für Familie, Senioren, Frauen und Jugend (SPD).
355 Archiv Grünes Gedächtnis, B.II.4. (AK I Referat Finanzpolitik), 1050.

wurde deshalb unter anderem auch mit dem Argument des Vertrauensschutzes für ältere Ehepaare kritisiert:

„Naja, man muss ehrlicherweise sagen, die Forderung ist oft auch reingeschrieben worden, ohne sich mit diesen Problemen, und die sind einfach welche, wie gehe ich mit älteren Menschen um, zu kümmern. Und wenn man dann darüber spricht, kommt man zu einer Übergangsregelung. Also auch ich, die überzeugt davon bin, dass das Ehegattensplitting eben diese lenkende Wirkung hat, hab ein Problem damit, dann zu sagen: Ihr habt jetzt auf einmal 200 bis 300 Euro weniger im Monat, ihr könnt euch aber nicht mehr umstellen. Wir haben jetzt beschlossen, dass euer Lebensmodell jetzt irgendwie das Falsche war. Das finde ich schon ganz schön schwierig. Also da gibt es immer zwei Seelen in der Brust. Ich kann auch verstehen, wenn Leute sagen: Ihr habt uns diese steuerlichen Bedingungen über 20, 30, 50 Jahre gegeben, wir haben uns danach eingerichtet und jetzt beschließt Ihr plötzlich, obwohl wir nichts mehr verändern können, dass das anders ist. Ich finde, wer sich nicht ernsthaft mit solchen Fragen auseinandersetzt, macht einen Fehler."[356]

Die Stichtagsvariante wird demnach auch als Chance gesehen, in der Bevölkerung größere Akzeptanz für einen Pfadwechsel zu erreichen, weil die Zahl der davon negativ Betroffenen sinkt: „Ich weiß nicht, ob eine Stichtagsregelung, Stichtag im Hinblick auf Eheschließung, ob das überhaupt rechtskonform wäre, wenn die einen steuerlich so gestellt würden und die anderen anders. Aber wir müssen im Prinzip jetzt den Pfad beschreiten, um das Ziel zu erreichen."[357] Die Nachteile eines Stichtagsmodells sind jahrzehntelange Übergangsfristen, die parallele Anwendung von zwei Steuertarifen und die reduzierten Steuermehreinnahmen. Es sind auch andere Übergangsregelungen denkbar, wie beispielsweise das Abschmelzen des Splittingeffekts über einige Jahre, die Wahl anderer Auswahlkriterien für die Übergangsregelung (zum Beispiel Beschränkung auf Ehepaare mit einer gewissen Ehedauer oder eines bestimmten Alters), sie wurden aber in der 14. Legislaturperiode nicht im Einzelnen diskutiert.

Das Argument des Schutzes der ‚Altehen' spricht außerdem gegen die Forderung, Steuererhöhungen durch Veränderungen des Familienlastenausgleichs wie etwa eine Kindergelderhöhung zu kompensieren und so Splitting von Ehen auf Familien zu verlagern. Zum einen würden ältere Ehepaare mit inzwischen erwachsenen Kindern davon nicht profitieren und zum anderen wären Reformen in Richtung einer Individualbesteuerung für sie in der Regel mit Mehrbelastungen verbunden, weil sie meist über höhere Einkommen verfügen.

---

356 Interview Nr. 8, MdB, steuerpolitische Sprecherin der SPD-Bundestagsfraktion (SPD).
357 Interview Nr. 9, MdB, Mitglied im Bundesvorstand der ASF 1992–2004 (SPD).

6.5.5 Hohe politische Kosten – Geringe Steuereinnahmen

Durch die verfassungsrechtlichen Rahmenbedingungen, die eine Berücksichtigung von Unterhaltsverpflichtungen in irgendeiner Form (mindestens in Höhe des steuerrechtlichen Existenzminimums) gebieten, ist ein Teil des Splittingvolumens außer Diskussion gestellt und die mit einer Reform verbundenen Steuermehreinnahmen verringern sich. Weiterhin ist die Vermeidung übermäßiger Belastungen für die Gruppe der Einverdienstehen ein politisches Ziel (vgl. Kapitel 6.5.3), das Reformvarianten notwendig macht, die Unterhaltsverpflichtungen großzügiger berücksichtigen.

Je umfangreicher allerdings die Berücksichtigung von Unterhaltspflichten ausfällt oder je moderater die Kappung des Splittings ausschließlich bei Spitzenverdienern sein soll, desto geringer sind auch die durch eine Reform zu erzielenden Steuermehreinnahmen. Auch die zu erwartenden Effekte beispielsweise auf das Arbeitsangebot von Ehefrauen reduzieren sich, wenn die Berücksichtigung des Alleinernährerstatus im Steuerrecht etwa durch ein fiktives Realsplitting in gewissem Umfang erhalten bleibt. So kommen *Bach u.a.* (2011) zu dem Ergebnis, dass nur eine wahrscheinlich verfassungswidrige „reine Individualbesteuerung" die Erwerbsanreize deutlich erhöhen würde. Politische AkteurInnen sehen sich hier einem Teufelskreis gegenüber: Die erwarteten politischen Kosten der Reform sind hoch, die Erträge aber gering und sie sinken umso mehr, je größer die zu schützende Gruppe gefasst wird und je moderater die Mehrbelastungen ausfallen sollen.

6.5.6 ‚Eine Finanzministerin, die das zu ihrem Thema machen würde, käme damit auch durch' – Zuständigkeit und Federführung

Die fachliche Zuständigkeit und die Regeln der Federführung machten es in der 14. Legislaturperiode schwer, Reformvorhaben zur Ehegattenbesteuerung umzusetzen. Bei der Bewertung des Ehegattensplittings vertreten FinanzpolitikerInnen auf der einen und Familien- bzw. FrauenpolitikerInnen auf der anderen Seite sehr häufig unterschiedliche Positionen. Die Konfliktlinien verlaufen also zwischen unterschiedlichen Politikbereichen und damit auch zwischen den MinisterInnen, PolitikerInnen und Bundesverwaltungen, die für diese Bereiche stehen. Die Regeln der Federführung, die in der Gemeinsamen Geschäftsordnung der Bundesministerien (§§ 45ff. GGO) festgelegt sind, bieten den für das jeweilige Thema zuständigen MinisterInnen in der Praxis viele Möglichkeiten der inhaltlichen Gestaltung eines Politikfeldes und machen es schwierig für mitberatende PolitikerInnen, Einfluss darauf zu nehmen.

Das federführende Ministerium ist verantwortlich für die Ausarbeitung von Gesetzentwürfen, die vor der Einbringung in das Bundeskabinett im Wege eines Konsultationsprozesses mit denjenigen Ministerien beraten werden müssen, deren Geschäftsbereiche berührt sind (vgl. § 45 GGO). Das Bundesministerium für Familie, Senioren, Frauen und Jugend ist demnach auch bei steuerrechtlichen Themen hinzuziehen, die sich auf die Gleichstellung oder Familien auswirken, was in der Praxis durch die Übersendung eines sogenannten Referentenentwurfs mit einer Bitte um Stellungnahme innerhalb einer Frist von vier Wochen geschehen kann. Gibt es unterschiedliche Auffassungen in verschiedenen Ministerien, müssen diese bei der Vorlage des Entwurfs im Bundeskabinett kenntlich gemacht werden (§ 51 GGO). Die Federführung zu ‚haben', kommt tatsächlich einem Besitzstand gleich und stellt entscheidende Möglichkeiten bereit, die Bearbeitung des Themas inhaltlich zu prägen. Hinzu kommen Eigeninteressen der Ministerialbürokratie – die Art der Bearbeitung des Themas kann ebenfalls ein Reformhindernis sein (vgl. Kapitel 6.5.2).

Deshalb ist es von Bedeutung, dass die Kritik am Ehegattensplitting fast ausschließlich von den für die Familien- und Frauenpolitik Zuständigen thematisiert wurde: „Aber die steuerrechtliche Problematik, die ich beschrieben habe, ist halt für die Finanzleute, also für die Steuerpolitiker nicht entkräftet worden. Aber es gab schon auch Phasen, da war ein Spannungsverhältnis zwischen den Steuerpolitikerinnen und Steuerpolitikern auf der einen Seite und den Familienpolitikern auf der anderen Seite schon da. Und ab und zu bricht das auch noch auf."[358]

Unter SteuerpolitikerInnen, aber auch innerhalb der Ministerialverwaltung galt eine Reform der Ehegattenbesteuerung und insbesondere ein Übergang zur Individualbesteuerung überwiegend als problematisch und nicht unbedingt als politisch lohnend. Die fachlich Zuständigen sahen also eher keinen Anlass zu Reformen, dafür aber viele Probleme bei der Umsetzung des politischen Reformzieles einer Beschränkung des Ehegattensplittings. Bei den Familien- bzw. FrauenpolitikerInnen stellte sich die Situation ganz anders dar: Die Forderung nach Veränderungen des Ehegattensplittings stand seit Jahren auf der Agenda der ASF, die von 1998 bis 2002 im Amt befindliche SPD-Ministerin setzte sogar eine eigene Arbeitsgruppe ein, um einen Reformvorschlag zu erarbeiten.

Wie wirkt sich dieser Konflikt und die Zuständigkeitsverteilung aus?

„Darüber ärgern die [gemeint ist das Bundesfamilienministerium; M.W.] sich schon seit Jahrzehnten. Und machen halt trotzdem immer was. Und die Steuerpolitiker sagen dann immer, lass die mal machen. Also im BMF finden Sie kaum jemanden, der die feste Überzeugung hat, dass man da [beim Ehegattensplitting; M.W.] etwas ändern muss. Na gut, aber wenn die den Auftrag kriegen, durch einen Koalitionsvertrag und von den Fraktionen, dann machen die schon. Aber sie brauchen halt zwei total überzeugte Fraktionen, die einen Koalitionsvertrag schließen."[359]

---

358 Interview Nr. 8, MdB, steuerpolitische Sprecherin der SPD-Bundestagsfraktion (SPD).
359 Ebd.

Dem Bundesministerium der Finanzen kam eine entscheidende Rolle im Reformprozess zu. Als federführendes Ministerium prüfte es Reformalternativen fachlich und berechnete die Auswirkungen, die sie vor allem auf das Steueraufkommen und die Be- oder Entlastungen der Steuerpflichtigen haben würden. Der Bundesfinanzminister bringt die steuerpolitischen Gesetzentwürfe in das Bundeskabinett ein, im Bundestag werden diese Vorhaben dann unter Federführung des Finanzausschusses beraten. Mit der fachlichen Zuständigkeit von PolitikerInnen und BeamtInnen der Arbeitsebene ist die Möglichkeit verbunden, auf politische Inhalte Einfluss zu nehmen – bis hin zur Verhinderung von Reformen. Das Ministerium als Teil der Exekutive ist zunächst eingebunden in ein politisch-administratives Gesamtsystem und setzt politische Entscheidungen in Gesetzentwürfe um. Die individuellen Möglichkeiten von MinisterialbeamtInnen, Reformen zu vereiteln, sind aus dieser Perspektive zunächst gering, wenn ein Koalitionsvertrag ein bestimmtes Ziel festlegt und entsprechende Arbeitsaufträge erfolgen.

Aber auch wenn die Umsetzung politischer Arbeitsaufträge zum Alltagsgeschäft gehört, bestehen durch die Federführung doch Potenziale für die Verstärkung pfadabhängiger Entwicklungen. In ihrer Darstellung der Bedeutung des Bundesfamilienministeriums bei der Reform des Erziehungsgeldes nennt *Silke Bothfeld* als Beispiel für diese Potenziale die Zuständigkeit für die Ausformulierung der administrativen Details, in denen es auch darauf ankommt, die Einheit der Rechtsordnung zu wahren und Widersprüchlichkeiten mit anderen Regelungen zu vermeiden (2005: 293–294). Diese Sorge um administrative Details kann dann Reformen verhindern, „soweit kein dringendes politisches Interesse dominiert und ein Systembruch erzwungen wird" (ebd.: 294).

Im Fall des Ehegattensplittings entfalteten die Darstellung der Reformoptionen in internen Papieren des Bundesfinanzministeriums und die Ausgestaltung des konkreten Gesetzesvorhabens im Steuerentlastungsgesetz 1999/ 2000/2002 kontinuitätssichernde Wirkungen und trugen mit dazu bei, dass die Reform nicht realisiert wurde.

Das konkrete Gesetzesvorhaben zur Umsetzung des Koalitionsvertrags im Steuerentlastungsgesetz 1999/2000/2002 war enorm komplex und an verschiedenen Stellen bereits deshalb politisch angreifbar. Es war außerdem so ausgestaltet, dass vom ursprünglich formulierten Ziel einer deutlichen Begrenzung des Splittingvorteils kaum etwas übrig blieb und der Status quo für die Mehrzahl der Ehepaare (auch in höheren Einkommensbereichen) erhalten geblieben wäre. Die später erstellten Papiere über die Reformoptionen der Ehegattenbesteuerung fokussierten auf die mit jeder Veränderung verbundenen Probleme. In allen dargestellten Reformdebatten wurden aus den verfassungsrechtlichen Abteilungen des Bundesfinanzministeriums und auch des Bundesinnenministeriums in jedem Stadium der Diskussion und zu jedem Vorschlag schwere verfassungsrechtliche Bedenken gegen Veränderungen des Status quo vorgebracht (vgl. Kapitel 6.5.2).

Das Bundesministerium für Familie, Senioren, Frauen und Jugend war wegen der Prioritätensetzung seiner Leiterin in der 14. Legislaturperiode an der Reformdiskussion stark beteiligt und formulierte einen eigenen Reformvorschlag, ohne dafür im engeren Sinne zuständig zu sein (vgl. Kapitel 6.4.2). Es befand sich dabei aber in einer Außenseiterposition:

„Und im Steuerrecht sind es nicht die Frauenministerinnen, die da in erster Linie agieren. Das sind die, die dann immer dastehen und treten und versuchen und gegen den Rest der Welt ... Ich meine, eine Finanzministerin, die das zu ihrem Thema machen würde, käme damit auch durch, davon bin ich überzeugt. Es ist immer ein Unterschied, ob ich versuchen muss, andere zum Handeln zu bewegen. Sogar, wenn in der Koalitionsvereinbarung etwas drinsteht. Und die Frage ist ja dann, wie es dann eben auch umgesetzt wird. Will ich etwas, dann finde ich auch einen vernünftigen Weg. Will ich das eigentlich nicht, dann habe ich immer Vorschläge, die am Ende klarmachen, eigentlich geht es nicht."[360]

In der 15. Legislaturperiode setzte die neue Ministerin für Familie, Senioren, Frauen und Jugend *Renate Schmidt* andere Schwerpunkte; sie verfolgte zwar das Thema Lohnsteuerklassenkombination III und V weiter, war aber nicht mehr vorrangig an einer Reform des Ehegattensplittings interessiert:

„Ansonsten war für mich diese Splitting-Geschichte nicht mehr an einer vorrangigen Stelle. Aus den Gründen, die ich gerade geschildert habe: Abschaffen geht nicht, Begrenzen ist eine ganz schwierige Geschichte, wenn ich nicht schon die mittleren Einkommen treffen will. Ab 50.000 bis 60.000 Euro Jahres-Familieneinkommen fängt die Begrenzung des Splittingvorteils an zu wirken, ab da aufwärts geht es also los durch die Begrenzung des Steuervorteils. Und was landet dann tatsächlich wieder über die Kinder bei denen, fängt das einigermaßen den Einkommensverlust auf? Ist diese Art der Umverteilung, rechte Tasche raus, linke Tasche rein, wirklich der Weisheit letzter Schluss?"[361]

6.5.7 Policy-Ebene – Zusammenhänge mit anderen Regelungen und Politikfeldern

Auch die Einschätzung, es müssten zunächst andere Veränderungen im Recht erfolgen, ehe das Ehegattensplitting geändert werden könne, erwies sich als Reformhindernis. Das Ehegattensplitting steht in Zusammenhang mit anderen Regelungen insbesondere im Unterhaltsrecht, die die Einverdienstehe unterstützen. Aus Sicht politischer AkteurInnen stellt sich deshalb auch die Frage, welche Folgen eine Veränderung des Ehegattensplittings in anderen Rechtsbereichen hätte, welche weiteren Regeln dann ebenfalls zu verändern wären und in welcher Reihenfolge die Änderungen erfolgen müssten. Hierfür bestand in der 14. Legislaturperiode kein durchgängiges Konzept.

---

360 Interview Nr. 6, frühere Ministerin (1998–2002) für Familie, Senioren, Frauen und Jugend (SPD).
361 Interview Nr. 3, frühere Ministerin (2002–2005) für Familie, Senioren, Frauen und Jugend (SPD).

Eine Interviewpartnerin, der eine Reform des Ehegattensplittings während ihrer Zeit als Ministerin kein besonderes Anliegen war, begründete ihre Skepsis mit den Wechselwirkungen von Unterhaltsrecht und Ehegattensplitting:

> „Denn das Ehegattensplitting ist Ausdruck der Unterhaltsverpflichtung der Ehegatten untereinander. Das muss in irgendeiner Form berücksichtigt werden, deshalb geht auch die Forderung nach Abschaffung des Ehegattensplittings ins Leere, wenn man nicht gleichzeitig bereit ist, das Unterhaltsrecht zu ändern. Das Unterhaltsrecht müsste geändert werden und so gestaltet werden, dass im Prinzip Erwachsene gegeneinander nicht unterhaltsverpflichtet sind. Dann macht das Ganze einen Sinn. Wenn jeder für sich alleine materiell verantwortlich ist, dann hat das Konsequenzen praktisch in die gesamte Gesetzgebung. Das ist ein Projekt, was in meinen Augen für vier bis fünf Legislaturperioden reicht, um so etwas tatsächlich umzusetzen. Außerdem müsste man immer berücksichtigen, dass diejenigen, die im Vertrauen auf Gesetzgebung und bestimmte Regelungen ihre Lebensplanung in einer bestimmten Weise organisiert haben, Übergangsfristen brauchen und ähnliche Dinge mehr. Es gäbe dann auch keine Hinterbliebenenversorgung mehr und so weiter. Aber diese einfache Forderung nach der Abschaffung des Ehegattensplittings oder auch nach einer weitgehenden Begrenzung des Ehegattensplittings geht eigentlich am wirklichen Problem ein ganzes Stück vorbei."[362]

Diese Einschätzung ist bezogen auf das Unterhaltsrecht nicht richtig: Eine Reform des Ehegattensplittings, die Unterhaltsverpflichtungen berücksichtigt, ist möglich; verschiedene Varianten wurden in der 14. Legislaturperiode diskutiert und verworfen (vgl. Kapitel 6.4). Sie ist einerseits Ausdruck der Befürchtung, dass mit Veränderungen des Ehegattensplittings der Übergang zu einem absoluten Individualismus einhergeht, der bestehende Abhängigkeiten in Paar- und Familienkonstellationen ignoriert. Auch positiv verstandene Abhängigkeit zwischen Menschen im Sinne eines Füreinandereinstehens wäre dann nicht mehr zugelassen oder zumindest rechtlich nicht mehr relevant. Damit würde auch das Sicherungsmodell für unbezahlte Arbeit über Unterhalt und dessen Berücksichtigung in Steuer- und Sozialsystemen quasi ersatzlos wegfallen – mit entsprechenden Konsequenzen gerade für Frauen.

Andererseits thematisiert diese Einschätzung das Problem des Zusammenwirkens verschiedener Elemente des wohlfahrtsstaatlichen Ernährermodells – Unterhaltsrecht, Hinterbliebenenversorgung und Mitversicherung und die Frage der Reihenfolge von Veränderungen und der politischen Prioritätensetzung. So wird beispielsweise durch die Unterhaltsrechtsreform 2008 auf der einen Seite verlangt, dass nach der Scheidung jede Person Verantwortung für die eigene Unterhaltssicherung übernimmt (Berghahn/Wersig 2005; Haller 2011); auf der anderen Seite wurde diese Forderung aber nicht durch Reformen flankiert, die auch für bestehende Ehen die Förderung bzw. Erwartung finanzieller Eigenständigkeit der EhepartnerInnen vorantreiben. Wie in Kapitel 6.5.6 bereits angedeutet, ist es schwieriger, ressortübergreifende politischer Reformziele zu verfolgen, als isolierte, ressortbezogene Reformziele umzusetzen.

---

362 Ebd.

6.5.8 Problemerledigung durch Zeitablauf

Ein Reformvorhaben nicht umzusetzen, sondern auf die Erledigung durch Zeitablauf zu hoffen, ist ebenfalls ein Umgang mit politischen Problemen (zu diesen sogenannten „non decisions" vgl. Bachrach/Baratz 1977). Er liegt dann besonders nahe, wenn – wie im Fall des Ehegattensplittings – selbst die BefürworterInnen eine Reform für schwierig und potenziell unbeliebt halten. Die Frage, ob das mit dem Ehegattensplitting verbundene politische Problem sich irgendwann ohne eine Neuregelung von selbst erledigen wird, wurde von meinen InterviewpartnerInnen unterschiedlich gesehen. Während einige der Auffassung sind, die Einverdienerehe sei in der Lebensrealität ohnehin ein Auslaufmodell und die mit dem Ehegattensplitting verbundenen Kosten für den Staat würden deshalb innerhalb der nächsten Jahrzehnte deutlich sinken, verweisen andere auf die Steuerungswirkungen des Ehegattensplittings und das damit verbundene Potenzial, das Ernährermodell weiter zu fördern und zu erhalten.

Einige GesprächspartnerInnen prognostizieren, dass die Zahl der Alleinernährerehen und damit auch das Splittingvolumen künftig deutlich abnehmen werden, auch weil der gesellschaftliche Wandel und andere Weichenstellungen, wie der Ausbau von Kinderbetreuungseinrichtungen und das Elterngeld, in eine andere Richtung gehen:

„Ich meine, ehrlicherweise ist es so, in 10 Jahren wird das Ehegattensplitting ja keine große Rolle mehr spielen. Weil wir dann wenig Alleinverdienerehen haben werden. Die Realität bei einem Kind oder so ist, dass beide sehr schnell wieder erwerbstätig werden. Dann ist ja die Wirkung des Ehegattensplittings auch fast weg. Das geht ja relativ schnell, auch bei nicht ganz so hohen Zuverdiensten. Die müssen ja nicht gleich verdienen, damit das eine geringe Wirkung hat. Insofern, gut, wenn wir noch 20 Jahre brauchen, dann ist es nur noch ein symbolisches Thema, kein reales mehr. Damit will ich nicht sagen, wir können ruhig warten, aber ... Also, als Steuersystematik erledigt es sich nicht von selber, aber in der Realität. Wieviel gibt der Staat dann für das Ehegattensplitting aus? So gesehen wird es schon an Bedeutung verlieren."[363] Mit dieser Entwicklung sind aber nicht unbedingt auch größere Chancen für die Umsetzung eines Reformansatzes verbunden: „Ich weiß es nicht, ob die Chancen durch den gesellschaftlichen Wandel steigen. Wenn man wirklich so einen eklatanten Missstand sieht, wie die nicht erwerbstätige, Tennis spielende Ehefrau ohne Kinder, dann ist man in der Gesellschaft vielleicht eher bereit, das als Ungerechtigkeit anzuerkennen. Und wenn man jetzt heute so sieht, alles ist viel differenzierter, die eine macht dies und die andere das, dann sieht man vielleicht auch noch die Ungerechtigkeit, aber die ist so ausdifferenziert. Also ich würde nicht sagen, dass es jetzt dadurch leichter ist."[364]

---

363 Interview Nr. 8, MdB, steuerpolitische Sprecherin der SPD-Bundestagsfraktion (SPD).
364 Interview Nr. 7, MdB a.D., frühere Sprecherin für Frauenpolitik und Familienpolitik (Bündnis 90/Die Grünen).

6.6 Strategien im Rückblick

Meine Frage, was sie im Rückblick hätten anders machen sollen oder wollen, wurde von den AkteurInnen, die eine Reform des Ehegattensplittings befürwortet hatten, sehr unterschiedlich beantwortet. Im Wesentlichen wurden drei mögliche Strategien angesprochen: Eskalation, Entscheidung für einen Systemwechsel mit langen Übergangszeiten und das Festhalten an der Forderung nach einer Individualbesteuerung. Eine weitere Variante des Umgangs mit dem Problem, nämlich schlicht nichts zu tun, wurde bereits in Kapitel 6.5.8 als Reformhindernis identifiziert. Diese nachträglichen Reflektionen verdeutlichen noch einmal, wie hoch die Hürden für eine Umsetzung des im Koalitionsvertrag verankerten Reformzieles in der 14. Legislaturperiode aus Sicht von AkteurInnen des Wandels in verschiedenen politischen Ämtern waren.

Eine Gesprächspartnerin sah für ein Zusammenstehen aller weiblichen Koalitionsabgeordneten als möglicher Eskalationsstrategie nur eine kleine Umsetzungschance:

„Also anders hätten wir eigentlich nur machen können, dass wir an einer Stelle gesagt hätten, mit allen Frauen in der Fraktion oder auch mit den Grünen zusammen, Stoppschild aufbauen, hier nicht: Entweder macht Ihr jetzt das mit dem Ehegattensplitting oder der Steuerklasse V oder wir stimmen irgendeiner anderen Sache nicht zu. So hätte man das versuchen können, aber ob das dann wirklich zum Ziel geführt hätte, da mache ich auch mal drei Fragezeichen dahinter."[365]

Die einzige Reformchance sei, einen Systemwechsel mit langen Übergangszeiten zu erkaufen, meint eine andere Interviewpartnerin:

„Entweder, man sagt, wir gehen in eine Strukturveränderung, ohne überhaupt Geld davon zu wollen, das wäre mit ganz langen Übergangszeiten möglich. Wahrscheinlich kriegt man es sonst nie geändert. Oder dass man im Zweifel eben sagt, wie nehmen es ganz bewusst und verwenden es für Kinder oder Bildung oder etwas in die Richtung, also auf jeden Fall für Familie."[366]

Das Thema hätte weiter in der Debatte gehalten werden müssen, meinte die von 1998 bis 2002 amtierende Ministerin für Familie, Senioren, Frauen und Jugend rückblickend:

„Und ich habe gelernt in der Politik, dass man manchmal den ersten Anlauf nicht gewinnt. Man kann dann aber den Boden schon einmal vorbereiten und dann hält man Sachen in der Diskussion, entwickelt Modelle, kennt auch schon die Reaktionen, die es eben gibt im Umfeld. Aber man muss dann dranbleiben. Das ist eigentlich meine Devise. Man braucht in der Politik einen langen Atem, aber man muss auch immer wissen, wo man hinwill. Dieses Ziel muss man dann mühsam ansteuern und das Thema immer wieder bringen. Wenn das

---

365 Interview Nr. 9, MdB, Mitglied im Bundesvorstand der ASF 1992–2004 (SPD).
366 Interview Nr. 8, MdB, steuerpolitische Sprecherin der SPD-Bundestagsfraktion (SPD).

Thema erst einmal eine Weile wieder verschwunden ist, dann fängt man wieder von vorne an. Das war eigentlich schlecht."[367]

Auch als eine Reform des Ehegattensplittings in der offiziellen Agenda der rot-grünen Bundesregierung nicht mehr auftauchte, wurde es nicht still um das Thema. Die Kritik und die Forderung nach Reformen blieben bestehen, allerdings getragen durch Individuen, Parteiorganisationen wie die ASF, Frauen- und Familienverbände[368] und die Grünen. Erst aus der Opposition heraus formulierte die SPD wieder ein klares Bekenntnis zu einer Kappung des Ehegattensplittings. Dass die Reformdiskussion in Wellen verläuft, führt auch dazu, dass die Debatte an vielen Punkten dann jeweils wieder am Anfang steht.

6.7 Zwischenfazit

Das im Koalitionsvertrag verankerte Ziel der Kappung des Splittingvorteils wurde in der 14. Legislaturperiode nicht umgesetzt. Die fehlende politische Mehrheit im Bundesrat war dabei nicht der einzige Grund für das Scheitern des Reformvorhabens. Im Folgenden werden die Faktoren, die in der 14. Legislaturperiode eine Reform des Ehegattensplittings verhindert haben, nochmals zusammengefasst und Überlegungen zu ihrem Zusammenwirken angestellt.

6.7.1 Mechanismen der Kontinuitätssicherung als Reformhindernisse

Sven Steinmo zufolge kann Wandel erst dann entstehen, wenn politische AkteurInnen „den Willen und die Möglichkeit haben, Institutionen zu Gunsten neuer Ideen zu verändern" (2008: 132; Übersetzung M.W.). Die in Kapitel 3.1.3 aufgeworfene Frage lautete, welche Rolle die identifizierten Mechanismen der Kontinuitätssicherung in einem konkreten Entscheidungsprozess gespielt haben und ob das Scheitern des Reformvorhabens darauf zurückgeführt werden kann.

---

367 Interview Nr. 6, frühere Ministerin (1998–2002) für Familie, Senioren, Frauen und Jugend (SPD).
368 In einem gemeinsamen Aufruf: „Wir brauchen eine Politik, die alle Kinder fördert" sprachen sich 16 Verbände im Jahr 2007 gegen ein Familiensplitting und für individuelle Besteuerung mit einem übertragbaren Grundfreibetrag zwischen den Partnern aus, in: *Frankfurter Rundschau* vom 15.05.2007, im Internet abrufbar unter: http://www.fr-online.de/doku---debatte/-wir-brauchen-eine-politik--die-alle-kinder-foerdert-,1472608,2872638.html (Zugriff: 20.12.2012).

Die in den ExpertInneninterviews und den Textquellen identifizierten Reformhindernisse zeigen, dass im Entscheidungsprozess über die Reform der Ehegattenbesteuerung Mechanismen der Kontinuitätssicherung wirksam wurden, die im Ergebnis dazu führten, dass auf die Entscheidung für einen Pfadwechsel verzichtet wurde. Diese Aspekte verengten den Reformkorridor und machten es nicht nur unmöglich, das ursprünglich im Koalitionsvertrag verankerte Ziel zu verwirklichen, sondern verhinderten auch die Definition eines modifizierten politischen Ziels und die Umsetzung eines entsprechenden Alternativmodells. Allerdings wäre keiner der beschriebenen Aspekte für sich genommen ausreichend gewesen, eine politische Entscheidung für eine Veränderung des Ehegattensplittings zu vereiteln. Erst ihr Zusammenwirken hat dazu geführt, dass das Reformvorhaben nicht realisiert wurde.

Innerhalb der Regierungskoalition bestand ein Interessenkonflikt in Bezug auf die avisierte Reform. Die Konfliktlinie verlief dabei zwischen SteuerpolitikerInnen auf der einen und Frauen- und FamilienpolitikerInnen auf der anderen Seite (vgl. Kapitel 6.5.6). Konsens und eine klare politische Prioritätensetzung hin zu einer Veränderung gab es also trotz der Verankerung des Reformzieles im Koalitionsvertrag nicht.

Bereits der im Koalitionsvertrag von 1998 enthaltene Vorschlag der Kappung des Ehegattensplittings war ein Kompromiss. Seine konkrete Ausgestaltung im Entwurf für das Steuerentlastungsgesetz 1999/2000/2002 ließ vom ursprünglichen Ziel einer Beschränkung der Splittingvorteile bei hohen Einkommen kaum etwas übrig. Zudem war die geplante Regelung sehr kompliziert und hätte nur für eine äußerst kleine Gruppe von Steuerpflichtigen überhaupt Veränderungen mit sich gebracht. Aus Sicht von AkteurInnen, die eine Individualbesteuerung befürworten, sprachen deshalb sehr viele inhaltliche Argumente gegen die im Gesetzentwurf enthaltene Lösung.

In der teilweise heftigen öffentlichen Kritik an dem Gesetzentwurf kamen diese Argumente jedoch kaum vor. Obwohl das Reformvorhaben ohnehin nur Einverdienstehen mit Spitzeneinkommen überhaupt tangiert hätte, wurde das Kappungsmodell als Angriff auf die Institution der Ehe interpretiert und die mit dem Entwurf verbundenen Mehrbelastungen wurden betont. Mit dem Hinweis auf die im Jahr 1998 ergangenen Bundesverfassungsgerichtsentscheidungen zur Familienbesteuerung wurde das ungeliebte Vorhaben dann gestoppt und kein neues Kappungsmodell oder sonstige Alternativen verabschiedet.

Das Scheitern des Reformprojektes mit veränderten politischen Prioritätensetzungen zu erklären, würde aber zu kurz greifen; interessant ist vielmehr ein Blick auf deren Begründungen. Die Analyse der internen Entscheidungsfindungsprozesse, die nach dem Verzicht auf die Umsetzung des Vorschlages im Steuerentlastungsgesetz 1999/2000/2002 stattgefunden haben, hat gezeigt, wie das Thema diskutiert wurde und mit welchen Argumenten auf die Weiterverfolgung des Reformprojekts verzichtet wurde. Dabei wurde deutlich, dass die Anreiz- und Koordinationsfunktion des Ehegattensplittings und die Legitimationsfunktion des Verfassungsrechts die Hauptgründe für eine Aufrechterhaltung des Status quo bildeten. Alternative Sichtweisen konnten sich dagegen nicht durchsetzen. Die Kritik an den problematischen Anreiz- und Verteilungswirkungen, die seit seinem Bestehen am Ehegattensplitting formuliert wird, läuft also ins Leere. Denn gerade die Wirkungen der Abschaffung des Ehegattensplittings machen Reformvorhaben aus Sicht der BefürworterInnen des Ehegattensplittings so problematisch. Was aus der Sicht der einen gegen die Beibehaltung des Ehegattensplittings spricht, spricht aus Sicht der anderen gerade dafür.

Die Reform des Ehegattensplittings wurde nahezu ausschließlich danach beurteilt, wie sie sich auf Einverdienstehen auswirkt – demnach war es die Anreiz- und Koordinationsfunktion des Ehegattensplittings, die eine Reform erschwerte. Die verfassungsrechtlichen Argumente legitimierten darüber hinaus die Aufrechterhaltung des Status quo und rückten Reformforderungen jeglicher Art in verfassungsrechtlich fragwürdiges Licht.

Die in Kapitel 5 beschriebenen Mechanismen der Kontinuitätssicherung beeinflussten den untersuchten Reformprozess also auf verschiedene Weise: Sie beschränken die Problemwahrnehmung und Lösungsdefinitionen bzw. schließen bestimmte Alternativen von vornherein aus. BefürworterInnen der Aufrechterhaltung des Status quo, die durch die fachliche Zuständigkeit bereits einen Gestaltungsvorsprung hatten, konnten die Argumente der Verteilungswirkungen und der als schwierig dargestellten verfassungsrechtlichen Situation für ihre Ziele nutzen. Die Mechanismen der Kontinuitätssicherung sorgten im untersuchten Entscheidungsprozess dafür, dass ein Abweichen vom Pfad nicht nur als schwierig, sondern auch als nicht notwendig erschien.

Zusammengefasst kamen also bei der gescheiterten Reform des Ehegattensplittings folgende Reformhindernisse zum Tragen: Verteilungswirkungen in Form der mit Beschränkungen des Splittingvorteils verbundenen Nachteile für Einverdienstehen, das Ausklammern anderer Gruppen, die vom Ehegattensplitting nicht profitieren aus der Wirkungsanalyse und damit aus dem Entscheidungsprozess, verfassungsrechtliche Argumente in Bezug auf die mit *allen* Reformpfaden verbundene Risiken, politische Zuständigkeiten und die Rolle des federführenden Bundesfinanzministeriums als Verhinderer von Reformen und ein fehlendes Konzept für die rechtsgebietsübergreifende Abkehr vom männlichen Ernährermodell.

6.7.2 *Schutz der Einverdienstehe auf verschiedenen Ebenen*

Der Schutz der Einverdienstehe, zu der auch die Beibehaltung der derzeitigen Form der Ehegattenbesteuerung zählt, ist auf verschiedenen Ebenen verankert: Zum einen sollte die Gruppe der Einverdienstehepaare nach den Vorstellungen der Regierungskoalition (vor allem der SPD) durch Reformen nicht übermäßig belastet werden, und zum anderen gehen verfassungsrechtliche Argumentationen davon aus, das Ehegattensplitting gewährleiste erst die Freiheit der Entscheidung über die Aufgabenverteilung in der Ehe (vgl. Kapitel 2.5 und 6.5.2). Die Bewertung der verfassungsrechtlichen Anforderungen an die Ehebesteuerung durch die verfassungsrechtliche Abteilung im Bundesfinanzministerium spielte im Diskussions- und Entscheidungsprozess eine entscheidende Rolle. Denn Reformvorschläge im Bereich der Ehebesteuerung mussten sich nicht nur gegen den Vorwurf behaupten, sie wirkten als Steuererhöhung für eine erhebliche Anzahl von Ehepaaren behaupten, sondern auch gegen das Argument, sie würden den durch das Verfassungsrecht abgesteckten engen Rahmen für Veränderungen überschreiten.

Auf der Ebene der sozialen Wirklichkeit setzt das Ehegattensplitting Anreize für eine arbeitsteilige Ehe und auf der Ebene der verfassungsrechtlichen Legitimation wird eine entsprechende Entscheidung von Ehepaaren als frei getroffen und schützenswert angesehen. Das wichtigste Reformhindernis ist deshalb der Schutz der Einverdienstehe und die Vermeidung von Steuererhöhungen für diese Gruppe, insbesondere Paare mit geringem und mittlerem Einkommen. Weitere Ansätze zur Reform des Ehegattensplittings nach der Streichung des Kappungsmodells aus dem Gesetzentwurf für das Steuerentlastungsgesetz 1999/2000/2002 konnten sich bereits innerhalb der Regierungskoalition vor allem deshalb nicht durchsetzen, weil sie für Einverdienstehepaare eine Steuererhöhung bedeuten würden. Dieses Argument war vor allem für die SteuerpolitikerInnen in der SPD entscheidend. Auch in der Darstellung der Auswirkungen von Reformvorschlägen durch das Bundesfinanzministerium wurden zu erwartende steuererhöhende Wirkungen für diese Gruppe in den Mittelpunkt gestellt. In diesem Sinne ist die institutionelle Verfestigung des Ehegattensplittings nicht nur durch seine verfassungsrechtliche Untermauerung entstanden, sondern gerade auch durch die Umsetzung des steuerrechtlich verankerten Leitbildes des männlichen Ernährermodells in individuelle Lebensentscheidungen und ihre Wahrnehmung und Interpretation durch politische AkteurInnen.

Weil die Analysen der Auswirkungen der verschiedenen Reformvarianten des Ehegattensplittings ausschließlich auf die Gruppe der Ehepaare fokussiert waren, blieben andere Gruppen automatisch außen vor. Analysen der Verteilungswirkungen von Reformvarianten des Ehegattensplittings, die als Grundlage für den dargestellten Entscheidungsprozess herangezogen wurden, untersuchten immer nur, was die Reform für Einverdienstehen und Zweiverdienstehen mit unterschiedlichen Einkommenskonstellationen (also Anteil des sogenannten Zuverdienstes am zu versteuernden Einkommen) und in unterschiedlichen Einkommensgruppen bedeuten würde (vgl. Tabelle 15 bis Tabelle 17). Sie enthielten jedoch keine Informationen zur tatsächlichen Verteilung verschiedener Einkommenskonstellationen bei Ehepaaren in den unterschiedlichen Einkommensgruppen, also beispielsweise dazu, wie sich der Anteil der Einverdienstehen in niedrigen oder mittleren Einkommensbereichen überhaupt darstellte. Die entsprechenden Daten lassen sich der Einkommensteuerstatistik durchaus entnehmen und ihre Aufbereitung wäre für eine politische Entscheidung, die die übermäßige Belastung einer bestimmten Gruppe vermeiden will, auch notwendig.

Etliche InterviewpartnerInnen vermuteten, dass PolitikerInnen besonders viel Verständnis für die Bedürfnisse der Einverdienstehen aufbringen würden, weil sie selbst häufig ebenfalls ein solches Modell praktizierten. Inwieweit konkrete individuelle Eigeninteressen politische Entscheidungen prägen, ist meines Erachtens eine wissenschaftlich kaum zu beantwortende Frage. Es wäre jedenfalls eine sehr simple Vorstellung von Politik und würde der Komplexität des Themas nicht gerecht, davon auszugehen, dass letztlich die Steuerbelastung von Politikerehen eine Reform des Ehegattensplittings verhindert.

Eine genauere Betrachtung der Auswirkungen einer Reform des Ehegattensplittings könnte die Sorge um zusätzliche Belastungen für kleine und mittlere Einkommen zumindest etwas entkräften. Dennoch bleibt ein Zielkonflikt zwischen der Aufrechterhaltung der einkommensteuerlichen Privilegien für Einverdienstehen und der Beschneidung der damit verbundenen Anreiz- und Verteilungswirkungen ganz offensichtlich bestehen. Diesen Zielkonflikt lässt sich auf zwei Arten auflösen: durch Übergangsregeln einerseits oder die Einbettung der Reform des Ehegattensplittings in eine umfassende Steuerreform andererseits.[369] Da die Reform des Ehegattensplittings in der Vergangenheit sehr isoliert diskutiert wurde, existieren vor allem Überlegungen zu großzügig ausgestalteten Übergangsregelungen. Die Problematik von Übergangsregelungen wird im Fazit dieser Arbeit kurz aufgegriffen und diskutiert (vgl. Kapitel 7.4.3).

6.7.3 Konfliktlinien und Zuständigkeiten

In der SPD verliefen die Konfliktlinien der Auseinandersetzung um das Ehegattensplitting in der 14. Legislaturperiode zwischen SteuerpolitikerInnen

---

[369] Eine Antwort auf die Frage, wie eine solche umfassende Steuerreform in diesem Sinne aussehen könnte, würde den Rahmen (nicht nur) dieser Arbeit sprengen. Die Reform des Ehegattensplittings wurde in den untersuchten Entscheidungsprozessen aber immer allenfalls im Zusammenhang mit der Familienbesteuerung diskutiert, vor allem als Finanzierungsquelle für familienpolitische Leistungen wie etwa das Kindergeld. In Vorher-Nachher-Rechnungen wird dargestellt, wie bisher profitierende Ehepaare nach der Reform stehen. Ein umfassenderes Reformvorhaben könnte alle Formen von Familie und Partnerschaft in den Blick nehmen und in Zusammenhang mit einer Neugestaltung des Tarifs ein Konzept zur gleichmäßigen Entlastung aller genannten Gruppen entwerfen. Der internationale Vergleich (vgl. Kapitel 2.2) zeigt, dass unterschiedliche Lösungen der Berücksichtigung von Unterhaltspflichten möglich sind und Deutschland mit seiner starken Privilegierung von Einverdienstehen bereits jetzt eine Sonderrolle einnimmt.

und Frauen- bzw. FamilienpolitikerInnen der SPD,[370] wobei insbesondere letztere Reformbedarf sahen. Bei den Grünen gab es ähnliche Auseinandersetzungen, es bestand aber ein stärkerer Konsens über das Reformziel Individualbesteuerung, als es bei der SPD der Fall war. Zu dieser Konfliktlinie hinzu kamen Partikularinteressen von Bürokratien, wie insbesondere die Bearbeitung des Themas durch das Bundesministerium der Finanzen zeigt, das eine entscheidende Rolle bei der Verhinderung von Reformen spielte.

Dem Bundesministerium der Finanzen kam eine wesentliche Bedeutung im Reformprozess zu. Als federführendes Ministerium arbeitete es den Fraktionen zu. Seine Stellungnahmen enthielten überwiegen Bedenken gegen das Reformvorhaben und stellten dar, was (angeblich) nicht möglich war. Argumente für eine verfassungsrechtlich vertretbare Ausgestaltung der politisch formulierten Reformziele fanden sich in den mir zugänglichen, vom Bundesfinanzministerium erstellten Unterlagen so gut wie nicht. Auch Hintergrundgespräche mit MinisteriumsmitarbeiterInnen bestätigten die Einschätzung, dass die Behörde im damaligen Reformprozess das Ehegattensplitting bewahren wollte.

Forderungen nach einer Reform beim Ehegattensplitting aus einer familien- bzw. gleichstellungspolitischen Perspektive wurden stattdessen im Bundesfamilienministerium entwickelt; dort wurde auch eine eigenständige verfassungsrechtliche Bewertung vorgenommen. Der hieraus entstandene Reformvorschlag wurde vonseiten des Bundesfinanzministeriums und des Bundesinnenministeriums äußerst kritisch kommentiert und konnte sich dann innerhalb der Regierungskoalition nicht durchsetzen. Allerdings waren die Umsetzungschancen eines Vorhabens von Anfang an gering, weil es durch eine Ministerin vertreten wurde, die der Frauen- und Familienpolitik in der 14. Legislaturperiode keinen hohen Stellenwert einräumte.

Die Analyse dieser Vorgänge hat gezeigt, dass der Versuch einer Durchsetzung eines Reformvorschlages der Ehegattenbesteuerung außerhalb der eigenen fachlichen Zuständigkeit damals erheblichen strukturellen Hürden gegenüberstand. Die inhaltlichen Bedenken gegen den Vorschlag waren besonders deshalb überraschend, weil der im Bundesfamilienministerium entwickelte Vorschlag eine parallel geplante Tarifsenkung als Gelegenheit nutzen wollte, um einen neuen Reformpfad zu beschreiten und durch die gleichzeitige Kindergelderhöhung für eine überwiegende Zahl der Einverdienerehen mit Kindern Einkommenserhöhungen statt Mehrbelastungen zu erreichen. Somit war im Grunde das Hauptargument gegen eine Reform der Ehegattenbesteuerung – die Mehrbelastung von Einverdienstehen – zwar nicht in allen, aber doch in weiten Teilen entkräftet.

---

370 Diese Trennlinie zwischen fachlicher Zuständigkeit und inhaltlichem Standpunkt ist natürlich nicht in jedem Einzelfall so klar zu ziehen, sie ist vielmehr als Tendenz zu verstehen und wurde in den durchgeführten Interviews auch als solche beschrieben.

AkteurInnen mit Gestaltungsspielraum bei der Erarbeitung von Reformvorschlägen und mit einem Zuständigkeitsvorsprung bei der Bewertung von Reformvorhaben konnten die Argumente für die Aufrechterhaltung des Status quo einsetzen, um Reformvorhaben zu verhindern. Zusammenfassend lässt sich deshalb feststellen, dass die Reform des Ehegattensplittings in der 14. Legislaturperiode nicht etwa daran scheiterte, dass Verfassungsrecht, Bundesratsmehrheit und öffentliche Meinung einer entschlossenen Regierungskoalition entgegentraten, die gegen diese Widerstände keine andere Möglichkeit sah, als auf Reformen zu verzichten. Denn bei genauerem Hinsehen war die Regierungskoalition alles andere als entschlossen. Die Mechanismen der Kontinuitätssicherung des Ehegattensplittings prägten die Problemdefinition und die Lösungsansätze, also bereits die Interpretationen des Handlungsspielraums der AkteurInnen und ihrer politischen Ziele. Auf diese Weise gestalteten diese die pfadabhängige Entwicklung weiter mit und setzten den Argumenten für die Aufrechterhaltung des Status quo nichts entgegen. Die Entscheidung für einen Pfadwechsel unterblieb.

7 Zusammenfassung und Ausblick

Diese Untersuchung hat gezeigt, dass die Ehegattenbesteuerung seit der Einführung des Ehegattensplittings im Jahr 1958 eine pfadabhängige Entwicklung durchlaufen hat. Dabei haben die Anreiz- und Verteilungswirkungen der Ehegattenbesteuerung pfadverstärkend gewirkt und sich im Reformprozess in der 14. Legislaturperiode als Reformhindernisse erwiesen.

Entsprechend dem eingangs formulierten transdisziplinären Anspruch dieser Arbeit (vgl. Kapitel 1.3) wurden nicht nur unterschiedliche Wissenschaftsdisziplinen, sondern auch juristische Dogmatik und die Rechtsprechung des Bundesverfassungsgerichts einbezogen und die unterschiedlichen Perspektiven verknüpft, um ein umfassendes Bild der Hindernisse zu erhalten, die einer Reform des Ehegattensplittings entgegenstehen.

Um zu erklären, warum das Ehegattensplitting seit über 50 Jahren unverändert besteht, wurde auf einen Ansatz zurückgegriffen, der auf Grundlage der theoretischen Annahmen und Konzepte des historischen Institutionalismus die zeitliche Dimension von Politik betont und den Fokus auf längerfristige Entwicklungen richtet. Im Mittelpunkt stand die Analyse der Einführung des Ehegattensplittings, die Identifikation der Mechanismen der Kontinuitätssicherung, die eine pfadabhängige Entwicklung gefördert haben, sowie die Frage, inwieweit das Scheitern eines Reformvorhabens auf diese Momente zurückgeführt werden kann.

Im Folgenden (Kapitel 7.1) werden zunächst die Eingangshypothesen (vgl. Kapitel 3.2.2) aufgegriffen und die wichtigsten empirischen Erkenntnisse zur Beantwortung der Eingangsfrage zusammengefasst, warum das Ehegattensplitting in der Bundesrepublik seit über 50 Jahren nahezu unverändert beibehalten wurde. Kapitel 7.2 stellt dar, inwieweit die Komplexität des politischen Problems sich als Reformhindernis erweist. Kapitel 7.3 resümiert die Zielkonflikte der Ehegattenbesteuerung und die differenzierten Verteilungswirkungen von Reformen. Kapitel 7.4 stellt Überlegungen zu der Frage an, ob die identifizierten Reformhindernisse heute noch Bestand haben.

Die Anschlussfrage, wie politische AkteurInnen eine Reform des Ehegattensplittings durchsetzen könnten, drängt sich nach der Untersuchung gescheiterter Reformansätze förmlich auf. Sie stand allerdings nicht im Mittelpunkt dieser historisch-rekonstruktiv orientierten Arbeit, die sich auf die Identifikation von pfadabhängigen Kontinuitätsprozessen konzentriert hat. Die Frage nach Reformhindernissen und die Frage nach Durchsetzungschancen bestimmter politischer Ziele, die keine oder zumindest keine hohe politische Priorität genießen, erfordern jeweils unterschiedliche theoretische und methodische Zugänge. Was aus den Ergebnissen dieser Arbeit aus Sicht von BefürworterInnen einer Reform des Ehegattensplittings gelernt werden kann, werde ich in einer Folgepublikation thematisieren. In Kapitel 7.3 werde ich im Rahmen eines Exkurses anhand von drei ausgewählten Aspekten, die sich aus den Erkenntnissen dieser Arbeit ergeben haben, einen Ausblick in die Zukunft vornehmen. Dabei werde ich diskutieren, welche aktuellen Entwicklungen Potenziale für Institutionenwandel enthalten und welche Probleme die aktuell von der SPD favorisierte Option eines Pfadwechsels mithilfe langfristiger Übergangsregelungen mit sich bringt.

7.1 Diskussion der Hypothesen

7.1.1 Pfadbeginn

Laut Hypothese 1 war die Einführung des Ehegattensplittings in den 1950er-Jahren auf die Restaurationsbemühungen der bürgerlichen Familie durch die Familienpolitik der damaligen Zeit und die Entscheidung des Bundesverfassungsgerichts im Jahr 1957 zurückzuführen. Die Untersuchung des damaligen Politikprozesses hat gezeigt, dass die ‚Bestrafung' der Erwerbstätigkeit von Ehefrauen mit den Mitteln des Steuerrechts ein Ziel der damaligen Steuerpolitik war. Dieses Ziel war aber nicht unumstritten und wurde von verschiedenen politischen AkteurInnen in Regierung, Parlament und Gesellschaft nicht geteilt. Die Entscheidung des Bundesverfassungsgerichts von 1957 stellte insofern einen Wendepunkt im damaligen Reformprozess dar und schnitt den vorher vom Bundesministerium der Finanzen forcierten Reformpfad der Rückkehr zur Zusammenveranlagung aller Einkünfte von Ehepaaren ohne Splittingtarif dauerhaft ab. Seither gilt, dass Ehepaare nicht höher besteuert werden dürfen als unverheiratete Paare mit gleichem Einkommen.

Die Entscheidung für das Ehegattensplitting erfolgte, weil es das Festhalten an der Zusammenveranlagung von Ehegatten ermöglichte. Die Zusammenveranlagung war vom Bundesministerium der Finanzen aus geschlechterpolitischen Gründen als erstrebenswerteste Form der Ehegattenbesteuerung im gesamten Reformprozess favorisiert worden. Konkret wurde die Einführung des Ehegattensplittings genutzt, um Zweiverdienstehen zumindest etwas höher zu belasten als bisher.

Obwohl das Ehegattensplitting bei der Einführung im Gesetzentwurf als dem ‚Wesen der Ehe' am besten entsprechende Form der Besteuerung gepriesen wurde, profitierten über 95 Prozent der Ehepaare damals nicht von einem durch das Ehegattensplitting erzeugten Progressionseffekt, weil sie wegen ihrer Einkommenshöhe in der Proportionalzone des Steuertarifs verblieben. Die später kritisierten Verteilungswirkungen waren also bei der Einführung des Ehegattensplittings für die breite Masse der Steuerpflichtigen nicht relevant, wurden aber bereits damals kontrovers diskutiert.

7.1.2 Pfadkontinuität

Nachdem dargestellt wurde, warum die *critical juncture* in den 1950er-Jahren, als verschiedene Alternativen denkbar waren, mit der Entscheidung für das Ehegattensplitting endete, wurden die in den Hypothesen 2, 3 und 4 formulierten Überlegungen zu den Gründen für die Pfadstabilität der darauffolgenden 40 Jahre überprüft. Die Koordinationsfunktion des Ehegattensplittings (Anreiz- und Verteilungswirkungen für Ehepaare) und die juristische Dogmatik wurden als mögliche Mechanismen der Kontinuitätssicherung identifiziert (Thesen 3 und 4). Dabei waren zwei Ebenen der Ursachen für Pfadstabilität angesprochen – die Bedeutung der Institution für die soziale Wirklichkeit und die Legitimationsebene des juristischen bzw. verfassungsrechtlichen Diskurses, die über dominante Deutungen und Interpretationen die Aufrechterhaltung des Status quo rechtfertigt und Reformalternativen als verfassungsrechtlich fragwürdig erscheinen lässt.

Die Auswirkungen des Ehegattensplittings im Zeitverlauf sind kaum erforscht. In der vorliegenden Arbeit wurde bereits deutlich, dass die Verteilungswirkungen des Ehegattensplittings durch steigende Einkommen und Reformen des Steuerrechts mittlerweile eine andere Bedeutung haben als zum Zeitpunkt seiner Einführung; dieser Aspekt sollte in zukünftigen Untersuchungen vertieft werden. Die Anreizwirkungen des Ehegattensplittings sind in der ökonomischen Literatur (vgl. Kapitel 2.3.3) umfassend aufgearbeitet. Das Ehegattensplitting wirkt aber mit unterschiedlichen Regelungen zusammen, denen das Ehebild des männlichen Ernährermodells zugrunde liegt und die insgesamt die arbeitsteilige Ehe fördern. Im internationalen Vergleich zeigt sich, dass die Erwerbsbeteiligung von Frauen in Deutschland seit den 1970er-Jahren zwar gestiegen ist, gerade verheiratete Frauen aber sehr häufig lediglich eine Zuverdienerinnenrolle einnehmen und von ihrem Einkommen nicht leben könnten. Dafür ist nicht allein die Ehegattenbesteuerung verantwortlich; sie bildet aber einen wichtigen Baustein im institutionellen Gefüge des männlichen Ernährermodells. Beide Aspekte der Koordinationsfunktion des Ehegattensplittings sind Argumente für eine Aufrechterhaltung des Status quo.

In Bezug auf die juristische Dogmatik (These 4) lässt sich beobachten (Kapitel 5.4.2), dass seit den 1980er-Jahren und insbesondere der im Jahr 1982 ergangenen Entscheidung des Bundesverfassungsgerichts der Fortbestand des Ehegattensplittings mit dem Argument legitimiert wird, es handle sich dabei nicht um eine „*beliebig veränderbare Steuer-, Vergünstigung*'"[371] und nicht um eine Eheförderung, sondern um eine verfassungsgemäße Form der Besteuerung nach der Leistungsfähigkeit. Zwar erwähnt das Bundesverfassungsgericht in der genannten Entscheidung ausdrücklich die Gestaltungsbefugnis des Gesetzgebers; dennoch besteht seitdem für politische AkteurInnen die Notwendigkeit, sich mit den verfassungsrechtlichen Rahmenbedingungen einer Reform des Ehegattensplittings auseinanderzusetzen und eine mögliche Entscheidung aus Karlsruhe mit in den Entscheidungsprozess einzubeziehen. Das war zu Beginn des Pfades in den 1950er-Jahren noch nicht der Fall. Es existieren allerdings verschiedene verfassungsrechtliche Argumentationsmöglichkeiten, sodass es letztlich darauf ankommt, wie in einem konkreten Entscheidungsprozess das verfassungsrechtliche Risiko bewertet wird und ob politische AkteurInnen ihre Positionen bereits auf mögliche Interventionen des Bundesverfassungsgerichts überprüfen und anpassen.

7.1.3 Gelegenheitsfenster für eine Reform des Ehegattensplittings in der 14. Legislaturperiode

In der 14. Legislaturperiode bestand ein Gelegenheitsfenster für eine Reform des Ehegattensplittings, das im Ergebnis nicht genutzt wurde. Die Hypothesen 5 und 6 stellten Überlegungen an, wie die identifizierten Mechanismen der Kontinuitätssicherung dazu beigetragen haben könnten, dass auf die Umsetzung des ursprünglich geplanten Zieles der Kappung des Ehegattensplittings verzichtet wurde. Dabei bestätigte sich, dass die Mechanismen der Kontinuitätssicherung in einem Konflikt zwischen BefürworterInnen und GegnerInnen einer Reform des Ehegattensplittings Argumente für eine Aufrechterhaltung des Status quo liefern und alternative Lösungen erschweren. Gleichzeitig ließ sich ein Machtgefälle zwischen SteuerpolitikerInnen, die eine Beibehaltung des Ehegattensplittings favorisierten, und gleichstellungs- bzw. familienpolitischen AkteurInnen konstatieren, die sich für eine Reform stark machten. Die Untersuchung des Reformprozesses hat zudem gezeigt, dass die Verteilungswirkungen und die verfassungsrechtliche Bewertung der Reformalternativen einen zentralen Stellenwert einnahmen (vgl. Kapitel 6).

Das Ziel, die Mehrbelastung von Einverdienstehen im mittleren Einkommensbereich möglichst gering zu halten, hat sich als bedeutendes Reformhindernis erwiesen. Auch die verfassungsrechtlichen Bewertungen von Reformalternativen machten deutlich, dass mit allen Reformpfaden hohe verfassungsrechtliche Risiken verbunden sind – obwohl auch andere, reformfreundliche Interpretationen durchaus möglich gewesen wären. Die Frage, ob

---

[371] BVerfG vom 03.11.1982 – 1 BvR 620/78, 1 BvR 1335/78, 1 BvR 1104/79, 1 BvR 363/80, juris-Rz. 80–81.

verfassungsrechtliche Bedenken von BefürworterInnen des Ehegattensplittings in politischen Schlüsselpositionen lediglich strategisch eingesetzt wurden oder ob die fraglichen AkteurInnen davon überzeugt waren, über die einzig ‚richtige' Interpretation der verfassungsrechtlichen Rahmenbedingungen des Ehegattensplittings zu verfügen, lässt sich kaum beantworten – sie ist für die Bewertung der Bedeutung der verfassungsrechtlichen Argumente im Reformprozess auch nicht entscheidend (zur Bedeutung von Ideen und Handeln bei AkteurInnen vgl. Münnich 2010: 94–95). Im Ergebnis wirkten die verfassungsrechtlichen Argumente als politische Argumente für die Beibehaltung des Status quo, alternative Bewertungen wurden außen vor gelassen. Die Annahme, dass es einen regierungsinternen – auch zwischen politischen Zuständigkeiten herrschenden – Konflikt gab, hat sich bestätigt, wobei bei individuellen AkteurInnen aber auch unterschiedliche Prioritätensetzungen und Einschätzungen von Bedeutung waren.

7.2 Komplexität des politischen Problems als Reformhindernis

Die rekonstruierten Entscheidungsfindungsprozesse haben gezeigt, dass die Komplexität des diskutierten Sachverhalts Ehegattensplitting Reformen erschwert. Wie *Paul Pierson* in seiner Analyse der Bedingungen für pfadabhängige Entwicklungen im Bereich der Politik herausgearbeitet hat, sind Komplexität und Undurchsichtigkeit von Politik ein Element der Stabilisierung des Status quo (2000a; 2004). In den Reformdiskussionen der 14. Legislaturperiode zeigte sich, wie sich diese sehr allgemein formulierte Erkenntnis in der Steuerpolitik darstellt. Die Auswirkungen des Ehegattensplittings sind im Detail nicht überall bekannt und die Entwicklung von Reformalternativen sowie die Bewertung ihrer Auswirkungen sind auf einen bestimmten, eher kleinen ExpertInnenkreis beschränkt. Eine aktuelle repräsentative Studie im Auftrag des Bundesministeriums für Familie (2011: 39) kommt zu dem Ergebnis, dass die Mehrheit der befragten BürgerInnen mit der Ehe eine Veränderung des rechtlichen und ökonomischen Rahmenbedingungen verbindet und der Meinung ist, man sei in der Ehe „irgendwie bessergestellt". Die Befragten wissen aber nur diffus oder gar nicht, inwiefern sich ihre ökonomisch-rechtliche Situation durch die Eheschließung verändert, und nur wenige verbinden mit Begriffen wie ‚Ehegattensplitting' oder ‚gesetzlicher Güterstand' Konkretes.

Die Mobilisierung der Öffentlichkeit für eine Reform gelang auch aus diesen Gründen bisher kaum. Sie wird dadurch erschwert, dass von einem Übergang zu einer Individualbesteuerung ohne Verknüpfung mit weiteren Reformmaßnahmen wie einer Kindergelderhöhung zunächst niemand steuerliche Vorteile hat. Es gibt Gruppen, die nicht vom Ehegattensplitting profitieren und sich auch politisch organisieren, etwa Familienverbände wie der Verband alleinerziehender Mütter und Väter. Sie erreichen aber nur eine geringe Öffentlichkeit und kaum Resonanz in den Medien. Die Mobilisierung von GegnerInnen einer Reform funktionierte stattdessen; erstaunlicherweise protestierten bei den Bundestagsabgeordneten sogar Menschen, die glaubten, das Ehegattensplitting brächte ihnen Vorteile, obwohl sie aufgrund ihrer Erwerbskonstellation nach einer Reform tatsächlich kaum schlechter stehen würden.

Die komplexen Verteilungswirkungen des Ehegattensplittings, die abhängig sind von Einkommenshöhe und Einkommensverteilung zwischen den EhepartnerInnen, machen das Thema relativ resistent gegen Sachargumente. Im untersuchten Zeitraum hat sich die Reformdiskussion darüber hinaus für populistische Aussagen anfällig gezeigt. Ein Beispiel dafür ist die Erklärung der beiden großen Kirchen in Deutschland im Dezember 1998, wonach die Beschränkung des Ehegattensplittings um rund 1.200 DM für knapp 200.000 Ehepaare im höchsten Einkommensdezil mit einem Angriff auf das christliche Ehebild gleichzusetzen sei (vgl. Kapitel 6.3). Wie die InterviewpartnerInnen berichteten, wird so die öffentliche Kommunikation von Reformzielen und die Entscheidung für eine als unpopulär geltende Reform (wie auch immer ausgestaltet) auch aus Machtinteressen und wahltaktischen Gründen heraus erschwert (Bothfeld 2005: 193). Aus Sorge über die Reaktion der WählerInnen wird auf Reformen verzichtet. Auch innerhalb von SPD und Grünen gelten Veränderungen des Ehegattensplittings als unpopulär und nur schwer zu vermitteln.

7.3 Zielkonflikte der Ehegattenbesteuerung – Zwischen Recht und Realität

Drei Ziele der Besteuerung prägen bisher die Diskussion zum Thema Ehegattensplitting: die Vermeidung von Benachteiligungen von Ehepaaren gegenüber Unverheirateten, die Vermeidung der Benachteiligung von Einverdienstehen gegenüber Zweiverdienstehen sowie das Ziel der progressiven Gestaltung des Einkommensteuertarifs (denn bei einer *flat-tax*, die wiederum andere Probleme mit sich brächte, würde ein Splittingvorteil gar nicht entstehen). Diese Ziele können nicht gleichzeitig verwirklicht werden.

Bei genauerer Untersuchung des rot-grünen Reformvorhabens in Kapitel 6 hat sich gezeigt, dass die Statussicherung der Einverdienstehe auf verschiedenen Ebenen weiterhin fest verankert ist (vgl. Kapitel 6.7.2). Diese Statussicherung erfolgt auf der Ebene der Verfassungsinterpretation und durch die Problemdefinition steuerpolitischer AkteurInnen. Verteilungspolitisch bedeuten Schritte in Richtung Individualbesteuerung eine Steuererhöhung für

Ehepaare, die ungleiche Einkommensverteilungen aufweisen. Diese kann je nach Ausgestaltung des Reformmodells sowie abhängig von Einkommen, Erwerbskonstellation und dem Steuertarif unterschiedlich ausfallen. Umverteilungseffekte eines Übergangs zur Individualbesteuerung entstehen nur, wenn gleichzeitig andere Gruppen, die bisher nicht vom Ehegattensplitting profitieren, steuerlich entlastet werden. Im Ergebnis handelt es sich beim Verzicht auf Reformen um eine Verteilungsentscheidung für eine bestimmte Klientel, der der soziale Wandel scheinbar wenig anhaben kann. Gegenargumente, vor allem das Argument, mit dem Ehegattensplitting werde ein bestimmtes Rollenmodell in der Ehe gefördert, finden wenig Akzeptanz.

Während der Mechanismus der Kontinuitätssicherung, der in der Legitimation des Ehegattensplittings durch verfassungsrechtliche Diskurse besteht, durch die Nutzung alternativer Argumentationen zumindest entkräftet werden könnte, lässt sich das Ziel der Vermeidung jeglicher Mehrbelastungen von Einverdienstehen kaum mit einem Übergang zu einer Individualbesteuerung vereinbaren.

Die Frage ist dann also, welchen Gruppen eine Mehrbelastung zugemutet werden kann und welchen nicht. Im Reformprozess der 14. Legislaturperiode wurde im Vordergrund die Sorge um mittlere bis höhere Einkommen artikuliert. Dabei wurde bereits in den Steuerentlastungsmodellen im Wahlkampf von dem klassischen Modell des verheirateten Einverdieners mit zwei Kindern ausgegangen. Berechnungen der Auswirkungen von alternativen Formen der Ehegattenbesteuerung beschränkten sich demzufolge darauf, die Steuererhöhungen gegenüber dem Status quo für unterschiedliche Einkommenshöhen und Einkommenskonstellationen von Ehepaaren darzustellen, und blendeten Partnerschafts- oder Familienformen mit vergleichbaren Einkommen aus, die nicht vom Ehegattensplitting profitieren. Gleichzeitig wurde der Frage, inwieweit Ehepaare mit niedrigen oder mittleren Einkommen die klassische Einverdienstehe überhaupt leben, keine Aufmerksamkeit zuteil. Hier existieren zumindest Unterschiede zwischen Ost und West (vgl. Kapitel 2.3.2 und 2.3.3),[372] weitere Forschungen auf Basis der Einkommensteuerstatistik wären sinnvoll und wünschenswert. Die Wirkungen des Ehegattensplittings sind so gestaltet, dass eigentlich kaum von einer sozialpolitischen Funktion dieser Regelung gesprochen werden kann. Denn der Splittingeffekt variiert abhängig von Erwerbskonstellation und Einkommenshöhe deutlich. Die Sorge um die alleinernährenden Facharbeiter suggeriert aber genau diese sozialpolitische Komponente und macht deutlich, dass zu-

---

372 Nach Auskunft von *Katharina Wrohlich* (DIW) finden sich unter allen Ehepaaren im untersten Quartil des zu versteuernden Einkommens rund 10 Prozent Alleinverdiener-Ehepaare, im zweiten Quartil 24 %, im dritten Quartil 28 % und im obersten Quartil sind es 16 Prozent. Der höchste Anteil der Alleinverdiener-Ehepaare findet sich derzeit also im mittleren Quartil, der niedrigste Anteil im untersten Quartil (Quelle: schriftliche Auskunft, Datenbasis: Bach u.a. 2011).

mindest aus Sicht entscheidender steuerpolitischer AkteurInnen das Ehegattensplitting immer noch eine wichtige Unterstützungsfunktion einnimmt.
Diese Arbeit muss deshalb mit der Frage schließen, wie politischer Wandel der Ehegattenbesteuerung möglich werden kann, wenn ein signifikanter Anteil der Ehepaare aufgrund ihrer Erwerbskonstellationen vom Ehegattensplitting profitiert bzw. dies zumindest nach Einschätzung politischer AkteurInnen der Fall ist.

7.4 Reformhindernisse heute und Potenziale für Institutionenwandel

Haben sich die herausgearbeiteten Reformhindernisse seit dem untersuchten Reformprozess in der 14. Legislaturperiode (1998–2002) verändert? Bis heute bestimmen verfassungsrechtliche Argumente und Überlegungen zur Vermeidung übermäßiger Belastungen von bestimmten Gruppen von Ehepaaren die Reformdebatte über das Ehegattensplitting. Die herausgearbeiteten Mechanismen der Kontinuitätssicherung könnten also auch heute noch als Reformhindernisse wirken und die überhaupt diskutierten Regelungsalternativen weiter beschränken.

Die Debatte über die Erweiterung des Ehegattensplittings zu einem Familiensplitting, die in der CDU seit einigen Jahren geführt wird, hat durch die im Jahr 2013 zu erwartende Entscheidung des Bundesverfassungsgerichts zur steuerlichen Gleichstellung der eingetragenen Lebenspartnerschaft neue Nahrung erhalten. Die Kritik am Ehegattensplitting, derzufolge es nicht alle Familien mit Kindern erreiche und deshalb reformbedürftig sei, hat sich als anschlussfähiger erwiesen als die gleichstellungspolitischen Argumente. Für die Einführung eines Familiensplittings mag aus Sicht seiner BefürworterInnen auch sprechen, dass so das Ehegattensplitting unverändert beibehalten und durch die Familienkomponente erweitert werden kann. Ein solches Projekt wäre durch sozialpolitische Argumente angreifbar, da gegenüber dem Status quo des Familienlastenausgleichs nur Familien mit vielen Kindern und hohen Einkommen überhaupt profitieren würden (Steiner/Wrohlich 2006). Inwieweit die Einbeziehung der eingetragenen Lebenspartnerschaft in den Geltungsbereich des Ehegattensplittings Potenziale für einen Institutionenwandel enthält, wird in Abschnitt 7.4.1 diskutiert.

Wie ist unter den dargestellten Bedingungen Wandel möglich? In diesem abschließenden Exkurs sollen zwei Aspekte aufgegriffen werden, die jüngeren Arbeiten des historischen Institutionalismus zufolge Wandel ermöglichen können: zum einen eine Veränderung der Institution durch neue AkteurInnen und zum anderen die De-Legitimation der Institution durch widersprüchliche Entwicklungen. Auf das Ehegattensplitting übertragen, könnten sowohl die zu erwartende Erweiterung des Ehegattensplittings auf eingetragene LebenspartnerInnen als auch die widersprüchlichen Entwicklungen in der Politik des männlichen Ernährermodells der letzten Jahre in der Zukunft Reformpotenziale bieten. Im Anschluss diskutiere ich die Option des Pfadwechsels durch lange Übergangsfristen.

7.4.1 Neuer Geltungsbereich – Eingetragene Lebenspartnerschaften

James Mahoney und *Kathleen Thelen* (2010) haben die Veränderung der Institutionen durch neue AkteurInnen als eine Variante inkrementellen Wandels identifiziert. Wie in den Kapiteln 1.5.2 und 2.5.5 dargestellt, wurde der jahrelange Kampf um Gleichbehandlung gleichgeschlechtlicher LebenspartnerInnen mit Ehepaaren auch im Einkommensteuerrecht ausgetragen. Eine Entscheidung des 2. Senats des Bundesverfassungsgerichts zur Frage, ob Ehen und Lebenspartnerschaften im Einkommensteuerrecht gleichzustellen sind, wird 2013 erwartet.

Zwar sah der Koalitionsvertrag von Union und FDP für die 17. Legislaturperiode im Jahr 2009 entsprechende Änderungen vor,[373] das Ehegattensplitting wurde aber nicht auf diese Gruppe ausgeweitet. Widerstände gegen diese abwartende Haltung regten sich im Sommer 2012 auch innerhalb der CDU, 13 PolitikerInnen forderten Anfang August 2012 die sofortige Ausweitung des Ehegattensplittings. Bundeskanzlerin *Angela Merkel* (CDU) beendete diese Diskussion mit dem Hinweis auf den besonderen Schutz von Ehe und Familie (Art. 6 Abs. 1 GG). Es sei klug, zunächst den Spruch des Verfassungsgerichts abzuwarten, sagte sie Ende August in einem ARD-Interview.[374]
Eine Verpflichtung der Gesetzgebung zur Ausweitung des Ehegattensplittings auf eingetragene LebenspartnerInnen ist bei konsequenter Anwendung der bisher von beiden Senaten des Bundesverfassungsgerichts aufgestellten Grundsätze zu erwarten. Die für die Beschränkung des Ehegattensplittings auf Ehepaare genannten Gründe – Förderung der Ehe, Möglichkeit zur biologischen Fortpflanzung heterosexueller Paare – wurden vom Bundesverfassungsgericht schon in vergleichbaren Entscheidungen als nicht ausreichend angesehen, um eine Ungleichbehandlung zu rechtfertigen. Die Entscheidung, auf den Spruch aus Karlsruhe zu warten, wurde im Wissen um das erhebliche verfassungsrechtliche Risiko des Unterliegens getroffen. Viel spricht demnach dafür, dass das Ehegattensplitting in naher Zukunft auch gleichgeschlechtlichen LebenspartnerInnen gewährt oder eine alternative Regelung

---

373 Die Formulierung im Koalitionsvertrag lautete, man werde „gleichheitswidrige Benachteiligungen im Steuerrecht abbauen und insbesondere die Entscheidungen des Bundesverfassungsgerichts zur Gleichstellung von Lebenspartnern mit Ehegatten umsetzen", http://www.cdu.de/doc/pdfc/091026-koalitionsvertrag-cducsu-fdp.pdf, S. 12 (Zugriff 28.10.2012).
374 Interview vom 26.08.2012, http://www.tagesschau.de/wirtschaft/merkel-sommerinterview108.html (Zugriff: 07.01.2013).

zum Ehegattensplitting gefunden werden muss, die dann für Ehen und Lebenspartnerschaften gleichermaßen gilt.

Im Sinne von *Mahoney* und *Thelen* könnte die Ausweitung des Ehegattensplittings auf eine neue Gruppe inkrementellen Wandel fördern. Sie nennen die „Unterwanderung" bestehender Institutionen durch neue AkteurInnen, die sich zwar an die bestehenden Regeln halten, aber nicht dem „Geist" der Institution entsprechen, als eine Strategie sogenannter „change agents" (Mahoney/Thelen 2010: 24). Welchen ‚Geist' des Ehegattensplittings könnten gleichgeschlechtliche PartnerInnen unterminieren? Für diejenigen, die in der Ehe die Keimzelle der Familie sehen und so auch das Ehegattensplitting begründen, wäre die Ausweitung auf gleichgeschlechtliche Partnerschaften ein Affront. Wer im Ehegattensplitting die Berücksichtigung von Unterhaltspflichten erblickt, wird aber nicht umhin können anzuerkennen, dass gleiche Unterhaltsverpflichtungen auch die gleiche Besteuerung erfordern.

In Gesprächen über die Zukunft des Ehegattensplittings wird oft die Meinung geäußert, dass sich mit dem Spruch des Bundesverfassungsgerichts ein neues Gelegenheitsfenster für eine grundlegende Reform auftun könnte. Ob das der Fall sein wird, hängt von verschiedenen Faktoren – beispielsweise davon, ob sich das Bundesverfassungsgericht in der Urteilsbegründung auch zur Legitimation des Ehegattensplittings äußert und gegebenenfalls nähere Ausführungen zu Rahmenbedingungen von Reformen macht. Es könnte sich, abhängig von der Regierungskoalition, der paradoxe Effekt ergeben, dass eine grundlegende Reform des Ehegattensplittings eher von einer Regierung aus CDU, CSU und FDP durchgeführt wird als von SPD und Grünen, die zumindest in ihren Programmen Reformen fordern.

7.4.2 Abschied vom Ernährermodell – Widersprüchliche Signale

Menschen stellen sich auf bestehende Rahmenbedingungen ein – diesen Mechanismus hat *Kathleen Thelen* (1999) als institutionenerhaltend herausgestellt. Dieser Aspekt bzw. seine Wahrnehmung und Interpretation durch politische AkteurInnen spielte im untersuchten Entscheidungsprozess eine wesentliche Rolle. Andererseits befinden sich die Familien- und Sozialpolitik und die ihr zugrunde liegenden Leitbilder ebenso wie die gelebten Erwerbsarrangements von Paaren und Individuen im Wandel.

Wenn die „ideational and material foundations of institutions" erschüttert werden, so *Thelen*, wird Wandel möglich (ebd.: 397). Pfadwechsel werden laut *Thelen* also dann wahrscheinlich, wenn die Mechanismen der Kontinuitätssicherung mit Entwicklungen, die diese stabilisierenden Elemente unterminieren, kollidieren oder sich mit ihnen überkreuzen (ebd.: 396).

Durch den Wandel von Geschlechterrollen und Familienstrukturen sei bei den auf dem männlichen Ernährermodell basierenden konservativ-korporatistischen Wohlfahrtsstaaten eine Stärkung universalistischer bzw. liberaler Wohlfahrtstaatselemente denkbar, die eine hohe Erwerbsbeteiligung von Frauen auf unterschiedliche Weise fördern. Diese Veränderungen wiederum könnten in den genannten Staaten aber zu Widersprüchen und Konflikten führen. In den konservativ-korporatistischen Wohlfahrtsstaaten sei also mit einer Kollision von veränderten Geschlechterrollen und Sozialpolitik zu rechnen, die auch politische Folgen haben werde (ebd.: 397).

Eine Reihe von Veränderungen in verschiedenen Politikbereichen und Rechtsgebieten weist in Deutschland auf einen entsprechenden Prozess sozialen Wandels hin, der aber ambivalent ist und widersprüchliche Entwicklungen miteinander verknüpft (Daly 2011; Fleckenstein 2011; Haller 2011; Kahlert 2011; Leitner 2010; Martinek 2010). Die Widersprüchlichkeiten, die sich durch eine wachsende Anzahl anderer Rollenbilder und Realitäten ergeben, könnten also ein Gelegenheitsfenster für Veränderungen sein, wenn bestehende Institutionen mit den Veränderungen der sozialen Wirklichkeit konfrontiert werden.

Meine InterviewpartnerInnen haben Widersprüchlichkeiten im bundesdeutschen Wohlfahrtsstaatsmodell, die durch Reformen der letzten zehn Jahre verstärkt wurden (sogenannte Hartz-Reformen, Unterhaltsrechtsreform im Jahr 2008, Einführung des Elterngeldes im Jahr 2007), als Argument für eine Reform des Ehegattensplittings benannt. Die Reformen in den genannten Bereichen, aber auch längerfristige Entwicklungen senden widersprüchliche Signale. Auf der einen Seite wird die Entscheidung über die Aufgabenverteilung innerhalb einer Ehe weiter als frei angesehen und die Nichterwerbstätigkeit oder geringfügige Beschäftigung eines Ehepartners durch Steuerrecht und Sozialrecht gefördert. Andererseits gehen Reformen im Bereich der Grundsicherung, der Familienleistungen und des Familienrechts von Eigenverantwortung oder der Verpflichtung zur Erwerbstätigkeit aus, wenn der Ernährerlohn wegfällt. Die arbeitsteilige Ehe wird so lange unterstützt und gefördert, wie die Menschen sie sich leisten können. Tritt Hilfebedürftigkeit ein oder endet die Ehe, wird der Grundsatz der Eigenverantwortung postuliert. Inwieweit diese Veränderungen den Fortbestand des Ehegattensplittings infrage stellen könnten, ist aus meiner Sicht offen. Ein konsistentes Leitbild der Politik der Existenzsicherung ist derzeit nicht zu erkennen, wäre aber auch für die Diskussion über die Zukunft des Ehegattensplittings entscheidend.

7.4.3 Ausblick – Pfadwechsel durch Übergangsregelungen?

Wie Kapitel 6 gezeigt hat, ist aus Sicht von vielen politischen AkteurInnen die Gestaltung von Übergangsregelungen im Zusammenhang mit dem Schutzgedanken für Einverdienstpaare der Schlüssel zum Abschied vom Ehegattensplitting. In diese Richtung wurde bereits in der 14. Legislaturperiode diskutiert und die Frage ist bis heute aktuell. In einem Interview mit dem Deutschlandfunk erklärte die SPD-Politikerin *Manuela Schwesig* im Jahr 2011:

„Wir wollen im Bereich Ehegattensplitting einen Vertrauensschutz für die, die jetzt davon profitieren, sagen aber, dieses Ehegattensplitting ist nicht mehr das Modell der Zukunft. Familien sind heute ganz anders, sind viel bunter als noch vor vielen Jahren. Es ist nicht gerecht, dass ein Ehepaar, das keine Kinder hat, wo es vielleicht den schwer verdienenden Ehemann gibt und die Frau ist zuhause, 9.000 Euro mehr Steuerentlastung im Jahr hat als eine alleinerziehende Mutter, die sich um zwei Kinder kümmert."[375] So hat am 6. Dezember 2011 der Bundesparteitag der SPD beschlossen, man wolle „das Ehegattensplitting für zukünftige Ehen durch eine Individualbesteuerung mit Unterhaltsabzug umgestalten. Eingetragene Lebenspartnerschaften sollen gleich behandelt werden. Damit wird bis zu einem Einkommen von 64.000 Euro/Einzelveranlagung, 128.000 Euro/Gemeinsame Veranlagung niemand stärker belastet als heute; insgesamt sind weniger als 5 Prozent der Steuerpflichtigen betroffen."[376]

Die Frage, ob verfassungsrechtlich ein Anspruch auf den Schutz des Vertrauens in den Bestand des Ehegattensplittings besteht, wird im Moment nur vereinzelt diskutiert (Spangenberg 2012). Diese Frage kann hier nicht vertieft werden, ich gehe jedoch davon aus, dass der Vertrauensschutz im Steuerrecht nicht das Vertrauen in den unveränderten Fortbestand des Ehegattensplittings umfasst. Eine politische Entscheidung für den Schutz dieses Vertrauens kann ohnehin auch unabhängig von dieser verfassungsrechtlichen Diskussion getroffen werden, die Frage ist aber, wie die Übergangsregeln ausgestaltet werden sollten. Wird allen heute bestehenden Ehen das Ehegattensplitting weiter gewährt und nur zukünftig geschlossenen Ehen ein neues Steuerrecht auferlegt, wird der Vertrauensschutz nicht nur auf Menschen ausgedehnt, denen die Veränderung ihres Erwerbsarrangements aufgrund ihres Alters und ihrer Ehedauer nicht mehr zugemutet werden kann.[377] Das Ehegattensplitting wird bei dieser Art der Übergangsregelung auch jungen Verheirateten weiter zur Verfügung stehen, die am Anfang ihrer Berufsbiografien stehen und wichtige Entscheidungen noch vor sich haben oder gerade in Begriff sind, sie zu treffen. Das Ziel, auch eine gleichstellungspolitische Wirkung zu erreichen, könnte so auch für diese Gruppe ins Leere laufen.

Andererseits dürfte der öffentliche Widerstand deutlich geringer sein, wenn die potenziell von einer Reform Betroffenen selbst noch gar nicht wissen, dass sie einmal betroffen sein werden und der Bestandsschutz auf alle im

---

375 http://www.dradio.de/dkultur/sendungen/tacheles/1500712/ (Zugriff: 28.10.2012).
376 Pressemitteilung 441/11, http://www.spd.de/aktuelles/Pressemitteilungen/21930/20111206 _leitantrag_steuern_und_finanzen.html (Zugriff: 28.09.2012).
377 Die Frage, was als nicht zumutbar angesehen wird, ist wiederum eine politische Entscheidung. Bei Reformen wie der Unterhaltsrechtsreform 2008 oder der Einführung des SGB II im Jahr 2005 wurden auch andere Wertungen getroffen, inwiefern die Entscheidung für eine Tätigkeit als Hausfrau und Mutter akzeptabel und schützenswert ist.

Moment Verheirateten ausgedehnt wird.[378] Wenn man sich für diese Form der Übergangsregel entscheidet, wären die mit der Reform verbundenen Steuermehreinnahmen marginal. Auch Wirkungen auf der Arbeitsangebotsseite wären nicht zu erwarten (vgl. Bach u.a. 2011: 15). Wenn ein Übergang zu einer Individualbesteuerung auch gleichstellungspolitische Ziele verfolgt, wäre demnach die Stichtagsregelung kaum der Weg, dieses Ziel auch zu erreichen.

Der Paradigmenwechsel würde mit jahrzehntelangen Übergangsfristen und der zeitgleichen Anwendung von zwei Steuertarifen für Verheiratete erkauft. Damit wäre auch noch nichts darüber gesagt, welche Regelung für neue Ehen getroffen werden würde. Der SPD-Parteitagsbeschluss vom Dezember 2011 berücksichtigt Unterhaltszahlungen zwischen Ehegatten auf sehr großzügige Weise, für viele Ehepaare soll sich gegenüber dem Status quo deshalb nicht viel ändern. Das SPD-Modell verankert den Schutzgedanken für die Einverdienstehe also auf zwei Ebenen: Erstens sollen nur in der Zukunft geschlossene Ehen und eingetragene Lebenspartnerschaften überhaupt vom neuen Recht betroffen sein und zweitens soll das neue Recht den Großteil der dann frisch verheirateten oder verpartnerten Paare im Ergebnis nicht anders besteuern, als es derzeit der Fall wäre. Veränderungen durch lange Übergangsregeln herbeizuführen, wäre eine denkbare Perspektive; problematisch ist dabei vor allem die Wahl des Kriteriums, anhand dessen Vertrauensschutz gewährt wird (Stichtag, Ehedauer, Alter der Ehegatten, Erwerbskonstellation etc.). Der Pfadwechsel der Ehegattenbesteuerung bleibt also schwierig, denn es fehlt zwar nicht an Reformkonzepten, aber an den politischen und gesellschaftlichen Mehrheiten für ihre Umsetzung.

---

378 Zu entscheiden wäre dabei auch, ob auch eingetragene Lebenspartnerschaften, denen das Ehegattensplitting jahrelang vorenthalten wurde, in den Bestandsschutz einbezogen werden. Das wäre aus Gleichbehandlungsgründen sinnvoll, auf das Argument des Vertrauensschutzes in den Fortbestand des Ehegattensplittings kann sich diese Gruppe aber nicht berufen.

Tabellen, Abbildungen und Übersichten

Tabelle 1:   Splittingeffekt bei Einverdienstehen, Tarif 2010 26

Tabelle 2:.   Splittingeffekt bei Zweiverdienstehen, Tarif 2010 26

Tabelle 3:   Auswirkungen einer reinen Individualbesteuerung auf das Haushaltsnettoeinkommen (Tarif 2011) 43

Tabelle 4:   Wirkungsweise des veredelten Splittings im Vergleich zum Vollsplitting 132

Tabelle 5:   Belastung der Unverheirateten gegenüber Verheirateten, Tarif 1958 135

Tabelle 6:   Steuerliche Wirkungen der Eheschließung bei einem kinderlosen Paar, Einverdienstehe, Tarif 1958 135

Tabelle 7:   Steuerliche Wirkungen der Eheschließung bei einem kinderlosen Paar, Einkommensverteilung Verhältnis 60:40, Tarif 1958 135

Tabelle 8:   Steuerliche Wirkungen der Eheschließung bei einem kinderlosen Paar mit einem gemeinsamen Einkommen von 40.000 DM, Tarif 1958 136

Tabelle 9:   Mehr- (+) oder Minderbelastung (−) Reformtarif 1958 gegenüber 1957 für Ehepaare ohne Kinder mit beiderseitigen Einkünften aus nichtselbstständiger Arbeit 136

Tabelle 10:   Steuervorteile durch Eheschließung im neuen Tarif 1958 141

Tabelle 11:   Verteilung des Splittingvorteils nach der Höhe des zu versteuernden Einkommens, Einkommensteuertarif 1981 159

Tabelle 12:   Verteilung des Splittingvorteils nach Erwerbskonstellation und Kinderzahl, Einkommensteuertarif 1981 159

Tabelle 13:	Splittingwirkung bei Zweiverdienstehepaaren, Einkommensteuertarif 1981	160
Tabelle 14:	Folgen eines Übergangs zur Individualbesteuerung mit Realsplitting bis zu 27.000 DM bei verheirateten Arbeitnehmern (Alleinverdiener), Jahresbeträge in DM	181
Tabelle 15:	Folgen des Übergangs zur Individualbesteuerung mit Realsplitting bis 27.000 DM bei verheirateten Arbeitnehmern (Doppelverdiener), Jahresbeträge in DM	182
Tabelle 16:	Entlastungen und Belastungen von Einverdiener-Ehepaaren beim Vergleich von Ehegattensplitting im Tarif 2004 zum Modell des Bundesfamilienministeriums im Tarif 2005	184
Tabelle 17:	Mehrbelastung durch das Modell des Bundesfamilienministeriums gegenüber unverändertem Splittingverfahren im Tarif 2005	185

Abbildung 1:	Vergleich des Progressionsvorteils durch das Ehegattensplitting für verschiedene Paarkonstellationen	26
Abbildung 2:	Typen von Steuersystemen	39
Abbildung 3:	Entwicklung des Alleinverdienerbonus im Länder- und Zeitvergleich	42
Abbildung 4:	Steuerbelastung eines Alleinverdiener-Arbeitnehmerehepaars durch alternative Begrenzungen des Ehegattensplittings	174

Übersicht 1:	Synopse zum Thema Ehegattensplitting bei den Koalitionsverhandlungen 1998 aus Sicht von Bündnis 90/Die Grünen	170
Übersicht 2:	Gegenüberstellung der zwischen 1998 und 2002 diskutierten Reformmodelle	187

Verzeichnis der ExpertInneninterviews

1	Deutschen Frauenrat, frühere Vorsitzende
2	Bundesministerium für Familie, Senioren, Frauen und Jugend, frühere/r Mitarbeiter/in
3	frühere Ministerin (2002–2005) für Familie, Senioren, Frauen und Jugend (SPD)
4	Verband alleinerziehender Mütter und Väter, Geschäftsführerin
5	Bund der Steuerzahler (Karl-Bräuer-Institut), Referent für Steuerpolitik
6	frühere Ministerin (1998–2002) für Familie, Senioren, Frauen und Jugend (SPD)
7	MdB a.D., frühere Sprecherin für Frauenpolitik und Familienpolitik (Bündnis 90/Die Grünen)
8	MdB, steuerpolitische Sprecherin der SPD-Bundestagsfraktion (SPD)
9	MdB, Mitglied im Bundesvorstand der ASF 1992–2004 (SPD)
10	MdB a.D., frühere familien- und frauenpolitische Sprecherin der FDP-Bundestagsfraktion (FDP)
11	MdB a.D., frühere Vorsitzende des Finanzausschusses des Deutschen Bundestages (SPD)
12	Bundesgeschäftsstelle der CDU, Geschäftsführer AG Wirtschaftspolitik (CDU)
13	Deutscher Frauenrat, Referentin für Rechtspolitik
14	Bundesministerium der Finanzen, Beamter/Beamtin
15	Zukunftsforum Familie e.V., früherer Referent
16	Familienbund der Katholiken, Referent
17	Bundesministerium der Finanzen, Beamtin/Beamter
18	Bundesministerium für Familie, Senioren, Frauen und Jugend, Abteilungsleiterin Gleichstellung, Chancengleichheit

Die Liste enthält aufgrund von Absprachen mit den InterviewpartnerInnen nur Angaben zur im Untersuchungszeitraum oder zum Gesprächszeitpunkt bekleideten Funktion. In denjenigen Fällen, in denen die GesprächspartnerInnen darauf Wert legten, wurden Funktionsbezeichnungen gewählt, die keine Rückschlüsse auf Individuen zulassen; dies war bei MitarbeiterInnen in Bundesministerien der Fall.

Archivalien

Archiv Grünes Gedächtnis, Berlin

1.A, 1.1.1.1. (Rita Grießhaber, Vorbereitung Koalitionsverhandlungen), Signatur 80
A. Kristin Heye, Signatur 103
B.I.10 (BuVo/BGSt 1994), Signaturen 1835, 2009 (Koalitionsverhandlungen 1998)
B.I.4. 2.1.4.1. (BT-Fraktion Bündnis 90/Die Grünen, Referat Steuer- und Finanzpolitik), Signaturen 149, 150
B.II.1. 2.1.1.2. (Abgeordnetenbüro Axel Vogel), Signatur 4184
B.II.3. (BT-Fraktion Bündnis 90/Die Grünen), Signatur 324 (1994–1998)
B.II.4. (AK I Referat Finanzpolitik), Signatur 1050

Archiv der sozialen Demokratie, Bonn

SPD-Bundestagsfraktion, Arbeitsgruppe Finanzen, Signatur 41.739-41.742 Familienlastenausgleich
SPD-Bundestagsfraktion, Arbeitsgruppe Finanzen/Jörg-Otto Spiller MdB, Signatur 51.353-51.357 Familienlastenausgleich (bis 2009)

Bundesarchiv, Koblenz

B 126 Bundesministerium der Finanzen
B 136 Bundeskanzleramt
Die Kabinettsprotokolle der Bundesregierung Online, http://www.bundesarchiv.de/cocoon/barch/0000/index.html (Zugriff: 06.01.2013)

Parlamentsarchiv des Deutschen Bundestages, Berlin

Materialien zum Gesetz zur Änderung und Vereinfachung des Einkommensteuergesetzes und des Körperschaftssteuergesetzes (ESt- und KSt-Änderungsgesetz 1951) vom 27.06.1951.
Materialien zum Gesetz zur Änderung steuerrechtlicher Vorschriften vom 26.07.1957.
Materialien zum Gesetz zur Änderung steuerlicher Vorschriften auf dem Gebiet der Steuern vom Einkommen und Ertrag und des Verfahrensrechts vom 18.07.1958.
Materialien zum Steuerentlastungsgesetz 1999/2000/2002 vom 24.03.1999.
Verhandlungen des Deutschen Bundestages, 2. Wahlperiode 1953–1957, Band 22 Stenographische Berichte, 53–63. Sitzung, 1954.
Verhandlungen des Deutschen Bundestages, 2. Wahlperiode 1953–1957, Anlagen-Band 38, Drucksachen Nr. 1801 bis 1930, 1955.

Literatur

Abels, Gabriele (1997): Hat der Experte ein Geschlecht? Reflexionen zur sozialen Interaktion im ExpertInnen-Interview. In: femina politica 6, 1, S. 76–88.
Allmendinger, Jutta/Leuze, Kathrin/Blanck, Jonna M. (2008): 50 Jahre Geschlechtergerechtigkeit und Arbeitsmarkt. In: Aus Politik und Zeitgeschichte, B 24–25, S. 18–25.
Altenhof, Ralf (2002): Die Enquete-Kommissionen des Deutschen Bundestages. Wiesbaden: Westdeutscher Verlag.
Althammer, Jörg (2000): Ökonomische Theorie der Familienpolitik. Theoretische und empirische Befunde zu ausgewählten Problemen staatlicher Familienpolitik. Heidelberg: Physica-Verlag.
Asmus, Antje/Reinelt, Julia (2013): Gesellschaftlicher Bewusstseinswandel? In: Berghahn, Sabine/Wersig, Maria (Hg.): Gesicherte Existenz? Gleichberechtigung und männliches Ernährermodell in Deutschland. Baden-Baden: Nomos, S. 203–223.
Bacchi, Carol Lee (1999): Women, Policy and Politics. The Construction of Policy Problems. London: Sage.
Bach, Stefan/Buslei, Hermann (2003): Fiskalische Wirkungen einer Reform der Ehegattenbesteuerung. In: DIW Wochenbericht, 22, S. 344–353.
Bach, Stefan/Buslei, Hermann/Svindland, Dagmar/Baumgartner, Hans J./Flach, Juliane/ Teichmann, Dieter (2003): Untersuchung zu den Wirkungen der gegenwärtigen Ehegattenbesteuerung auf Grundlage von fortgeschriebenen Einzeldaten der Einkommensteuerstatistik. Projektbericht 2 zur Forschungskooperation ‚Mikrosimulation' mit dem Bundesministerium der Finanzen. Berlin: DIW Berlin. Im Internet verfügbar unter http://www.diw.de/documents/publikationen/73/diw_01.c.40 444.de/diw_rn03-05-27.pdf [Zugriff: 12.10.2012].
Bach, Stefan/Geyer, Johannes/Haan, Peter/Wrohlich, Katharina (2011): Reform des Ehegattensplittings: Nur eine reine Individualbesteuerung erhöht die Erwerbsanreize deutlich. In: DIW Wochenbericht, 41, S. 13–19.
Bach, Stefan/Haan, Peter (2011): Spitzensteuersatz – Wieder Spielraum nach oben. In: DIW Wochenbericht, 46, S. 3–9.
Bachrach, Peter/Baratz, Morton S. (1977): Macht und Armut. Eine theoretisch-empirische Untersuchung. Frankfurt am Main: Suhrkamp.
Bajohr, Stefan (2007): Grundriss staatliche Finanzpolitik. Eine praktische Einführung. Wiesbaden: VS Verlag für Sozialwissenschaften.
Bandelow, Nils C. (2003): Lerntheoretische Ansätze in der Policy-Forschung. In: Maier, Matthias L./Nullmeier, Frank/Pritzlaff, Tanja (Hg.): Politik als Lernprozess? Opladen: Leske & Budrich, S. 98–121.

Bareis, Peter (2000): Gebietet das Grundgesetz bei der Ehegattenbesteuerung die Mißachtung ökonomischer Wirkungen? Analyse eines Rechtsgutachtens Klaus Vogels. In: Steuer und Wirtschaft, S. 81–90.
Bareis, Peter/Allmendinger, Daniela/Selg, Carmen (1998): Neuansätze des Familienlastenausgleichs. In: Hessisches Ministerium für Frauen, Arbeit und Sozialordnung (Hg.): Frauenpolitische Aspekte im Einkommensteuerrecht Teil 3. Wiesbaden: Hessisches Ministerium für Frauen, Arbeit und Sozialordnung, Referat Öffentlichkeitsarbeit.
Behning, Ute/Lepperhoff, Julia (1997): Policy-Forschung revisited. Zum theoretischen, methodischen und methodologischen Gehalt von Policy-Analysen. In: femina politica 6, 1, S. 52–88.
Behnke, Cornelia/Meuser, Michael (1999): Geschlechterforschung und qualitative Methoden. Opladen: Leske und Budrich.
Béland, Daniel/Waddan, Alex (2011): Ideen und sozialpolitischer Wandel. Konzeptionelle Überlegungen am Beispiel der USA. In: Zeitschrift für Sozialreform 57, 4, S. 463–486.
Berghahn, Sabine (1993): Frauen, Recht und langer Atem – Bilanz nach über 40 Jahren Gleichstellungsgebot in Deutschland. In: Helwig, Gisela/Nickel, Hildegard Maria (Hg.): Frauen in Deutschland 1945–1992. Bonn: Bundeszentrale für politische Bildung, S. 71–138.
Berghahn, Sabine (2003): Ehegrundrecht versus Gleichberechtigung? Tendenzen der steuerlichen Verfassungsrechtsprechung zu Art. 6 Abs. 1 Grundgesetz. In: femina politica 12, 1, S. 46–55.
Berghahn, Sabine (2007): Das System des Ehegattenunterhalts – ein Konzept für das 21. Jahrhundert? In: Berghahn, Sabine (Hg.): Unterhalt und Existenzsicherung. Recht und Wirklichkeit in Deutschland. Baden-Baden: Nomos, S. 27–54.
Berghahn, Sabine/Wersig, Maria (2005): Wer zahlt den Preis für die Überwindung der Hausfrauenehe? In: Familie, Partnerschaft, Recht, 12, S. 508–510.
Beyer, Jürgen (2005): Pfadabhängigkeit ist nicht gleich Pfadabhängigkeit! Wider den impliziten Konservatismus eines gängigen Konzepts. In: Zeitschrift für Soziologie 34, 1, S. 5–21.
Beyer, Jürgen (2006): Pfadabhängigkeit. Über institutionelle Kontinuität, anfällige Stabilität und fundamentalen Wandel. Frankfurt am Main: Campus. Im Internet verfügbar unter http://www.mpifg.de/pu/mpifg_book/mpifg_bd_56.pdf [Zugriff: 06.12.2012].
Birk, Dieter (1983): Das Leistungsfähigkeitsprinzip als Maßstab der Steuernormen. Ein Beitrag zu den Grundfragen des Verhältnisses Steuerrecht und Verfassungsrecht. Köln: Deubner.
Blatter, Joachim/Janning, Frank/Wagemann, Claudius (2007): Qualitative Politikanalyse. Eine Einführung in Forschungsansätze und Methoden. Wiesbaden: VS Verlag für Sozialwissenschaften.
Blyth, Mark (2003): Structures Do Not Come with an Instruction Sheet: Interests, Ideas, and Progress in Political Science. In: Perspectives on Politics 1, 4, S. 695–706.
Böckenförde, Ernst-Wolfgang (1986): Steuergerechtigkeit und Familienlastenausgleich. Eine Diskussionsanregung zur Reform der Familienbesteuerung. In: Steuer und Wirtschaft, S. 335–338.

Bogner, Alexander/Menz, Wolfgang (2001): Deutungswissen und Interaktion. Zu Methodologie und Methodik des theoriegenerierenden Experteninterviews. In: Soziale Welt 52, 4, S. 477–500.
Bogner, Alexander/Menz, Wolfgang (2005): Das theoriegenerierende Experteninterview. Erkenntnisinteresse, Wissensformen, Interaktion. In: Bogner, Alexander/Littig, Beate/Menz, Wolfgang (Hg.): Das Experteninterview. Theorie, Methode, Anwendung. 2. Aufl. Wiesbaden: VS Verlag für Sozialwissenschaften, S. 33–70.
Bomm, Brigitte/Hölscher, Luise (2010): USA. In: Mennel, Annemarie/Förster, Jutta (Hg.): Steuern in Europa, Amerika und Asien. 84. Lieferung 2010. Herne: NWB Verlag.
Bothfeld, Silke (2005): Vom Erziehungsurlaub zur Elternzeit. Politisches Lernen im Reformprozess. Frankfurt am Main: Campus.
Brehmer, Wolfram/Klenner, Christina/Klammer, Ute (2010): Wenn Frauen das Geld verdienen – eine empirische Annäherung an das Phänomen der ‚Familienernährerin'. WSI-Diskussionspapier 170.
Brown, Dorothy A. (1997): The Marriage Bonus/Penalty in Black and White. In: University of Cincinnati Law Review 65, 3, S. 787–798.
Brütt, Christian (2011): Workfare als Mindestsicherung. Von der Sozialhilfe zu Hartz IV. Deutsche Sozialpolitik 1962 bis 2005. Bielefeld: transcript.
Buchholz, Wolfgang (2000): Familienlastenausgleich – Politische Konzepte und Verteilungswirkungen. Vortrag, 9. Wissenschaftliches Kolloquium des Statistischen Bundesamtes zum Thema ‚Familien und Haushalte in Deutschland - Statistische Grundlagen, wissenschaftliche Erkenntnisse' am 23./24. November 2000 in Wiesbaden. Im Internet verfügbar unter http://www.wiwi.uni-regensburg.de/buchholz/forschung/buchholz/Familienlastenausgleich.pdf [Zugriff: 11.10.2012].
Bund der Steuerzahler (1956): Ehegattenbesteuerung – so oder so? 2 Teile. Stuttgart: Bund der Steuerzahler.
Bund der Steuerzahler (1958): Ehegattenbesteuerung. Stellungnahme zum Vorschlag der Bundesregierung. Stuttgart: Bund der Steuerzahler.
Bundesministerium der Finanzen (2005): Das Splitting-Verfahren bei der Einkommensteuerveranlagung von Ehegatten. In: Monatsbericht des BMF, September. Im Internet verfügbar unter http://www.bundesfinanzministerium.de/Content/DE/Monatsberichte/Publikationen_Migration/2005/09/050920agmb004.pdf?__blob=publicationFile&v=3 [Zugriff: 11.10.2012].
Bundesministerium der Finanzen (2012): Datensammlung zur Steuerpolitik 2012. Berlin: Bundesministerium der Finanzen. Im Internet verfügbar unter http://www.bundesfinanzministerium.de/Content/DE/Downloads/Broschueren_Bestellservice/2012-06-07-datensammlung-zur-steuerpolitik-2012.pdf?__blob=publicationFile&v=9 [Zugriff: 11.10.2012].
Bundesministerium für Familie, Senioren, Frauen und Jugend, (Hg.) (2006): Familie zwischen Flexiblität und Verlässlichkeit. Perspektiven für eine lebenslaufbezogene Familienpolitik. 7. Familienbericht der Bundesregierung. Berlin: Bundesministerium für Familie, Senioren, Frauen und Jugend.
Bundesministerium für Familie, Senioren, Frauen und Jugend, (Hg.) (2011): Partnerschaft und Ehe – Entscheidungen im Lebensverlauf. Einstellungen, Motive, Kenntnisse des rechtlichen Rahmens. Berlin: Bundesministerium für Familie, Senioren, Frauen und Jugend.

Bundesministerium für Familie, Senioren, Frauen und Jugend, (Hg.) (2012): Alleinerziehende in Deutschland – Lebenssituationen und Lebenswirklichkeiten von Müttern und Kindern. Monitor Familienforschung. Berlin: Bundesministerium für Familie, Senioren, Frauen und Jugend.

Butterwegge, Christoph (2006): Krise und Zukunft des Sozialstaates. 3. Aufl. Wiesbaden: VS Verlag für Sozialwissenschaften.

Caglar, Gülay (2009): Engendering der Makroökonomie und Handelspolitik: Potenziale transnationaler Wissensnetzwerke. Wiesbaden: VS Verlag für Sozialwissenschaften.

Collier, Ruth/Collier, David (1991): Shaping the Political Arena. Princeton: Princeton University Press.

Congressional Budget Office (1997): For Better or for Worse: Marriage and the Federal Income Tax. Washington: CBO. Im Internet verfügbar unter http://www.cbo.gov/sites/default/files/cbofiles/ftpdocs/0xx/doc7/marriage.pdf [Zugriff: 07.12.2012].

Daly, Mary (2011): What Adult Worker Model? A Critical Look at Recent Social Policy Reform in Europe from a Gender and Family Perspective. In: Social Politics 18, 1, S. 1–23.

Delille, Angela/Grohn, Andrea (1985): Blick zurück aufs Glück: Frauenleben und Familienpolitik in den 1950er Jahren. Berlin: Elefanten Press.

Deters, Henning/Krämer, Rike U. (2011): Der steuerpolitische Aktionismus des Bundesverfassungsgerichts als pfadabhängige Entwicklung. In: Zeitschrift für Rechtssoziologie 32, 1, S. 7–26.

Deutscher Juristinnenbund e.V. (2003): Das erste Jahrzehnt (1948 bis 1958). In: aktuelle informationen, Sonderausgabe 2003: 55 Jahre djb – von 1948 bis 2003. Im Internet verfügbar unter http://www.djb.de/publikationen/ai_sonderausgabe2003/ai_sonderausgabe2003_jahrzehnt1/ [Zugriff: 12.12.2012].

Dietrich, Yorck (1995): Franz Etzel als Finanzpolitiker. In: Historisch-Politische Mitteilungen, 2, S. 173–187.

DiFabio, Udo (2003): Der Schutz von Ehe und Familie – Verfassungsentscheidung für die vitale Gesellschaft. In: Neue Juristische Wochenschrift, S. 993–998.

Dingeldey, Irene (2000): Einkommensteuersysteme und familiale Erwerbsmuster im europäischen Vergleich. In: Dingeldey, Irene (Hg.): Erwerbstätigkeit und Familie in Steuer- und Sozialversicherungssystemen. Begünstigungen und Belastungen verschiedener familialer Erwerbsmuster im Ländervergleich. Opladen: Leske und Budrich, S. 11–47.

Dingeldey, Irene (2002): Das deutsche System der Ehegattenbesteuerung im europäischen Vergleich. In: WSI Mitteilungen, 3, S. 154–160.

Dombrowski, Rosine/Henninger, Annette/Wimbauer, Christine (2007): Gender Equality or Exclusive Emancipation? Current Reforms of German Family Policy. Im Internet verfügbar unter http://doku.iab.de/veranstaltungen/2007/gala2007_dombrowski_henninger_wimbauer.pdf [Zugriff: 11.10.2012].

Donath, Roland (1993): Ehe, Familie und Steuern. In: Rabels Zeitschrift für ausländisches und internationales Recht 57, S. 401–437.

Dose, Nicolai (2008): Wiederbelebung der Policy-Forschung durch konzeptionelle Erneuerung. In: Janning, Frank/Toens, Katrin (Hg.): Die Zukunft der Policy-Forschung. Theorien, Methoden, Anwendungen. Wiesbaden: VS Verlag für Sozialwissenschaften, S. 175–188.

Dye, Thomas R. (1976): Policy Analysis. What Governments do, why they do it, and what difference it makes. Tuscaloosa University of Alabama Press.

Esping-Andersen, Gøsta (1991): The Three Worlds of Welfare Capitalism. Princeton, N.J.: Princeton University Press.

Fischer, Frank (1993): Policy Discourses and the Politics of Washington Think Tanks. In: Fischer, Frank/Forester, John (Hg.): The Argumentative Turn in Policy Analysis and Planning. Durham: Duke University Press, S. 21–42.

Fleckenstein, Timo (2011): The Politics of Ideas in Welfare State Transformation: Christian Democracy and the Reform of Family Policy in Germany. In: Social Politics 18, 4, S. 543–571.

Flick, Uwe (2012): Triangulation in der qualitativen Forschung. In: Flick, Uwe/von Kardorff, Ernst/Steinke, Ines (Hg.): Qualitative Forschung. Ein Handbuch. 12. Aufl. Reinbek bei Hamburg: Rowohlt, S. 309–318.

Förster, Jutta (2010): Allgemeiner Teil. In: Mennel, Annemarie/Förster, Jutta (Hg.): Steuern in Europa, Amerika und Asien. 84. Lieferung. Herne: NWB Verlag, S. 1–51.

Frantz, Christiane (2006): Qualitatives Interview. In: Schmitz, Sven-Uwe/Schubert, Klaus (Hg.): Einführung in die Politische Theorie und Methodenlehre. Opladen: Verlag Barbara Budrich, S. 53–68.

Fröhlich, Manuel/Schneider, Stefan (2008): Die ‚Große Steuerreform' der Regierung Kohl: Versuch und Scheitern. In: Fischer, Thomas/Kießling, Andreas/Novy, Leonard (Hg.): Politische Reformprozesse in der Analyse. Untersuchungssystematik und Fallbeispiele. Gütersloh: Verlag Bertelsmann Stiftung, S. 253–308.

Ganghof, Steffen (2004): Wer regiert in der Steuerpolitik? Einkommensteuerreform zwischen internationalem Wettbewerb und nationalen Verteilungskonflikten. Frankfurt am Main, New York: Campus.

Ganghof, Steffen (2006): The Politics of Income Taxation. A Comparative Analysis Colchester: ECPR Press.

Gerlach, Irene (2010): Familienpolitik. 2. Aufl. Wiesbaden: VS Verlag für Sozialwissenschaften.

Gesterkamp, Thomas (2004): Die Krise der Kerle. Männlicher Lebensstil und der Wandel der Arbeitsgesellschaft Münster: LIT Verlag.

Gilland, Karin (2004): Elite Interviewing. In: Burnham, Peter/Gilland, Karin/Grant, Wyn/Layton-Henry, Zig (Hg.): Research Methods in Politics. Basingstoke, Hampshire [u.a.]: Palgrave, S. 205–220.

Gläser, Jochen/Laudel, Grit (2009): Experteninterviews und qualitative Inhaltsanalyse als Instrumente rekonstruierender Untersuchungen. 3. Aufl. Wiesbaden: VS Verlag für Sozialwissenschaften.

Graf, Hannes (2011): Kommentierung zu § 26 EStG. In: Littmann, Eberhard/Bitz, Horst/Pust, Hartmut (Hg.): Das Einkommensteuerrecht. Band 5: §§ 21–38c EStG. Stuttgart: Schäffer Poeschel.

Gustafsson, Siv (1993): Getrennte Besteuerung und subventionierte Kinderbetreuung. Warum schwedische Frauen häufiger erwerbstätig sind als Frauen in Deutschland, den Niederlanden und den USA. In: Grözinger, Gerd/Schubert, Renate/Backhaus, Jürgen (Hg.): Jenseits von Diskriminierung. Bamberg: Metropolis Verlag für Ökonomie, Gesellschaft und Politik GmbH, S. 237–260.

Gysi, Jutta/Meyer, Dagmar (1993): Leitbild: berufstätige Mutter – DDR-Frauen in Familie, Partnerschaft und Ehe. In: Helwig, Gisela/Nickel, Hildegard Maria (Hg.):

Frauen in Deutschland 1945–1992. Bonn: Bundeszentrale für politische Bildung, S. 139–165.
Hajer, Maarten (1995): The Politics of Environmental Discourse. Ecological Modernization and Policy Process. Oxford: Oxford University Press.
Hajer, Maarten (2003): Argumentative Diskursanalyse. Auf der Suche nach Koalitionen, Praktiken und Bedeutung. In: Keller, Reiner/Hirseland, Andreas/Schneider, Werner/Viehöver, Willy (Hg.): Handbuch Sozialwissenschaftliche Diskursanalyse. Band 2: Forschungspraxis. Opladen: Leske & Budrich, S. 272–298.
Hall, Peter A. (1993): Policy Paradigms, Social Learning, and the State: The Case of Economic Policymaking in Britain. In: Comparative Politics 25, S. 275–296.
Hall, Peter A./Taylor, Rosemary (1996): Political Science and the Three New Institutionalisms. Köln: Max-Planck-Institut für Gesellschaftsforschung. Im Internet verfügbar unter http://www.mpifg.de/pu/mpifg_dp/dp96-6.pdf.
Haller, Lisa Yashodhara (2011): Who cares? Das neue Unterhaltsrecht vor alten Fraugen. In: Recht der Jugend und des Bildungswesens 59, 4, S. 422–439.
Hark, Sabine (2005): Dissidente Partizipation. Eine Diskursgeschichte des Feminismus. Frankfurt am Main: Suhrkamp.
Heineman, Elisabeth D. (1999): What Difference Does a Husband Make? Women and Marital Status in Nazi and Postwar Germany. Berkeley, Los Angeles: University of California Press.
Helwig, Gisela (1982): Frau und Familie in beiden deutschen Staaten. Köln: Verlag Wissenschaft und Politik.
Henzler, Christoph (1994): Fritz Schäffer 1945–1967: Eine biographische Studie zum ersten bayerischen Nachkriegs-Ministerpräsidenten und ersten Finanzminister der Bundesrepublik Deutschland. München: Hanns-Seidel-Stiftung.
Héritier, Adrienne (1993): Policy-Analyse. Elemente der Kritik und Perspektiven der Neuorientierung. In: Héritier, Adrienne (Hg.): Policy-Analyse. Kritik und Neuorientierung. Opladen: Westdeutscher Verlag, S. 9–36.
Heuermann, Bernd (2011): Kommentierung zu § 26 EStG. In: Heuermann, Bernd/Brandis, Peter (Hg.): Blümich Einkommensteuergesetz, Körperschaftsteuergesetz, Gewerbesteuergesetz Kommentar. Band 3: §§ 25–99 EStG. 112. Ergänzungslieferung. München: Franz Vahlen.
Hirseland, Andreas/Herma, Holger/Schneider, Werner (2005): Geld und Karriere – biographische Synchronisation und Ungleichheit bei berufsorientierten Paaren. In: Solga, Heike/Wimbauer, Christine (Hg.): „Wenn zwei das Gleiche tun ...". Ideal und Realität sozialer (Un-)Gleichheit in Dual Career Couples. Opladen: Budrich, S. 163–186.
Homburg, Stefan (2000): Das einkommensteuerliche Ehegattensplitting. In: Steuer und Wirtschaft, 3, S. 261–268.
Howlett, Michael/Ramesh, M. I./Perl, Anthony (2009): Studying Public Policy. Policy Cycles and Policy Subsystems. 3. Aufl. Toronto: Oxford University Press.
Huinink, Johannes/Konietzka, Dirk (2007): Familiensoziologie: Eine Einführung. Frankfurt am Main: Campus.
Immergut, Ellen (1992): Health Politics: Interests and Institutions in Western Europe. Cambridge: Cambridge University Press.
Isensee, Josef (1988): Empfiehlt es sich, das Einkommensteuerrecht zur Beseitigung von Ungleichbehandlungen und zur Vereinfachung neu zu ordnen? In: Ständige

Deputation des Deutschen Juristentages (Hg.): Verhandlungen des 57. Deutschen Juristentages 1988 in Mainz. Band 2. München: Beck, S. N32-N68

Jann, Werner/Wegrich, Kai (2009): Phasenmodelle und Politikprozesse: Der Policy-Cycle. In: Schubert, Klaus/Bandelow, Nils C. (Hg.): Lehrbuch der Politikfeldanalyse 2.0. 2., vollst. überarb. und erw. Aufl. München: Oldenbourg, S. 71–104.

Jones, Carolyn C. (1988): Split Income and Separate Spheres: Tax Law and Gender Roles in the 1940s. In: Law and History Review 6, 2, S. 259–310.

Joosten, Astrid (1990): Die Frau, das ‚segenspendende Herz der Familie'. Familienpolitik als Frauenpolitik in der ‚Ära Adenauer'. Pfaffenweiler: Centaurus-Verlagsgesellschaft.

Jurczyk, Karin (1978): Frauenarbeit und Frauenrolle. Zum Zusammenhang von Familienpolitik und Frauenererbstätigkeit in Deutschland von 1918–1975. 3. Aufl. Frankfurt am Main: Campus.

Kahlert, Heike (2011): Der ökonomische Charme der Gleichstellung in der Neuausrichtung der deutschen Familienpolitik. In: Casale, Rita/Forster, Edgar (Hg.): Jahrbuch Frauen- und Geschlechterforschung in der Erziehungswissenschaft 2011, Band 7: Mit Geschlecht, ohne Geschlecht. Der Geschlechterwiderspruch in den Theorien des Humankapitals. Opladen: Verlag Barbara Budrich, S. 143–158.

Kaltenborn, Bruno (1999): Streit um die Einkommensteuer. Die Reformvorschläge der Parteien im Vergleich. Baden-Baden: Nomos.

Kessler-Harris, Alice (2001): In Pursuit of Equity. Women, Men and the Quest for Economic Citizenship in 20-th-Century-America. Oxford, New York: Oxford University Press.

Kevenhörster, Paul (2008): Politikwissenschaft. Band 1: Entscheidungen und Strukturen der Politik. 3. Aufl. Wiesbaden: VS Verlag für Sozialwissenschaften.

Kirchhof, Paul (2000): Ehe- und familiengerechte Gestaltung der Einkommensteuer. In: Neue Juristische Wochenschrift, 15, S. 2792–2796.

Kirchhof, Paul (2003a): Die Einkommensbesteuerung von Ehegatten während des Zusammenlebens und im Falle von Trennung und Scheidung. In: Familie, Partnerschaft, Recht, 8, S. 387–390.

Kirchhof, Paul (2003b): Maßstäbe für eine familiengerechte Besteuerung. In: Familie, Partnerschaft, Recht, 3, S. 73–77.

Kirchhof, Paul/Althoefer, Klaus/Arndt, Hans-Wolfgang/Bareis, Peter/Eckmann, Gottfried/Freudenberg, Reinhart/Hahnemann, Meinert/Kopei, Dieter/Lang, Friedbert/Lückhardt, Josef/Schutter, Ernst (2001): Karlsruher Entwurf zur Reform des Einkommensteuergesetzes. Heidelberg: C.F. Müller.

Klein, Franz (1997): Ehe und Familie im Einkommensteuerrecht. In: Deutsche Steuer-Zeitschrift, S. 105–108.

Klose, Bernhard (2003): Neugestaltung des Ehegattensplittings contra Freiheit der Familiengestaltung? In: Zeitschrift für Rechtspolitik, 4, S. 128–131.

Knapp, Ulla (2004): Beschäftigungs- und Arbeitsmarktpolitik. Diskussionsbeiträge aus dem Fachgebiet Volkswirtschaftslehre an der Hamburger Universität für Wirtschaft und Politik 12. Im Internet verfügbar unter http://www.wiso.uni-hamburg.de/fileadmin/wiso_dwp_vwl/Diskussionspapiere/Knapp/ArbMPol.pdf [Zugriff: 12.10.2012].

Kornhauser, Marjorie E. (1993): Love, Money, and the IRS: Family, Income Sharing, and the Joint Income Tax Return. In: Hastings Law Journal 45, S. 63–111.

Kornhauser, Marjorie E. (2010): Wedded to the Joint Return: Culture and the Persistence of the Marital Unit in the American Income Tax. In: Theoretical Inquiries in Law 11, 2, S. 631–653.
Krack-Roberg, Elle/Krieger, Sascha/Weinmann, Julia (2011): Familie, Lebensformen und Kinder. Lebensformen in der Bevölkerung, Kinder und Kindertagesbetreuung. In: Statistisches Bundesamt (Destatis)/Wissenschaftszentrum Berlin für Sozialforschung (WZB), Zentrales Datenmanagement/Das Sozio-oekonomische Panel (SOEP) am Deutschen Institut für Wirtschaftsforschung (DIW) (Hg.): Datenreport 2011. Ein Sozialbericht für die Bundesrepublik Deutschland. Band I. Bonn: Bundeszentrale für politische Bildung, S. 25–41.
Krasner, Stephen (1984): Approaches to the State: Alternative Conceptions and Historical Dynamics. In: Comparative Politics 16, 2, S. 223–246.
Kritzinger, Sylvia/Michalowitz, Irina (2008): Methodologische Triangulation in der europäischen Policy-Forschung. In: Janning, Frank/Toens, Katrin (Hg.): Die Zukunft der Policy-Forschung: Theorien, Methoden, Anwendungen. Wiesbaden: VS Verlag für Sozialwissenschaften, S. 191–209.
Kuller, Christiane (2004): Familienpolitik im föderativen Sozialstaat. Die Formierung eines Politikfeldes in der Bundesrepublik 1949–1975. München: Oldenbourg.
Kullmer, Lore (1960): Die Ehegattenbesteuerung. Ihre Geschichte, Problematik und Neuregelung in Deutschland, diskutiert unter Berücksichtigung der Erfahrungen in den USA Frankfurt am Main: Klostermann.
Künnecke, Ira (1998): Zwischen Parteiraison und feministischem Selbstverständnis. Die Arbeitsgemeinschaft Sozialdemokratischer Frauen (ASF) nach Einführung der ‚Quote'. Köln, Universität, Magisterarbeit.
Künzel, Annegret (2010): Auserwähltes Wissen. Zum Verhältnis von feministischer Theorie und Praxis bei Gender Mainstreaming in Kommunen. Saarbrücken: Südwestdeutscher Verlag für Hochschulschriften.
Lahey, Kathleen A. (2011): The ‚Capture' of Women in Law and Fiscal Policy: The Tax/Benefit Unit, Gender Equality and Feminist Ontologies. In: Brooks, Kim/Gunnarsson, Asa/Philipps, Lisa/Wersig, Maria (Hg.): Challenging Gender Inequality in Tax Policy Making. Comparative Perspectives. London: Hart Publishing, S. 11–36.
Lambrecht, Claus (2011): Kommentierung der §§ 32a bis 32d EStG. In: Kirchhof, Paul (Hg.): Einkommensteuergesetz. Kommentar. 10. Aufl. Köln: Dr. Otto Schmidt.
Lang, Joachim (1983): Familienbesteuerung. Zur Tendenzwende der Verfassungsrechtsprechung durch das Urteil des Bundesverfassungsgerichts vom 3.11.1982 und zur Reform der Familienbesteuerung. In: Steuer und Wirtschaft, 2, S. 103–125.
Lang, Joachim (1988): Die Bemessungsgrundlage der Einkommensteuer. Rechtssystematische Grundlagen steuerlicher Leistungsfähigkeit im deutschen Einkommensteuerrecht. Köln: Dr. Otto Schmidt.
Lang, Joachim (2010): Grundlagen der Steuerrechtsordnung (§§ 1–5). In: Tipke, Klaus/Lang, Joachim (Hg.): Steuerrecht. Köln: Dr. Otto Schmidt, S. 1–172.
Lăşan, Nicoleta (2012): Can Historical Institutionalism Explain the Reforms of the Common Agricultural Policy? In: Romanian Journal of European Affairs 12, 1, S. 76–85.
Leitner, Sigrid (2010): Familalismus in konservativen Wohlfahrtsstaaten: Zum Wandel des Geschlechterleitbilds in der Kinderbetreuungs- und Altenpflegepolitik. In:

Auth, Diana/Buchholz, Eva/Janczyk, Stefanie (Hg.): Selektive Emanzipation. Analysen zur Gleichstellungs- und Familienpolitik. Opladen: Verlag Barbara Budrich, S. 219–239.

Lenhart, Karin (2009): Soziale Bürgerrechte unter Druck. Die Auswirkungen von Hartz IV auf Frauen. Wiesbaden: VS Verlag für Sozialwissenschaften.

Lietmeyer, Volker (1982): Auswirkungen des Ehegattensplittings – Modellrechnungen nach dem Einkommensteuertarif 1981. In: Deutsches Steuerrecht 70, S. 126–129.

Lietmeyer, Volker (1998): Ehegattensplitting – Zankapfel der Steuerpolitik. In: Deutsches Steuerrecht, 23, S. 849–855.

Littig, Beate (2008): Interviews mit Eliten – Interviews mit ExpertInnen: Gibt es Unterschiede? In: Forum Qualitative Sozialforschung. 9, 3, S. Art. 16. http://www.qualitative-research.net/index.php/fqs/article/view/1000 [Zugriff: 12.10.2012].

Löhr, Kerstin/Serwe, Reinhard (2011): Das Ehegattensplitting auf dem Prüfstand. Verfassungsrecht – Unionsrecht – EMRK. Baden-Baden: Nomos.

Lucke, Doris (1996): Recht ohne Geschlecht? Zu einer Rechtssoziologie der Geschlechterverhältnisse. Pfaffenweiler: Centaurus-Verlagsgesellschaft.

Lucke, Doris/Berghahn, Sabine (1983): ‚Angemessenheit' im Scheidungsrecht. Frauen zwischen Berufschance, Erwerbspflicht und Unterhaltsprivileg; eine soziologisch-juristische Untersuchung. Opladen: Leske und Budrich.

Mahoney, James (2000): Path Dependence in Historical Sociology. In: Theory and Society 29, 4, S. 507–548.

Mahoney, James/Thelen, Kathleen (2010): A Theory of Gradual Institutional Change. In: Mahoney, James/Thelen, Kathleen (Hg.): Explaining Institutional Change. Ambiguity, Agency and Power. Cambridge: Cambridge University Press, S. 1–37.

Maier, Friederike (2012): Ist Vollbeschäftigung für Männer und Frauen möglich? In: Aus Politik und Zeitgeschichte 62, B 14–15, S. 45–52.

Maier, Robert P. (2012): Steuerrechtliche Bezüge im Familienrecht. In: Schulz, Werner/Hauß, Jörn (Hg.): Familienrecht. Handkommentar. 2. Aufl. Baden-Baden: Nomos, S. 1804–1853.

Martinek, Hanne (2010): Die Einführung des Elterngeldes: Ermöglichung der finanziellen Unabhängigkeit für (alle) Frauen? In: Auth, Diana/Buchholz, Eva/Janczyk, Stefanie (Hg.): Selektive Emanzipation. Analysen zur Gleichstellungs- und Familienpolitik. Opladen: Verlag Barbara Budrich, S. 151–173.

McMahon, Stephanie H. (2010): London Calling: Does the U.K.'s Experience with Individual Taxation Clash with the U.S.'s Expectation? In: St. Louis University Law Journal 55, S. 159–220. Im Internet verfügbar unter http://ssrn.com/paper=1634016 [Zugriff: 12.10.2012].

Meder, Stephan (2010): ‚Wer zahlt, befiehlt?' Die Kontroversen um die Regelung des Kindesunterhalts von 1874 bis in die Weimarer Zeit. In: Scheiwe, Kirsten/Wersig, Maria (Hg.): Einer zahlt und eine betreut? Kindesunterhaltsrecht im Wandel. Baden-Baden: Nomos, S. 25–38.

Mehrotra, Ajay K. (2010): American Patriarchy/American Taxation: A Comment on Marjorie Kornhauser's Wedded to the Joint Return. In: Theoretical Inquiries in Law Forum. 11, 2, http://www.degruyter.com/dg/viewarticle.fullcontentlink:pdf eventlink/contentUri?format=INT&t:ac=j$002ftil.2010.11.issue-2_Forum$002f1 565-3404.1018$002f1565-3404.1018.xml.

Meinefeld, Werner (2012): Hypothesen und Vorwissen in der qualitativen Sozialforschung. In: Flick, Uwe/von Kardorff, Ernst/Steinke, Ines (Hg.): Qualitative Forschung. Ein Handbuch. 12. Aufl. Reinbek bei Hamburg: Rowohlt, S. 265–275.

Mennel, Annemarie (1971): Die Frau im deutschen Steuerrecht. In: Deutsches Steuerrecht, S. 487–497.

Mennel, Annemarie (1974): Welche rechtlichen Maßnahmen sind vordringlich, um die tatsächliche Gleichstellung der Frauen mit den Männern im Arbeitsleben zu gewährleisten? Gutachten für den 50. Deutschen Juristentag. In: Ständige Deputation des Deutschen Juristentages (Hg.): Verhandlungen des 50. Deutschen Juristentages. Band 1 Gutachten Teil D. München: Beck, S. 165–199.

Mennel, Annemarie (1979): Diskriminierung im Steuerrecht. Die Bevorzugung der Hausfrauen-Ehe und die Mehrbelastungen erwerbstätiger Mütter und Ehefrauen. In: Janssen-Jurreit, Marielouise (Hg.): Frauenprogramm – Gegen Diskriminierung. Gesetzgebung – Aktionspläne – Selbsthilfe. Ein Handbuch. Reinbek bei Hamburg: Rowohlt, S. 176–180.

Mennel, Annemarie (1986): Frauen, Steuern, Staatsfinanzen. In: Feministische Studien, 6, S. 71–81.

Mennel, Annemarie (1988): Frauen, Steuern, Staatsausgaben. Subventionen für das Patriarchat. In: Gerhardt, Ute/Schwarzer, Alice/Slupik, Vera (Hg.): Auf Kosten der Frauen. Frauenrechte im Sozialstaat. Weinheim, Basel: Beltz, S. 79–116.

Merkel, Ina (1994): Leitbilder und Lebensweisen von Frauen in der DDR. In: Kaelble, Hartmut/Kocka, Jürgen/Zwahr, Hartmut (Hg.): Sozialgeschichte der DDR. Stuttgart: Klett-Cotta, S. 359–382.

Metz, Bernhard (2005): Rechtsethische Prinzipien des nachehelichen Unterhalts. Eine Kritik der nachwirkenden ehelichen Solidarität. Frankfurt am Main: Peter Lang.

Meuser, Michael/Nagel, Ulrike (1991): ExpertInneninterviews – vielfach erprobt, wenig bedacht. Ein Beitrag zur qualitativen Methodendiskussion. In: Garz, Detlef/Kraimer, Klaus (Hg.): Qualitativ-empirische Sozialforschung: Konzepte, Methoden, Analysen. Opladen: Westdeutscher Verlag, S. 447–471.

Meuser, Michael/Nagel, Ulrike (1997): Das ExpertInneninterview. Wissenssoziologische Voraussetzungen und methodische Durchführung. In: Friebertshäuser, Barbara/Prengel, Annedore (Hg.): Handbuch Qualitative Forschungsmethoden in der Erziehungswissenschaft. Weinheim, Basel: Juventa, S. 481–491.

Meuser, Michael/Nagel, Ulrike (2005): ExpertInneninterviews – vielfach erprobt, wenig bedacht. In: Bogner, Alexander/Littig, Beate/Menz, Wolfgang (Hg.): Das Experteninterview. Theorie, Methode, Anwendung. 2. Aufl. Wiesbaden: VS Verlag für Sozialwissenschaften, S. 71–94.

Meuser, Michael/Nagel, Ulrike (2009): Das Experteninterview – konzeptionelle Grundlagen und methodische Anlage. In: Pickel, Susanne/Pickel, Gert/Lauth, Hans-Joachim/Jahn, Detlef (Hg.): Methoden der vergleichenden Politik- und Sozialwissenschaft. Neue Entwicklungen und Anwendungen. Wiesbaden: VS Verlag für Sozialwissenschaften, S. 465–479.

Moeller, Robert G. (1997): Geschützte Mütter. Frauen und Familien in der westdeutschen Nachkriegspolitik. München: Deutscher Taschenbuchverlag.

Mückenberger, Ulrich/Spangenberg, Ulrike/Warncke, Karin (2007): Familienförderung und Gender Mainstreaming im Steuerrecht. Baden-Baden: Nomos.

Münnich, Sascha (2010): Interessen und Ideen – Die Entstehung der Arbeitslosenversicherung in Deutschland und den USA. Frankfurt am Main: Campus.

Münnich, Sascha (2011): Wie weit reicht der Einfluss von Ideen? Herausforderungen und Grenzen ideen- und diskursorientierter Wohlfahrtsstaatsforschung. In: Zeitschrift für Sozialreform 57, 4, S. 487–498.

Nave-Herz, Rosemarie (1988): Die Geschichte der Frauenbewegung in Deutschland. Bonn: Bundeszentrale für politische Bildung.

Nave-Herz, Rosemarie (2006): Ehe- und Familiensoziologie. Weinheim, München: Juventa.

Nave-Herz, Rosemarie/Onnen-Isemann, Corinna (2007): Familie. In: Joas, Hans (Hg.): Lehrbuch der Soziologie. 3. Aufl. Frankfurt am Main: Campus, S. 313–335.

Neunsinger, Silke (2001): Die Arbeit der Frauen – die Krise der Männer. Die Erwerbstätigkeit verheirateter Frauen in Deutschland und Schweden 1919–1939. Universität Uppsala, Dissertation.

Niehuss, Merith (1997a): Eheschließung im Nationalsozialismus. In: Gerhardt, Ute (Hg.): Frauen in der Geschichte des Rechts. Von der frühen Neuzeit bis zur Gegenwart. München: Beck, S. 851–870.

Niehuss, Merith (1997b): Frauen in den Familien 1945–1970. In: Afflerbach, Holger/ Cornelißen, Christoph (Hg.): Sieger und Besiegte. Materielle und immaterielle Neuorientierungen nach 1945. Tübingen, Basel: Francke Verlag, S. 273–293.

North, Douglass C. (1992): Institutionen, institutioneller Wandel und Wirtschaftsleistung. Tübingen: Mohr Siebeck.

Nullmeier, Frank (2001): Politikwissenschaft auf dem Weg zur Diskursanalyse? In: Keller, Reiner/Hirseland, Andreas/Schneider, Werner/Viehöver, Willy (Hg.): Handbuch Sozialwissenschaftliche Diskursanalyse. Band 1: Theorien und Methoden. Wiesbaden: VS Verlag für Sozialwissenschaften, S. 285–311.

OECD (2006): Fundamental Reform of Personal Income Tax Nr. 13. Paris: OECD.

OECD (2011): Taxing Wages 2009–2010. Paris: OECD Publishing. Im Internet verfügbar unter DOI 10.1787/20725124 [Zugriff: 11.10.2012].

von Oertzen, Christine (1999): Teilzeitarbeit und die Lust am Zuverdienen. Geschlechterpolitik und gesellschaftlicher Wandel in Westdeutschland 1948–1969. Göttingen: Vandenhoeck & Ruprecht.

Opielka, Michael (2002): Familie und Beruf – Eine deutsche Geschichte. In: Aus Politik und Zeitgeschichte, B 22–23, S. 20–30.

Otto, Birgit/Spieß, C. Katharina/Teichmann, Dieter (2001): Berechnung des grünen Kindergrundsicherungsmodells und einer Gegenfinanzierung durch ein Ehegattenrealsplitting. Kurzgutachten im Auftrag der Bundestagsfraktion von Bündnis 90/Die Grünen. Im Internet verfügbar unter http://hayek.diw.de/documents/doku mentenarchiv/17/38787/diw_kigr_20011102.pdf [Zugriff: 07.12.2012].

Padamsee, Tasleem (2009): Culture in Connection: Re-Contextualizing Ideational Processes in the Analysis of Policy Development. In: Social Politics 16, 4, S. 413–445.

Papier, Hans-Jürgen (2002): Ehe und Familie in der neueren Rechtsprechung des BVerfG. In: Neue Juristische Wochenschrift, 30, S. 2129–2133.

Parsons, Wayne (1995): Public Policy. An Introduction to the Theory and Practice of Policy. Aldershot: Edward Elger.

Pehl, Günther (1957): Veredeltes Splitting als künftige Grundlage der Ehegattenbesteuerung? In: Wirtschaftswissenschaftliche Mitteilungen 9, S. 3–8.

Peters, B. Guy (1992): The Policy Process: An Institutionalist Perspective. In: Canadian Public Administration 35, 2, S. 160–180. Im Internet verfügbar unter http://dx.doi.org/10.1111/j.1754-7121.1992.tb00686.x [Zugriff: 12.10.2012].

Peters, B. Guy (2000): Institutional Theory in Political Science. The ‚New Institutionalism'. London: Continuum.

Philipps, Lisa (2011): Income Splitting and Gender Equality: The Case of Incentivizing Intra-Household Wealth Transfers. In: Brooks, Kim/Gunnarsson, Asa/Philipps, Lisa/Wersig, Maria (Hg.): Challenging Gender Inequality in Tax Policy Making. Comparative Perspectives. London: Hart Publishing, S. 235–255.

Pickel, Susanne (2009): Die Triangulation als Methode in der Politikwissenschaft. In: Pickel, Susanne/Pickel, Gert/Lauth, Hans-Joachim/Jahn, Detlef (Hg.): Methoden der vergleichenden Politik- und Sozialwissenschaft. Neue Entwicklungen und Anwendungen. Wiesbaden: VS Verlag für Sozialwissenschaften, S. 517–542.

Pierson, Paul (2000a): Increasing Returns, Path Dependence, and the Study of Politics. In: American Political Science Review 94, 2, S. 251–267.

Pierson, Paul (2000b): The Limits of Design: Explaining Institutional Origin and Change. In: Governance 13, 4, S. 475–499.

Pierson, Paul (2000c): Not Just What, but When: Timing and Sequence in Political Processes. In: Studies in American Political Development, 14, S. 72–92.

Pierson, Paul (2004): Politics in Time. History, Institutions and Social Analysis. Princeton: Princeton University Press.

Raab, Heike (2011): Sexuelle Politiken. Die Diskurse zum Lebenspartnerschaftsgesetz. Frankfurt am Main: Campus Verlag.

van Rahden, Till (2005): Demokratie und väterliche Autorität. Das Karlsruher ‚Stichentscheid'-Urteil von 1959 in der politischen Kultur der frühen Bundesrepublik. In: Zeithistorische Forschungen/Studies in Contemporary History. 2, http://www.zeithistorische-forschungen.de/16126041-Rahden-2-2005 [Zugriff: 12.10.2012].

Reich-Hilweg, Ines (1979): Männer und Frauen sind gleichberechtigt. Der Gleichberechtigungsgrundsatz (Art. 3 Abs. 2 GG) in der parlamentarischen Auseinandersetzung 1948–1957 und in der Rechtsprechung des Bundesverfassungsgerichts 1953–1975. Frankfurt am Main: Europäische Verlagsanstalt.

Rendels, Heinz J. (1983): Die Wirkung des Ehegattensplitting im Vergleich zur Entlastung alleinerziehender Elternteile durch den Haushaltsfreibetrag. In: Deutsches Steuerrecht, 16/17, S. 494–499.

Ruhl, Klaus-Jörg (1994): Verordnete Unterordnung. Berufstätige Frauen zwischen Wirtschaftswachstum und konservativer Ideologie in der Nachkriegszeit (1945–1963). München: Oldenbourg.

Ruiner, Caroline (2010): Paare im Wandel: Eine qualitative Paneluntersuchung zur Dynamik des Verlaufs von Paarbeziehungen. Wiesbaden: VS Verlag für Sozialwissenschaften.

Rüling, Anneli (2007): Jenseits der Traditionalisierungsfallen. Wie Eltern sich Familien- und Erwerbsarbeit teilen. Frankfurt am Main: Campus.

Rüling, Anneli/Kassner, Karsten (2007): Familienpolitik aus der Gleichstellungsperspektive. Ein europäischer Vergleich. Berlin: Friedrich-Ebert-Stiftung.

Rust, Ursula (2001): Die Rechtsprechung des Bundesverfassungsgerichts zur garantierten Gleichberechtigung. In: Aus Politik und Zeitgeschichte, B 37–38, S. 26–33.

Sabatier, Paul A. (1993): Advocacy-Koalitionen, Policy-Wandel und Policy-Lernen: Eine Alternative zur Phasenheuristik. In: Héritier, Adrienne (Hg.): Policy-Analyse. Kritik und Neuorientierung. Opladen: Westdeutscher Verlag, S. 116–148.

Sabatier, Paul A. (1999): The Need for Better Theories. In: Sabatier, Paul A. (Hg.): Theories of the Policy Process. Boulder, San Francisco, Oxford: Westview, S. 3–17.

Sabatier, Paul A./Jenkins-Smith, Hank C. (1999): The Advocacy Coalition Framework. An Assessment. In: Sabatier, Paul A. (Hg.): Theories of the Policy Process. Boulder, San Francisco, Oxford: Westview, S. 117–166.

Sachverständigenrat zur Begutachtung der gesamtwirtschaftlichen Entwicklung (2007): Das Erreichte nicht verspielen. Jahresgutachten 2007/2008. Wiesbaden: Statistisches Bundesamt. Im Internet verfügbar unter http://www.sachverstaendigenrat-wirtschaft.de/86.html [Zugriff: 07.12.2012].

Sacksofsky, Ute (2000): Steuerung der Familie durch Steuern. In: Neue Juristische Wochenschrift, 27, S. 1896–1903.

Sacksofsky, Ute (2003): Reformbedarf bei der Familienbesteuerung. In: Familie, Partnerschaft, Recht, 8, S. 395–400.

Sacksofsky, Ute (2011a): Diskriminierungsverbot wegen sexueller Orientierung im Grundgesetz?! In: Streit – Feministische Rechtszeitschrift 29, 1, S. 32–39.

Sacksofsky, Ute (2011b): Einfluss des Steuerrechts auf die Berufstätigkeit von Müttern. In: Hohmann-Dennhardt, Christine/Körner, Marita/Zimmer, Reingard (Hg.): Geschlechtergerechtigkeit. Festschrift für Heide Pfarr. Baden-Baden: Nomos, S. 363–377.

Schäfgen, Katrin (1998): Die Verdopplung der Ungleichheit. Sozialstruktur und Geschlechterverhältnisse in der Bundesrepublik und in der DDR. Berlin, Humboldt-Universität, Dissertation.

Scheffler, Erna (1951): Die Gleichberechtigung der Frau. In welcher Weise empfiehlt es sich, gemäß Art. 117 des Grundgesetzes das geltende Recht an Art. 3 Abs. 2 GG anzupassen? In: Ständige Deputation des Deutschen Juristentages (Hg.): Verhandlungen des 38. Deutschen Juristentages. Bürgerlichrechtliche Abteilung. Tübingen: Mohr Siebeck, S. B1-B27.

Scheffler, Erna (1960): Ehe und Familie. In: Bettermann, Karl August/Nipperdey, Hans Carl/Scheuner, Ulrich (Hg.): Handbuch der Theorie und Praxis der Grundrechte. Band IV. Grundrechte und institutionelle Garantien. 1. Halbband. Berlin: Duncker & Humblot, S. 247–323.

Scheiwe, Kirsten (1999): Kinderkosten und Sorgearbeit im Recht. Frankfurt am Main: Klostermann.

Scheiwe, Kirsten/Wersig, Maria (2011): Cash und Care – Kindesunterhalt und Geschlechter(un)gleichheit. Göttingen: v&r unipress.

Scherf, Wolfgang (2000): Das Ehegattensplitting aus finanzwissenschaftlicher Sicht. In: Steuer und Wirtschaft, 3, S. 269–278.

Schneider, Volker/Janning, Frank (2006): Politikfeldanalyse. Akteure, Diskurse und Netzwerke in der öffentlichen Politik. Wiesbaden: VS Verlag für Sozialwissenschaften.

Schneider, Werner/Hirseland, Andreas (2008): Das moderne Geschlechterdispositiv und die Transformation von Machtbeziehungen bei Paaren. In: Rehberg, Karl-Siegbert (Hg.): Die Natur der Gesellschaft. Verhandlungen des 33. Kongresses

Schöpf, Andreas (2002): Fritz Reinhardt. In: Friedenberger, Martin/Gössel, Klaus D./ Schönknecht, Eberhard (Hg.): Die Reichsfinanzverwaltung im Nationalsozialismus. Bremen: Edition Temmen, S. 253–259.

Schubert, Klaus/Bandelow, Nils C. (2009): Politikfeldanalyse: Dimensionen und Fragestellungen. In: Schubert, Klaus/Bandelow, Nils C. (Hg.): Lehrbuch der Politikfeldanalyse 2.0. 2. Aufl. München: Oldenbourg, S. 1–22.

Schubert, Werner (1997): Die Stellung der Frau im Familienrecht und in den familienrechtlichen Reformprojekten der NS-Zeit. In: Gerhardt, Ute (Hg.): Frauen in der Geschichte des Rechts. Von der frühen Neuzeit bis zur Gegenwart. München: Beck, S. 828–850.

Schwartz, Michael (2005): Emanzipation zur gesellschaftlichen Nützlichkeit. Bedingungen und Grenzen von Frauenpolitik in der DDR. In: Hoffmann, Dierk/Schwartz, Michael (Hg.): Sozialstaatlichkeit in der DDR. Sozialpolitische Entwicklungen im Spannungsfeld von Diktatur und Gesellschaft 1945/49–1989. München: Oldenbourg, S. 47–87.

Seidel, Bernhard (2001): Die Einkommensteuerreform. In: Truger, Achim (Hg.): Rotgrüne Steuerreformen in Deutschland. Eine Zwischenbilanz. Marburg: Metropolis Verlag für Ökonomie, Gesellschaft und Politik, S. 21–46.

Seidel, Bernhard/Teichmann, Dieter/Thiede, Sabine (1999): Ehegattensplitting nicht mehr zeitgemäß. In: DIW Wochenbericht, 40, S. 713–724. Im Internet verfügbar unter http://www.diw.de/sixcms/detail.php/285597 [Zugriff: 11.10.2012].

Seiler, Christian (2007): Verfassungs- und systemgerechte Besteuerung von Ehe und Familie: Bestandsaufnahme und Reformerwägungen. In: Seel, Barbara (Hg.): Ehegattensplitting und Familienpolitik. Wiesbaden: Deutscher Universitäts-Verlag, S. 7–36.

Seiler, Christian (2011): Kommentierung der §§ 4h, 11, 12, 24b, 26–32. In: Kirchhof, Paul (Hg.): Einkommensteuergesetz. Kommentar. Köln: Dr. Otto Schmidt.

Skocpol, Theda (1979): States and Social Revolutions. Cambridge: Cambridge University Press.

Skocpol, Theda (1992): Protecting Soldiers and Mothers. The Origins of Social Policy in the United States. Cambridge: Belknap Press of Harvard University Press.

Spangenberg, Ulrike (2005): Neuorientierung der Ehebesteuerung: Ehegattensplitting und Lohnsteuerverfahren. Arbeitspapiere der Hans-Böckler-Stiftung 106. Im Internet verfügbar unter http://www.boeckler.de/pdf/p_arbp_106.pdf [Zugriff: 06.12.2012].

Spangenberg, Ulrike (2007a): Die Ehe und andere Unterhaltsgemeinschaften. Zur Berücksichtigung von Unterhaltspflichten im Steuerrecht. In: Berghahn, Sabine (Hg.): Unterhalt und Existenzsicherung. Recht und Wirklichkeit in Deutschland. Baden-Baden: Nomos, S. 289–304.

Spangenberg, Ulrike (2007b): Ehe-interne Verteilung von Einkommen: Recht und Realität. In: Seel, Barbara (Hg.): Ehegattensplitting und Familienpolitik. Wiesbaden: Deutscher Universiäts-Verlag, S. 55–72.

Spangenberg, Ulrike (2011): Geschlechtergerechtigkeit im Steuerrecht?! Expertise im Auftrag der Abteilung Wirtschafts- und Sozialpolitik der Friedrich-Ebert-Stiftung. Bonn: Friedrich Ebert Stiftung. Im Internet verfügbar unter http://library.fes.de/pdf-files/wiso/08575-20111109.pdf [Zugriff: 01.10.2011].

Spangenberg, Ulrike (2012): Verfassungsrechtliche Prüfung der Gebotenheit und Ausgestaltung von Übergangsregelungen im Zuge einer Reform des Ehegattensplittings. Gutachten im Auftrag der Bundestagsfraktion Bündnis 90/Die Grünen. (unveröffentl. Manuskript).

Spangenberg, Ulrike (2013): Mittelbare Diskriminierung im Einkommensteuerrecht. Eine verfassungsrechtliche Untersuchung am Beispiel der Besteuerung der zusätzlichen Alterssicherung. Baden-Baden: Nomos.

SPD/Bündnis 90/Die Grünen (1998): Aufbruch und Erneuerung – Deutschlands Weg ins 21. Jahrhundert. Koalitionsvereinbarung zwischen der Sozialdemokratischen Partei Deutschlands und Bündnis 90/Die Grünen. Im Internet verfügbar unter http://www.boell.de/downloads/stiftung/1998_Koalitionsvertrag.pdf [Zugriff: 12.10.2012].

Ständige Deputation des Deutschen Juristentages (Hg.) (1974): Verhandlungen des 50. Deutschen Juristentages 1974 in Hamburg. Band 2: Sitzungsberichte. München: Beck.

Ständige Deputation des Deutschen Juristentages (Hg.) (1988): Verhandlungen des 57. Deutschen Juristentages 1988 in Mainz. Band 2: Sitzungsberichte. München: Beck.

Steiner, Victor/Wrohlich, Katharina (2004): Household Taxation, Income Splitting and Labor Supply Incentives. A Microsimulation Study for Germany. In: CESifo Economic Studies 50, 3, S. 541–568.

Steiner, Victor/Wrohlich, Katharina (2006): Die Wirkungen ausgewählter familienpolitischer Instrumente auf das Arbeitsmarktangebot von Eltern. Expertise für den Familienbericht der Bundesregierung. Berlin: DIW.

Steinmo, Sven (1993): Taxation and Democracy. Swedish, British and American Approaches to Financing the Modern State. New Haven, London: Yale University Press.

Steinmo, Sven (2008): Historical Institutionalism. In: della Porta, Donatella/Keating, Michael (Hg.): Approaches and Methodologies in the Social Sciences. A Pluralist Perspective. Cambridge: Cambridge University Press, S. 113–138.

Strauss, Anselm/Corbin, Juliet (1996): Grounded Theory. Grundlagen qualitativer Sozialforschung. 2. Aufl. Weinheim: Beltz.

Streeck, Wolfgang/Thelen, Kathleen (2005): Introduction. In: Streeck, Wolfgang (Hg.): Beyond Continuity. Institutional Change in Advanced Political Economies. Oxford [u.a.]: Oxford University Press, S. 1–39.

Thelen, Kathleen (1999): Historical Institutionalism in Comparative Politics. In: Annual Review of Political Science, 2, S. 369–404.

Thelen, Kathleen (2003): How Institutions Evolve: Insight from Comparative Historical Analysis. In: Mahoney, James/Rueschemeyer, Dietrich (Hg.): Comparative Historical Analysis in the Social Sciences. Cambridge: Cambridge University Press, S. 208–240.

Thiede, Sabine/Fahrländer, Stefan/Seidel, Bernhard/Svidland, Dagmar/Teichmann, Dieter (1999): Alternativen zur Ehegattenbesteuerung aus verfassungsrechtlicher, steuersystematischer und ökonomischer Sicht. Forschungsauftrag der Hans-Böckler-Stiftung. (unveröff. Manuskript).

Thurionyi, Victor (2003): Comparative Tax Law. The Hague: Kluwer Law International.

Tipke, Klaus (2000): Die Steuerrechtsordnung. Band 1: Wissenschaftsorganisatorische, systematische und grundrechtlich-rechtsstaatliche Grundlagen. 2. Aufl. Köln: O. Schmidt.

Tipke, Klaus (2002): Versuch einer steuerjuristischen Würdigung des Karlsruher Entwurfs. In: Steuer und Wirtschaft, 2, S. 148–175.

Tipke, Klaus (2003): Die Steuerrechtsordnung. Band 2: Steuerrechtfertigungstheorie, Anwendung auf alle Steuerarten, sachgerechtes Steuersystem. 2. Aufl. Köln: O. Schmidt.

Titze, Anja (2011): Emanzipation per Gesetz – Frauen in der DDR. In: Streit – Feministische Rechtszeitschrift, 4, S. 153–165.

Trappe, Heike (1995): Emanzipation oder Zwang? Frauen in der DDR zwischen Beruf, Familie und Sozialpolitik. Berlin: Akademie Verlag.

Tsebelis, George (2002): Veto Players. How Political Institutions Work. New York: Russell Sage Foundation.

Urbanek, Doris (2010): Intersectionality in Recent German Gender Equality Policies. In: Auth, Diana/Buchholz, Eva/Janczyk, Stefanie (Hg.): Selektive Emanzipation. Analysen zur Gleichstellungs- und Familienpolitik. Opladen: Verlag Barbara Budrich, S. 47–68.

Vaupel, Heike (1999): Die Familienrechtsreform in den fünfziger Jahren im Zeichen widerstreitender Weltanschauungen. Baden-Baden: Nomos.

Vogel, Klaus (1999): Besteuerung von Eheleuten und Verfassungsrecht. In: Steuer und Wirtschaft, 3, S. 201–226.

Völk, Josef Anton (1989): Regierungskoalitionen auf Bundesebene. Dokumentation und Analyse des Koalitionswesens von 1949 bis 1987. Regensburg: S. Roderer Verlag.

Vollmer, Franziska (1998): Das Ehegattensplitting. Baden-Baden: Nomos.

Vollmer, Franziska (2003): Familienbesteuerung und Berufstätigkeit im Fokus: Steuerliche Belastung berufstätiger Mütter. In: Lange, Joachim (Hg.): Kinder & Karriere. Sozial- und steuerpolitische Wege zur Vereinbarkeit von Beruf und Familie. Loccum: Evangelische Akademie Loccum, S. 147–162.

Vollmer, Franziska (2004a): Das Ehegattensplitting ist antastbar. In: Gewerkschaftliche Monatshefte, 7–8, S. 427–433.

Vollmer, Franziska (2004b): Verfassungsrechtliche Fragen der Ehe- und Familienbesteuerung. In: Althammer, Jörg/Klammer, Ute (Hg.): Ehe und Familie in der Steuerrechts- und Sozialordnung. Tübingen: Mohr Siebeck, S. 73–92.

Vorwold, Gerhard (1992): Neuorientierung der Ehe- und Familienbesteuerung. In: Finanz-Rundschau für Einkommensteuer, S. 789–801.

Voß, Reimer (1995): Steuern im Dritten Reich. Vom Recht zum Unrecht unter der Herrschaft des Nationalsozialismus. München: Beck.

Wagenhals, Gerhard/Kraus, Margit (1998): Neuansätze des Familienlastenausgleichs. Gutachten im Auftrag des Hessischen Ministeriums für Frauen, Arbeit und Sozialordnung. Im Internet verfügbar unter http://www.diw.de/documents/publikationen/73/diw_01.c.40450.de/03-22.pdf [Zugriff: 07.12.2012].

Wagschal, Uwe (1999): Blockieren Vetospieler Steuerreformen? In: Politische Vierteljahresschrift 40, 4, S. 628–640.

Wagschal, Uwe (2005): Steuerpolitik und Steuerreformen im internationalen Vergleich. Eine Analyse der Ursachen und Blockaden. Münster: Lit Verlag.

Wagschal, Uwe (2006): Verfassungsgerichte als Vetospieler in der Steuerpolitik. In: Politische Vierteljahresschrift, Sonderheft 36: Politik und Recht, S. 559–584.

Waldhoff, Christian (2008): Erna Scheffler – erste Richterin des Bundesverfassungsgerichts. In: Häberle, Peter (Hg.): Jahrbuch des öffentlichen Rechts der Gegenwart. Neue Folge. Tübingen: Mohr Siebeck, S. 261–268.
Wätzig, Martin (1982): Gedanken zur Einschränkung oder Abschaffung des Ehegattensplittings. In: Der Betrieb, S. 1839–1842.
Weber-Kellermann, Ingeborg (1982): Die deutsche Familie – Versuch einer Sozialgeschichte. Frankfurt am Main: Suhrkamp.
Werle, Raymund (2007): Pfadabhängigkeit. In: Benz, Arthur/Lütz, Susanne/Schimank, Uwe/Simonis, Georg (Hg.): Handbuch Governance. Theoretische Grundlagen und empirische Anwendungsfelder. Wiesbaden: VS Verlag für Sozialwissenschaften, S. 119–131.
Wernsmann, Rainer (2005): Verhaltenslenkung in einem rationalen Steuersystem. Tübingen: Mohr Siebeck.
Wersig, Maria (2006): Der unsichtbare Mehrwert – Unbezahlte Arbeit und ihr Lohn. In: Foljanty, Lena/Lembke, Ulrike (Hg.): Feministische Rechtswissenschaft. Ein Studienbuch. Baden-Baden: Nomos, S. 122–142.
Wersig, Maria (2007): Vom Regen in die Traufe? Ehegattensplitting und Familiensplitting. In: Forum Recht, 4, S. 115–117.
Wersig, Maria (2010): Verschieden, aber gleichwertig. Positionen zur Anerkennung der unterhaltsrechtlichen Gleichwertigkeit von Haushaltsführung und Kindererziehung in den 1950er und 1960er Jahren. In: Scheiwe, Kirsten/Wersig, Maria (Hg.): Einer zahlt und eine betreut? Kindesunterhaltsrecht im Wandel. Baden-Baden: Nomos, S. 39–46.
Wersig, Maria (2011): Familienernährerinnen – Eine rechtspolitische Herausforderung? In: Streit – Feministische Rechtszeitschrift, 4, S. 147–152.
Wimbauer, Christine (2003): Geld und Liebe: Zur symbolischen Bedeutung von Geld in Paarbeziehungen Frankfurt am Main, New York: Campus.
Wirth, Heike/Schutter, Sabina (2011): Versorger und Verlierer. In: DJI impulse, 1, S. 28–30. Im Internet verfügbar unter http://www.dji.de/bibs/Versorger_und_ Verlierer.pdf [Zugriff: 21.01.2013].
Wolff, Stephan (2012a): Dokumenten- und Aktenanalyse. In: Flick, Uwe/von Kardorff, Ernst/Steinke, Ines (Hg.): Qualitative Forschung. Ein Handbuch. 12. Aufl. Reinbek bei Hamburg: Rowohlt, S. 502–514.
Wolff, Stephan (2012b): Wege ins Feld und ihre Varianten. In: Flick, Uwe/von Kardorff, Ernst/Steinke, Ines (Hg.): Qualitative Forschung. Ein Handbuch. 12. Aufl. Reinbek bei Hamburg: Rowohlt, S. 334–349.
Wrase, Michael/Klose, Alexander (2011): Gleichheit unter dem Grundgesetz. In: Foljanty, Lena/Lembke, Ulrike (Hg.): Studienbuch Feministische Rechtswissenschaft. Baden-Baden: Nomos, S. 89–107.
Wrobel, Sonja (2009): Notwendig und gerecht? Die Legitimation von Sozialreformen in Deutschland und Frankreich. Frankfurt am Main, New York: Campus.
Wunder, Anke (2004): Pflichten statt Rechte? Die Mobilisierung und Demobilisierung von Frauenarbeit im Kontext des Ersten und Zweiten Weltkrieges. Wiesbaden: VS Verlag für Sozialwissenschaften.

Geschlechtergerechtigkeit und Gleichstellungspolitik

Irene Pimminger
Was bedeutet Geschlechtergerechtigkeit?
Normative Klärung und soziologische Konkretisierung

2012. 164 Seiten. Kart.
19,90 € (D),
20,50 € (A),
28,90 SFr
ISBN 978-3-86649-482-4

Was bedeutet Geschlechtergerechtigkeit als Maßstab, an dem sich feministische Kritik entzünden und Gleichstellungspolitik orientieren kann?

Die Autorin:
Irene Pimminger
Sozialwissenschaftliche Forscherin und Beraterin mit den Schwerpunkten Geschlechterforschung, Gleichstellungspolitik, Arbeitsmarkt und Beschäftigung sowie Sozialpolitik, Schlierbach, Österreich.

Gleich bestellen: in Ihrer Buchhandlung oder direkt bei

Verlag Barbara Budrich • Barbara Budrich Publishers
Stauffenbergstr. 7. D-51379 Leverkusen Opladen
Tel +49 (0)2171.344.594 • Fax +49 (0)2171.344.693 • info@budrich-verlag.de

www.budrich-verlag.de • www.budrich-journals.de

Karrierewege in die Selbständigkeit

Sonja Hilzinger

Berufsprofilierung

Ein Praxisbuch für Akademikerinnen und Akademiker

2013. 180 Seiten. Kart.
19,90 € (D), 20,50 € (A), 26,90 SFr
ISBN 978-3-8474-0061-5

Wenn Sie nach einer selbstbestimmten Berufsperspektive suchen, die Ihren Kompetenzen entspricht und zu Ihrer Persönlichkeit und Ihrem Lebensplan passt, dann ist dieses Buch für Sie geschrieben. Wie können AkademikerInnen Person und Profession sinnvoll und marktgerecht verbinden? Wie entwickeln sie ein zielgruppengenaues freiberufliches Berufsprofil und wie finden sie Lösungswege aus beruflichen Problemzonen? Sonja Hilzinger gibt anschauliche Hilfestellung für alle AkademikerInnen, die sich (frei-)beruflich profilieren möchten.

Jetzt in Ihrer Buchhandlung bestellen oder direkt bei:

Verlag Barbara Budrich • Barbara Budrich Publishers

Stauffenbergstr. 7. D-51379 Leverkusen Opladen
Tel +49 (0)2171.344.594 • Fax +49 (0)2171.344.693 •
info@budrich.de

www.budrich-verlag.de

Unsere Fachzeitschriften auf www.budrich-journals.de

- Einzelbeiträge im Download
- **Print + Online Abonnements**
- Online-Freischaltung über IP
- mit *open access*-Bereich

Sozialwissenschaftliche Fachzeitschriften online!

Als AbonnentIn z.B. mit Kombi-Abo Print + Online bekommen Sie weiterhin Ihr Heft wie gewohnt bequem nach Hause geliefert und Sie haben Zugriff auf das gesamte Online-Archiv.

Fragen Sie uns!

Verlag Barbara Budrich • Barbara Budrich Publishers
Stauffenbergstr. 7. D-51379 Leverkusen Opladen
Tel +49 (0)2171.344.594 • Fax +49 (0)2171.344.693 •
info@budrich-verlag.de

www.budrich-verlag.de • www.budrich-journals.de